CLÓVIS CARVALHO BRITTO
RITA ELISA SEDA

CORA CORALINA:
Raízes de Aninha

DIREÇÃO EDITORIAL:
Marcelo C. Araújo

CONSELHO EDITORIAL:
Avelino Grassi
Edvaldo Araújo
Márcio Fabri dos Anjos

COORDENAÇÃO EDITORIAL:
Ana Lúcia de Castro Leite

REVISÃO:
Ana Lúcia de Castro Leite
Bruna Marzullo
Eliana Maria Barreto

DIAGRAMAÇÃO:
Juliano de Sousa Cervelin
Junior Santos

CAPA:
Juliano de Sousa Cervelin

FOTO DA CAPA:
Acervo pessoal de Paulo Sergio
Brêtas de Almeida Salles

FOTO (MARCA D'ÁGUA):
Coleção particular de Marcelo Feijó

* Os créditos das fotos estão na p. 452.

* As transcrições de textos foram mantidas conforme os originais, com a ortografia da época em que foram escritas.

Todos os direitos em língua portuguesa, para o Brasil, reservados à Editora Ideias & Letras, 2022.

7ª impressão

Avenida São Gabriel, 495
Conjunto 42 - 4º andar
Jardim Paulista – São Paulo/SP
Cep: 01435-001
Editorial: (11) 3862-4831
Televendas: 0800 777 6004
vendas@ideiaseletras.com.br
www.ideiaseletras.com.br

Dados Internacionais de Catalogação na Publicação (CIP)
(Câmara Brasileira do Livro, SP, Brasil)

Cora Coralina: raízes de Aninha / Clóvis Carvalho Britto, Rita Elisa Seda.
Aparecida-SP: Ideias & Letras, 2009.

ISBN 978-85-7698-044-5

1. Coralina, Cora, 1889-1985 2. Poesia brasileira
3. Poetas brasileiros – Biografia I. Seda, Rita Elisa. II. Título.

09-07288   CDD-928.6991

Índice para catálogo sistemático:

1. Poetas brasileiros: Biografia 928.6991

CORA...

Desistir? Eu já pensei seriamente nisso, mas nunca me levei realmente a sério.

É que tem mais chão nos meus olhos do que cansaço nas minhas pernas, mais esperança nos meus passos do que tristeza nos meus ombros, mais estrada no meu coração do que medo na minha cabeça*.

Por que um livro como este? Por quê?

De uma autora que escreve espera-se que entre seus escritos esteja contida sua vida, velada, vestida, nua ou não. Alguns críticos da literatura serão contrários a que se busque na pessoa, em sua biografia, até mesmo nos cenários e contextos de sua vida social algum suporte, alguma fissura ou o que seja para explicar sua obra. Que o trabalho escrito inscreva e explique por si mesmo quem o escreve. Que a obra fale pelo autor e, não, sua vida por sua obra. Outros dirão que não. Quero ser um deles.

E acaso não é essa uma das marcas dos tempos em que vivemos? Talvez os sinais de um futuro tão incerto, tão indecifrável, apesar de tantas previsões em uma sua face e na outra. Talvez o presente tão frágil

---

* Quem escreveu essa epígrafe foi uma pessoa que não conheço. Seu nome: Geraldo Estáquio de Souza. Eu a encontrei em um marcador de livros distribuído em um encontro de educadores no Rio Grande do Sul, num agosto de 2002. Ela me é uma espécie de guia, e quando pensei em algo que pudesse começar um pequeno escrito sobre a pessoa de Cora Coralina, foram essas palavras que me vieram à lembrança. Se Cora não as escreveu elas me parecem ser, no entanto, como um retrato fiel da alma de sua pessoa.

e tão passageiro, tão pobre de pessoas e de gestos carregados do peso do sentido e da beleza. Tempos em que "tudo o que é sólido desmancha no ar". Talvez por tudo isso e um pouco mais do que apenas "isso tudo" nos conduzam a querer voltar, não somente à obra deixada por pessoas singulares, mas a sua vida. Ou a algumas dimensões de vivências de sua vida. Seus amores, suas lutas, seu sofrer. A obra talvez nunca escrita, ou talvez apenas aqui e ali rascunhada aos fragmentos, que é, aquém e além do que deixou por escrito, uma outra fala de sua própria vida.

Então é bom voltar a Goiás – Cidade de Goiás, Vila Boa de Goiás, Goiás Velha – e ver ao lado das águas que ainda passam, e já não são mais tão claras e tão "vermelhas" do Rio Vermelho, uma casa logo ao lado do "outro lado da ponte". Uma casa como algumas outras da velha cidade. Uma casa de um só andar, nem de pedras e nem de duras argamassas. Dessas casas escuras, armadas com ferros e outros artifícios contra o passar voraz do tempo. Ao contrário. Uma casa branca e de janelas azuis, feita entre o barro amassado à mão e os antigos adobes, tijolos secados ao sol. Matérias frágeis que mãos hábeis arrancavam das beiras e dos barreiros dos rios e misturavam com água e cal. E edificavam com elas casas e igrejas. O falar delas através da fala de Cora virá um pouco adiante. Vocês esperem.

Saber de pessoas, suas vidas, seus segredos, um dia aos poucos revelados por elas próprias, confidentes de sempre ou de última hora, ou por outras mulheres e outros homens. Saber aquilo que, por pudor ou por esquecimento, uma mulher que falou com uma tão rara coragem em seu tempo, sobre as armadilhas e os ardis de seu próprio tempo, silenciou a respeito de si mesma.

Mas não Cora, que desde os primeiros livros disse em prosa e verso quem ela era, a pequena e deixada ao lado, Aninha do vintém de cobre. A menina ainda pequenina e já sofrida. Em um tempo em que as mulheres de cidades como Goiás – escritoras ou não – guardavam segredos de si mesmas e se gastavam em louvar os seus e os outros seres eleitos de suas memórias – em geral os "vultos do lugar" – Cora Coralina os esquece e escreve sobre ela mesma, sobre os seus, seus mundos e os outros de seu tempo, deserdados da sorte, com uma coragem em que algumas pessoas querem ver a bruxa, quando deviam ver a fada. Aquela que, com um toque dos dedos, desnuda o mal do mundo.

PREFÁCIO

No entanto, se ela escreveu desde sempre sobre ela própria, por que escrever, tantos anos depois, um livro sobre ela? Se quase toda a poesia de Cora Coralina é uma também biografia escrita "no calor da hora", como em Cecília Meireles e, bem mais ainda, como em Adélia Prado, por que redizer o que ela já disse por escrito? Se com uma tão bela e feroz clarividência ela se desnudou, entre a confissão de si mesma e a crítica acurada de seu mundo, ao mesmo tempo em que, para dizer a verdade da beleza do que havia a seu redor, ela pedia ao milho da terra e aos filhos dos homens que tirassem de sobre a pele suas cascas, suas roupas, e se mostrassem na dura aspereza e na suave inocência de seus corpos, por que escrever sobre ela, Cora? Por que este livro? Por que *Cora Coralina – raízes de Aninha*?

Ao ler o livro e ver suas imagens o leitor verá seus motivos, desde as primeiras páginas. Entre os poemas e outros escritos de si mesma e de seus mundos, conhecemos de Cora Coralina algumas de suas raízes mais profundas. As raízes fincadas no chão da Cidade de Goiás. E conhecemos, entre os galhos mais altos e por sobre a copa da árvore da pessoa de Cora, seus frutos. As lembranças tardias de quando, tantos e muitos anos depois, ela volta à cidade e à casa de que nunca saiu quando foi embora para São Paulo. Talvez ela tenha antecipado em seus gestos de peregrina, errante e estrangeira que um dia volta, uma bela frase dita por algum personagem de Mia Couto, em alguma página de algum de seus livros: "Os homens voltam para casa; as mulheres são a casa".

Este livro recobre silêncios. Momentos do esquecimento. Passagens da vida espalhadas por ela nos cantos das casas em que viveu em Jaboticabal, em Penápolis, em algum bairro de São Paulo, entre os bairros de uma Andradina recém-criada e, claro, em uma Goiás de antes da ida e uma outra, depois da volta. Passagens que poderiam haver ficado na sombra para sempre, e que neste livro retomam seu lugar entre os recantos da "casa velha da ponte". O grande perigo da lembrança de quem criou tanto e se foi antes de nós, é transformar uma pessoa notável em um personagem, e o personagem em uma celebridade (este adjetivo que a mídia de agora tornou tão vazio!), e a celebridade em um mito, e o mito, e o mito em um ídolo. E um ídolo em tudo, menos no ser da pessoa que ele encobre.

Mesmo que alguns leitores encontrem entre as páginas de *Raízes de Aninha* uma Cora colorida demais – e ela coraria ao se ver assim

– celebrada demais, separada demais das outras pessoas "comuns", na verdade o que este livro revela é, mais do que os contextos, cenários e cenas da vida de Cora Coralina, suas múltiplas e (algumas) quase silenciadas vivências. Sabemos de suas confidências ditas e escritas, e do que já se escreveu sobre ela, que Cora foi uma mulher escritora de seu tempo, uma poeta, uma severa crítica e uma silenciosa – mas nunca silenciada – militante de causas sociais. Razões de luta acesa que além de serem ditas por escrito em seus livros, foram faladas de público muitas vezes – inclusive nos ásperos tempos dos governos militares – e foram vividas por uma mulher que, não esqueçamos, tinha em Francisco de Assis um seu modelo de vida e de virtude e poderia ter outro em Gandhi. Mas que nos anos mais escuros de uma história acontecida também dentro da Cidade de Goiás e entre Goiás e a Amazônia, a fez admiradora e amiga de dois bispos notáveis por sua coragem: Tomás Balduíno e Pedro Casaldáglia

Foi entre as páginas deste livro que eu – um alguém que entrou algumas vezes na "casa velha da ponte" e que em algumas, entre café e doces, conversou devagar com Cora – descobri ou relembrei a mulher casada e mãe, e avó e bisavó; e a dona de pensão e de uma loja de retalhos chamada "Borboleta". A mulher que para viver e "criar os meus filhos" depois da morte do esposo vendeu pelas ruas de São Paulo livros da José Olympio, e vendeu doces. E que, mais tarde e mais afortunada, possuiu um sítio e semeou e colheu com as mãos o que plantou.

Tenho lembranças de suas falas, de sua vida. Quero recordá-las aqui, porque uma delas revela uma face da mulher de casa e da doceira Cora e, a outra, sua face de mulher que não precisa ir além da calçada de casa para saber em que mundo se viveu "ali", antes dela, e em que mundo se vive ainda agora.

Na primeira vez em que estivemos juntos – era no meio dos anos setenta – ela estava no quintal da casa. Um grande quintal que em parte margeia as águas do Rio Vermelho. Ela cuidava de plantas e colhia frutas. Assim que desapertamos as mãos ela me levou a passear entre as árvores do quintal. E, sem que eu perguntasse coisa alguma foi revelando o que era cada uma, sobretudo aquelas que, como as figueiras, davam a ela os frutos caseiros de seus doces.

PREFÁCIO

Quando entramos na casa ela começou a colocar em pequenas caixas de papelão, sem rótulos ainda, primeiro uma folha fina de papel de seda, depois, um a um, seus doces. E então disse uma frase que com pequenas mudanças coloquei em um poema dedicado a ela, bem depois de quando ela se foi, e com que desejo encerrar estas lembranças e confidências. Ela disse: "Eu sou doceira". E depois falou que, mesmo escrevendo desde sempre, a poesia era o que ela fazia quando não criava doces. E não disse uma palavra em favor de seus poemas. Mas os olhos pequenos brilhavam de orgulho quando falava deles, os seus doces. "Eles têm pouco açúcar e são doces. E este é o meu segredo". E eram assim. E narrou longamente o caso do padre que levou uma caixa de doces ao "Santo Padre", o Papa.

Anos depois, mas não tantos, eu fazia uma pesquisa sobre os negros da Cidade de Goiás. Era estudante de Mestrado em Antropologia e aquela seria minha dissertação. Conversei com muita gente: brancos, mestiços e, sobretudo, negros. Fui uma tarde conversar com Cora Coralina. Antes, entre outros de lá, ouvira dos brancos falas evasivas sobre os negros escravos do passado e os de agora. E eu me lembrei das duras palavras de Auguste de Saint-Hilaire quando, entre as minas de Minas e as de Mato Grosso, ele passou pelas de Goiás e esteve na "Vila Boa" a caminho de Cuiabá.

Perguntei sobre os negros: os de antes, os de agora.

E antes de dizer qualquer resposta ela se levantou da cadeira e saiu para o lado de fora da casa, dando com a mão sinais de que eu a seguisse. Na calçada, diante da porta da "casa da ponte", ela repetiu um gesto que, a meu ver, foi sempre sua assinatura corporal. Estendeu os braços com as mãos abertas e os dedos juntos, com o gesto largo de quem, com um pouco mais, poderia alçar voo. Ainda sem falar nada apontou lugares que se via e lugares escondidos entre os outros: casas, o Palácio do Conde dos Arcos, o prédio da velha cadeia, as igrejas do "lado de lá" e do "lado de cá" da ponte.

E então me perguntou, como sendo sua resposta: "Quem você acha que fez tudo isto aqui?" E antes que eu começasse a ensaiar qualquer resposta, ela mesma se respondeu, e a mim: "Foram os negros, os negros escravos. A negrada, como diziam os brancos. Essas pedras das ruas, as casas mais antigas, o palácio e as igrejas, que hoje os turistas visitam, foram feitas (e me mostrou suas mãos com as palmas para cima) com as mãos dos negros escravos". Se o que ela disse não foi assim, foi quase.

E então entramos. E ela, continuou a narrar acontecimentos de outros tempos, já sentada em sua cadeira. E contou, de seu saber ouvido e lido, o que seriam as condições de vida dos escravos nas minas. E como deveriam viver os que construíram o que até hoje faz a fama de uma cidade transformada em "Patrimônio Cultural da Humanidade". Lembrei um poema de Bertolt Brecht, que não sei se Cora Coralina leu e não sei se lembrava: "Perguntas de um trabalhador que lê". E ele começa quase como a fala de Cora: "Quem construiu Tebas, a de sete portas?"

Sem que isso desmereça outras escritoras de seu tempo, de sua idade e formação, para se poder avaliar a coragem de Cora no que existe, ora desvelado, ora oculto em boa parte de seus escritos, é preciso não esquecer que essa mulher que escreveu uma ode ao milho (que Pablo Neruda gostaria de haver escrito) e uma outra às muletas (assim como João Cabral de Mello Neto escreveu um poema à aspirina), criou poemas possuídos por uma serena ferocidade contra os males humanos de seu tempo, tais como a seu tempo outra mulher alguma de Goiás ousou escrever.

Este livro de arqueologia de uma vida faz com Cora um momento de justiça que talvez nem lhe fizesse muita falta. Mas uma vez pesquisado e retratando com minúcias alguns diferentes instantes de sua trajetória, entre fotos, documentos e depoimentos, *Raízes de Aninha* revela-nos uma pessoa talvez esquecida entre a doceira e a mulher poeta. Por onde passou, cada cidade, sobretudo as do interior de São Paulo, ao lado da Cidade de Goiás, Cora deixou um pouco mais do que amigas e lembranças. Deixou sinais do ardor de sua passagem. Quem criava, sem o marido, filhos e filhas e escrevia poemas, batalhava também em nome de causas que iam da criação do "dia do vizinho" até a presença militante na Revolução Constitucionalista de São Paulo. Ou a voz de uma quase velha que quase sozinha se levanta na defesa de lavradores pobres e espoliados entre as terras e as mãos dos ricos de Andradina. Ela raramente era lembrada por nós no âmbito dos "movimentos de cultura popular" de que eu mesmo participei, inclusive em Goiás. Mas, como muitas vezes acontece com outras mulheres e homens que escrevem, não é sua mensagem social para um "agora", mas suas palavras humanas são para "sempre", o que se deve esperar de uma pessoa como Cora. Aliás, João Guimarães Rosa um dia disse exatamente algo assim, ao explicar a seu entrevistador alemão, Gunter Lorenz, por que ele não era um "escritor político".

De outra parte, quando assumiu uma cátedra no Collége de France, Roland Barthes deu uma aula sobre a... aula. Sua maravilhosa fala daquele dia virou um livro que existe em Português com esse mesmo nome: "Aula". Ao longo da fala e do livro, Barthes defende a ideia de que a ciência é que é lunática e fantasiosa. E a literatura, ela sim, é realista. É um retrato de arte sobre a verdade das coisas. E ele chega mesmo a ousadamente dizer que um livro como Robinson Crusoé talvez contenha mais de Geografia do que muitos compêndios escolares sobre o assunto. Posssivelmente, por fugir de falar "politicamente" sobre as coisas através das quais os homens se mentem, a literatura busca conviver com o subsolo do mistério do humano onde, em um plano mais necessariamente desnudado, os gestos e seus atores tenham que se haver com suas verdades. Seus doces eram doces sem açúcar. Seus escritos não raro são amargos e são salgados.

Muitos estudos e escritos, entre belos e rigorosos, existem sobre os mundos de Goiás. Li muitos deles, da literatura de Hugo de Carvalho Ramos à história de Luiz Palacin Gomes. Conheço poucos autores em que as raízes da vida de um lado e do outro do Rio Vermelho, muitas léguas, muitos tempos, muitos atores e autores além, tenham sido tão corajosa e poeticamente postos em folhas de papel – a mão ou com a velha máquina de escrever – como a poesia e a prosa desta velha doceira goiana.

Raízes de Aninha desvela uma boa parte do que ficou até agora em silêncio. Se era ou não para ser dito ou escrito, cada leitor e cada leitora, julgarão. Mas, lá de onde esteja, se ainda ama ler como quando entre nós, Cora haverá de gostar, entre risos e lágrimas, de se rever neste livro.

Anos depois de sua morte escrevi um conjunto de poemas-preces. Cada um deles pretende ser um gesto do corpo e, em conjunto, como nas horas canônicas dos monges beneditinos, os poemas atravessam as horas da noite e do dia. Seu nome é *Orar com o corpo – poemas e preces para as horas do dia*. Dediquei-o à comunidade do "Mosteiro de Goiás", na quase beira do Rio Vermelho, um tanto depois que ele passa pela casa de Cora. Há nele um único poema dedicado a uma pessoa, com o seu em baixo do título. Quero com ele encerrar estas linhas que apenas, como um guia de cidade, desejam apontar – lembrando o costumeiro gesto largo de braços e mãos de Cora – a quem não conhece o lugar da "casa velha da ponte" o seu lugar em seu mundo: "é logo ali, do outro lado do rio".

Partir
(Cora Coralina)

Já não faz mais doces
e segredava: *sou doceira,*
a poesia é só o acaso.
Tinham pouco açúcar e eram doces
e esse, dizia, *é o meu segredo.*
Já não andava nas ruas da cidade:
as pedras cansavam os pés, eram aventuras
de antes, e do mundo bastava o seu quintal
de figos, mamões, milho e memórias.
Houve um tempo quando o rio Vermelho
tinha ouro e sol e peixes e águas limpas.
Hoje, do que vale olhar pela janela?
Há dentro dos olhos uma paisagem, e é mais bela.
Já quase não escrevia, gastou o rol das rimas
e sonhava ser sábia em silêncio.
Quando um dia a morte veio, estava pronta
como quem tira do forno o doce,
apaga a vela, põe no ombro o xale
e abre a porta e sai e vai embora.

Carlos Rodrigues Brandão
Rosa dos Ventos – Sul de Minas
Inverno de 2009

RAÍZES DE ANINHA

"Sou raiz, e vou caminhando
sobre as minhas raízes tribais."
Cora Coralina

Em 2009 comemoramos os 120 anos do nascimento de Anna Lins dos Guimarães Peixoto Brêtas. Somando às inúmeras celebrações espraiadas pelo mundo afora, decidimos enfrentar o desafio de tecer os fios dispersos de sua trajetória de quase um século e compartilhar alguns momentos encharcados de afetividade e percepção crítica. Seguimos a lição da poetisa e procuramos rever, registrar e divulgar fatos até então destinados ao esquecimento ou apenas gravados no sacrário da memória de poucas e privilegiadas testemunhas. Acompanhando as estratégias poéticas de Cora, que voltou ao passado para re-encontrar Aninha e regressou à cidade natal em busca de suas raízes, por vezes realizamos um trabalho arqueológico. Obter datas e pistas; aproximar documentos; desvendar percursos e mistérios; caminhar sobre os passos da menina da Ponte da Lapa, da jornalista, religiosa e sitiante paulista; da solidária escriba doceira: epifanias. Dialogamos com espaços, objetos e pessoas que conviveram com a artista e se tornaram protagonistas e coadjuvantes de sua vida e obra e, consequentemente, também personagens deste livro.

Os anos de pesquisa e convívio com a malha discursiva iluminaram artifícios, máscaras, ritos de passagem e indícios até então insinuados em meias confissões. Deparamos-nos com pedras e flores, fragmentos visuais e literários, metáforas e metonímias, labirinto de coordenadas espaciais e temporais, enfim, com o universo estimulante da poesia. Por isso, não admirem se durante a leitura, apesar da vigilância, escaparem correntes de afeto, pois esta fotobiografia nasceu de uma relação amadurecida de amor: amor à poesia, à trajetória e ao legado de Cora Coralina. Conscientes disso nos resguardamos de juízos apressados esperando que ela suscite outras pesquisas, ações e, principalmente, o interesse pela obra coralineana.

Abraçamos a orientação da poetisa e reconhecemos que o que valeu não foi o ponto de partida, e, sim, a caminhada. É certo que estivemos entregues, muitas vezes, à ilusão biográfica, na tentativa de ordenar sequencialmente informações e fotografias, de exumar lembranças e esquecimentos. Em meio à ficção e à confissão, o simbólico e o referencial, o verbal e o não-verbal, dialogamos com várias Coras. Jogo de espelhamentos prenunciado: "todas as vidas dentro de mim". Nesta atividade retrospectiva e prospectiva, delimitamos acontecimentos considerados significativos de acordo com nossa interpretação. Logo, ao assumirmos uma intenção biográfica, selecionamos alocações e deslocamentos, dados e sentimentos; estabelecemos recortes, escolhas, descartes: navegamos em um rio vermelho e exploramos uma serra dourada de possibilidades. Desse modo, realizamos uma interpretação visando acomodar passagens, criar molduras e frestas; desenhar um retrato (ou retratos) que, com o auxílio dos diferentes suportes, fosse coerente e plausível, a despeito da complexidade da personagem biografada.

Este livro segue um critério cronológico e temático e está dividido em três partes: "Nos tempos de Goyaz", "A vida no Estado de São Paulo" e "Cora dos Goiases". Nelas, o leitor encontrará um caminho aberto, um convite para apreciar e se aprofundar na experiência sinestésica das paragens. Cada capítulo é como um galho da árvore, uma pétala da flor, uma ramificação da raiz nascida na frincha das pedras. Do passado emergiram a confiança no presente e a esperança no futuro; a força que orientou vocações e norteou a descoberta da poesia na vida e da vida na poesia. Raízes que propiciaram troncos, flores, frutos e sementes: promessas de renascimento embaladas pela maternidade da Terra. Ancestrais e obscuras, berços de raízes novas, ensaio de frutos. Sustentáculo de mudas viajeiras plantadas em corações distantes, reunidas por lembranças que, aqui, floresceram.

PARTE I

NOS REINOS DE GOYAZ
(1889-1911)

UMA HERANÇA BANDEIRANTE

"Velha Casa da Ponte,
barco centenário encalhado no Rio Vermelho,
contemporânea do Brasil Colônia, de monarcas e adventos.
Ancorada na ponte, não quiseste partir rio abaixo,
agarrada às pedras. Velha casa de tantos que se foram[1]."
Cora Coralina

A história do Arraial de Santana, mais tarde Villa Boa de Goyaz e atual cidade de Goiás, remonta ao século XVIII, época das bandeiras em busca de índios e metais preciosos e em que, no interior do Brasil, os paulistas e os portugueses criaram uma povoação cuja abundância de ouro tornou-a núcleo de diversas outras áreas mineradoras. Diz a história, insistentemente defendida ou combatida, que Goiás nasceu de um artifício encontrado por Bartolomeu Bueno da Silva, o Anhanguera, para intimidar os índios a revelarem a região aurífera: "Evém a Bandeira dos Polistas.../ num tropel soturno/ de muitos pés de muitas patas./ Deflorando a terra. Rasgando as lavras/ nos socavões./ Esfarelando cascalho,/ ensacando ouro,/ encadeiam Vila Boa/ nos morros vestidos/ de pau-d'arco./ Foi quando a perdida gente/ no sertão impérvio/ riscou o roteiro incerto/ do velho Bandeirante./ E Bartolomeu Bueno/ – bruxo feiticeiro –/ num passe de magia/ histórica,/ tira Goyaz de um prato de aguardente/ e ficou sendo o Anhanguera"[2].

---

[1] CORALINA, Cora. *Estórias da casa velha da ponte*, p. 12.
[2] CORALINA, Cora. *Meu livro de cordel*, p. 32.

Foto 1: Estátua de Anhanguera, 2009, Goiânia-GO

O que se sabe é que a cidade de Goiás é um testemunho significativo de um dos momentos fundamentais da história do Brasil: a ocupação do interior do país. A criação da cidade, a oeste da linha demarcatória do Tratado de Tordesilhas, contribuiu para a formação de outros núcleos urbanos, dilatando, assim, os limites destinados aos portugueses na América do Sul e tornando-se referência na ocupação do Centro-Oeste entre os séculos XVIII e XIX. Goiás foi a vila mais importante desse território isolado, atravessando, com o *status* de capital, a história da Colônia, do Império e da República, até 1937.

Foto 2: Prospecto de Villa Boa, 1751

Exemplo da arquitetura vernacular, seu traçado foi instituído, dentre outros fatores, sob o impacto da presença do Rio Vermelho. Foi a partir desse rio, onde encontraram as lavras, que o núcleo pioneiro se estabeleceu. Ele rasga a cidade ao meio e se afunda debaixo das pontes do Carmo, do Padre Pio, da Carioca, da Pinguelona e da renomada Ponte da Lapa. Goiás nasceu às margens desse rio e nos alicerces de uma casa atracada à beira da ponte.

Os cronistas são unânimes em considerar que a primeira grande lavra de ouro foi encontrada em 1726 nos cascalhos do Rio Vermelho sob a Ponte do Meio, denominada, posteriormente, Ponte do Telles, da Lapa e, atualmente, Cora Coralina. A história da cidade iniciou-se onde hoje existe a secular casa: "descobriu muito ouro no lugar da Ponte do Meio, chamada a do Felix, e consta que, entre outras, só em uma bateada de terra extraiu meia libra"[3].

Casa da Ponte é uma das primeiras construções da cidade. Morada que se debruça no Rio Vermelho e espreita o largo onde os bandeirantes construíram a Igreja de Nossa Senhora da Lapa, protetora dos caminhantes, destruída na enchente de 19 de fevereiro de 1839. Rio que, volumoso ao ponto de comportar pequenas embarcações, seria margeado por um cais[4] e costurado por uma ponte que, devido à proximidade com a extinta igreja, ficou alcunhada de Ponte da Lapa[5]. Foi nessa região que Bartolomeu Bueno da Silva Filho implantou a célula da cidade, legando vasta descendência. Dentre os descendentes do Anhanguera Filho figura Vicência Pereira de Abreu (Goiás, 17 de julho de 1823 – 19 de maio de 1923), uma de suas tataranetas e bisavó de Cora Coralina[6]. Vicência foi quem transmitiu a história do afamado casamento de Honória Pereira de Abreu com

---

[3] TELES, José Mendonça. *Vida e obra de Silva e Souza*, p. 78.
[4] Os atuais cais, que margeiam da Ponte da Lapa até a do Carmo, foram construídos em 1868 sob a direção de Ângelo José da Silva. Cf. Memórias e benfeitorias públicas da cidade de Goiás, p. 2.
[5] Em fins do século XVIII, a Ponte da Lapa era de pedra, em forma de arco, com construção em estilo chinês. Em 1798, o Governador da Capitania, João Manoel de Menezes, considerando que ela prejudicava o trânsito de sua carruagem, mandou demoli-la construindo outra de madeira que foi levada com a enchente de 1839. Posteriormente, o Padre Luiz Gonzaga ordenou a construção de outra, com bancos laterais. Cf. Memórias e benfeitorias públicas da cidade de Goiás, p. 2.
[6] Cf. GALLI, Ubirajara. *Os Anhangueras em Goiás e outras histórias da família*, 2007.

Joaquim Luiz do Couto Brandão, avós maternos de Cora, tornando-se uma das principais fontes mnemônicas que, no futuro, irrigariam a poética de sua bisneta. Além disso, foi uma das várias Vicências que acompanharam as gerações da família. Duzentos anos depois, Cora Coralina batizaria sua filha caçula de Vicência, continuando a tradição familiar de homônimos. Parentesco insistentemente relembrado: "Minha bisavó contava, não por ela mesma que isso é revelho, de ouvir contar a outra sua bisavó. Vovó Bueno, com sua fala arrastada de 'polista', nora de Anhanguera, aquela mesma que na velhice, viuvez e pobreza, teve de repor, com seus lavrados e de suas filhas, certa arroba de ouro, pedida pelo velho bandeirante e de cuja dádiva antecipada discordou do Rei de Portugal"[7].

Foto 3: Casa Velha da Ponte, séc. XIX, Goiás-GO

Não se sabe a data exata da construção da casa que abrigaria, no futuro, ao lado da Ponte da Lapa, os herdeiros do bandeirante. O que é constantemente afirmado é que "em uma planta de Vila Boa, apócrifa e não datada, da coleção do Arquivo Ultramarino de Lisboa – e que reporto, pelas igrejas assinaladas, como produto da década de 1770 – o espaço que hoje ocupa a casa de D. Cora mostra-se claramente construído"[8]. Todavia, antes disso, em prospectos da Vila datados de 1751 existentes na Casa da Ínsua, Portugal, é possível identificar a casa edificada[9].

---

[7] CORALINA, Cora. *O tesouro da casa velha*, p. 44.
[8] BERTRAN, Paulo; FAQUINI, Rui. *Cidade de Goiás, patrimônio da humanidade*: origens, p. 151.
[9] Cf. COELHO, Gustavo Neiva. *O espaço urbano em Vila Boa*, 2001.

Supõem-se que, por volta de 1732, Thebas Ruiz teria construído a Casa da Ponte para a arrecadação do Quinto Real, imposto devido à Coroa Portuguesa. A narrativa de Cora Coralina revela ter sido este Thebas, para fugir de uma devassa, quem enterrou grande quantidade de ouro no porão da casa e logo após, para não ir preso para Portugal, suicidou-se sem revelar o esconderijo. Foi aí que começaram as especulações e "causos" que até hoje embalam o imaginário vilaboense em torno de um possível tesouro escondido na casa velha.

Foto 4: Casa Velha da Ponte, década de 1900, Goiás-GO

Apesar da falta de documentos a respeito da finalidade primeira do imóvel, a versão de Cora, de a casa ter sido da Coroa Portuguesa, tem fundamento. Além de ser uma das primeiras construções da cidade, com localização privilegiada ao lado do rio, e de ser um dos poucos imóveis com água potável privativa trazida em canos de aroeira e pedra sabão, ainda hoje, é possível constatar no forro de uma de suas salas as cores verde e vermelha, simbolizando a presença portuguesa. O pouco do que se sabe é que com a morte desse Recebedor a casa foi adjudicada à Fazenda Real em auto de perdas.

O que se tem documentado é que por volta de 1770 Antônio de Souza Telles e Menezes, cidadão proeminente e juiz da Câmara de Vila Boa, residiu na casa: "Era o comerciante Telles o capitão-mor de Vila Boa, espécie de seu delegado chefe de polícia. Daí a denominação antiga de Ponte do Telles, em 1782. (...) Telles e Menezes, correspondente comercial em Goiás do inconfidente mineiro João Rodrigues de Macedo, pode ter sido um dos primeiros maçons, pedreiros livres de Goiás, cuja loja pública inaugurou-se em 1831, Azilo da Razão"[10]. Talvez, por isso, as cogitações de que a Casa da Ponte teria abrigado a primeira loja maçônica do Brasil Central, de propriedade do Grão-Mestre e Capitão-Mor Telles e Menezes[11].

Com a morte do capitão Telles, até ser colocada em hasta pública, a casa esteve com o capitão José Joaquim Pulquério dos Santos, dono de várias casas de aluguel em Vila Boa e foi alugada em 1811, por 57.600 réis, ao secretário do governo da capitania coronel José Amado Grehon. Depois disso, os historiadores não informavam sua destinação deixando um vácuo documental até 1854 quando a indicavam como propriedade do cônego Couto, ascendente de Cora Coralina[12].

Conferindo o acervo da Real Fazenda da Província de Goiás, sob a guarda do Museu das Bandeiras na cidade de Goiás, localizamos um documento datado de 1825 indicando a avaliação de uma morada de casas pertencentes à herança do Capitão Telles de Menezes:

> "Participando-me o arrematante dos aluguéis das Casas pertencentes à testamentária do Capitão Telles a ruína em que elas se achavam, fui eu mesmo examiná-la, e vi que estava podre a bica de madeira que por baixo das mesmas casas conduz a água para o quintal, em risco de abaterem todas elas por efeito da mesma água que derrama em grande quantidade e sumindo-se logo na entrada, vai sair no rio. Observei igualmente que as parreiras do quintal que dão todo valor ao dito Prédio, estão pela maior parte em terra, falta de chaves, necessitando de certos reparos. Goyaz, 15 de abril de 1825. Jacintho Coutinho Marques"[13] (inédito).

---

[10] BERTRAN, Paulo; FAQUINI, Rui. *Cidade de Goiás, patrimônio da humanidade*: origens, p. 152.
[11] Cf. BERTRAN, Paulo (Org.). *Notícia geral da Capitania de Goiás em 1783*, 1996.
[12] Cf. BERTRAN, Paulo; FAQUINI, Rui. *Op. cit.*
[13] Documento avulso. Acervo da Real Fazenda da Província de Goyaz. Museu das Bandeiras.

Pelo documento evidenciamos que a Casa Velha da Ponte, desde essa época, já era composta por dois imóveis unidos sob um único telhado (números 20 e 21 da antiga rua Direita, atual Dom Cândido) e que o processo na hasta pública se desenrolava ainda em 1825. Dois meses depois, a casa foi arrematada pelo trisavô de Cora Coralina:

> "Goyaz, 1 de junho de 1825. Diz João José do Couto Guimarães, que ele arrematou em Praça Pública desta junta da Fazenda uma morada de casas sitas na Rua Direita desta cidade pela quantia de um conto duzentos e vinte oito mil e quatrocentos réis, para ser pago em compensação do que lhe está a dever a Fazenda Pública de gratificações que venceu como Deputado do Governo Provisório desta Província, e porque tem também de pagar a competência que importa em cento vinte e dois mil e oitocentos e quarenta réis, requerer a V. M. F. que digne mandar que igualmente se lhe abone por compensação nas referidas gratificações. João José do Couto Guimarães"[14] (inédito).

Na verdade a própria Cora Coralina registrou que, "muito tempo depois, com audiência do Senhor Ouvidor, foi posta em Hasta Pública e arrematada pelo Sargento-mor João José do Couto Guimarães. O dinheiro, recolhido ao erário Real. Esse Sargento-mor era homem abonado, dono de escravatura que minerava seu ouro nas Terras do Vai-vém, bem feitorizado e vigiado por seus muitos banda forras, humildes e obedientes"[15]. Esse sargento-mor era o trisavô de Cora Coralina.

João José do Couto Guimarães era um homem muito rico e de projeção política. Natural de São Tiago do Ronfe, aldeia do distrito de Guimarães em Portugal, nasceu em 9 de setembro de 1780[16]. No Museu das Bandeiras existem documentos que comprovam que ele foi, além de Deputado Provincial, tesoureiro e avaliador da Vila em 1819 e Governador de Armas no ano de 1826. João José[17] casou-se com a senhora Vicência Pereira de

---

[14] Documento avulso. Acervo da Real Fazenda da Província de Goyaz. Museu das Bandeiras.
[15] CORALINA, Cora. *O tesouro da casa velha*, p. 48.
[16] Cf. PINHEIRO, Antônio César Caldas. *Tronco e Vergônteas*, 2002.
[17] A documentação genealógica que nos norteou pertence ao acervo pessoal de Goiandira Ayres do Couto, cidade de Goiás. Os dados também foram confrontados com a documentação da família Couto Brandão (batistérios, casamentos e óbitos) existentes no Arquivo da Diocese de Goiás.

Carvalho e teve com ela quatro filhos: João José do Couto Guimarães Filho; Manoel José do Couto Guimarães (cônego Couto); padre Luiz José do Couto Guimarães; e Antônia Maria do Couto Guimarães (mãe Yayá), bisavó de Cora Coralina.

Sabe-se que o português João José do Couto Guimarães era um político de prestígio, ao ponto de governar a Província de Goiás como integrante de uma junta provisória de 1821 a 13 de setembro de 1824[18]. Possuía muitas fazendas e imóveis, tendo adquirido terras de sesmarias na região do Urú, além da concessão para explorar as minas de ouro de Anicuns. Acreditamos, comparando a documentação existente no Museu das Bandeiras, que ele tenha falecido antes de 1856, período em que seus filhos herdaram alguns bens. Corroboram com nossa hipótese documentos indicando que, em 1854, já morava na Casa da Ponte o cônego Manoel José do Couto Guimarães.

Foto 5: Casa Velha da Ponte, 1912, Goiás-GO

O cônego Couto possuía grande influência na Igreja de Goiás tanto que, com a saída do bispo dom Joaquim Gonçalves de Azevedo, em 2 de

---

[18] Cf. BRANDÃO, Antônio José da Costa. *Almanach da Província de Goyaz para o ano de 1886*, p. 51.

novembro de 1876, tornou-se um dos substitutos imediatos do Governador do Bispado[19]. Além das funções eclesiásticas, ocupava o cargo de Tesoureiro Provincial. Homem culto, formado em Coimbra, herdou a Casa da Ponte: "Mais tarde foi o Cônego Couto, filho desse Sargento-mor, o dono da casa. O Cônego, pelo muito relatado, devia de ser rico, abastado. Tinha dignidade de Cônego e o cargo substancial de Tesoureiro da Real Província. Gastava moedas e balanceava seu ouro remanescente"[20].

Dos filhos do João José do Couto Guimarães apenas Antônia Maria do Couto Guimarães (mãe Yayá) deixou descendentes, já que um de seus irmãos morreu prematuramente e os demais eram sacerdotes. Mãe Yayá nasceu em 18 de fevereiro de 1808 e faleceu em 23 de novembro de 1901. Casou-se, em 1822, com um português chamado Jacyntho Luiz Brandão e teve doze filhos: Luiz, José, João, Manoel, Antônio e Jacintho do Couto Brandão (solteiros e sem descendentes); Carolina Luiza do Couto Brandão e Bárbara Luíza do Couto Brandão (Nhá-Bá) – ("que renunciaram ao casamento para cuidar dos pais na velhice" e não tiveram filhos); e Vicência Luiza do Couto Brandão (Mãe Ita – casada com Francisco da Cunha Bastos), Jacyntha Luiza do Couto Brandão Caldas (Mãe Cyntha – casada com José Manoel da Silva Caldas) e Joaquim Luiz do Couto Brandão que deixaram numerosa descendência[21].

Nesse momento a família vivia um tempo áureo, com muitas fazendas e riquezas. Em 15 de agosto de 1854, o filho de mãe Yayá e sobrinho do cônego Couto, Joaquim Luiz do Couto Brandão casou-se com Honória Pereira de Abreu (descendente do Anhanguera), que possuía à época 15 anos de idade. Casamento realizado na Casa Velha da Ponte e oficiado pelo tio cônego, cujo presente principal foi um conjunto de porcelana chinesa descrito pela neta Cora Coralina um século depois no epilírico "Estória do Aparelho Azul Pombinho": "Um aparelho de jantar – 92 peças./ Enorme. Pesado, lendário./ Pintado, estoriado, versejado,/ de loiça azul-pombinho./ Encomenda de um senhor cônego/ de Goiás/ para o casamento de seu so-

---

[19] Cf. SILVA, J. Trindade da Fonseca e. *Lugares e pessoas*: subsídios eclesiásticos para a história de Goiás, p. 279.
[20] CORALINA, Cora. *O tesouro da casa velha*, p. 48-49.
[21] Cf. BRITO, Célia Coutinho Seixo de. *A mulher, a história e Goiás*, 1982.

brinho e afilhado. (...) Governador da Província./ Cônegos, Monsenhores, Padres-Mestres,/ Capitão-Mor./ Brigadeiros. Comendadores./ Juízes e Provedores./ Muita pompa e toda parentela./ Por amor e grandeza desse fasto/ – casamento da sinhazinha Honória/ com o sinhô-moço Joaquim Luis"[22].

Com a morte do cônego Couto, a Casa da Ponte, juntamente com outros bens, foi em cédula de testamento passada para Joaquim Luiz. Consta na documentação da herança que os bens de João José não haviam sido partilhados e, apenas com a morte de seu filho cônego e com o cumprimento de todos os tramites legais, o avô de Cora Coralina, Joaquim Luiz do Couto Brandão, recebeu o imóvel e demais legados, em 1880[23]:

> "Certidão de óbito. Aos dezesseis dias do mês de maio de mil oitocentos e oitenta nesta cidade de Goiás, faleceu da vida presente repentinamente o Reverendo Cônego Manoel José do Couto Guimarães, de idade 68 anos, natural desta cidade. Foi encomendado, jaz na Capela de São João do Ferreiro. Para constar, fiz o presente. Vigário José Iria Xavier Serradourada"[24] (inédito).

Do casamento de Joaquim Luiz e Honória nasceram sete filhos: Manoel Luiz do Couto Brandão (Nhonhô), Jacyntha Luiza do Couto Brandão (Senhora, mãe de Cora Coralina), Maria Bárbara do Couto Brandão, Maria Vicência do Couto Brandão (tia Nhorita), Vitalina Luiza do Couto Brandão, Josefina do Couto Brom[25], além de outro filho, cujo nome não identificamos, que morreu quando cursava medicina em Louvain, Bélgica.

De acordo com as descrições de Cora Coralina, seu avô Joaquim (Vô Quinquim) era capitão da guarda nacional e, com a morte do tio cônego, mudou-se para as fazendas da família, cuidando das terras e das benfeitorias que ainda rendiam graças ao trabalho escravo. Informa-nos também que entre 1880 e 1887 a família viveu ora nas fazendas, ora na Casa Velha da Ponte. Joaquim Luiz nasceu em 10 de fevereiro de 1832[26]. Era um homem de recur-

---

[22] CORALINA, Cora. *Poemas dos becos de Goiás e estórias mais*, p. 53.
[23] Documentação avulsa. Acervo da Real Fazenda da Província de Goyaz. Museu das Bandeiras.
[24] Cúria Diocesana. Arquivo Geral da Diocese de Goiás. Curato de Santana, livro 3, fl. 5.
[25] Para maiores detalhes conferir genealogia em BRITO, Célia Coutinho Seixo de. *Op. cit.* p. 116.
[26] Cúria Diocesana. Arquivo Geral da Diocese de Goiás. Curato de Santana, livro 6, fl. 279.

sos, com muito prestígio pessoal, social, político e econômico ao ponto de compor, em 1871, a Câmara Municipal da Capital da Província de Goiás[27] e ser, em 1886, juiz de paz da Paróquia de São José de Mossâmedes[28].

Sua avó Honória, descendente de bandeirante, não comparece nos registros efetuados pelo punho lírico da neta. Em seu túmulo no cemitério São Miguel da cidade de Goiás encontramos as seguintes informações: "Aqui jaz Honória Pereira de Abreu. Esposa do Capitão Joaquim Luiz do Couto Brandão. Nasceu em 24/04/1839. Casou-se em 15/08/1854. E faleceu em 22/11/1878. *Sit tibi terra levis*".

Foto 6: Casa Velha da Ponte, década de 1980, Goiás-GO

Em 1887 o desembargador Francisco Lins dos Guimarães Peixoto, marido de Jacyntha Luiza do Couto Brandão (Senhora), comprou a Casa Velha da Ponte do sogro e a deu para a esposa como um presente pelo

---

[27] Cf. SILVA, J. Trindade da Fonseca e. *Lugares e pessoas:* subsídios eclesiásticos para a história de Goiás, p. 273.
[28] Cf. BRANDÃO, Antônio José da Costa. *Almanach da Província de Goyaz*, p. 119.

nascimento de sua filha, Helena, irmã de Cora Coralina: "Pelos fins de mil oitocentos e oitenta e tantos, chegou a Goiás, nomeado por decreto do Imperador, o Desembargador da Província, Dr. Francisco de Paula Lins dos Guimarães Peixoto que adquiriu a casa de meu avô e acabou se casando com minha mãe, viúva de um primeiro matrimônio"[29]. Do casamento do desembargador e Jacyntha, em 20 de agosto de 1889, na Casa Velha da Ponte, às margens do Rio Vermelho, nasceu Anna Lins dos Guimarães Peixoto (Aninha/Cora Coralina), segunda filha do casal. Um mês e 25 dias após o nascimento da criança, Francisco Lins faleceu, deixando a Casa da Ponte viúva da presença masculina e dona Jacyntha com as filhas para criar. Além disso, com a Abolição da Escravatura, a família, que vivia da mão-de-obra escrava em suas fazendas, começou a se endividar. Aninha nasceu num momento difícil para os Couto Brandão.

Para superar essas dificuldades, em 1900 Jacyntha mudou-se com as filhas para a fazenda onde morava seu pai. Mais uma vez a Casa da Ponte foi alugada e os rendimentos auxiliavam-na a quitar parte de suas dívidas. As recordações de Aninha evocaram esse período: "Entrava-se, decididamente, na linha da decadência econômica e financeira que alguns maus empreendimentos apressaram. Faltava dinheiro para tudo. Minha mãe se escondia, humilhada, mandava dizer que não estava em casa. Aos poucos foram saindo em penhores onerosos, donde nunca mais voltaram, joias, diamantes, coleção de antigas moedas de ouro, relógios Patek Filipe, livros valiosos de meu pai. (...) Vazia de seu melhor e valioso conteúdo, sobrou ainda, na casa e na família, não pouco orgulho e muita empáfia"[30].

Jacyntha retornou para a Casa da Ponte em 1905. Com o passar dos anos, e duplamente viúva, ficou com a presença de mais oito mulheres que deram vida ao casarão familiar. Suas tias e avó morreram e suas filhas aos poucos foram se casando, tomando seus rumos e se fazendo ao largo da vida em outras paragens. A solidão tomou conta da grande casa.

Em carta a Cora Coralina, Jacyntha comentou com pesar que sua outra filha, Helena, havia cogitado vender os imóveis:

---

[29] CORALINA, Cora. *O tesouro da casa velha*, p. 49.
[30] CORALINA, Cora. *Estórias da casa velha da ponte*, p. 96.

"Annica. (...) No fim da vida tendo ainda a esmola de Deus, aceito os sofrimentos que Ele julgar que mereço como expiação das faltas que cometi em outras existências e resigno-me. A primeira carta que recebi de Helena, sete dias depois de casada, foi pedindo-me que vendesse as casas para lhe entregar a legítima e oferecendo-me sua casa. Eu já escrevi a Helena que nessa ocasião iria morar no convento do Carmo, como pensionista. Não pretendo servir de carga para nenhuma de vocês. (...) É possível também que vendidas as casas, depois de pagar a vocês só me fiquem – pobreza e doença – e então como Rei Lear de Shakespeare implorarei a caridade de uma de vocês, não para dar um asilo a sua mãe – mas para dá-lo a uma parenta pobre. (...) Tua mãe afetuosa, Jacyntha"[31] (inédito).

O imóvel não foi vendido. Em 1º de abril de 1936 Jacyntha faleceu na Casa Velha da Ponte. Nela, ainda permaneceram sua filha caçula, Adda Maria, e seus netos. O inventário estendeu-se por décadas exigindo que Cora Coralina retornasse à cidade-natal em 1956 e se apresentasse como inventariante. Depois, para seu sustento, vendeu doces glaceados, economizando o dinheiro necessário para a compra das partes dos demais herdeiros. Finalmente, o casarão da ponte era todo seu. Quando conquistou a casa-memória de sua família, abriu suas portas, abrigou desvalidos, re-escreveu os autos do passado e estendeu a Ponte da Lapa para muito além dos rios Vermelho e Paranaíba.

Foto 7: Casa Velha da Ponte, 2009, Goiás-GO

[31] Carta escrita no fim da década de 1920. Acervo do Museu Casa de Cora Coralina.

Em 10 de abril de 1985, Anna Lins do Guimarães Peixoto Brêtas faleceu. E a casa, nascida das águas do rio, permaneceu com seus filhos que a venderam para a municipalidade sob o compromisso de que a doaria para um grupo de amigos e vizinhos da escritora munidos de um ideal: manterem vivos os espaços, compartilhar e divulgar a poesia, os sonhos e as propostas de sua última moradora. Em 20 de agosto de 1989, no dia do centenário de nascimento da poetisa, o Museu Casa de Cora Coralina abriu suas portas e, até hoje, recebe diariamente dezenas de pessoas dispostas a conhecer a herança de Cora Coralina, que também é a herança de toda uma cidade: os significados se entrelaçam. E, assim, a casa foi devolvida à gente dos reinos de Goiás.

Anna Lins não deixou a cidade de Goiás: voltou a ser tronco, água, flor. Como desejava, foi enterrada na mesma terra onde seu primeiro ascendente, há quase trezentos anos, forçou passagem. Não por acaso, foi batizada como Anna em homenagem à santa padroeira dos Goiases e que também protege Santana de Parnaíba-SP, berço anhanguerino. Herança da qual nunca esqueceu, como atesta uma de suas dedicatórias escritas em *Poemas dos becos de Goiás e estórias mais*: "Leia este livro quando estiver no ano 2000. É o livro de uma mulher que no tarde da vida está vivendo o melhor tempo de sua longa vida. Como entender essas coisas... 1725/1978 – Duzentos e cinqüenta e um anos da chegada da Bandeira Paulista do Anhanguera a esta região de ouro dos Goiases. Cora Coralina. Cidade de Goiás, 29/11/1978"[32].

Cora Coralina ainda pulsa, vive, faz-se presente em sua obra e em sua casa-barco. Como legítima herdeira do Anhanguera, acertou as contas com o passado, iluminou os obscuros da história e, ao compartilhar suas memórias, deu dignidade a sua cidade, a sua casa, a sua gente.

Honrando seu sangue sertanista, rompeu o isolamento e as condições adversas, redescobriu Goiás e dilatou suas fronteiras. Talvez por isso Cora Coralina foi para o estado de São Paulo re-encontrar suas outras origens e voltou sobre as pegadas dos desbravadores para com-

---

[32] Acervo do Museu Casa de Cora Coralina.

preender que o grande tesouro enterrado na Casa da Ponte é a própria casa, cuja história se confunde com a da cidade, que abriga o centenário legado de seus moradores. Legado este que encontrou em Aninha sua fiel depositária e que, de alguma maneira, em seus objetos e nos espaços se faz presente.

Foto 8: Cora Coralina na porta da Casa Velha da Ponte, década de 1950, Goiás-GO

2

NOS REINOS DA PONTE DA LAPA

> "Cresci filha sem pai,
> secundária na turma das irmãs.
> Eu era triste, nervosa e feia.
> Amarela de rosto empapuçado.
> De pernas moles, caindo à toa.
> Retrato vivo de um velho doente.
> Indesejável entre as irmãs.
> Sem carinho de Mãe[33]."
>
> *Cora Coralina*

Um dos poemas mais conhecidos de Cora Coralina, constantemente divulgado e declamado, intitula-se "Minha cidade". Publicado em *Poemas dos becos de Goiás,* encerra com os versos: "Eu sou a menina feia/ da ponte da Lapa./ Eu sou Aninha". Anna Lins criou duas máscaras líricas de tons confessionais: Aninha e Cora Coralina. Cora é a voz da maturidade, aquela que revive o passado e re-encontra a infância. Ao reinventar liricamente suas memórias, entre a multiplicidade de eus de sua tessitura poética, Aninha é um dos personagens centrais. De raízes notadamente biográficas, a escritura de Anna Lins dá vida á Aninha e, ao mesmo tempo, oferece pistas para que possamos espreitar sua vida nos reinos da Ponte da Lapa.

---

[33] CORALINA, Cora. *Poemas dos becos de Goiás e estórias mais,* p. 153.

Como vimos, foi no casarão da Ponte da Lapa que a família Couto Brandão viveu. Nessa casa Aninha nasceu e cresceu, passou a infância entre seus cômodos e quintal, ao lado do Rio Vermelho. Além da casa natal, a ponte interligava dois outros ambientes importantes em seus primeiros anos: a Igreja do Rosário e a Escola da Mestra Silvina. É essa infância marcada por dificuldades, privações e amarguras, configurada na metáfora do vintém de cobre, nosso ponto de partida. O vintém simboliza a ausência de recursos e de afeto, uma infância marcada pelo desamor, mas que também evoca a superação: "Procuro meu vintém até hoje. E quando eu voltei para minha cidade, voltei para quê? Para procurar o meu perdido vintém de cobre. Eu era menina, tinha ganhado um pulvi dentro de uma gaiola de buriti. Foi a minha madrinha que me deu no dia em que eu fiz cinco anos. (...) E um dia faltou para essa menina um vintém para comprar uma banana para o pulvi. Foi preciso abrir a porta da gaiola e soltá-lo. (...) Esse vintém marcou minha infância, este vintém que eu procurava debaixo deste porão, caído pelas fendas das tábuas do corredor que mandei rejuntar e que não encontrei"[34]. O vintém que caiu nas fendas se somou ao tesouro enterrado no porão da casa velha. Adentremos, então, neste universo.

Ocupando uma das margens do Rio Vermelho, seus alicerces brotam das águas e sustentam um casarão de vinte e quatro janelas, cinco das quais abrindo sobre o lendário rio. Da época em que a família Couto Brandão residia no imóvel, além dos cômodos ainda existentes, compareciam na casa o sobradão e a senzala. Convém lembrar que, apesar de ter sido construída para o uso dos Recebedores do Quinto Real, o edifício é um fiel testemunho da arquitetura residencial bandeirística, ou seja, um exemplar do programa da casa goiana do século XVIII. Os dois imóveis que compõem a Casa Velha da Ponte organizam-se em torno de um corredor longitudinal central, ladeado pelos principais cômodos que seguem a hierarquia: o setor social, o setor íntimo, e a parte de convivência familiar e de serviços[35].

---

[34] *In*: VELLASCO, Marlene Gomes de. *A poética da reminiscência*: estudos sobre Cora Coralina, p. 108.
[35] Cf. COELHO, Gustavo Neiva. *Guia dos bens imóveis tombados em Goiás*, 1999.

Divisões também descritas por Cora Coralina: "A cidade é quente e a estrutura interna das casas/ canaliza aeração pelos corredores de entrada. (...) A famigerada 'porta do meio', que preserva o interior,/ abre para a peça que em Goiás chamava varanda,/ em regra a mais ampla da construção,/ onde a família se reúne, recebe, trabalha,/ conversa e toma as refeições"[36]. E afirmou que "a casa era grande e antiga, mal repartida, mercê de suas acrescentações, sem plano e sem planta, ao tempo em que a família crescia ou se subdividia pelo casamento sem apartar o domínio. (...) Sempre foi uma das melhores e bem situadas da cidade, com enorme quintal, todo de altos muros rebuçados de telhas, horta separada e pátios lajeados. Tinha alcovas e quartos sobressalentes do tempo da família numerosa, dos parentes acostados e do braço escravo para todo o serviço"[37].

Foi nesse casarão que, conforme vimos, desde o inicio do século XIX vivia a família Couto Brandão. Ali, depois da morte do cônego Couto, em 1880, residiam Joaquim Luiz do Couto, sua mãe Antônia (mãe Yayá), seus irmãos e filhos. De seus filhos, deteremo-nos na emblemática figura de Jacyntha Luiza do Couto Brandão, nascida em 6 de novembro de 1862:

> "Aos seis dias do mês de janeiro de mil oitocentos e sessenta e três, nesta Cidade de Goiás, na Capela de Nossa Senhora da Boa Morte, batizei solenemente e pus os santos óleos na inocente Jacyntha, nascida a seis de novembro do ano findo, filha legítima do tenente Joaquim Luiz do Couto Brandão e sua mulher Dona Honória Pereira de Abreu Brandão. Foi invocada Nossa Senhora das Dores como madrinha e serviu de padrinho o Reverendo Cônego Manoel José do Couto Guimarães [Cônego Couto], de que para constar fiz o presente. Padre José Iria Xavier Serradourada"[38] (inédito).

Jacyntha cresceu em um momento em que os Couto Brandão possuíam inúmeras riquezas. Foi uma privilegiada por pertencer a uma das famílias mais tradicionais da então capital do estado de Goiás. Embora, por ser mulher, não tivesse adquirido formação superior, a exemplo de seus

---

[36] CORALINA, Cora. *Vintém de cobre*: meias confissões de Aninha, p. 171.
[37] CORALINA, Cora. *Estórias da casa velha da ponte*, p. 91.
[38] Cúria Diocesana. Arquivo Geral da Diocese de Goiás. Curato de Santana, livro 2, fl. 34.

Foto 9: Jacyntha Luiza do Couto Brandão Peixoto - 1883

irmãos que estudaram na Bélgica e em Ouro Preto, adquiriu uma cultura avançada se compararmos com a de muitas mulheres de sua época. Lia espanhol e italiano e um padre da cidade ministrava aulas de francês em sua residência, contribuindo para que ela falasse fluentemente o idioma e pudesse ler romances no original. Na verdade, um dos fatos mais marcados em sua biografia consiste em ter lido todos os livros da Biblioteca Pública de Goiás[39].

A adolescência de Jacyntha acompanhou uma fase de intensa efervescência cultural na antiga capital. O Liceu Goiano (1847), o Teatro São Joaquim (1857) e o Seminário Santa Cruz (1873) já haviam sido fundados. Entre 1837 e 1889, mais de quinze jornais circularam na cidade e, em 1864, foi criado o Gabinete Literário Goiano, influenciando, sobremaneira, o exercício da leitura e o cultivo das letras. Foi o Gabinete, com suas obras filosóficas, literárias e científicas, além de uma biblioteca que oferecia a seus associados os originais de importantes autores nacionais e estrangeiros, juntamente com os clubes literários, lugar de intensos debates que aproximam Goiás das discussões da Metrópole.

No acervo da instituição é possível constatar, como sempre é evidenciado nas memórias, que Jacyntha Luiza era uma das associadas mais assíduas. A título de exemplo, transcrevemos sua ficha do ano de 1890[40]:

---

[39] Cf. BITTAR, Maria José Goulart. *As três faces de Eva na cidade de Goiás*, 2002.
[40] Livro de registro do Gabinete Literário Goiano, relativo ao ano de 1890, p. 38.

Jacyntha Luiza do Couto Brandão Peixoto

F. 10

D. Jacyntha Luiza do Couto Brandão
1890
Janeiro 31....................... Marido de M.
Janeiro 31....................... Herança
Janeiro 31....................... Parteleiro
Janeiro 31....................... Mistérios dos Antigos C. da França
Fevereiro 11 .... Memórias de Judas
Fevereiro 24 .... Martírios de Liberdade
Março 26 .... Bastidores do Mundo
Abril 7............................. Família Nombaron
Junho 5........................... Mulher Bandida
Julho 31.......................... Presbítero Eurico
Novembro 10 .... Tragédia de Paris
Novembro 18 .... Amante da Lua
Dezembro 4.................... Cavalheiros de Inlutra
Dezembro 23................... Chatarina Boin
Dezembro 25................... Mademoiselle de Maysir
(inédito)

Seu posicionamento austero e sua liderança na família renderam-lhe o apelido de Senhora: "D. Jacyntha mantém intercâmbio comercial com grandes magazines franceses, dos quais recebe cosméticos, perfumaria, remédios e obras de arte. Da França, recebe também jornais e revistas. Desligada das lidas domésticas é, no entanto, uma figura forte dentro de casa. Como a maioria das mulheres de seu tempo, D. Jacyntha possui uma grande liderança, que exerce sobre os que moram sob seu teto"[41]. Além da reconhecida liderança e intelectualidade, Senhora também é sempre relembrada por sua dupla viuvez.

Fruto de combinações familiares, seu primeiro casamento foi com o primo Jacintho Luiz da Silva Caldas, que era comerciante de Curralinho, atual Itaberaí. A celebração ocorreu às seis horas da manhã do dia 25 de abril de 1883, na Igreja do Rosário, havendo dispensa do impedimento de

---

[41] BITTAR, Maria José Goulart. *As três faces de Eva na cidade de Goiás*, p. 158.

consanguinidade no segundo grau⁴². Além de comerciante, Jacintho era redator do jornal *Empresa do Araguaia*, em Goiás: "retrato de homem moço e romântico, (...) uma barbica rala no queixo e penugens pelo mento, um bigode fraco e triste, colarinho largo, gravata de retrós, colete de trespasse, cabelo à Carlos Gomes. (...) Era o primeiro marido de minha mãe"⁴³. Um ano depois, Jacyntha ficou viúva. Seu marido faleceu de tuberculose, na Fazenda Paraíso, em 16 de dezembro de 1884, deixando-a com sua primeira filha Vicência (Sinhá), ainda recém-nascida:

> "Aos vinte e seis dias do mês de maio de mil oitocentos e oitenta e cinco na Igreja Matriz de Nossa Senhora do Rosário, batizei solenemente e pus os santos óleos na inocente Vicência, nascida em oito de outubro do ano passado, filha legítima de Jacintho Luis da Silva Caldas e Jacintha Luiza do Couto Brandão. Foi padrinho Joaquim Luis do Couto Brandão e Jacintha Luiza do Couto Brandão. Vigário Joaquim Vicente de Azevedo"⁴⁴ (inédito).

Jacyntha que, quando casada, morava com o pai e demais familiares na Casa da Ponte, ali continuou viúva com sua filha para criar. Respeitado o luto, a família procurou outro pretendente para a jovem viúva de 22 anos. Em 17 de agosto de 1886, na Igreja do Rosário, Jacyntha Luiza subiu novamente ao altar, agora para se casar com um renomado desembargador da Província, Francisco de Paula Lins dos Guimarães Peixoto⁴⁵.

Francisco de Paula era natural da cidade de Areia, na Paraíba. Nascido em 28 de dezembro de 1821 (filho de Manoel José dos Guimarães Peixoto), era 41 anos mais velho que sua esposa: "Depois de longa passagem por tantas comarcas como Juiz Municipal e de Direito, até uma certa comarca de nome Chique-chique, na Bahia, minha mãe contava, veio terminar sua carreira de magistrado neste longínquo estado de Goiás, isto em 1884. Aqui morreu. Deixou duas filhas – Helena e Anna. (...) Meu pai era solteiro e idoso veio para Goiás. Minha mãe era viúva. Meu pai casou-se tarde (daí a filha sobrevivente nestes dias de 1965)"⁴⁶.

---

⁴² Cúria Diocesana. Arquivo Geral da Diocese de Goiás. Curato de Santana, livro 1A, fl. 32.
⁴³ CORALINA, Cora. *O tesouro da casa velha*, p. 93.
⁴⁴ Cúria Diocesana. Arquivo Geral da Diocese de Goiás. Curato de Santana, livro 14, fl. 47.
⁴⁵ Cúria Diocesana. Arquivo Geral da Diocese de Goiás. Curato de Santana, livro 1A, fl. 10.
⁴⁶ Trecho da correspondência de Cora Coralina a Augusto Lins, 1965. Acervo do Museu Casa de Cora Coralina.

A primeira referência que encontramos da sua presença em Goiás consiste no documento de juramento e posse no cargo de desembargador: "Goiás, 23 de maio de 1885. Ilmo. Sr. comunico a V. Sa. que no dia anterior prestou juramento e entrou no exercício das funções de Desembargador da Relação desta Província, por ter sido nomeado por Decreto Imperial de 15 de novembro do ano findo, o desembargador Francisco de Paula Lins dos Guimarães Peixoto. Deus guarde V. Sa."[47] (inédito). Consta que em 1886, juntamente com José Antônio da Rocha, Manoel Carillho da Costa, Jerônimo José de Campos Curado Fleury e Júlio Barbosa de Vasconcelos, integrou o corpo de desembargadores do Tribunal da Relação de Goiás[48]. O que também se tem documentado é que o desembargador era frequentador do Gabinete Literário Goiano, certamente estimulado por sua esposa, nele ingressando como associado em 1º de janeiro de 1887, com expressiva movimentação de obras[49].

Francisco de Paula Lins dos Guimarães Peixoto
1887
Janeiro 9........................ Maravilhas da Criação
Janeiro 15...................... Rapazinho
Janeiro 19...................... Rapazinho
Janeiro 28...................... Tribunal Secreto
Janeiro 29...................... Memórias de um C. de Polícia
Fevereiro 4..................... Filho do Diabo
Fevereiro 13................... Formosura da Alma
Março 3......................... Formosura da Alma
Abril 3 .... Mulher Adúltera
Abril 3 .... Médico dos Pobres
Abril 7 .... Mulher Adúltera
Abril 13 .... Anjo da Guarda
Abril 24 .... Médico dos Pobres
Abril 27 .... Vida das Flores
Junho 2 .... Pacha de Janina
Junho 20 .... Maravilhas da Criação

---

[47] Documento avulso. Acervo da Real Fazenda da Província de Goyaz. Museu das Bandeiras.
[48] Cf. BRANDÃO, Antônio José da Costa. *Almanach da Província de Goyaz*, 1978.
[49] Livro de registro do Gabinete Literário Goiano, relativo ao ano de 1887, p. 88.

Junho 20.............................	Memórias de Judas
Junho 20.............................	A Fada de Antenil
Junho 25.............................	Estrela de Nazareth
Junho 27.............................	Estrela de Nazareth
Agosto 4.............................	Dedo de Deus
Agosto 24............................	Rei de Punhal
Agosto 30............................	O Abade
Agosto 30............................	Rei de Punhal
Outubro 31	As Duas Irmãs
Novembro 3........................	Júlia
Novembro 4........................	Gonçalo Cordaça
Novembro 18......................	Cigana

(inédito)

Do casamento de Jacyntha com o desembargador Francisco de Paula, nasceram duas filhas. Helena (Peixotinha), a primeira, veio ao mundo em 1º de maio de 1887 e, em homenagem a seu nascimento, o juiz comprou a Casa Velha da Ponte para Senhora:

> "Aos dezessete dias do mês de agosto de mil oitocentos e oitenta e sete, na Capela de São Francisco de Paula da Cidade de Goiás, batizei solenemente e pus os santos óleos na inocente Helena, nascida às oito horas da noite, do dia primeiro de maio do corrente ano, filha legítima do Excelentíssimo Desembargador Francisco de Paula Lins dos Guimarães Peixoto e Dona Jacintha Luiza do Couto Brandão Peixoto. Foi madrinha, por invocação, Nossa Senhora de Aparecida, e serviu de padrinho o capitão Joaquim Luiz do Couto Brandão, avô pela parte materna da inocente. E para constar fiz o presente. Cônego José Iria Xavier Serradourada"[50] (inédito).

Dois anos depois, às seis da manhã do dia 20 de agosto de 1889, nasceu a segunda filha do casal, Anna Lins dos Guimarães Peixoto, Aninha. Recebeu o nome em homenagem à padroeira da cidade Sant'Ana, promessa feita na expectativa de salvar o desembargador das doenças (gota e artrose), em estágio já avançado, que o levaram a óbito: "Meu pai se foi com sua toga de Juiz./ Nem sei quem lha vestiu./ Eu era tão pequena,/ mal nascida./ Ninguém me predizia – vida./ Nada lhe dei nas mãos./ Nem um

---

[50] Cúria Diocesana. Arquivo Geral da Diocese de Goiás. Curato de Santana, livro 13, fl. 69.

beijo,/ uma oração, um triste ai./ Eu era tão pequena!.../ E fiquei sempre pequenina na grande/ falta que me fez meu pai"[51]:

> "Aos quinze dias do mês de outubro de mil oitocentos e oitenta e nove, nesta Paróquia de Nossa Senhora do Carmo, faleceu da vida presente o Desembargador Francisco de Paula Lins dos Guimarães Peixoto com sessenta e oito anos de idade, casado com Dona Jacyntha Luiza do Couto Brandão, natural da Província da Paraíba do Norte. Foi ungido e encomendado no cemitério, do que para constar faço este. Goiás, Padre João Teodoro Linhares, de Goiás, do Carmo"[52] (inédito).

> "Aos vinte e nove dias do mês de dezembro de mil oitocentos e oitenta e nove na Matriz de Nossa Senhora do Carmo do Estado de Goiás, o Reverendo Cônego Inácio Xavier da Silva, com licença competente, batizou solenemente e pos os santos óleos na inocente Anna, nascida a vinte de agosto último, filha legítima do finado Desembargador Francisco de Paula Lins dos Guimarães Peixoto e Dona Jacintha Luiza do Couto Brandão Peixoto. Foi madrinha por invocação a gloriosa Sant'Ana, serviu de padrinho o Doutor Francisco de Paula Alvellos. E para constar faço o presente. Cônego José Iria Xavier Serradourada"[53].

Foto 11: Desembargador Francisco de Paula Lins dos Guimarães Peixoto, 15 de outubro de 1889, Goiás-GO

---
[51] CORALINA, Cora. *Meu livro de cordel*, p. 103.
[52] Cúria Diocesana. Arquivo Geral da Diocese de Goiás. Curato de Santana, livro 1A, fl. 25.
[53] Cúria Diocesana. Arquivo Geral da Diocese de Goiás. Curato de Santana, livro 13, fl. 86.

Com a morte do desembargador, Jacyntha ficou na Casa Velha da Ponte com suas três filhas pequenas. A Abolição da Escravatura já havia ocorrido um ano antes e seu pai e irmãos, sem a mão-de-obra escrava em suas fazendas e devido a uma série de maus empreendimentos, começaram a endividar-se. Helena e Anna herdaram apólices cujos juros eram percebidos semestralmente[54]. Mesmo assim, as dificuldades financeiras rondavam a família Couto Brandão. O excesso de figuras femininas no casarão e a ausência de um filho homem contribuíram para que Senhora vivenciasse uma série de dificuldades, já que não tinha um herdeiro que no futuro provesse a família: "Ao nascer frustrei as esperanças de minha mãe./ Ela tinha já duas filhas, do primeiro e do segundo casamento/ com meu pai./ (...) Era justo o desejo de ter um filho homem e essa contradição da minha presença se fez sentir agravada/ com minha figura molenga, fontinelas abertas em todo crânio./ Retrato vivo do velho doente, diziam todos./ Me achei sozinha na vida. Desamada, indesejada desde sempre./ Venci vagarosamente o desamor, a decepção de minha mãe"[55].

Foto 12: Vista da Casa Velha da Ponte, Goiás-GO

[54] Documento avulso. Acervo da Real Fazenda da Província de Goyaz. Museu das Bandeiras.
[55] CORALINA, Cora. *Vintém de cobre*: meias confissões de Aninha, p. 114.

Anna Lins carregou consigo as marcas da infância sofrida, como se fosse a pedra rejeitada da família. Tanto que, no futuro, esse período adquiriu centralidade em suas memórias poéticas, como explicitado em muitos de seus poemas ('Minha infância', 'Vintém de Cobre', 'Aquela gente antiga', 'Meu vintém perdido', 'Menina mal amada', 'Criança' etc.). A infância tornou-se baliza fundamental para a montagem de sua trama de lembranças e esquecimentos. A eudade de Aninha foi construída sobrevivendo aos rígidos preconceitos e normas de seu tempo. Seu nascimento representou um tempo de penúria, de transição familiar, de falsas aparências para superar a pobreza. Não sem motivos, desenvolveu um complexo de inferioridade que resultou na imagem da menina inzoneira, mal amada e feia da Ponte da Lapa: "E a casa me cortava: 'menina inzoneira!'/ Companhia indesejável. (...) Contenção... motivação... Comportamento estreito,/ limitando, estreitando exuberâncias,/ pisando sensibilidades./ A gesta dentro de mim...(...) Intimidada, diminuída. Incompreendida./ Atitudes impostas, falsas, contrafeitas./ Repreensões ferinas, humilhantes./ E o medo de falar... E a certeza de estar sempre errando"[56].

Em 1892, frustrando novamente as expectativas de um herdeiro, Jacyntha teve mais uma filha, Adda Maria Ribeiro, desta vez com o médico Antônio Ferreira Ribeiro da Silva: "Éramos quatro as filhas de minha mãe./ Entre elas ocupei sempre o pior lugar./ Duas me precederam – eram lindas, mimadas./ Devia ser a última, no entanto,/ veio outra que ficou sendo a caçula"[57]. As pesquisas sobre a vida de Senhora sempre destacaram seu casamento com o pai de Adda Maria e a própria Cora Coralina, em seus poemas, afirmou: "Minha mãe, muito viúva, isolava-se no seu mundo de frustrações,/ ligada maternalmente à caçula do seu terceiro casamento"[58]. Apesar disso, de acordo com a certidão de nascimento de Adda e com o testamento de Jacyntha, essa terceira união não existiu oficialmente:

"Aos dezenove dias do mês de setembro de mil oitocentos e noventa e dois, em meu cartório compareceu o cidadão doutor em medicina Antônio Ferreira Ribeiro da Silva e declarou-me que no dia

---

[56] CORALINA, Cora. *Vintém de cobre*: meias confissões de Aninha, p. 170-171.
[57] CORALINA, Cora. *Poemas dos becos de Goiás e estórias mais*, p. 168.
[58] CORALINA, Cora. *Vintém de cobre*: meias confissões de Aninha, p. 116.

vinte e um do mês passado, as dez em cima horas da noite nasceu uma criança do sexo feminino, filha ilegítima do mesmo declarante e de Dona Jacyntha Luiza do Couto Brandão Peixoto. Essa criança tem que ser registrada com o nome de Adda. São avós da criança por parte paterna o tenente Pedro Ribeiro da Silva e dona Antônia Ferreira Ribeiro da Silva, e por parte materna o cidadão capitão Joaquim Luiz do Couto Brandão e dona Honória Pereira de Abreu, já falecida, e os avós acima paternos já falecidos. O pai da criança é residente na Rua Moretti Foggia esquina da praça primeiro de setembro, casa número quarenta, e a mãe da criança na casa unida a ponte da Lapa fazendo frente com a casa comercial do cidadão coronel João José Correa de Moraes, neste Distrito do Carmo de Goiás. Por ordem verbal do cidadão Capitão Joaquim Jorge da Silva, primeiro juiz de paz, lavrei o presente termo que o pai da criança assina comigo"[59] (inédito).

"Eu Jacyntha Luiza do Couto Brandão Peixoto, declaro que sou natural desta Capital de Goiás, filha legítima dos finados Capitão Joaquim Luiz do Couto Brandão e sua mulher Honória Pereira de Abreu Brandão, que sou viúva tendo sido casada em primeiras núpcias com Jacintho Luiz da Silva Caldas, e em segundas núpcias com o Desembargador Francisco de Paula Lins dos Guimarães Peixoto, o primeiro falecido na Fazenda Paraíso, e o segundo falecido aqui. (...) Goiás, 20 de agosto de 1934"[60] (inédito).

Essas informações explicam os motivos de Jacyntha continuar com o sobrenome do desembargador e o fato de a poesia de Anna Lins (Cora Coralina) não se referir à presença masculina na Casa da Ponte no período de sua infância e adolescência. Aliás, o que é constantemente evidenciado nessa época é a presença de nove mulheres no casarão: "Um dia houve./ Eu era jovem, cheia de sonhos./ Rica de imensa pobreza/ que me limitava entre oito mulheres que me governavam"[61], na verdade sua mãe, as três irmãs, as bisavós Vicência (vó Dindinha) e Antônia (mãe Yayá), a tia Nhorita e a ex-escrava Mãe Didi.

---

[59] Certidão de nascimento de inteiro teor. Cartório de Registro Civil e Tabelionato de Notas, Goiás-GO.
[60] Testamento autuado em 1º de abril de 1936. Acervo do Museu Casa de Cora Coralina.
[61] CORALINA, Cora. *Vintém de cobre*: meias confissões de Aninha, p. 76.

Foto 13: Baú de Jacyntha Luiza do Couto Brandão, 1881, Goiás-GO

Jacyntha, viúva, com quatro filhas, duas avós e mais três ex-escravas morando na Casa Velha da Ponte, teve de criar meios para a subsistência da família. As dificuldades financeiras agravavam-se a cada dia. Enquanto Aninha carecia de afeto, sua mãe tentava superar os problemas e, como escape, mergulhava em leituras. De acordo com as descrições de pessoas que conviveram com Senhora, ela era uma mulher alta, magra, de cabelos ralos penteados com um pequeno birote pouco acima da nuca. Muito temperamental e inteligente, com fala pausada e em expressivo tom oratório, foi uma das primeiras espíritas praticantes de Goiás e integrou a Federação Goiana para o Progresso Feminino. Depois, ainda se tornaria a primeira goiana a requerer sua inscrição como eleitora:

"D. Jacintha foi talvez a primeira brasileira precursora do movimento feminista que apesar de casada com o Dr. Lins Peixoto requereu seu alistamento no quadro das eleitoras brasileiras e coube-me aos 24 anos de idade, como Juiz de Direito, decidir o caso. (...) E quase meio século depois lendo-se a decisão que eu proferi percebe-se que um dos mais importantes argumentos está na circunstância de se achar sujeita D. Jacinha ao poder marital, pois que ainda vivia o Desor. Peixoto, seu marido. Ora, a suplicante era casada sob regime de comunhão de bens, como confessa, está sujeita, portanto, ao poder marital, não tendo a livre administração de seus bens, não pode alienar, não pode aparecer em juízo sem assistência ou autorização do marido, que é seu representante civil. Falece-lhe, pois, uma das condições da capacidade eleitoral. Sebastião Fleury Curado"[62] (inédito).

[62] In: *Folha de Goyaz*, Goiás, n. 33, 26 abr. 1936, p. 1.

As principais lembranças em torno de Jacyntha, além de sua morte devido à frustração com a transferência da capital para Goiânia em 1936 e de sua luta para o sustento da família ao ponto de, em 1926, estabelecer em sua casa uma pequena fábrica de preparo de fumo[63], são suas intermináveis leituras de jornais e romances. Imagens que povoaram a vida da menina Aninha: "Minha mãe, desiludida na sua dupla viuvez, vivia vida sedentária, passava os dias mergulhada na leitura do 'Jornal do Comércio' e do 'País' ou de grandes volumes encadernados do 'Panorama', numa transferência ou evasão de suas frustrações de mulher. Tinha atitude de pessoa desgostosa da vida, como se dizia então. Apegava-se, também, com interesse resignado e tranquilo ao feito de um crochê muito largo, de linha muito fina, de ponto muito aberto, com ramos de rosas, lírios, folhas e cachos de uvas que nunca vi terminado. (...) Minha mãe lia a 'História Universal' de César Cantu em doze volumes"[64].

A Casa da Ponte não recebia muitas visitas e era um dos poucos universos franqueados às crianças da família, além da igreja e da escola, todos nos reinos da Ponte da Lapa. Aliás, a rua era a atração lúdica proibida a Aninha que a via, juntamente com o rio correndo debaixo das janelas, apenas pelos vidros quebrados das vidraças. Seu mundo, então, expandia-se para o grande quintal que atravessa todo o terreno até se encontrar com o beco da Vila Rica. O quintal, com seus muros divisórios entreabrindo jardins, horta, pomar e a biquinha de aroeira, constituía um oásis onde a pequena Anna Lins dava asas a sua imaginação: entrava em contato com a terra, brincava com as formigas, com os pássaros e plantas: "O quintal era grande. Meu mundo. Via o meu Anjo da Guarda, ele me dava consolo, falava do céu, me protegia do capeta. Aprendi a rezar"[65]. Seus sentidos foram aguçados e brotou a crença no transcendente, que a acompanhou por toda a vida.

A igreja era outro refúgio de Aninha: confortada pelo frei Germano e sempre presente às missas dos padres dominicanos da Igreja do Rosário.

---

[63] Cf. Imposto. Documento avulso. Acervo da Real Fazenda da Província de Goyaz. Museu das Bandeiras.
[64] CORALINA, Cora. *Estórias da casa velha da ponte*. 13. ed. São Paulo: Global, 2006, p. 94-95.
[65] CORALINA, Cora. *O tesouro da casa velha*, p. 39.

No acervo do Museu Casa de Cora Coralina existem pequenos catecismos, livros de oração e de História Sagrada que Cora Coralina conservou desde fins do século XIX. Em 1894, juntamente com suas irmãs, foi crismada na Capela do Seminário de Goiás pelo bispo ultramontano dom Eduardo: "Era o Crisma, o último cerimonial pelo bispo, Dom Eduardo Duarte da Silva./ Saía de Goiás, aborrecido, para não mais retornar./ Minha madrinha – Mestra Silvina"[66].

Foto 14: Procissão em frente à antiga Igreja do Rosário, Goiás-GO

Silvina Ermelinda Xavier de Brito (1835-1920), Mestra Silvina, não foi apenas a madrinha de crisma de Aninha. Foi sua única professora, quem teve a paciência para descortinar o mundo da leitura e da escrita na menina que ninguém acreditava que aprendesse a ler. Gratidão que a marcaria para sempre, como comprovam muitos de seus poemas e entrevistas. Cora Coralina dedicou o livro *Vintém de cobre* à memória da sua mestra, cinquenta anos mais velha que ela: "Minha mestra, meus colegas... tão poucos restam. Revivo a velha escola e agradeço, alma de joelhos, o que esta escola

---

[66] CORALINA, Cora. *Vintém de cobre*: meias confissões de Aninha, p. 145.

me deu, o que dela recebi. A ela ofereço meus livros e noites festivas, meu nome literário. Foi pela didática paciente da velha mestra que Aninha, a menina boba da casa, obtusa, do banco das mais atrasadas, se desencantou em Cora Coralina"[67].

A Mestra Silvina tinha sido professora da mãe de Aninha. Já aposentada, continuou lecionando para os filhos de suas ex-alunas em sua residência à rua Direita, n. 13, atual Moretti Foggia. Não se sabe ao certo se Aninha cursou dois ou três anos da escola primária. As informações existentes são as registradas em sua lírica e nos informam que foi levada à casa-escola, do outro lado da Ponte da Lapa, quando completou 5 anos de idade. Aninha estudava em dois períodos, das 8 às 11 e das 13 às 16 horas, na escola onde não existiam recreio, férias, exames e merenda, mas em que a palmatória sempre comparecia. No poema "A Escola da Mestra Silvina", descreveu o cotidiano da escola e realizou a chamada da saudade relembrando os nomes de seus colegas de classe. Dentre eles, sua irmã Helena e os irmãos Vítor e Hugo de Carvalho Ramos que, no futuro, seriam também grandes escritores, o último, autor do aclamado *Tropas e Boiadas*.

Foto 15: Casa onde morou Mestra Silvina, 2009, Goiás-GO

[67] *Idem*, p. 18.

Um novo mundo abriu-se para Aninha que, assim como sua mãe, começou a driblar as frustrações utilizando a leitura: "Fui Maria e Joãozinho perdidos na floresta./ Fui a Bela Adormecida no Bosque./ Fui Pele de Burro. Fui companheira do Pequeno Polegar/ e viajei com o Gato de Sete Botas. Morei com os anõezinhos./ Fui a Gata Borralheira que perdeu o sapatinho de cristal/ na correria da volta, sempre à espera do príncipe encantado,/ desencantada de tantos sonhos/ nos reinos da minha cidade"[68]. Depois disso, o mundo de Anna Lins jamais seria o mesmo. Tornar-se-ia uma constante leitora e, mesmo não podendo continuar seus estudos, seguiu seu destino de cigarra cantadeira e formiga diligente. Autodidata, construiu uma vida dedicada à escrita e sua velha mestra, se tivesse vivido para acompanhar a trajetória da aluna do banco das mais atrasadas, teria muito orgulho da discípula que elevou o nome de sua terra para reinos bem além da Serra Dourada.

---

[68] *Idem*, p. 46.

3

EM BUSCA DO PARAÍSO PERDIDO

"Tínhamos ali o nosso Universo. Vivia-se na Paz de Deus.
Eram essas coisas na Fazenda Paraíso.
E, como todo paraíso,
só valeu depois de perdido[69]."

Cora Coralina

Longe da Casa Velha da Ponte, do outro lado da Serra Dourada, havia um oásis que embalou os sonhos de infância e adolescência da jovem Aninha. Se as lembranças de sua cidade e de sua casa-natal remetem a um cotidiano marcado por preconceitos, dores e limitações várias, constituindo espaços mnemônicos privilegiados para a compreensão dos primeiros anos de sua vida e visualização do cotidiano de sua comunidade, a relação de Anna Lins com o meio rural também constitui baliza crucial para a visualização de suas descobertas, alegrias e sonhos. Nem só de amarguras foram os seus primeiros vinte anos. Entre 1889 e 1911, como transparece em alguns poemas e crônicas, momentos felizes demarcaram relações familiares e seu dia-a-dia, a maioria vivenciados na secular fazenda da família. Aqui, seguiremos pistas que revelam por que Aninha teria estudado somente alguns anos do primário, as nuanças da vida familiar no ambiente rural e as fontes de inspiração de alguns de seus primeiros escritos.

---

[69] CORALINA, Cora. *Vintém de cobre*: meias confissões de Aninha, p. 92.

Com a venda da Casa da Ponte para o genro, em 1887, o avô de Aninha mudou-se definitivamente para a fazenda, fator que contribuiu para que as visitas a esta localidade se tornassem mais frequentes. A partir daí, a fazenda não se destinava apenas às costumeiras temporadas anuais nas férias de julho e dezembro. Recebia visitas de amigos e familiares o ano todo, tornando-se o ponto de encontro da numerosa família.

Um ano depois, a abolição da escravatura agravou as já incidentes crises financeiras. Tornou-se insustentável administrar as imensas propriedades sem a presença da mão-de-obra escrava. Faltavam trabalhadores, as atividades entraram em decadência e a família, incapaz de reagir, começou a se endividar e a empobrecer. O ouro havia acabado e, sem trabalhadores para a produção agrícola, a saída foi vender e empenhar alguns bens, objetos e propriedades: "Os abastos resumidos./ A fornalha apagada./ Economizado o pau de lenha./ Pelos cantos as aranhas/ diligentes, pacientes, emaranham teias./ E a casa grande se apagando. (...) No fim os compradores de antiguidades./ (...) A pobreza em toda volta, a luta obscura/ de todas as mulheres goianas. No pilão, no tacho,/ fundindo velas de sebo, no ferro de brasas de engomar./ Aceso sempre o forno de barro./ As quitandas de salvação, carreando pelos taboleiros. (...) Tudo economizado, aproveitado./ Tudo ajudava a pobreza daquela classe média, coagida, forçada,/ a manter as aparências de decência, compostura, preconceito,/ sustentáculos da pobreza disfarçada./ Classe média do após treze (13) de maio./ Geração ponte, eu fui, posso contar. (...) Voltar à infância... Voltar ao paraíso perdido"[70].

Apesar das dificuldades, ainda restaram algumas fazendas que, mesmo não refletindo os tempos áureos, eram redutos onde encontravam uma parcela da felicidade perdida em outros tempos. Não havia sinal de boas notícias. A segunda viuvez de Jacyntha, em 1889, deixou-a em um universo de oito mulheres na Casa da Ponte, apelando aos préstimos do pai e de seu irmão Manoel. Para sobreviver e sustentar sua família, recorreu a afazeres intra e extra lar: "Cozinha-se, costura-se, fazem-se quitandas, cigarros, e o dinheiro aparece. (...) D. Jacyntha monta seu próprio negócio: uma tropa de burros que liga a cidade de Goiás até a ponta da estrada

---

[70] CORALINA, Cora. *Vintém de cobre*: meias confissões de Aninha, p. 31-36.

de ferro, em Araguari, Minas Gerais. Mal-sucedida no empreendimento, perde muito dinheiro. Para manter-se, começa a vender suas joias e, mais tarde, dedica-se à produção de cigarros de palha, que são cuidadosamente confeccionados, embalados e, em seguida, despachados para o Rio de Janeiro"[71].

Em 1900, Vicência (Sinhá), irmã mais velha de Aninha, casou-se com o primo comerciante Joaquim Jacintho da Cunha Bastos (filho de Vicência do Couto Brandão Bastos e Francisco da Cunha Bastos). Como não possuía um filho homem, era natural que Jacyntha fizesse gestões para que os casamentos das filhas se arquitetassem de modo a promover a ascensão social da família. Contrariando as expectativas, Joaquim atravessava uma crise financeira que o obrigou a se aventurar no comércio de mercadorias na região do Araguaia e na febre da borracha em Belém, cidade onde faleceu em 23 de março de 1908. Vicência ficou viúva com três filhos e, com o ocorrido, também passaram a residir na Casa Velha da Ponte sob os cuidados de Senhora.

Não só a viuvez, mas o casamento de sua irmã Vicência impactou sobremaneira os destinos de Aninha: "Eu fiz só o curso primário. Por causa da pobreza... Do desinteresse de minha mãe... Das dificuldades... Minha mãe, quando casou minha irmã, ela ficou muito endividada aqui nessa cidade. Então teve que se retirar daqui, ir pro sítio de meu avô, e alugar essas duas casas para pagar as dívidas contraídas com o casamento de minha irmã mais velha. E foi justamente o tempo que eu devia estudar que eu passei lá pelas fazendas em contato com a natureza. O que me valeu também muito"[72].

É justamente nesse período que Aninha, com 11 anos de idade, mudou-se para a fazenda da família, sendo obrigada a abandonar os estudos com a Mestra Silvina. Lá entrou em contato com a vida na gleba e com uma prática que a acompanharia por toda a vida: a contação de histórias. Foi nessa época que começou a gerar um fio narrativo que, no futuro, percorreria grande parte de seus poemas, evidenciando sua atitude épica. O contato com esse universo certamente contribuiu em suas escolhas e no

---

[71] BITTAR, Maria José Goulart. *As três faces de Eva na cidade de Goiás*, p. 159.
[72] *In:* SALLES, Mariana de Almeida. *Cora Coralina*: uma análise biográfica, p. 58.

desenvolvimento das duas formas lapidares que escolheu para narrar poeticamente suas estórias: "Quando eu era menina", que assinala a dependência da memória épica, e "Minha bisavó contava", evocando um dos mitos familiares que mais frequenta sua poesia confessional[73]:

"De noite, frio ou calor, chuva ou relâmpago, trovões,/ céu barrado de estrelas ou lua, clara como o dia,/ vinha para o meio da grande varanda uma telha-vã/ com um braseiro trazido pela Ricarda./ Uma braçada de cavacos ou sabugos de milho das reservas de debaixo da mesa./ Vinha antes o couro de lobo, estendia-se no centro de um antigo canapé/ forrado de sola negra, tacheado de tachas amarelas./ Tia Nhá-Bá trazia pelo braço a velha mãe./ fazia-a sentar no meio do vasto canapé,/ aconchegava o xale, ajeitava o saquitel das coisas misteriosas, inseparáveis/ e acendia-se o braseiro./ De lado, bancos pesados, a mesa das refeições./ Meu avô puxava o tamborete da cabeceira, tomava assento./ Tio Jacinto vinha e se ajeitava, nós, gente menor, rodeávamos o fogo/ sentadas em pedaços de couro de boi, pelo chão./ Gente grande nos bancos em fileira./ Ricarda, acocorada, alimentava o fogo./ Ficávamos ali em adoração naquele ritual sagrado,/ que vem de milênios, de quando o primeiro fogo se acendeu na terra./ Contavam-se causos. Conversas infindáveis de outros tempos"[74].

Mais uma vez a história de sua família esteve relacionada com um dos capítulos fundamentais da história da região. Relembremos que Anna Lins, da parte materna, descendia de portugueses detentores de grandes sesmarias. Nas primeiras décadas do século XIX, seu trisavô João José do Couto Guimarães arrematou em hasta pública as terras até então pertencentes aos fidalgos portugueses dom Álvaro José Xavier Botelho de Távora, terceiro capitão-general da Capitania de Goiás – conde de São Miguel, e a seus irmãos marquês Francisco de Assis Távora e comendador José Joaquim Távora. Os Távoras, desde 1749, instalaram-se em uma ampla extensão de terras no vale do rio Urú, onde construíram confortáveis e belas estâncias, a exemplo da Fazenda Quinta e do Castelo de Santo Isidoro. Devido a acusações de responsabilidade em atentado contra a vida de dom José I, em Portugal, o marquês de Pombal teria perseguido e executado os integrantes da família, colocando suas terras à venda.

---

[73] Cf. YOKOZAWA, Solange Fiúza Cardoso. *Estórias da velha rapsoda da Casa da Ponte*, 2005.
[74] CORALINA, Cora. *Vintém de cobre*: meias confissões de Aninha, p. 60-61.

Foto 16: Curral da Fazenda Paraíso, 2009, Mossâmedes-GO

Além de arrematar parte dessas terras, o trisavô de Aninha requereu outra sesmaria e nela instalou a sede de sua fazenda que, devido à beleza do lugar, recebeu o nome de Fazenda Paraíso: "A prodigalidade da natureza oferecia fauna e flora abundantes e maravilhosas. As águas do Fartura e do Ribeirão formavam sedutores poços de banho e mantinham o solo úmido e as pastagens sempre verdes e frescas. Toda a criação era sadia e bem nutrida, graças a essa fertilidade. (...) Serraria, engenho cilíndrico de açúcar, moinho de fubá com suas grandes bacias de pedra, soca-soca e monjolo movimentavam-se por inteligente aproveitamento das águas de um rego, que, depois de utilizadas, caíam em graciosas, sonoras e espumejantes cascatas. Cafezal, canavial, bananal, além da lavoura de algodão e do fumo, em franca produção. Nos pomares, sadios e sazonados frutos fartamente pendiam"[75]. Na Paraíso a vegetação era fecunda e viçosa e, devido à umidade permanente de suas áreas adjacentes, era considerada, assim como o Bacalhau e o Ouro Fino, como região ideal para veraneio dos moradores da cidade de Goiás: "Havia no tempo, uma prática medicinal, prescrição médica:/ – Mudar de ares. Gente enfastiada, anêmica, insatisfeita,/ nervosa

---

[75] BRITO, Célia Coutinho Seixo de. *A mulher, a história e Goiás*, p. 114.

da cidade, descorada, falta de apetite, vinham tentar melhoras/ nos ares sadios, no leite farto e frutas das fazendas./ Eram bem aceitos e se fazia a grande hospitalidade antiga./ (...) Aqueles hóspedes ganhavam novas cores, nutrição, nesse regime de fartura/ e ares puros. Banhos nos ribeirões, passeios pelos campos./ Comiam fruta do mato, carne de caça, leite de curral, ovos quentes, gemada,/ transbordando os pratos de mingau de fubá fino, de milho de canjica./ Café com leite, chocolate, a que se adicionavam gemas batidas, ovos quentes./ Tudo substancial e forte. Voltavam outros para a cidade./ Era a regra do tempo"[76].

A fazenda situava-se a 20 quilômetros da antiga Aldeia de São José, atual município de Mossâmedes, e era ponto de confluência das regiões da Aldeia, Curralinho e Goiás. Além da Paraíso, os ascendentes de Aninha possuíam outras terras e imóveis. Mas aquela fazenda era a mais famosa e cobiçada de todas as suas propriedades. Nela, o patriarca da família construíra uma espaçosa Casa Grande: "à chegada da casa, que João José construíra, grande cruzeiro de aroeira em permanente gesto de bênção. Gente branca na Casa Grande. Gente de cor nas senzalas; braços indispensáveis na lavoura, nos teares, nas cozinhas e no embalo dos berços. Aqueles senhores não eram maus. Castigavam sem perversidade. Os cativos trabalhavam muito, mas eram bem assistidos e, ás vezes, estimados. (...) Paraíso tinha de fato a Casa Grande. Alguns degraus, à entrada, levavam ao avarandado, que abrangia toda a fachada da ampla morada"[77].

Com a morte de João José e de sua esposa, seus filhos passaram a administrar os imóveis deixados. E, enquanto o cônego Couto ficou na Casa Velha da Ponte, o marido de Antônia, mãe Yayá, o português Jacyntho Luiz Brandão, assumiu a direção da Paraíso impondo-lhe um ritmo de progresso.

Todos os filhos de mãe Yayá e Joaquim Jacintho nasceram na Paraíso e desfrutaram de uma vida repleta de regalias: "O velho Brandão morava em uma fazenda chamada, até hoje, Paraíso, nas fraldas da Serra Dourada, perto de Mossâmedes, e, nas segundas-feiras, seguia com os escravos

---

[76] CORALINA, Cora. *Vintém de cobre*: meias confissões de Aninha.
[77] BRITO, Célia Coutinho Seixo de. *Op. cit.*, p. 115.

(muitos aliás), para a extração do ouro e aos sábados voltavam com os tachos de ouro em varas, carregados pelos escravos. Na fazenda Paraíso, aquele ouro em pó e em pepita era colocado em lençol, sobre um couro, e exposto ao sol para secar e embarrar"[78].

E Cora Coralina também descreve esta cena: "Minha bisavó – que Deus a tenha em bom lugar –/ inspirada no passado/ sempre tinha o que contar./ Velhas tradições. Casos de assombração./ Costumes antigos. Usanças de outros tempos./ Cenas da escravidão./ Cronologia superada/ onde havia bangüês./ Mucamas e cadeirinhas./ Rodas e teares. Ouro em profusão,/ posto a secar em couro de boi./ Crioulinho vigiando de vara na mão/ pra galinha não ciscar./ Romanceiro. Estórias avoengas.../ Por sinal que uma embalou a minha infância"[79]. E muitas dessas histórias, contadas por sua bisavó Antônia (Mãe Yayá), podem ser situadas e comprovadas:

> "Nota 8. Antônia Maria do Couto Brandão, residente neste município declara que no dia 9 de março de 1872, nasceu de sua escrava, casada, de nome Rufina, preta, cozinheira, que se acha matriculada com os números 188 da matrícula geral do município – 5 da relação apresentada pela mesma D. Antônia, uma criança de sexo masculino, tendo de ter o nome de Generoso, quando for batizada e é de cor preta. Goyaz, 5 de junho de 1872"[80] (inédito).

Com a morte do cônego Couto e de Joaquim Jacyntho (esposo de mãe Yayá), os bens foram passados em cédula de testamento para um dos filhos do casal, Joaquim Luiz do Couto Brandão, avô de Anna Lins: "fazenda Paraíso, casas, outras escravaturas. Meu avô passou-se para a fazenda onde labutavam nas roças, nos campos e nos engenhos seus muitos escravos"[81]. Aquele mesmo que, conforme vimos, se casou em 1854 com a descendente do Anhanguera, Honória Pereira de Abreu, recebendo de presente o aparelho Azul Pombinho.

Joaquim Luiz morava na fazenda com "seus correligionários, amigos e compadres, inúmeros agregados, protegidos e dependentes. Era grande

---

[78] *Idem*, p. 116.
[79] CORALINA, Cora. *Poemas dos becos de Goiás e estórias mais*, p. 49.
[80] Documentação avulsa. Acervo da Real Fazenda da Província de Goyaz. Museu das Bandeiras.
[81] CORALINA, Cora. *O tesouro da casa velha*, p. 46.

caçador e tinha muito mais de mil alqueires goianos de mato, cerrados, campos e rios e ribeirões"[82]. Anna Lins não conheceu sua avó Honória, que faleceu em 1878. Mas Vicência Pereira de Abreu, mãe de Honória e sua bisavó materna, conhecida como vó Dindinha, viveu mais de cem anos e pôde conviver com a bisneta na Paraíso e na Casa Velha da Ponte. A adolescente Anna Lins, portanto, foi criada na presença constante de suas duas bisavós mãe Yayá e vó Dindinha que, juntamente com sua ex-escrava ama-de-leite, mãe Didi, sua tia Nhorita e a Mestra Silvina lhe transmitiam estórias de encantamento. Cresceu entre oito mulheres que habitavam a casa da fazenda: "No tempo de Dindinha tinha muita pobreza. Meu avô tinha a fazenda Paraíso. Muita amizade com os retirantes. Quando um ficava doente e precisava tratar na cidade ia para a Casa da Ponte, de modo que a casa tinha sempre um agregado. Era a casa das oito mulheres, que me vigiavam: mãe, irmã mais velha, irmã, Dindinha, Bárbara, Vitalina, que é parenta velha, tia de minha mãe, e mais a criada Lizarda"[83].

Foto 17: Cora Coralina, Goiás-GO

A jovem bisneta tornou-se herdeira dos patrimônios mnemônicos transmitidos pelas duas velhas matriarcas: "parece ter recebido de Mãe Didi uma capacidade de fabulação, de criação, sem o que não há arte.

[82] CORALINA, Cora. *O tesouro da casa velha*, p. 14.
[83] Acervo de Mariana de Almeida Salles.

Mas ela é herdeira, sobretudo, da memória da bisavó, do seu 'fôlego de cronista'. (...) É presenciar um tempo perdido que, muita vez, remonta uma época anterior à vivida pela poeta. Isso porque a autora não poetisa apenas o que ela viveu ou aprendeu na observação diária, mas também o 'revelho' o que ouviu contar"[84]. Anna Lins recebeu algo mais que os temas que irrigaram sua arte, herdou a linguagem: "Minha bisavó não falava errado, falava no antigo,/ ficou agarrada às raízes e desusos da linguagem/ e eu assimilei o seu modo de falar./ Ela jamais pronunciou 'metro', sempre 'côvado' ou 'vara'./ Nunca disse 'travessa' e sim 'terrina', rasa ou funda que fosse,/ Nunca dizia 'bem vestido', falava – 'janota' e 'fama' era 'galarim'./ Sobraram na fala goiana algumas expressões africanas, como Inhô, Inhá,/ Inhora, Sus Cristo"[85]. Além disso, outras foram as fontes que promoveram o despertar sinestésico da menina Aninha (e da jovem Anna Lins). Na Paraíso, ela obteve uma maior liberdade que a Casa da Ponte não lhe proporcionava. Se na beira da Ponte da Lapa suas companhias eram as formigas e o quintal o seu mundo, na fazenda inúmeras eram as possibilidades de "abrir vôo nas asas impossíveis do sonho". Na verdade, Paraíso era uma metonímia para designar uma imensa região e o conjunto de fazendas, propriedades da família Couto Brandão.

A Casa Grande estava sempre cheia e movimentada, aberta ao ancestral ritual de hospitalidade: "Ô de Casa". "Ô de fora. Tome chegada." Era uma propriedade de grande pompa, com um vasto alpendre coberto. Possuía dois quartos reservados para os hóspedes, além dos quartos que abrigavam a numerosa família, o escritório, o quarto do oratório (Capela), a copa, a despensa e a cozinha comandada por Florinda (Mãe-Preta) com o auxílio de Ricarda, Siá Nicota e Siá Balbina. Em torno da Casa Grande havia pequenas casas onde viviam agregados, protegidos, dependentes e parentes; a senzala; e benfeitorias como uma grande horta, pomar, jardim, curral, plantações, o rego d'água, pastos e mata. Afastadas da sede havia ainda outras construções como a Fazendinha, lugar de bons pastos, águas fartas e cultura; a casa da Serra, onde residia o avô e havia o engenho; e a casa com um velho moinho tocado a água e paiol. Eram terras a perder de vista.

---

[84] YOKOZAWA, Solange Fiúza Cardoso. Estórias da velha rapsoda da Casa da Ponte, p. 136.
[85] CORALINA, Cora. *Vintém de cobre*: meias confissões de Aninha, p. 74.

Foto 18: Marcador de gado pertencente à família de Cora Coralina

Da Casa Grande, três foram os espaços que marcaram a vida de Aninha e de suas irmãs: o escritório do avô, a cozinha e o oratório. O escritório, também quarto de armas, era inacessível às crianças. Situado em um dos primeiros cômodos, era a ponte entre a fazenda e o mundo circundante. As visitas que chegavam à propriedade ficavam na varanda e eram convidadas a se identificar, a guardar as armas e lá se reuniam. A capela ou quarto do oratório se encontrava do outro lado do escritório, também logo na entrada da casa coligado ao alpendre e ao quarto de hóspedes, compondo a parte da área social da Casa Grande, uma faixa de fronteira comum na chamada casa bandeirística rural. A "Capela Curado" era um privilégio de poucos, autorização concedida por dona Maria I, quando conferiu as terras de sesmaria, licenciando, mediante uma série de condições, a celebração de missas e sacramentos desde que contivesse todos os paramentos e estivesse separada das demais dependências e com uso exclusivo para tal finalidade. O oratório doméstico era um símbolo de poder e provavelmente fora concedido aos Couto Brandão por intermédio do influente cônego Couto, que residia na fazenda e que oficiava as cerimônias: "No altar, alva toalha de linho bordada, jarras de porcelana, castiçais de prata e a imagem de N. S. da Conceição. Os paramentos eram luxuosos, em cetim e brocado, para missas de gala e batizados. Em oratório, sobre credência de madeira trabalhada, à direita do altar, o milagroso Santo Isidoro. Um belíssimo

Cristo crucificado, em marfim, com incrustações de rubi, representando gotas de sangue"[86]. Aos fundos, compondo uma das partes privativas da casa e dialogando com o terreiro interno, encontrava-se a cozinha, cuja alquimia ficou grafada no olfato da memória de Aninha. Ambiente onde se faziam as refeições no fogão a lenha e onde era preparado o queijo com coalho natural, os doces, açúcar de garapa coada e mel espumado, canjica, rapaduras, ovos, frutas e carnes típicas da culinária goiana. Abundância contrastante com a vida na Casa da Ponte, onde um simples bolo era regrado e sonegado e a menina Aninha era obrigada, muitas vezes, a dormir com fome ou, para superar a pobreza que se instalava, a comer refogados gosmentos com angu de farinha e pimenta-de-cheiro.

Nas lembranças de suas temporadas e do período em que residiu na Paraíso, Anna Lins descreveu como uma época de alegria e paz, com um calendário dividido rotineiramente em tempo de moagem, tempo das rosas e tempo das colheitas, com ciclos que propiciavam que os anos se passassem sem sentir. Talvez porque na fazenda ela tivesse, além da inspiração, o tempo livre para a leitura e escrita.

A estrada de ferro, de Araguari-MG, estava distante oitenta léguas. Automóveis ainda não haviam chegado ao sertão longínquo. Onde quer que se fosse era preciso de cavalos, cargueiros, carros de boi. Os jornais, livros e mercadorias vindos do Rio de Janeiro e São Paulo eram entregues às tropas que, de Uberaba, se espraiavam até a capital de Goiás. E, de Goiás à fazenda, outra viagem. Foi na Paraíso que Anna Lins elaborou muitas de suas primeiras crônicas e contos e, nessa reclusão, era o carro de bois do carreiro Anselmo que costurava os sertões trazendo notícias e suprimentos: "Era a rotina da vida no Paraíso e nós, jovens, ansiando já pela volta do carro,/ cartas e jornais do Rio de Janeiro. Quatro dias ida e volta./ Minha mãe era assinante do 'Paiz' e para nós vinham os romances/ do Gabinete Literário Goiano./ Esperar a volta do carro, imaginar as coisas que vinham da cidade,/ tomava a imaginação desocupada das meninas moças./ Acostumei a ler jornais com a leitura do 'Paiz'./ Colaboravam Carlos de Laet, Arthur Azevedo, Júlia Lopes de Almeida,/ Carmem Dolores./ Meus

---

[86] BRITO, Célia Coutinho Seixo de. *A mulher, a história e Goiás,* p.115.

primeiros escritinhos foram publicados no suplemento desse jornal. (...) Uma festa, apurar o ouvido ao longínquo cantar do carro,/ avistado na distância, esperar as novidades que vinham:/ cartas, livros e jornais./ Era uma vida para aquela mocidade despreocupada,/ pobre e feita de sonhos"[87].

Foto 19: Gabinete Literário Goiano, década de 1900, Goiás-GO

Mesmo quando se mudou por volta de 1900 para a Paraíso, a mãe de Anna Lins continuou assinante do jornal "O Paiz" e sócia do Gabinete Literário Goiano. Também lia o "Malho", a "Careta", o "Fon-Fon", "O Jornal do Comércio". Jacyntha e suas filhas continuaram residindo na fazenda até 1906, quando regressariam à Casa Velha da Ponte. Apesar das dificuldades financeiras, privilegiaram a leitura e a informação. Prova disso é que no livro de registros do Gabinete Literário, relativo aos anos de 1900 a 1902, na página de Jacyntha Luiza, o então responsável pelas mensalidades escreveu: "Esta Sra. havia me declarado, que não continuaria de outubro em diante; pelo que não extraí o respectivo talão. No entanto, hoje 10 de novembro recebi o presente bilhete com o qual a mensalidade do mês de outubro". No bilhete, Jacyntha informou que o portador pagaria sua mensalidade e solicitou o envio do livro "O Drama de Paris" ou as

[87] CORALINA, Cora. *Vintém de cobre*: meias confissões de Aninha, p. 98-99.

tragédias do mesmo[88]. No mesmo livro, encontramos a relação das obras enviadas para a família em 1900:

> D. Jacyntha Peixoto
> 1900
> Outubro 22....................... Inferno do Ciúme
> Outubro 25....................... Romances Marítimos
> Outubro 31....................... Madame Saint-Geme
> Novembro 12................... Formosa Ângela
> Novembro 23................... Novela do Marinho
> Novembro 23................... Memórias de um Médico
> Novembro 23................... Vida de Jesus Cristo
> Novembro 26................... Pai dos Pobres
> Novembro 27................... Duas Rivais
> Dezembro 9..................... Memórias de um Comissário
> Dezembro 11................... A Rua da Amargura
> Dezembro 24................... Mil e Uma Noites
> Dezembro 26................... Dois Órfãos.
> (Inédito)

Aninha certamente lia, quando autorizada, os romances e jornais enviados a sua mãe. No poema "O longínquo cantar do carro" informa-nos também que seus primeiros textos foram escritos quando ela ainda residia na Paraíso. Das produções desse período, em duas crônicas publicadas no jornal *O Goyaz* em 1909, Anna Lins fez questão de destacar que as havia escrito na fazenda. Foi também nessa época que optou pelo pseudônimo Cora Coralina. O convívio com a terra, certamente, contribuiu para essa escolha. A despeito das inúmeras tentativas de interpretação de seu pseudônimo, é importante reconhecermos que na mitologia grega Cora era o nome de Perséfone, que representava as mudanças na natureza e era a deusa da agricultura, da fecundidade, dos trigais e das colheitas.

O que importa é verificar como a estadia na fazenda Paraíso influenciou sobremaneira sua literatura. Transcrevemos duas crônicas de Cora Coralina escritas na Paraíso em 1909, quando a autora tinha 20 anos, e que são desconhecidas do grande público:

---

[88] Livro de registro do Gabinete Literário Goiano, relativo aos anos de 1900 a 1902, p. 46.

"A Solidão

Que grande contraste entre a primavera e o inverno!
De um lado, o céu azul, a luz gloriosa do sol, e o canto dos passarinhos... De outro a tristeza de um céu pardacento, ameaçador e carrancudo como um velho nervoso. O inverno tem mais influência sobre mim, que sobre os termômetros. Nesta quadra de meses, sinto-me triste e constrangida, como se estivesse num lugar estranho, sempre com os olhos no céu, espreitando a primeira nesga azul, entre grossas nuvens cor de chumbo, ou o primeiro raio de sol, caindo na relva úmida dos campos.
Tão alegre sou na primavera como triste, quando vejo as nuvens arrastarem-se pelo horizonte, levadas a um *rendez vous* macabro... Questão de temperamento.
Por isto é que eu gosto das andorinhas; elas não suportam o inverno, com o seu aguaceiro entediante.
Ah, não! Abrem as asas, sobem rodopiando pelo espaço, e tomam a direção do sul.
Quem me dera ser a andorinha forasteira, que levanta suas plumas azuis, varando o espaço em busca da luz, de claridades!...
Como deve ser bom ter asas! Asas para golpear a imensidade, para varar o horizonte... Asas para desaparecer no azul.
De todos os pássaros o que me merece mais simpatia, é a andorinha, nem o sabiá canoro, (que me faz lembrar a 'serenata' de Schubert, executada na flauta por Chico Martins) nem as níveas garças, nem os colibris volúveis como os homens...
Um dos primeiros artigos que publiquei aos 14 anos, foi sobre as andorinhas, o ano passado escrevi sobre este pássaro, e é sobre ele que ora escrevo.
A razão é simples. Eu detestava a solidão, e via-me obrigada a aceitá-la. Como era natural, comecei a prestar muita atenção a tudo que me cercava: árvores, flores, pedras, rios, pássaros...
Enquanto eu fitava os olhos no espaço, esperando num carro de flores a fada que devia libertar, como nos Contos da Carochinha, as andorinhas chilreavam como se estivessem zombando da minha infantil esperança: comecei a amá-las, horas esquecidas acompanhava as evoluções de suas asas. Sendo elas mais amigas do homem, dão preferência aos telhados para a sua nidificação, foram pois as companheiras da minha solidão, e quem me ensinou a distinguir o Belo na Natureza. Dir-se-ia que me nasciam outros olhos mais sutis, mais delicados. Eu que, nada prestava atenção, do que enxergava com os meus olhos carnais, principiei a ver e compreender, e afinal aceitei aquela frase de Batista Cepellos: 'A solidão no

sentido etimológico da palavra, não existe... A solidão é mais povoada que as grandes cidades, os habitantes, porém, são de outra espécie muitíssima diversa, que poucos olhos vêem e poucos espíritos alcançam'.
Só quem vive na solidão compreende o extremo bem que ela faz a alma. Foi feliz Samuel Smiles quando escreveu: 'é na solidão que se alimenta a paixão pela perfeição espiritual. A alma comunica-se consigo mesma até que a sua energia torna-se mais intensa'.
A solidão e a natureza, estão sempre unidas, e o mundo que elas me ofereceram foi tão belo, tão ideal que fiquei em êxtase.
Compreendi que até então minha alma tinha estado cega, e que seus olhos abertos repentinamente, eram deslumbrados.
Todas as insignificâncias e puerilidades que eu olhava sem ver, começaram a ter para mim outro sentido, parecia eu ser dotada de uma ótica superior e maravilhosa.
Hoje desconheço o tédio que causa a continuação invariável da mesma vida sem emoções, e a monotonia de ter sempre diante dos olhos as mesmas cenas, as mesmas paisagens, sem variantes. Acho que as vozes humanas são desnecessárias; para a natureza basta o êxtase.
Será preciso os sons emitidos pela garganta, quando a mudez é tão elegante?
Haverá solidão onde as fontes murmuram sons de veludo, onde os pássaros cantam e onde canta a claridade?...
Abençoada seja a Natureza, em cujo templo a minha alma comunga com devoção, a hóstia branca e benta da poesia...
Cora Coralina - Paraíso – 10-11-908"[89].
(Inédito)

[89] In: Jornal *Goyaz*, Cidade de Goiás, n. 1053, 27 fev. 1909, p. 3-4.

"Floração

Meu amigo. Eu que do mundo só conheço as grandes árvores em cuja sombra recortada e preguiçosa despertou-me a primeira cisma, as campinas que rebentam em flores neste lindo mês, o mais lindo do calendário e as colossais florestas não desvirginadas, de uma beleza austera e selvática, onde os vegetais abrem-se para a vida na espontaneidade das coisas livres; eu que da vida só conheço a singeleza e candura que se encontra bem longe da sociedade hodierna, não deves estranhar pois o meu grande amor pela Natureza.
Tu vives na Arte, pela Arte e... Talvez da Arte, amai-a portanto. Desde que meus olhos ingênuos e curiosos de adolescente, fitaram pela primeira vez estas paisagens, elas se retrataram na minha retina deslumbrada.
Daí as visões que achas no fundo do meu olhar. Foi a natureza o primeiro cenário que se abriu para a minha alma impressionista.
Às vezes me parece ser eu uma haste, um ramo, um tronco... Sim, amigo, não rias, a vida é para mim como é para eles.
O inverno triste como a Quaresma de um Monge, me faz lamentar como uma andorinha de cemitério.
Mas tudo renasce neste lindo Maio, e eu também me sinto renascer neste fluxo miraculoso de vida. As pedras, as plantas, vivem nesta época, e eu vivo com elas.
Árvores! Gosto de vê-las frementes neste banho de luz, onde as folhas têm cintilações próprias e transparências de cristais verdes! Do inverno nada resta senão as verduras bem lavadas.
Os campos e as matas ao meio dia têm trechos adoráveis da noite. Oh! Claro escuros, como me sugeris imagens e visões que me fatiam a alma na ânsia louca de alcançá-los.
O céu e a terra são duas rimas ternas e luminosas...
Vejo acolá, na orla da estrada as rosinhas silvestres sangrando o glauco translúcido das folhas.
É este o mês glorioso das orquídeas brancas, como hóstias consagradas, de cujas pétalas excêntricas e bizarras, desprendem-se um perfume morno de colos desnudados. As águas riem alto nos seus tálamos de seixos e gorjeia a boca alegre dos ninhos.
É a Natureza, meu abrigo celebrando a Páscoa da Vida, no seu templo de luz e de aromas; essa harmonia luminosa projeta-se na minha alma, dando-lhe vigor, fazendo dela uma atleta de força e de beleza.
Tudo, tudo o que me cerca acompanha esse *Te-Deum* festival.
As árvores, as flores, os ninhos, as águas e até os blocos hirtos de granito, das cordilheiras esculpidas em relevos no horizonte, tem a espiritua-

lização das coisas santas. E na celebração litúrgica dessa Missa Cantada da Natureza, sente-se vibrar a Alma rude da Pedra.
Maio é o mês em que a criatura desvencilha-se delicadamente do atavismo egoísta de seu eu e tem no coração mansidões inéditas.
É o mês das asas, dos arrulhos, dos namorados e de amor.
O céu mais próximo da terra parece estreitá-la num longo amplexo apaixonado.
E no entanto quando quero beber essa vida esplendida que me cerca, envolver-me nessa luz que do alto desce cascateando sobre a terra, juntar meu canto de *gracia* às vozes de tudo o que me canta e reza, sinto que dentro do meu ser a minha alma enregelada treme de frio!
Cora Coralina - Paraíso – 11-5-909"[90].
(Inédito)

A fazenda dos sonhos de Cora Coralina aos poucos foi perdendo seu encanto. Na época de sua infância e adolescência, a Paraíso não mais possuía a fase de glórias e ostentação de outrora, apesar de contribuir, e muito, para a composição do universo imagético dos primeiros escritos da autora: "Duas crises financeiras abalaram os Couto Brandão, assim como outras ilustres famílias goianas. O ouro de aluvião, retirado com facilidade, tornava-se cada vez mais escasso. (...) Tentando salvar sua estabilidade econômica, concentraram-se, então, no desenvolvimento da agricultura, conseguindo lindo cafezal, extenso canavial, além de algodão e fumo em franca produção. Serraria, engenho de açúcar, moinho de fubá com grandes bacias de pedra viram-se repentinamente paralisados pela ausência de braços escravos, tornados livres com a Lei Áurea. Foi brusca a transformação e despreparada estava a família para enfrentá-la. Longe foi ficando o mundo de riqueza e abastança com que sempre convivera. As fazendas Paraíso, Pai Felix, Santo Isidoro e outras bases de sua manutenção financeira foram-lhe escapando das mãos, na maioria das vezes por negócios inabilmente realizados"[91].

Com a morte do avô, a família perdeu o seu Paraíso: "seu filho mais velho foi rever/ o que restava./ Apalavrou a venda dos bois velhos, carro e carretão. (...) Os velhos bois foram entregues aos compradores./ A fazenda

---

[90] In: Jornal *Goyaz*, Cidade de Goiás, n. 1066, 5 jun. 1909, p. 2.
[91] MENDONÇA, Belkiss Spenciere Carneiro de. *Andanças no tempo*, p. 231.

mudou de dono. E a vida continuou/com suas contradições e desacertos"⁹².
Mas Cora Coralina não presenciou esse momento. Quando a fazenda foi vendida ela já estava casada e com filhos em terras paulistas. Somente acompanhou as notícias por meio das cartas que sua mãe lhe enviava:

> "Annica. Recebi sua carta de 15 de setembro que respondo. (...) Quanto ao Paraíso ainda não foi vendido nem para o Chico nem para o Capitão Hermes porque falta lhe pagar qualquer coisa para ser completamente do Nhonhô [Tio de Cora, Manoel Luiz do Couto Brandão], que o Lulu que é procurador não quer dar senão debaixo de certas condições pecuniárias que Nhonhô ou antes Nhanhá [esposa de Manoel, a musicista Maria Angélica da Costa Brandão – Nhanhá do Couto] não quer que sejam atendidas. (...) Tua mãe afetuosa. Jacintha"⁹³.

Foto 20: Estribos da Fazenda Paraíso, Goiás-GO

O tempo passou, Cora Coralina regressou a sua cidade vestida de cabelos brancos e publicou seus livros. Apesar de desde *Poemas dos becos de Goiás* e *Meu livro de cordel*, editados em 1965 e 1976, retratar momentos de sua infância, as lembranças da Paraíso somente ressurgiram poeticamente na década de 1980, quando escreveu os poemas de *Vintém de cobre*. Com noventa e quatro anos de idade, ela re-encontrou o paraíso

---

⁹² CORALINA, Cora. *Vintém de cobre*: meias confissões de Aninha, p. 102.
⁹³ Carta escrita na década de 1920. Acervo do Museu Casa de Cora Coralina.

perdido da infância e rendeu-lhe inúmeras homenagens. Certamente quis evitar que o tempo passasse tudo a raso.

Hoje, 100 anos depois, seguimos em busca desse paraíso perdido. A extensa propriedade foi dividida, originando inúmeras outras fazendas, com seus vários donos e sonhos. Pertencente ao município de Mossâmedes, atualmente Paraíso é o nome que referencia toda uma vasta região em homenagem à fazenda mãe. Da antiga propriedade, além de alguns objetos do antigo oratório, mobiliário e estribos de posse dos descendentes, ainda restam dois imóveis: a sede da antiga fazenda e a casa onde existem os vestígios do antigo moinho, onde o rego d'água sobrevive. Também se fazem presentes a natureza exuberante, as andorinhas, a hospitalidade sertaneja e a tradição dos carros de boi. Elementos que resistem contribuindo para que a localidade não perca sua poesia, em cada instante, re-encontrada.

4

AS ROSAS DO VELHO SOBRADO

"Antigas flores
de que ninguém mais fala!
Rosa cheirosa de Alexandria.
Sempre-viva. Cravinas.
Damas-entre-verdes.
Jasmim-do-cabo. Resedá.
Um aroma esquecido
- manjerona.
O Passado...
Gente que passa indiferente,
olha de longe,
na dobra das esquinas,
as traves que despencam.
– Que vale para eles o sobrado?"[94]
Cora Coralina

Se, no isolamento da fazenda Paraíso, Cora Coralina conseguia travar contatos com os intelectuais e escritores de seu tempo, recebendo romances e jornais e enviando suas crônicas para a publicação, é natural que sua volta à Casa Velha da Ponte, em 1905, ampliasse este universo. O contato diário com a intelectualidade no Gabinete de Leitura, no Grêmio Literário e nas tertúlias dos casarões, possibilitou que confluísse seus projetos com os de toda uma mocidade que há alguns anos já mobilizava a

---

[94] CORALINA, Cora. *Poemas dos becos de Goiás e estórias mais*, p. 99.

cena pública da cidade. É importante visualizarmos que, a partir de 1900, Goiás vivenciou uma das mais intensas atividades intelectuais de sua história, resultando em uma vasta produção literária, principalmente na poesia e no jornalismo, e no surgimento dos primeiros contos. Superando as dificuldades da época, em que as edições eram realizadas fora do estado, inúmeros autores publicaram suas obras, muitas repercutindo o romantismo reinante, com nomes de flores: *Poetas goianos* (1901) de Henrique Silva; *Alvoradas* (1902) de Joaquim Bonifácio; *Violetas* (1904) de Luis do Couto; *Agapantos* (1905) de Gastão de Deus; *Poesias* (1906) de Félix de Bulhões (póstuma); *Coroa de lírios* (1906) de Leodegária de Jesus; *Lírios do vale* (1907) de Arlindo Costa; seguidas das publicações de Augusto Rios, Erico Curado e Joaquim Bonifácio[95].

Foto 21: Rua Dom Cândido, Goiás-GO

A cidade vivia um momento de renovação. Alguns nomes de referência no ambiente intelectual haviam falecido (Félix de Bulhões, Edmundo Xavier de Barros, Alceu Victor Rodrigues, Ygino Rodrigues, Matias da Gama) e a juventude, impulsionada por seus exemplos e pela movimentada vida literária do início do século, encontrou nesse ambiente inúmeras possibilidades de expansão. Datam dessa época a criação do primeiro curso jurídico na cidade, a Academia de Direito (1903), e a criação da Academia de Letras (1904). Além disso, a escrita de autoria feminina foi

---

[95] Cf. TELES, Gilberto Mendonça. *A poesia em Goiás*, 1964.

estimulada. A Academia de Goiás compunha-se de doze cadeiras, dentre elas, uma ocupada pela escritora Eurídice Natal: "Enquanto a Academia Brasileira, fiel ao modelo francês, fechava as portas às mulheres, a modesta congênere de Goiás não só admitia uma mulher como a elegia, por aclamação, presidente do cenáculo"[96].

Foi nesse período que Cora Coralina desenvolveu seu talento como escritora, conferencista, declamadora, jornalista: entre os 16 e os 21 anos de idade. Curioso é que em uma fase em que muitos homens e mulheres se escondiam atrás de pseudônimos, Anna Lins seguiu o caminho oposto escolhendo um codinome para se revelar: "Quando eu comecei a escrever, por muita vaidade e ignorância, nesta cidade havia muita Ana. Sant'Ana é a padroeira daqui. E quando nascia uma menina davam-lhe logo o nome de Ana. Nascia outra era Ana. De modo que a cidade era cheia de Ana, Aninha, Anita, Niquita, Niquinha, Nicota, Doca, Doquinha, Doquita, tudo isso era Ana. Você ia procurar saber era Ana. Então eu tinha medo que a minha glória literária fosse atribuída a outra Ana mais bonita do que eu. Então procurei um nome que não tivesse xará. Olhei pela cidade, corri as minhas recordações, indaguei como chamava tal moça, assim, assim, filha de fulano... Não achei nenhuma Cora. Aí optei por Cora. Depois Cora só era pouco, achei Coralina e aí juntei Cora Coralina e passei a me identificar por Cora Coralina. Porque meu nome Ana é muito comprido: Ana Lins dos Guimarães Peixoto Bretas, sendo Bretas de meu marido. Então Cora Coralina é mais fácil. Se fosse Ana tinham que perguntar: 'Mas qual é essa Ana? Essa Ana é aquela e tal, filha de fulana'. Custoso né? E Cora Coralina é mais fácil. Falou Cora Coralina, boa ou ruim, é uma só, é ela mesma"[97].

Com Cora Coralina nasceu uma rosa. Embaladas pelo cenário intelectual, em 1907, quatro jovens escritoras se tornaram redatoras do jornal literário *A Rosa*, considerado pela crítica como veículo das ideias da intelectualidade goiana da época. Foram elas Rosa Godinho, Alice Santana, Luzia de Oliveira e Lambertina Póvoa. Também possuía uma sessão para colaboradores diversos, a exemplo de Ricardo Paranhos, Augusto Rios, Jovelino de Campos e Coelho Neto. Nos primeiros números foi seu ge-

---
[96] BROCA, Brito. *A vida literária no Brasil – 1900*, p. 101.
[97] Entrevista para o Especial Literatura – TVE, n. 14, 29 jan. 1985.

rente Nicéphoro Silva. Mais tarde, Heitor de Moraes Fleury passou a ser o gerente-proprietário e duas redatoras foram substituídas, Luzia de Oliveira e Lambertina Póvoa. Assumindo seus lugares as escritoras Leodegária de Jesus e Anna Lins dos Guimarães Peixoto (Cora Coralina)[98].

F. 22

É sabido que "era impresso em papel cor de rosa e seus dirigentes ofereciam bailes, a que as moças deviam comparecer vestidas de cor de rosa e só se podia falar em francês. Era o toque do refinamento"[99] e, infelizmente, a maioria dos seus exemplares se perdeu. O exemplar que consultamos data de 24 de setembro de 1908 e nele observamos rosas estilizadas com os dizeres: "A Rosa é órgão literário e tem por fim único e exclusivo desenvolver as belas letras em nosso meio. Sai três vezes por mês e é propriedade de seu gerente". O jornal era publicado nos dias 10, 20 e 30 de cada mês e o primeiro exemplar saiu em agosto de 1907:

> "Temos sobre a mesa o primeiro número da 'Rosa' órgão literário redigido por distintas senhoritas. Abre o primeiro número um belo artigo assinado por Júlia Marion pseudônimo que mal encobre a personalidade solvente de distinto jornalista e conhecido beletrista. Sob estilo brilhante, digno do objetivo, declara que a 'Rosa' é a primeira flor que desabrocha no ambiente literário formado pelos goianos, e tanto basta para merecer todo carinho do público. Dois artigos são lançados pelas gentis e inteligentíssimas senhoritas D. Rosa Godinho e Luzia de Oliveira; salienta-se também o 'Meu Exílio' de Ricardo Paranhos e uma poesia de D. Leodegária de Jesus. Todo jornal enfim está bem feito e causou-nos a melhor impressão"[100] (Inédito).

---

[98] Cf. ALMEIDA, Nelly Alves de. *Análises e conclusões*: estudos sobre autores goianos, 1988.
[99] TELES, Gilberto Mendonça. *A crítica e o princípio do prazer*, p. 50.
[100] In: *A Imprensa*, Goiás, 16 set. 1907, p. 1. Acervo do Gabinete Literário Goiano.

Interessante é pensarmos como Cora Coralina, a despeito de sua pouca formação, conseguiu se ombrear com grandes literatos de sua época ao ponto de redigir um jornal "veículo das idéias literárias" da então capital de Goiás ao lado de escritoras prestigiadas. O que teria lhe dado as credenciais necessárias? Isso se complexifica se atentarmos para a formação de suas colegas de *A Rosa*: Alice Santana que sob o pseudônimo e anagrama Natália Scenna era uma articulista que colaborava em inúmeros jornais da região e promovia tertúlias e sessões de declamação na cidade. Rosa Santarém Godinho foi a primeira goiana a receber um diploma de ensino superior, bacharel em direito em 1908. E Leodegária de Jesus que, na época, se preparava para os exames gerais para ingressar no Liceu Goiano, foi a primeira mulher em Goiás a publicar um livro (*Coroa de lírios*, 1906).

Foto 23: Anuário Histórico, Geográfico e Descritivo do Estado de Goiás, 1910

O professor Francisco Ferreira dos Santos de Azevedo, na parte literária do *Anuário Histórico, Geográfico e Descritivo do Estado de Goyaz para o ano de 1910*, ao apresentar o conto "Tragédia na roça", de Cora Coralina, escreveu: "Cora Coralina (Anna Lins dos Guimarães Peixoto), é um dos maiores talentos que possui Goiás; é um temperamento de verdadeiro artista. Não cultiva o verso, mas conta na prosa animada tudo o que o mundo tem de bom, numa linguagem fácil, harmoniosa, ao mesmo tempo elegante. É a maior escritora do nosso estado, apesar de não contar ainda 20 anos de idade"[101]. É relevante este comentário no panorama da literatura goiana. "Tragédia na Roça" foi uma peça escolhida pelo crítico para ilustrar a parte literária do *Anuário* assim como fez com os demais autores e, seu comentário, certamente não se ateve apenas ao conto ali publicado, mas a toda a uma vasta produção da autora veiculada nos jornais da região e em conferências no Grêmio Literário e no Gabinete.

Talvez o que tenha contribuído para seu comentário seja o fato de Cora iniciar sua vida literária escrevendo em prosa em um momento em que a poesia era o gênero em evidência. Aliás, à exceção de Cora Coralina, todos os integrantes do considerado terceiro período da literatura goiana eram poetas: Joaquim Bonifácio, Luis do Couto, Ricardo Paranhos, Sebastião Rios, Arlindo Costa, Rodolpho Marques, Gastão de Deus, Josias Santana e Leodegária de Jesus. Na verdade, Cora só iria escrever versos após as influências da Semana de Arte Moderna, fator que contribuiu para que desde o começo fosse uma escritora diferenciada.

Se nosso argumento é que Cora Coralina era uma escritora reconhecida já nas primeiras décadas do século passado, quais os motivos de não ter publicado seus livros como fizeram seus colegas de geração? Um dos primeiros motivos que suscitamos foi o fato de ela não escrever poesia, o que seria um óbice já que os primeiros livros de ficção publicados em Goiás datam de 1910, embora encontremos nos jornais de decênios anteriores algumas manifestações[102]. Outro argumento, além das dificuldades financeiras que a impediram de custear a publicação de um livro, consiste no fato de que a família de Cora Coralina não apoiava sua vocação: "Nunca recebi estímulos familiares para ser literata./ Sempre houve na família, senão uma/ hostilidade, pelo menos uma reserva determinada/ a essa minha tendência inata"[103]. E, além de não apoiá-la, duvidava de sua capacidade, insinuando que era seu primo, o poeta Luís do Couto, quem redigia seus textos: "Meu pruridos literários, os primeiros escritinhos, sempre rejeita-

---

[101] AZEVEDO, Francisco Ferreira dos Santos. *Anuário histórico, geográfico e descritivo do Estado de Goyaz para 1910*, p. 209.
[102] Cf. TELES, Gilberto Mendonça. *O conto brasileiro em Goiás*, 1969.
[103] CORALINA, Cora. *Meu livro de cordel*, p. 83.

da./ Não, ela não. Menina atrasada da escola da mestra Silvina.../ Alguém escreve para ela... Luís do Couto, o primo./ Assim fui negada, pedrinha rejeitada, até a saída de Luis do Couto/ para São José do Duro, muito longe, divisa com a Bahia./ Vamos ver, agora, como faz a Coralina..."[104].

Apesar de todas as dificuldades, Cora Coralina conquistou um lugar central na vida literária goiana desde quando começou a escrever. As pesquisas nos jornais do início do século XX indicaram que não apenas Cora, mas outras escritoras desenvolveram papéis centrais na intelectualidade goiana, questões que merecem ser aprofundadas para que possamos dar o devido crédito a essas personagens silenciadas da história literária. Nosso intuito aqui é seguir algumas dessas pistas.

Foto 24: Cora Coralina, 1910, Goiás-GO

Durante muitos anos a crítica afirmou que a primeira peça publicada por Cora Coralina seria uma crônica sobre a passagem do cometa Halley que teria se perdido juntamente com os exemplares do jornal *A Rosa*. Não

---

[104] CORALINA, Cora. *Vintém de cobre*: meias confissões de Aninha, p. 116.

queremos negar a existência da crônica, apenas esclarecer que esta não foi a primeira de suas produções. Inicialmente, porque a passagem do cometa se deu em 1910, época em que *A Rosa* já havia desaparecido. Além disso, localizamos várias crônicas e contos de sua autoria anteriores a esta data. A crônica mais antiga que conseguimos localizar foi escrita em 1905 e publicada em 1909 no jornal *Tribuna Espírita* do Rio de Janeiro, relativa a um pioneiro do espiritismo em Goiás:

> "José Olympio Xavier de Barros.
> O nome de José Olympio Xavier de Barros está profundamente enraizado em Goiás e nunca será esquecido. Foi ele quem primeiro difundiu o Espiritismo entre os goianos; com uma teimosia admirável procurava fazer adeptos, combatendo o inferno e os demônios, explicando os fenômenos psíquicos atribuídos ao espírito do mal, desfazendo as dúvidas de um, esclarecendo a crença abstrusa de outro.
> Ninguém ignora quão arriscado é procurar incutir outras idéias especialmente de religião, em pessoas vividas e imbuídas do catolicismo romano, e amarradas às antigas tradições.
> Pois José Olympio arrostou com todas as contrariedades e desafetos que lhe advieram e conseguiu plantar em Goiás a doutrina racionalíssima de Allan Kardec.
> Secou muitas lágrimas, aliviou muitas dores, confortou muitos corações e espalhou muita resignação com as suas palavras convincentes, com os seus livros espíritas e finalmente com a sua consoladora e acrisolada crença na reencarnação.
> Há dois anos que ele desencarnou, mas antes alcançou o fim ao qual dedicava todos os seus esforços ultimamente – fazer adeptos do Espiritismo. Conseguiu-o pela tenacidade, firme convicção e pela sua irrefutável lógica embebida nas obras dos mestres.
> A personalidade de José Olympio, liga-se as minhas reminiscências de criança. Lembro-me de que quase morria de tédio, quando escutava as suas conversas prolixas com minha mãe sobre médiuns, sessões, revelação, etc., coisas que eu absolutamente não entendia.
> Cerrava o ouvido às suas insidiosas divagações e concentrava toda a minha atenção na sua figura alta, magra, escatológica e angulosa de sexagenário; punha-me a analisar os seus traços, que formavam um conjunto de admirável fealdade.
> A minha atenção ociosa e infantil, prendia-se especialmente à sua enorme orelha quase tocando o ombro. Um dia fez-se a luz no meu cérebro, deixei de atentar a sua grande orelha e de fiscalizar a sua estrutura original, para ouvir as suas palavras cheias de convicção e de fé.

> Todos os livros, jornais e revistas sobre Espiritismo ele comprava, assinava e emprestava a quem queria e também a quem não queria.
> Quando eu via-o entrar numa casa, noutra, carregado de livros, de folhetos, de revelações obtidas pelos nossos médiuns, dava-me a idéia de um semeador espalhando os grãos que mais tarde deviam dar frutos. As primeiras sessões em Goiás foram organizadas por ele, porém sofria muito pelo fato de não ter a sua mediunidade desenvolvida.
> Foi um valente o José Olympio! Os sarcasmos, os ridículos e as apóstrofes de maluco que lhe davam, não o demoveram nunca, recebia tudo com máxima indiferença e continuava a sua luta de propaganda. Espalhou uma onda de luz na crença goiana, espantando a mais absurda, a mais descabida de todas as superstições – Inferno e demônios.
> O resto de sua vida passou em acudir os pobres, consolar, perdoar e mostrar que o sofrimento é a prova concludente da misericórdia de Deus.
> Viveu a sua velhice entregue ao Espiritismo, e morreu como um verdadeiro espírita.
> Cora Coralina
> Goiás, 31 / 12 / 1905"[105].

No mesmo jornal, a convite do escritor Raul Peixoto, publicaria ainda outras colaborações. Não é de se admirar que Cora Coralina escrevesse sobre o espiritismo, já que conforme ela mesma descreveu, sua mãe foi uma de suas maiores divulgadoras em Goiás. Isso, posteriormente, contribuiria para que a poetisa dilatasse suas relações com o transcendente e, sem nenhum preconceito, respeitasse as religiões como um todo, como podemos constatar em seus poemas. Cora Coralina foi católica, integrando, inclusive, a Ordem Terceira de São Francisco, e sempre frequentou as missas, mas dizia que acreditava na re-encarnação, em sua "volta ao mundo na Lei de Kardec". Prova disso foi a estreita amizade que construiria, depois, com Chico Xavier:

> "Espiritismo em Goiás
> 'Ao Raul Peixoto'
> Dia a dia acentua-se vigorosamente o desenvolvimento da claríssima doutrina da Allan Kardec, entre os povos cultos.
> É com verdadeiro prazer que a vejo entrar em Goiás – onde conta muitos adeptos.

[105] In: *Tribuna Espírita*, Rio de Janeiro, 15 fev. 1909.

O Espiritismo, segundo tenho observado, é a religião dos moços.
Os velhos tendo nascido e vivido de superstições, crença do inferno, purgatório, demônios, etc., jamais poderiam deixar de benzer-se e acreditar que é obra do peludo Satanás os fenômenos físicos e psíquicos que ordinariamente observam.
Criados na religião católica - romana, fechando os olhos às interrogações, mudos, convictos na absolvição dos pecados à hora da morte, e confiantes no céu depois dela, não podem trocar o gozo tão almejado por dezenas de vidas de provações.
Os moços abrem melhor os olhos, não aceitam a dúvida e querem a explicação do mistério.
Tem o Espiritismo bases sólidas inamovíveis, intacáveis e jamais será abalado. É uma montanha colossal, da qual Allan Kardec formou a base; ela subirá tão alto como nunca subiu a torre de Babel, e do seu cume poder-se-á um dia contemplar a perfeição da humanidade!
A sua essência é tão pura, tão superior, que não deixará de atrair os que buscam a luz.
É o Espiritismo em Goiás e em toda a parte que dá crença aos ateus, materialistas e positivistas.
Os sofredores, os desgraçados, os desesperados encontram na sua prática, suave e infinito alívio.
O Espiritismo é, sobretudo a religião que não tem mistério, nem interrogações mudas; não gosto de mistérios, e ante um mistério paira a minha dúvida.
Prefiro cegar-me na luz a viver lutando na sombra.
Allan Kardec, Leon Denis, Flammarion e tantos outros abriram, mandados por Deus, o caminho que nos levará à luz da verdade. Ante as páginas das revelações espíritas de Kardec, que brilham como se os seus caminhos fossem traçados de estrelas e de sóis, param as imprecações, a dor deixa de existir, a vingança foge, o orgulho humilha-se, as lágrimas estancam, e de joelhos abençoamos o sofrimento, que é a transfiguração purificadora da Alma, e só pelo qual podemos um dia, gozar a verdadeira felicidade!
Goiás, 1-10-1908.
Cora Coralina".

Foto 25: Gabinete Literário, 2009, Goiás-GO

Seus primeiros escritos foram publicados no jornal "O Paiz" e elaborados em suas temporadas na fazenda Paraíso. A partir de 1905, quando regressou à Casa Velha da Ponte, Cora Coralina integrou de corpo inteiro a vida literária goiana. Frequentava o Gabinete Literário Goiano, dirigiu "A Rosa" e enviou colaborações para jornais da cidade e do país. Um dos acontecimentos que impulsionou sua produção literária no período foi a criação do Grêmio (Clube) Literário Goiano, em 1906, cuja sede funcionava no Sobrado dos Vieiras, nas imediações da Ponte da Lapa. Sobre o clube, o que se sabia até o momento era o que a própria Cora Coralina havia publicado em *Poemas dos becos de Goiás*, no poema "Velho Sobrado": 'Um grupo de gente moça/ se reúne ali./ 'Clube Literário Goiano'./ Rosa Godinho./ Luzia de Oliveira./ Leodegária de Jesus, a presidência./ Nós, gente menor,/ sentadas, convencidas, formais./ Respondendo à chamada./ Ouvindo atentas a leitura da ata./ Pedindo a palavra./ Levantando idéias geniais./ Encerrada a sessão com seriedade,/ passávamos a tertúlia./ O velho harmônio, uma flauta, um bandolim./ Músicas antigas. Recitativos./ Declamavam-se monólogos./ Dialogávamos em rimas e risos"[106].

Até então, não tínhamos noção da importância desse clube na vida da Cora Coralina que ali nascia. Todavia, identificamos um texto que descreve o cotidiano da agremiação fundada em janeiro de 1907, seus recitativos, conferências e a diretoria:

---

[106] CORALINA, Cora. *Poemas dos becos de Goiás e estórias mais*, p. 87-88.

"Grêmio Literário Goiano

Honrado pelo amável convite que nos dirigiu o simpático e inteligente jovem Benjamin Vieira assistimos no dia 20 do mês passado em um dos salões do Palacete da Excelentíssima Senhora Dona Virgínia Vieira uma conferência literária do Grêmio Literário Goiano, fundado nesta capital no dia primeiro de janeiro deste ano. A sessão revestiu-se de imponente solenidade ocupando a Presidência na falta dos ilustres presidente e vice-presidente, o ativo secretário Nero de Macedo que revelou grande inteligência e desenvolvimento necessário na direção dos trabalhos. Acharam-se presentes muitos cavalheiros membros de diversas classes sociais e mui ilustres senhoras e senhoritas formando-se um auditório respeitável. Aberta a sessão foi feita a chamada e ali respondeu grande número de membros do Grêmio. Lida e posta em discussão sem debate e aprovada a ata da sessão anterior. O senhor Presidente concedeu a palavra gentilíssima e inteligente a senhora Ana Peixoto [Cora Coralina] que incontinente com o seu aspecto elegante e simpático encaminhou-se a tribuna então preparada com capricho e apurado gosto, e lá achou-se a vontade, senhora de uma calma invejável.

Após pequena pausa a ilustrada conferencista desenvolveu incomparável e admiravelmente o delicado tema escolhido dissertando com belíssima eloqüência sobre o amor.

Não lhe notamos na voz, no semblante ou nos gestos nenhum dos sentimentos de medo que constitui o mau quarto de hora dos oradores.

Senhora de si, falando pausadamente num tom majestoso de solenidade, ela procedia a leitura do seu discurso com maior segurança de bom efeito causado no auditório. Lia encantadoramente as suas peças trabalhadas com esmero no silêncio do Gabinete e juntando-se a isto a sua figura atraente realçada pelos tons suaves de seu trato correto terminou o seu importante trabalho de modo admirável para nós e todos os assistentes.

Logo que a ilustrada conferencista deixou a tribuna imediatamente partiu do auditório uma estrondosa salva de palmas seguindo os cumprimentos que lhe dirigiram os seus colegas e todos os assistentes. Os leitores terão apreciado a dissertação inserida na edição última da 'Imprensa', não só devido ao aprimoramento da frase e distribuição estética dos períodos como pelas comparações felizes de que se serviu a inteligente conferencista. (...) Estando findo o mandato da diretoria, procedeu-se nova eleição sendo eleitos Presidente: Leodegária de Jesus, Vice-Presidente: Ana Lins dos Guimarães Peixoto [Cora Coralina], Secretário: Breno Guimarães. (...) Goiás, 25 de julho de 1907. Domingos Theodoro"[107] (Inédito).

---

[107] In: *A República*, Goiás, n. 126, 27 jul. 1907, p. 3. Acervo do Gabinete Literário Goiano.

Foto 26: Sobrado dos Vieiras, Goiás-GO

A notícia traz importantes informações e possibilitou-nos localizar a citada conferência intitulada "Dissertação sobre o Amor", ocupando uma página inteira do jornal *A Imprensa*, n. 159, de 24 de julho de 1907. É a segunda conferência de Cora Coralina que temos conhecimento, além da intitulada "A Beleza Feminina", datada de 1908 e que integra o acervo do Museu Casa de Cora Coralina em Goiás:

> "Não me lembro de ter havido em Goyaz uma festa tão bonita, tão agradável como foi a *Soirée Rose*. (...) A senhorita Anna Lins dos Guimarães Peixoto apreciada Cora Coralina discorreu sobre a beleza e foi de uma felicidade [...] A sua voz suave, melodiosa, facilitou a exposição, o gênio observador pesquisou todos os labirintos em que pode palpitar a beleza. Trouxe o riso aos lábios do auditório por diversas vezes com a sua *Maniere Exquise* de julgar, de apreciar as coisas, (...) Cora Coralina patenteou mais uma vez com a sua palestra, a sua vasta erudição, a profundidade de conhecimentos literários que tem, pôs em evidência o seu gosto artístico, as suas predileções de estética. (...) Josias Santana, 24 de setembro de 1908"[108] (Inédito).

Retomando a outra conferência, observamos que Cora Coralina era presença assídua no Gabinete e vice-presidente do Grêmio Literário quan-

---

[108] In: *A Rosa*, Goiás, n. 33, 24 set. 1908, p. 1.

do Leodegária foi presidente (a diretoria anterior também era ocupada por duas mulheres: Lambertina Povoa e Alice Sant'Ana). Leodegária (1889-1978) e Cora Coralina foram amigas inseparáveis e confidentes. Aliás, Leodegária era praticamente a única jovem que frequentava com assiduidade a Casa Velha da Ponte. Elas não apenas dividiram a direção do Grêmio Literário e do jornal *A Rosa*, cultivaram uma amizade que desafiou o tempo com inúmeras provas de solidariedade mútua. Curioso é que tiveram trajetórias pessoais e literárias antípodas[109]. O que se sabe é que Leodegária teve uma participação importante na vida de Cora Coralina e, em inúmeros momentos de nossas pesquisas, ela se fez presente.

Foto 27: Leodegária de Jesus, Goiás-GO

As conferências no Gabinete e no Clube Literário tornaram Cora Coralina conhecida e respeitada ao ponto de manter colunas fixas em inúmeros jornais da cidade, a exemplo das em *Goyaz* e *A Imprensa*, e do Triângulo Mineiro:

"CORA CORALINA
É o que sente o leitor criterioso e familiarizado com as diversas modalidades de literatura mundial, ao apreciar com conhecimento da autora e da circunstância em que resplandece indômito o seu talento para as belas letras, os escritos que Cora Coralina (senhorita Ana Lins dos Guimarães Peixoto) tem oferecido à diversas folhas deste Estado e do Triângulo

---

[109] Cf. DENÓFRIO, Darcy França (Org.). *Cora Coralina:* melhores poemas, 2004.

Mineiro aceitando gentilmente aos pedidos dos respectivos redatores. *A Rosa*, que é um *bouquet* de flores da nossa mocidade cultivadora da botânica amorosa poética, tem suas lindas pétalas sempre orvalhadas, vivas, pelo meio vaporoso e fresco das produções de Cora Coralina. (...) Atendendo agora ao nosso convite, que já data de meses atrás, d. Cora enviou-nos uma das suas *heures de loisir* dos encargos domésticos, a qual damos publicidade hoje na seção apropriada – Letras"[110] (Inédito).

F. 28

No jornal *A Imprensa*, ela mantinha uma coluna intitulada "Chroniqueta" em que publicava esporadicamente crônicas sobre assuntos diversos que, certamente, envolviam as discussões travadas no Grêmio e no Gabinete Literário. Nesse periódico, iniciou suas contribuições em 10 de setembro de 1910 com um texto sobre o namoro: "O assunto que hoje me traz a esta pequena seção, que desejo manter na *Imprensa* o mais francamente que me permitirem os preconceitos e atribuições do meu sexo, não é de caráter a agradar a maior parte dos leitores. Mas não é somente a preocupação assaz de agradar que até esta data me tem guiado a pena, nem tal tem sido o molde das minhas falas; a natural aspereza e rebeldia dos meus sentimentos sempre me coibiram tão justa e avantajada preocupação"[111].

F. 29

[110] In: *Goyaz*, Cidade de Goiás, n. 1023, 01 ago. 1908, p. 2. Acervo do Gabinete Literário Goiano.
[111] In: *A Imprensa*, Cidade de Goiás, n. 268, 10 set. 1910, p. 1. Acervo do Gabinete Literário Goiano.

No jornal *Goyaz* seus escritos eram mais frequentes e abarcaram o período de 1907 a 1910, sempre na seção "Lettras". Identificamos onze colaborações, praticamente desconhecidas[112]. São elas: "A viuvinha" (conto, 28/11/1907), "O celibatário" (conto, 31/10/1908), "A Solidão" (crônica transcrita no capítulo anterior, 27/02/1909), "Floração" (crônica transcrita no capítulo anterior, 05/06/1909), "Primeira Impressão" (resenha, 21/08/1909), "O defunto" (conto, 18/09/1909), "Orquídeas" (crônica, 25/09/1909), "O canto da inhuma" (crônica, 23/10/1909), "Os últimos" (crônica, 06/11/1909), "A dança" (crônica, 04/12/1909) e "Concepção da Pedra" (crônica, 15/01/1910).

Cora Coralina foi reconhecida no início do século passado e respeitada. Um dos nomes de maior expressão das letras no período, Luis do Couto (1888-1948), poeta iniciador da considerada terceira fase literária em Goiás (auge do Romantismo e influência de ideias Parnasianas e Simbolistas) confiou-lhe um livro inédito para que a escritora tecesse sua crítica. Luís do Couto não confiaria sua obra a uma principiante. Referimo-nos à crítica que Cora Coralina publicou no jornal *Goyaz* em 21 de agosto de 1909 a respeito de *Lilazes,* livro que seria publicado somente em 1913. Consideramos um documento importante por revelar a visão de Cora Coralina sobre a poesia da época e seus conhecimentos a respeito da estética literária:

Foto 30: Luis do Couto, 1919, Goiás-GO

---

[112] A transcrição de todo esse material extrapolaria os objetivos deste livro.

"Primeira Impressão

Meu caro poeta Luiz do Couto. Sonhaste e vibraste. Sonhou a tua alma de moço, vibrou o violino dos teus sentimentos. Que resultou?
Um livro, ou antes uma coletânea de gemas cambiantes de estrelas, roubadas ao côncavo firmamento do ideal, pelo vôo audacioso da tua imaginação.
Li teu livro ainda inédito, li e cismei. Cismei e em letras de forma imprimo as impressões que a linguagem cascalhante e bizarra de tuas rimas me sugeriram. Feliz aquele, meu Poeta, que de uma Dor, da neurose delicada de uma saudade, de uma visão que o impressiona, de um vulto airoso que o seduz, tem a sublime faculdade de fazer cantar o guiso vermelho da rima! Feliz, sim.
Poucas vezes um cérebro de moço tem fecundado como o teu. Digo um cérebro visto o teu coração não o secundar na maior parte das produções. Não creio que haja sentimento algum numa poesia meditada e castigada pela forma.
O teu coração só colabora com o cérebro ante o imprevisto que o faz vibrar vivamente. És ainda um Visionário entrevendo na penumbra de um Ideal a silhueta fina de Mulher – o pólo endêmico do homem. Na tua vida, a mulher é ainda uma sombra luminosa (desculpe-me a contradição) ligeiramente indecisa, vagamente esboçada... Ainda ignoras se é loura ou trigueira, pálida a tez ou cor dos bagos de romã que rebenta no excesso da maturação. Não a conheces. E esta parte pertence ao teu coração no dia em que um sentimento mais profundo, mais dado e mais humano, o fizer vibrar integralizando a tua individualidade de poeta e pensador.
A escola clássica do sentimentalismo, muito mais piegas que lírico e horrivelmente abusada, degenerou-se, vai desaparecendo da Literatura moderna. Hoje o sentimento é secundário; a arte é essencial.
A tua Dor, literária ou real, nenhum interesse desperta se enquadrada numas rimas frouxas e feias, assim nenhum dos teus sentimentos ainda os mais elevados. Porém, rendilhe a mais banal das tuas idéias, imprimindo-lhe o cunho estético da Arte, vista-lhe a malha de seda da forma, e a consagração não se fará esperar.
A feição da Poesia atual é pueril. A futilidade massante de um leque, de uma luva, a graça de uma linha, uma onda de perfumes dependida de um colo moreno ou de uma cabeleira castanha, a sedução de uma curva, uns olhos verdes e transparentes como gelatinas é o que hoje canta os versos em linguagem rítmica rebuscada. Como me aborrecem esses versos sobre a mulher, esses versos que nos dão os nomes mais adocicados, mais suaves que se encontram nos dicionários!

Essa qualidade de versos, devo dizer-te, me entalam terrivelmente, a suportá-los prefiro mastigar casca de pão... Elevando a mulher a um pináculo efêmero muito a prejudica moralmente. Não és um poeta fútil. 'As florestas' afirmam-no e outros poemas de igual quilate emolduram *Lilazes*.
A maior porção do teu livro foi escrita num meio não favorável às letras. Se não perdeste, também nada lucraste. Como intelectual não deves voltar ao Norte; para servir a causa pública e colaborar com as autoridades para o adiantamento de Goyaz, nenhum lugar melhor que a capital, onde há maior espaço e outro elemento para o surto da tua inteligência. *Lilazes* marca uma fase intensa da tua vida, dos teus sentimentos. Há nos versos nele contidos, pensamentos de homem, reflexões firmes e filosóficas, ao lado de sonhos de moço ainda adormecido no Ideal. Nem podia deixar de ser assim, quando ainda caminhas para o futuro com o afã do Visionário.
A par de versos líricos, há uma adorável jovialidade jorrada de tua fina vida de *conteur* otimista... *Lilases* não é um livro banal; os teus versos não são vulgares, ao contrário, tem o vigor retilíneo da forma, cantam alto e vibram como cordas retesadas de violinos...
Cora Coralina"[113] (Inédito).

F. 31

Jornalista, prosadora, oradora, declamadora, intelectual... A jovem Anna Lins, sustentando a *persona* Cora Coralina ocupou um papel importante na Goiás da primeira década de 1900. Entre os cômodos apertados do Gabinete Literário Goiano, do Grêmio Literário e da Casa Velha da Ponte, soube desvendar um novo mundo em que os livros se tornaram guia. A jovem escritora repercutiu, desde essa época, para muito além da Serra Dourada. Exemplo disso é o poema "Noite medieval" que o poeta Carlos Maul, de Petrópolis-RJ, dedicou a Cora Coralina em 1910[114], certamente fruto do impacto das publicações da jovem goiana nos jornais daquele estado.

---

[113] In: *Goyaz*, Cidade de Goiás, n. 1077, 21 ago. 1909, p. 3-4. Acervo do Gabinete Literário Goiano.
[114] In: *A Imprensa*, Cidade de Goiás, n. 245, 2 abr. 1910, p. 2. Acervo do Gabinete Literário Goiano.

Observamos que a primeira década do século passado foi um momento de efervescência e renovação intelectual na então capital de Goiás. Alguns dos intelectuais mais prestigiados já haviam falecido e, dentre eles, o mais celebrado era o poeta Antônio Félix de Bulhões Jardim. Considerado pela crítica como o primeiro grande vulto da literatura em Goiás, "seu nome até hoje se reveste de uma certa saudade legendária, pois, batendo-se ardorosamente pela libertação dos escravos e pelas idéias republicanas, à maneira de Fagundes Varela e Castro Alves, fundou vários jornais em que, através de artigos e alguns poemas (sonetos), defendia seu ideário democrático. Daí por que bem cedo se tornou bastante admirado pelos que comungavam o mesmo pensamento. (...) Estudando direito em São Paulo, aí ficou de 1859 a 1866, em contato portanto com as maiores figuras da última fase do Romantismo nacional. (...) Tinha assim todos os elementos para que pudesse se sobressair entre seus contemporâneos, o que realmente se deu, vindo a morrer com 42 anos"[115].

Essa breve pausa na vida de Félix de Bulhões não foi arbitrária. Em nossas pesquisas, várias foram as cartas, crônicas, discursos e atas de reuniões em que os escritores do período citaram-no e renderam-lhe homenagens. Uma das mais significativas realizou-se em 1911, quando os intelectuais goianos desfilaram com sua efígie até o cemitério São Miguel: "Notícia – 29 de março. Programa para condigna comemoração cívica pelo 25º aniversário do passamento do imortal Félix de Bulhões: Romaria pública ao túmulo de Félix de Bulhões. Ponto de encontro na redação dessa folha às 4 horas da tarde, saindo-se às 5 em ponto para o cemitério. A sua efígie será carregada em andor por um grupo de senhoritas, portando-se também o pavilhão nacional pelos bravos rapazes do Lyceu. Nessa cerimônia será oradora oficial a apreciada escritora Cora Coralina"[116] (Inédito).

Uma grande escritora discursando em homenagem à memória do grande poeta: os tempos se entrelaçaram. Se Cora Coralina não fosse reconhecida como uma referência entre seus pares, dificilmente teria sido eleita para falar em nome de todos os escritores de sua geração nesta homena-

---

[115] TELES, Gilberto Mendonça. *A poesia em Goiás*, p. 61-62.
[116] In: *Goyaz*, Cidade de Goiás, n. 1160, 25 mar. 1911, p. 1. Acervo do Gabinete Literário Goiano.

gem. Aliás, esta é a última referência que encontramos sobre a presença de Cora Coralina na vida literária na Goiás do início do século passado. Esse discurso pode ser visualizado na íntegra na edição n. 1.161 do jornal *Goyaz*, datado de 1º de abril de 1911. No jornal, deparamos com uma interessante comparação:

> "No cemitério, o transito pelos passeios que contornam as catacumbas, até dar acesso ao jazigo de Antônio Félix, era difícil. Ali uma multidão avaliada em mais de 400 pessoas, entre cavalheiros, senhoras, senhoritas e crianças, aguardava o discurso, que se sabia à altura do momento solene, da talentosa e festejada escritora senhorita CORA CORALINA, nome que já se impôs ao nosso meio literário como uma CARMEM DOLORES dentre o mundo feminino"[117] (Inédito).

A literatura goiana teve de aguardar muitas décadas para ver o primeiro livro de Cora Coralina publicado. Em novembro do mesmo ano ela se mudaria para São Paulo em companhia do homem que amava e, na bagagem, carregaria as lembranças das leituras do Gabinete, sua paixão pelo jornalismo e pela declamação, as imagens das reuniões do velho sobrado e de *A Rosa*. Isso explica algumas das paixões que a acompanharam: o jornalismo, a literatura e as flores.

Quando regressou a sua terra e viu o abandono em que se encontrava o sobrado onde funcionou o Grêmio Literário, escreveu um canto de amor e o publicou em seu primeiro livro. Hoje, sabemos que o poema "Velho Sobrado" extrapola a preocupação com um imóvel destruído pela ação do tempo. Com ele se foi também um pedaço da história de Cora Coralina e da vida literária goiana, de um tempo de sonhos e rosas, de mulheres e livros, que merece ser, devidamente, re-encontrado.

---

[117] In: *Goyaz*, Cidade de Goiás, n. 1161, 1 abr. 1911, p. 1. Acervo do Gabinete Literário Goiano.

5

UM AMOR DAS GERAIS

"Não te procurei, não me procurastes –
íamos sozinhos por estradas diferentes.
Indiferentes, cruzamos.
Passavas com o fardo da vida...
Corri ao teu encontro.
Sorri. Falamos.
Esse dia foi marcado
com a pedra branca
da cabeça de um peixe.
E, desde então, caminhamos
juntos pela vida..."[118]
Cora Coralina

Apesar do reconhecimento alcançado em virtude de seu talento literário, a jovem Anna Lins não recebeu estímulos de sua família para seguir a vocação. Isso porque acreditavam que "moça que lia romance e declamava Almeida Garret/ não dava boa dona de casa"[119]. Seguindo as orientações da época, eram criadas para prendas do lar e para o casamento. No caso de Cora Coralina a questão agravou-se devido à ausência de um filho homem na família e às dificuldades financeiras que enfrentavam: "A gente era moça do passado./ Namorava de longe, vigiada. Aconselha-

---

[118] CORALINA, Cora. *Meu livro de cordel*, p. 87.
[119] CORALINA, Cora. *Vintém de cobre*: meias confissões de Aninha, p. 44.

da. Doutrinada dos mais velhos,/ em autoridade, experiência, alto saber./ 'Moça para casar não precisa namorar,/ o que for seu virá'. (...) A solidão de solteira, o sonho honesto de um noivo,/ o desejo de filhos,/ presença de homem, casa da gente mesma, dona ser. Um lar./ Estado de casada"[120].

Cora Coralina ficou encurralada entre duas forças que superaram seu desejo de seguir com seu projeto literário. Aliás, era o momento ideal para alçar voos maiores nesta seara: havia conquistado reconhecimento dos grandes escritores, ombreava-se com eles e, certamente, seguindo seus exemplos, logo conseguiria publicar seu livro. Mas, em seu cotidiano, a Igreja, a escola e a sociedade, zelando pela moral e pelos bons costumes, sinalizavam o casamento como o melhor destino. Na contramão, a família incutiu-lhe o medo de que não encontraria um companheiro, medo que se somou aos variados complexos adquiridos na infância, quando foi preterida: "Diziam assim, virando a cara como se eu estivesse distante:/ 'Senhora Jacintha tem quatro fulores mal falando./ Três acham logo casamento, uma, não sei não, moça feia num casa fácil'"[121].

O ideal seria encontrar um companheiro que aprovasse sua vocação literária, continuaria fazendo o que gostava e sairia da limitação imposta por sua família. O casamento seria uma forma de libertação e de demonstração de que a jovem poderia seguir o destino das demais moças das famílias tradicionais da cidade: "Eu tinha vontade de romper aquele círculo familiar que me limitava, que me asfixiava. E só podia fazer pelo casamento. E passei a ter como objetivo maior da minha vida o casamento. Procurei no casamento uma forma de fuga e de valorização. Eu sabia que se eu me cassasse seria mais valorizada do que solteira no conjunto familiar. Tinha certeza absoluta disso porque eu fui criada do lado de oito mulheres e minha mãe teve quatro filhas, nenhum filho. Eu via as moças casadas que eram muito valorizadas, muito mais do que as solteiras"[122].

Nessa busca, em meio às tertúlias e conferências literárias que mobilizavam a vida cultural da então capital de Goiás, surgiu a figura de Cantídio Tolentino de Figueiredo Brêtas, por quem a jovem se apaixonaria e

---

[120] *Idem*, p. 33.
[121] *Idem*, p. 43.
[122] *In*: SALLES, Mariana de Almeida. *Cora Coralina:* uma análise biográfica, p. 68.

que viria a ser seu companheiro e grande amor. Cantídio teve importância fundamental na trajetória de Cora Coralina, não apenas por ter sido seu esposo e o pai de seus filhos. Foi ele quem descortinou São Paulo para a moça interiorana, quem contribuiu para que ela se afastasse 45 anos de sua cidade natal e, dessa forma, construísse um novo olhar sobre a gente e as coisas de sua terra. Com ele, Cora Coralina recomeçou um novo caminho e uma nova vida.

Sobre ele pouco se sabia. Talvez a figura luminosa da escritora goiana tenha obscurecido sua imagem e o tornado coadjuvante ou, apenas, o marido de Cora Coralina. E a própria Cora contribuiu, de certo modo, para isso. Em sua obra, não existem citações explícitas a seu respeito, mesmo quando evocou passagens dos anos em que viveu nas terras paulistas. No máximo, afirmou que partiu em busca de seu destino. Nas entrevistas, dizia que, saída da limitação da família, encontrou a limitação do marido, mas que apesar dos ciúmes e proibições, o casamento rendeu-lhe uma de suas maiores alegrias: os filhos. Nosso intuito foi reunir pistas para a compreensão de alguns aspectos da vida desse homem, evidenciando sua formação, sua passagem pelo estado de Goiás e suas vocações.

Foto 32: Cantídio Brêtas, 1910, Goiás-GO

Ambos se conheceram em 1908, certamente nas reuniões literárias em que participavam ou no Gabinete Literário Goiano. Ela, como vimos, uma intelectual e jornalista celebrada. Ele, chefe de polícia do estado, intelectual e jornalista. Além disso, era bem mais velho e já havia residido na capital paulista, onde se formou na renomada Faculdade de Direito do

Largo de São Francisco, um dos centros da intelectualidade brasileira no período. Ambos se impressionaram.

Cantídio era filho do juiz de direito Manoel Gomes Tolentino e da senhora Philomena Brêtas de Figueiredo Tolentino. Sobre seus pais pouco se sabe, apenas que seu pai descendia de uma tradicional família mineira e que se bacharelou em 1867 na Faculdade do Largo de São Francisco. Primeiro filho do casal, Cantídio nasceu em 24 de outubro de 1871 na cidade de Ubá, Minas Gerais[123].

Visando seguir a carreira do pai, entre 1887 e 1889, prestou exames das matérias exigidas para a admissão e matrícula nos cursos superiores do Império, conforme a documentação da Delegacia Especial do Inspetor Geral de Instrução Primária e Secundária da Capital Federal, na cidade de Ouro Preto:

> "Certidão de exames de matérias exigidas para admissão e matrícula nos cursos de estudos superiores do Império. Certifico que a folha 6 do 4.º livro de exame preparatório desta Delegacia Especial, consta que o cidadão Cantídio Tolentino de Figueiredo Brêtas, natural da província de Minas Gerais, de 15 anos de idade, foi examinado em Português, nos exames verificados em 4 de dezembro de 1887 e obteve a nota 'aprovada'. Foi examinado em latim, nos exames verificados em 9 de novembro de 1888 e obteve a nota 'aprovada'. Foi examinado em matemática, nos exames verificados em 15 de outubro de 1888 e obteve a nota 'aprovada'. Foi examinado em francês, nos exames verificados em 26 de fevereiro de 1889 e obteve a nota 'aprovada'. Foi examinado em inglês, nos exames verificados em 19 de fevereiro de 1888 e obteve a nota 'aprovada'. Certifico que a folha 49 do 4.º livro de exame preparatório desta Delegacia Especial, consta que o cidadão Cantídio Tolentino de Figuei-

---

[123] As informações e os documentos sobre o ano de seu nascimento são conflitantes. Em sua carteira da Ordem dos Advogados do Brasil, a data registrada foi 1877. Cora Coralina dizia que seu marido era 22 anos mais velho do que ela e, desse modo, teria nascido em 1867. De acordo com informações obtidas na Faculdade de Direito de São Paulo, ele nasceu em 1871, ano que consideramos mais plausível: porque é o registrado em seus documentos mais antigos e porque há um processo judicial solicitando nova certidão de nascimento, concluído em 1918 na cidade de Jaboticabal-SP: "Cantídio Tolentino de Figueiredo Brêtas, tendo recebido o grau de bacharel em ciências jurídicas da Faculdade de São Paulo em 25 de abril de 1896, mas acontecendo que para matricular naquele instituto de ensino não exibiu certidão de idade, por ser impossível encontrá-la, para tirar agora seu diploma precisa justificar perante V. E. o quanto basta o seguinte: O suplicante é brasileiro, nasceu a 24 de outubro de 1871 na cidade de Ubá, Minas Gerais. É filho legítimo do Dr. Manuel Gomes Tolentino e de D. Philomena Brêtas de Figueiredo Tolentino".

redo Brêtas, natural do estado de Minas Gerais, de 18 anos de idade, foi examinado em História 'Caso Grande' do Brasil, nos exames verificados em dezembro de 1889 e obteve a nota 'aprovada'"[124] (Inédito).

Aprovado em todos os exames, em 1892 foi para a capital paulista estudar direito. No mesmo ano, aprovado em 24 de março nos exames de trigonometria, aritmética e álgebra no curso ao anexo da Faculdade de Direito de São Paulo, ingressando na primeira série da faculdade de ciências jurídicas. Entre 1892 e 1896, Cantídio cursou o bacharelado, tendo sido reprovado em dezembro de 1893 em algumas matérias da segunda série jurídica, mas aprovado em exames posteriores, se bacharelando entre os 66 formandos da 65ª turma da faculdade, em 25 de abril de 1896.

Foto 33: Largo São Francisco, São Paulo-SP

Enquanto se bacharelava, seus pais e irmão mais novo faleceram atingidos por uma epidemia, deixando órfãos uma irmã e dois irmãos em Carangola, Minas Gerais[125]. Seus irmãos se chamavam Enéas Tolentino de Figueiredo Brêtas e Euclides Brêtas[126].

---

[124] Faculdade de Direito do Largo de São Francisco – USP, arquivo 3664, prontuário de formatura 1896.
[125] Cf. SALLES, Mariana de Almeida. *Cora Coralina*: uma análise biográfica, 2004.
[126] Enéas era médico e foi casado com Rita Paranhos Brêtas, com quem teve quatro filhos: Anchises (irmão Marista), Achilles, Astréia (freira Agostiniana) e Aida Brêtas. Euclides era farmacêutico, residia em Campo Formoso (atual Orizona – GO) e foi casado com Isolina de Castro.

Cantídio formou-se com 25 anos de idade. No período de 1886 a 1905, casou-se, teve dois filhos: Adelmar Ferreira e Maria de Lourdes Ferreira, e se separou de Idalina Olympia Ferreira, sua primeira esposa. O que se tem documentado dessa época é que ele ocupou cargos relacionados à área jurídica no estado de São Paulo. Paralelamente ele desenvolvia atividades jornalísticas: "Permaneceu em São Paulo e lá trabalhou como professor e redator do jornal local, enquanto cursava direito. Formou-se e foi nomeado delegado de polícia na capital, depois assumiu o cargo de promotor em uma cidade no estado de São Paulo que se chamava antigamente Faxina (atual Itapeva)"[127]. Na verdade, foi redator do jornal *A Platéia* e trabalhou como delegado na 5ª circunscrição da capital paulista.

A primeira referência sobre Cantídio encontrada no estado de Goiás data de 1905, quando em uma mensagem enviada ao Congresso o então Presidente do estado, José Xavier de Almeida, informou: "Foram nomeados, depois de devidamente habilitados por acórdão do Superior Tribunal de Justiça, para o cargo de juiz de direito: da comarca de Natividade [atualmente pertencente ao estado do Tocantins], que não foi ainda instalada, o dr. Cantídio Tolentino de Figueiredo Brêtas"[128]. Cantídio não cumpriu compromisso e nem assumiu o cargo no prazo legal e, por isso, teve declarada sem efeito sua nomeação e vaga a comarca por decreto de 5 de agosto de 1905.

Em 1906 ele foi novamente nomeado juiz, agora da comarca de Boa Vista do Tocantins [atual Tocantinópolis-TO], ficando no cargo até 1909:

> "DR. CANTÍDIO BRÊTAS.
> Visitamos o ilustre dr. Cantídio Brêtas, recentemente nomeado juiz de Direito da Boa Vista do Tocantins, e que se acha nesta capital de passagem para sua comarca. Vai em sua companhia o nosso amigo Benedito Leite, ex-representante de algumas casas comercias do Rio de Janeiro"[129] (Inédito).

---

[127] SALLES, Mariana de Almeida. *Cora Coralina:* uma análise biográfica, p. 70.
[128] TELES, José Mendonça (Org.). *Memórias Goianas*. Relatórios dos Governos do Estado de Goiás – 1901-1905, p. 147.
[129] *In: A República*, Goiás, 7 out. 1906, n. 105, p. 3. Acervo do Gabinete Literário Goiano.

"DR. CANTÍDIO BRÊTAS.
Vindo de Catalão acha-se entre nós, desde o dia 2 do corrente, o Sr. Dr. Cantídio Tolentino de Figueiredo Brêtas, nomeado Juiz de Direito da Comarca de Boa Vista do Tocantins, para onde partirá com brevidade, via Araguaia. O Dr. Cantídio Brêtas é natural de Minas e fez o seu curso jurídico e social em S. Paulo, onde seguiu a carreira jornalística, tendo sido, por muito tempo, redator do vespertino *A Platéia*. Exerceu por muitos anos a advocacia, sendo sócio do Senador Almeida Nogueira e desempenhou os cargos de Delegado da 5. Circunscrição da capital paulista e promotor da Comarca de Faxina"(Inédito).[130]

Cogitamos os motivos que levaram Cantídio a mudar-se para o estado de Goiás e assumir um cargo público. Em algumas das matérias de jornal, por ele escritas, ficou clara sua relação com Sebastião Fleury Curado, advogado influente junto à Presidência do estado, e com o senador Ricardo Paranhos, destacando que eram os únicos goianos que conhecia até então e que foram os responsáveis por sua nomeação. Todavia, consultando a lista de formandos da Faculdade de Direito do Largo de São Francisco de 1896, verificamos que Cantídio estudou com Antônio Ramos Caiado (Totó Caiado), então secretário de estado e membro do Partido Republicano Federal de Goiás, transformado em Partido Democrata em janeiro de 1909[131]. Dessa forma, é provável que também tenha contado com o apoio de seu ex-colega de faculdade para sua vinda ao estado de Goiás, já que Antônio Ramos Caiado era uma liderança de grande influência política.

Cantídio assumiu uma das comarcas mais problemáticas de Goiás, onde se concentravam fortes oposicionistas do governo durante o período em que ocorreu a chamada Revolução de Boa Vista. Por isso, adquiriu grandes desafetos. Em 1909, ele publicou cerca de 15 artigos no jornal *Pacotilha*, do Maranhão, relatando a revolução, e tais textos geraram grande repercussão. Vítima de mal entendidos em decorrência do cargo que ocupava, sofreu perseguições que culminaram com sua ida para a capital do estado:

F. 34

---

[130] *In: Goyaz*, Goiás, 10 nov. 1906, n. 904, p. 1. Acervo do Gabinete Literário Goiano.
[131] Cf. CAMPOS, Francisco Itami. *Coronelismo em Goiás*, 2003.

"Se tenho muitas vezes sido vítima de imerecida sorte, adquirindo fortes e rancorosos inimigos gratuitos, tenho também provado que nunca tergiversei, jamais cometi um ato que em sã consciência pudesse ser acoimado de mau. (...) Foi o que se deu comigo em S. Paulo quando em defesa de minha vida e de minha dignidade reagi, o que farei sempre que a isso for obrigado. E a prova de que naquela grande capital gozo do melhor conceito, ali foram me confiadas comissões, ocupei lugares de confiança e continuamente mantenho ali relações com personagens distintas, de alta colocação social. Ultimamente a imprensa paulista registrou com o maior carinho minha nomeação. Cantídio Brêtas"[132] (Inédito).

"BOA VISTA.
(...)
Explicar, minha atitude em Boa Vista quando ali exercia as funções de juiz de direito e quais meus primordiais intuitos na comarca, em cuja sede, logo que aportei, notei a diversidade de opiniões reinantes entre as facções existentes, o que me fez incontinente cogitar de um acordo que só visasse o restabelecimento da ordem e da paz na comarca. Para a consecução deste ideal, comunicava-me, como era consentâneo, com o então chefe do Estado e pedia luzes aos meus preciosos colegas desembargadores Gonzaga Jayme e dr. Sebastião Fleury. (...) Minha nomeação fora feita em vista de incessantes pedidos de dois amigos particulares – o aludido dr. Fleury e o senador Ricardo Paranhos, o que significa: não tinha até agora ligações ou compromissos políticos no Estado. No desdobrar dos lamentáveis acontecimentos em Boa Vista, por insistência do dr. Fleury segundo sou informado, o coronel Rocha Lima, em despacho telegráfico, chamou-me à capital. Logo que julguei minha vida garantida, encetei viagem que foi morosa, pois prenhe de dificuldades. É de notar que em palácio, conforme se verifica, não existia a transcrição ou mero registro de telegramas que me foram endereçados e as minhas respostas. Só uma comunicação chegou até então ao atual governo e esta versava sobre um suposto abandono da comarca. O exmo. sr. dr. Urbano de Gouveia, verificando que na respectiva Secretaria de Estado nada constava, exceção feita da referida comunicação, de acordo com a Lei Judiciária em vigor, declarou-me avulso sob aquele fundamento. (...) S. ex. após o memorial que, acompanhado de 26 documentos, lhe dirigi, pedindo-lhe que de nenhum efeito declarasse o decreto que me pôs avulso e corolário desse ato o pagamento de meus vencimentos e de ajuda de custo a que tinha direito, deferiu-me o pedido, em vista das provas que produzi. A

---

[132] In: *O Goyaz*, Goiás, 5 fev. 1910, n. 1101, p. 2. Acervo do Gabinete Literário Goiano.

primeira conferência que gentilmente me concedeu e a qual compareci só, declarou-me peremptoriamente que faria justiça e o fez, sem perda de tempo, marcando o prazo de três meses para regressar á comarca. Por motivos que não vem a apelo ora recordar, a 13 de setembro p. passado, requeri para ficar avulso. Cantídio Brêtas. 23/10/1909"[133].

Solucionadas as questões políticas, Cantídio decidiu ficar na cidade de Goiás, município vizinho a Curralinho (atual Itaberaí) onde morava sua filha Guajajarina: "fruto de um relacionamento extraconjugal com uma índia Guajajara em torno de 1909, e que estava morando com a mãe doente em Itaberaí"[134]. Residindo na capital, seria mais fácil dar a assistência que sua filha necessitava.

No mesmo ano, o ex-juiz Cantídio assumiu o cargo de chefe de polícia do estado. A legislação vigente na época e relativa à organização da polícia judiciária e administrativa estadual dizia que para o preenchimento do cargo de chefe de polícia, em virtude da falta de pessoal idôneo para exercer as funções que exigiriam preparo especial, deveria ser nomeado um membro da magistratura de 1ª ou 2ª instância[135]. A chefia da polícia consistia em um cargo de prestígio:

"CHEFE DE POLÍCIA
Foi designado para servir, interinamente, como Chefe de Polícia do Estado, o sr. dr. Cantídio Brêtas, ex-juiz de Direito da Comarca de Boa Vista, atualmente entre nós. Moço inteligente e ativo, desejoso de prestar ao atual Governo do sr. dr. Urbano de Gouveia, a sua colaboração, já patenteada em alguns últimos números desta folha; formado em ciências jurídicas e sociais pela Faculdade de S. Paulo, onde exerceu a carreira jornalística, tendo sido por muito tempo redator do vespertino – *A Platéia* – tendo também nessa grande capital desempenhado o cargo de Delegado da 5.ª Circunscrição, é de se esperar que o dr. Brêtas saberá corresponder à confiança do s. ex. o sr. dr. Presidente na direção da Chefatura de Polícia do Estado"[136] (Inédito).

---

[133] In: *O Goyaz*, Goiás, 23 out. 1909, n. 1086, p. 2. Acervo do Gabinete Literário Goiano.
[134] SALLES, Mariana de Almeida. *Cora Coralina*: uma análise biográfica, p. 71.
[135] Cf. TELES, José Mendonça (Org.). *Memórias Goianas*: relatórios de governos da Província de Goiás 1891-1900, 2002.
[136] In: *O Goyaz*, Goiás, 30 out. 1909, n. 1087, p. 1. Acervo do Gabinete Literário Goiano.

Foto 35: Cantídio Tolentino de Figueiredo Brêtas

Durante os anos de chefia de polícia, Cantídio participou intensamente do cenário político da capital de Goiás. O próprio cargo que ocupava contribuiu para que suas decisões e atos se tornassem polêmicos e não agradassem a todos. Mas sua atuação na então capital não se limitou ao cargo na polícia. Intelectual reconhecido e respeitado, colaborou em vários jornais da região e era presença constante na vida literária da cidade. Assim como Cora Coralina, era associado do Gabinete Literário Goiano:

"Dr. Cantídio Brêtas
1910
Abril 17 .... Mentiras Convencionais
Agosto 5 .... Os Sertões. E. da Cunha.
Novembro 28 .... A queda de um anjo
Dezembro 7 .... Brasileira de Prasins
Dezembro 19 .... Vamos com ele
Dezembro 30 .... História da República Romana 2 v.
1911
Maio 7 .... Holanda
Maio 7 .... Correntes estéticas na literatura brasileira
Junho 6 .... Holanda
Julho 2 .... Antropologia
Julho 18 .... A mãe

Agosto 28...	A América Latina
Outubro 16..	A neta do Arcebispo
Outubro 22..	A Ilustre Casa de Ramires
Outubro 22..	Memórias"[137].

(Inédito)

Foto 36: Gabinete Literário Goiano, 2009, Goiás-GO

Sócio do Gabinete, participava das tertúlias e conferências promovidas pela instituição. Provavelmente, foi nessas sessões que Cantídio e Cora Coralina se encontraram e se simpatizaram. Entre leituras, músicas, declamações, atividades jornalísticas, nasceu um amor.

Todavia, um amor não aprovado pela tradicional sociedade, pois Cantídio, separado da esposa desde quando deixou São Paulo, vinha de um primeiro casamento e, aos olhos da família Couto Brandão, ainda era um homem comprometido. Por não se relacionarem às escondidas, enfrentaram preconceitos em nome do sentimento que cultivavam. Eram figuras conhecidas e celebradas na vida pública e cultural da cidade. Independentemente das reprovações em torno da união não convencional decidiram viver juntos. Cora Coralina preferiu narrar sua história e conduzir as rédeas de seu destino.

---

[137] Livro de registro do Gabinete Literário Goiano, relativo aos anos de 1910 e 1911, p. 8.

Cantídio estava sendo alvo de críticas em sua função e devido às mudanças políticas na região perdeu o cargo de chefe de polícia. Mantinha relações com seus ex-colegas de faculdade e já havia ocupado cargos públicos em São Paulo, estado onde certamente seria mais fácil conseguir novo trabalho e recomeçar mais uma vez sua vida. A última referência a sua passagem por Goiás consiste na baixa de sua inscrição no Gabinete Literário Goiano em 24 de novembro de 1911, ou seja, um dia antes de sua partida.

O que se tem documentado é que em 25 de novembro de 1911, Cora Coralina e Cantídio optaram por uma vida a dois e partiram para o estado de São Paulo em uma comitiva de mulas e cavalos, meio de transporte utilizado na época. Cora não fugiu do amor que sentia e foi por ele que decidiu seguir seus anseios: "Meus anseios extravasaram a velha casa. Arrombaram portas e janelas, e eu me fiz ao largo da vida. Andei por mundos ignotos e cavalguei o corcel branco do sonho"[138]. E promoveu a travessia da Ponte da Lapa juntamente com aquele que amava: "Rio Vermelho – meu rio./ Rio que atravessei um dia/ (Altas horas. Mortas horas),/ Há cem anos.../ Em busca do meu destino"[139].

---

[138] CORALINA, Cora. *Estórias da casa velha da ponte*, p. 12.
[139] CORALINA, Cora. *Poemas dos becos de Goiás e estórias mais*, p. 83.

PARTE II

A VIDA NO ESTADO DE SÃO PAULO
(1911-1956)

6

ANDEI PELOS CAMINHOS DA VIDA

"E, desde então, caminhamos
juntos pela vida..."[140]
Cora Coralina

Cora Coralina de tantas Annas estava a caminho do Sul. Dentro da escritora havia Aninha e Annica todas agraciadas de uma infância saudável na fazenda Paraíso. Anna leitora, Anna escritora, vislumbrava outras paisagens. Via a seu redor as plantações, fazendas, estradas, cidades e pessoas que antes conhecia apenas nas palavras. Acostumada a prestar atenção a tudo que lhe cercava, ela se entretinha com os pormenores dos lugares por onde passava. Aquela Anna/Cora Coralina de dois anos atrás agora não estava mais sozinha. Não havia mais solidão. No caminho pararam em Curralinho para pegar Guajajarina, filha de Cantídio, que Cora criou desde os dois anos de idade como se fosse sua. Seguiram uma caravana de burros.

Sua alma se esquentava perante tantas novidades. Ela brindava à vida! Uma resposta que ansiava desde os tempos da fazenda Paraíso: "E, no entanto, quando quero beber essa vida esplêndida que me cerca, envolver-me nessa luz que do alto desce cascateando sobre a terra, juntar meu canto de *gracia* às vozes de tudo o que me canta e reza, sinto que dentro do meu ser a minha alma enregelada treme de frio!"[141]. Foram, segundo Cora Coralina,

---

[140] CORALINA, Cora. *Meu livro de cordel*, p. 87.
[141] *In*: Jornal *Goyaz,* Cidade de Goiás, n. 1066, 5 jun. 1909, p. 2. Acervo do Gabinete Literário Goiano.

14 dias a cavalo até Araguari-MG. Sobre a viagem, além das entrevistas, o único documento encontrado foi sua anotação com os dizeres: "Vinha das minhas terras goianas, numa longa viagem, comitiva de bestas e cavalos até Araguari. Travessia do rio divisor Paranaíba. Chorei ali, já do lado mineiro, minhas lágrimas de despedida. E a vida me tomou nos braços"[142].

O governo havia estabelecido uma nova ferrovia unindo os estados de Minas Gerais e Goiás. Somente em 27 de maio de 1911, dois anos após o início dos trabalhos no marco zero da ferrovia, é que começaram a ser instalados os trilhos no estado de Goiás[143]. Por isso, Cora Coralina, Cantídio e Guajajarina ainda não podiam usufruir do conforto de um vagão de trem. Pelo menos não durante essa primeira fase. A viagem no lombo de um burro não foi novidade para Cora Coralina. Sabia montar, afinal utilizava sempre esse transporte e, às vezes, o carro de bois. Guajajarina ia junto, no mesmo compasso, não dava trabalho: "passando por Itaberaí (onde Guajajarina foi pega), Pouso de Itauçu, Inhumas, Aparecida, Morrinhos, Grota do Ribeirão Mimoso, Buriti Alegre, Itumbiara (divisa com o estado de Minas), até chegar em Araguari, onde pegaram o trem até a Estação da Luz em São Paulo"[144].

Cantídio Brêtas conhecia aquelas terras, Cora Coralina só as conhecia pelos livros, cartas, jornais e revistas. Chegaram a Araguari. O centro da cidade, a avenida Boa Vista, hoje avenida Joaquim Aníbal, com seus casarões diferentes de Goiás. A novidade marcante: luz elétrica[145]. Foram recepcionados na estação ferroviária pela amiga e escritora Leodegária de Jesus[146].

Descansaram da viagem. Depois seguiram de trem, mais bem acomodados. Até mesmo no trem havia luz elétrica, uma luz amarela que de vez em quando ficava fraquinha, mas era a tão famosa luz elétrica[147]. Em Goiás, usa-

---

[142] Acervo do Museu Casa de Cora Coralina, sem data.

[143] No final do século XIX, mais precisamente em 1896, o Triângulo Mineiro recebeu os trilhos da Estrada de Ferro Mogiana, ficando acertado que a cidade de Araguari seria a sede do que anos depois viria a ser a "Goiás", facilitando-se a integração econômica entre São Paulo, Minas Gerais e Goiás. Cf. GOMIDE, Leila Regina Scalia. *O pesadelo de uma perda:* a estrada de Ferri Goiás em Araguari, 1986.

[144] SALLES, Mariana de Almeida. *Cora Coralina:* uma análise biográfica, p. 71-72.

[145] A inauguração da luz elétrica em Araguari deu-se em 1910 e consta que desde o início a Empresa Força e Luz se estabeleceu à rua dr. Afrânio, 178.

[146] Cf. DENÓFRIO, Darcy França (Org.). *Cora Coralina*: melhores poemas, p. 342.

[147] Em 1879, a eletricidade começou a ser usada no Brasil, na Europa e nos Estados Unidos, logo após o invento do Dínamo e da Lâmpada Elétrica. No mesmo ano, D. Pedro II inaugurou a iluminação da estrada de ferro.

va-se outra forma de combustível devido à facilidade de acesso a esse recurso: o óleo de mamona. As fontes de luz adotadas no estado eram a lamparina e a candeia, até a chegada definitiva da luz elétrica em 1918. A primeira cidade que recebeu energia elétrica no estado foi a então capital: cidade de Goiás.

Chegaram à cidade de São Paulo e desceram na última parada do trem, estação da Luz[148]. Se Araguari tinha sido novidade, a estação da Luz era um caso à parte: uma edificação exuberante, magnífica até para os paulistas que estavam acostumados a tanta pompa.

Foto 49: Estação da Luz, 1911, São Paulo-SP

O lugar de descanso foi na rua dos Gusmões, numa pensão simples. Cora Coralina, com apenas 22 anos, tinha sob sua guarda uma criança de dois anos e em seu ventre uma nova vida.

De São Paulo foram para o Rio de Janeiro ver o mar: "seguindo depois para o Rio de Janeiro, repetindo suas palavras (as de Cora Coralina) isto foi nos belos tempos de 1911 a 1912, assistiu um carnaval lá e depois no dia 6 de fevereiro veio para Jaboticabal"[149].

No dia 19 de janeiro de 1912, Cora Coralina passeou pelo Rio de Janeiro, ficou hospedada com Cantídio e Guajajarina no Hotel Globo, n. 19,

---

[148] A primeira Estação da Luz era pequena e acanhada. Construída em 1867 pela Estrada de Ferro Inglesa, *The São Paulo Railway*, a estação fazia a linha entre Jundiaí, interior de São Paulo, e Santos, de onde o café era exportado. Anos mais tarde, sem conseguir atender à crescente demanda da produção cafeeira, a próspera Companhia São Paulo Railway (a "Inglesa") construiu outra estação no mesmo lugar, muito mais imponente, entre 1895 e 1900. Foi projetada pelo arquiteto inglês Charles Henry Driver em estilo neoclássico.

[149] Anotações de Elza Recco, Andradina-SP, 1983.

cujos donos eram mineiros. O hotel ficava numa rua partindo do Largo de São Francisco e inserindo na antiga São Joaquim, Floriano Peixoto. Nessa viagem ela passeou pela rua Uruguaiana olhando atentamente para suas vitrines. Naquela época o Brasil tinha uma das maiores frotas de bondes abertos do mundo e, certamente, Cora Coralina andou num deles. Passeou pela avenida Central, foi à Central do Brasil. Conheceu a Igreja do Rosário e a Estação de Ferro. Andou pelos bairros de Botafogo e Tijuca. Fez visita ao Pão de Açúcar, comeu doces na Confeitaria Colombo, andou pelo Mercado de Flores e foi ao Corcovado, mas lá não havia ainda o Cristo Redentor[150].

Foto 50: Rio de Janeiro, 1912

Cantídio e Cora Coralina decidiram ir para uma cidade que despontava no mapa, no interior paulista – Jaboticabal. Levaram seus poucos pertences, seus sonhos e vontade de vencer. Junto uma imensa bagagem cultural. Em fevereiro de 1912 chegaram a Jaboticabal: "O Criador, vendo que/ a terra era boa,/ plantou um jardim/ de jabuticabeiras/ nas terras roxas/ de São Paulo/ da banda Oeste,/ e mandou que viessem/ o homem e a mulher,/ tomassem da terra/ e gerassem filhos"[151].

A escritora iniciou o poema "Jaboticabal" como se fosse um versículo bíblico. E continuou, como no livro do Gênesis, anunciando o começo

---

[150] Baseado nas anotações de Cora Coralina. Acervo do Museu Casa de Cora Coralina.
[151] CORALINA, Cora. *Meu livro de cordel*, p. 36.

do mundo, a criação da terra, do homem e da mulher. Podemos ver aí Cora Coralina em seu paraíso. Era o começo de uma nova vida, de uma vida a dois. Seu paraíso: seu lar! Os novos desbravadores, Cantídio, Cora e Guajajarina chegaram a Jaboticabal de trem, no início do período áureo do café que foi de 1910 a 1928: "Semearam a gleba/ e cresceu o cafezal/ com suas floradas de esperança/ e seus frutos vermelhos./ Uma nova floresta ordenada/ e ritmada se estendeu,/ e cobriu Jaboticabal./ (...) E o café enegreceu os terreiros,/ atulhou as máquinas,/ armazéns e depósitos,/ derramou-se das tulhas"[152].

Foto 51: Locomotiva a vapor, Jaboticabal-SP

A estação de ferro de Jaboticabal foi inaugurada em 1893, como ponta de linha do tronco de bitola métrica da Secção Rio Claro. Segundo consta, somente três meses depois de sua inauguração é que o primeiro trem chegou à cidade. Assim, no dia 5 de maio, houve muita festa em Jaboticabal por causa do trem. Durante décadas, as estradas de ferro foram os principais meios para transporte de passageiros e o escoamento de produtos agrícolas, inclusive para o Porto de Santos, principalmente o café: "As Estradas de Ferro avançaram/ e as rodagens se estenderam/ transportando o granel para os portos e terminais./ Era o Rei Café, opu-

[152] *Idem*, p. 37-38.

lento ou rastejante,/ dando demais ou tirando tudo/ num passe de sua magia negra"[153].

A origem do nome da cidade deriva da palavra jabuticaba do tupi, "iapoti'kaba", fruto de que se alimenta o jabuti. A palavra tem diversas variações dentre elas: jabuticaba e jaboticaba[154]. "Avenida Pintos,/ a dádiva da Posteridade/ do velho fundador/ que doou o Patrimônio/ nos idos do passado./ Antiga Fábrica de Nossa/ Senhora do Carmo de Jaboticabal./ A igreja,/ o Vigário/ sendo o Fabriqueiro./ Antigo administrador dos/ Bens Patrimoniais da/ Capela levantada[155]."

Foto 52: A cidade de Jaboticabal no início do séc. XX

Eis alguns acontecimentos importantes na cidade de Jaboticabal durante 1912, o primeiro ano de residência de Cora Coralina e Cantídio: inauguração do pavilhão Polytheana; fundação do Jaboticabal Atlético; inauguração do primeiro cinema; chegada do primeiro automóvel (um Brasier Francês) e a fundação da Associação Recreativa Gomes e Puccini.

Com base econômica na agricultura, Jaboticabal destacou-se como importante centro regional nas atividades industriais, comerciais, bancárias e de prestação de serviços. Essa fase do início do século XX foi a mais importante em termos econômicos, deixando marcos na arquitetura da cidade, casas e prédios públicos ainda em uso. As indústrias de alimenta-

---
[153] *Idem*, p. 38.
[154] O nome Jaboticabal tornou-se oficial pela Lei Municipal n. 421 de 20 de setembro de 1960.
[155] CORALINA, Cora. *Meu livro de cordel*, p. 36-37.

ção destacavam-se regionalmente, juntamente com a cerâmica, fábricas de louças e olarias. Na década de 1930, Jaboticabal tornou-se um importante centro regional, sendo conhecida como "Athenas Paulista" pela grande atividade cultural.

A semente de esperança estava lançada. Jaboticabal foi o lugar escolhido por Cora Coralina e Cantídio para abrigar seus projetos, estimular o trabalho e educar seus filhos. A saudade de Goiás era acalentada pelas cartas da mãe. Nem Cora Coralina deixou de lado sua família vilaboense, nem sua família a esqueceu. Sua mãe, Jacyntha, antes mesmo que fizesse um ano que sua filha foi para o estado de São Paulo, comunicou-se com ela, enviou um cartão de aniversário. Nesse cartão, chamou-a pelo afetuoso apelido de Annica e declarou que sua querida filha não mais habitava naquela casa, mas "habitava no sacrário que nela existe e que é o coração de tua mãe".

7

SEMENTE E FRUTO

"Eu fui caminhando, caminhando...
E me nasceram filhos.
E foram eles, frágeis e pequeninos,
carecendo de cuidados
crescendo devagarinho. (...)
Fostes, para mim, semente e fruto[156]."
Cora Coralina

A casa era bem localizada, em uma das artérias principais no riscado cartográfico da cidade com acesso principal à praça da República, atualmente rua Joaquim Batista. Todos os seus filhos nasceram em Jaboticabal, na casa à rua Mimi Alemagna. A casa era boa, tinha um terreno que abarcava a esquina toda, estendendo-se até a rua General Carneiro. Lugar ideal para criar seus filhos. "Os momentos mais gratificantes e alegres foram aqueles os quais nasceram meus filhos. O parto, naquele tempo, era feito em casa, e eu perguntava sempre à assistente: 'Tem algum defeito?' E ela respondia: 'Não. É uma criança perfeita'. Nessa hora toda a minha angústia e preocupação se desfaziam. Eu me sentia totalmente gratificada"[157]. E constantemente dizia: "Eu era uma criatura feliz na minha gravidez, feliz no nascer dos meus filhos, feliz em ver os meus filhos pequeninos na cama ou num berço ao meu lado, feliz em dar banho

---

[156] CORALINA, Cora. *Vintém de cobre:* meias confissões de Aninha, p. 79.
[157] Cora Coralina. *In:* BOTASSO, Rosalina. *Cora Coralina*: a vida em prosa e verso, p. 28.

em criança, lavar fralda de criança, ver criança sorrir. Tudo isso me compensava da parte que meu marido me negava. E assim vivi a minha vida ao lado dele. Ele morreu em 1934 e nunca me arrependi de ter vivido e dado um lar para meus filhos. Meus filhos foram criados dentro de um lar que meu marido tumultuava, mas que eu fazia respeitar a ele e a mim. E isso para mim é uma grande tranqüilidade, uma grande paz, parece a mim que fiz o que devia fazer"[158].

Foto 53: Chácara Verri, onde posteriormente foi o bairro da Nova Jaboticabal, tendo à esquerda a rua Mimi Alemagna, Jaboticabal-SP

Cora Coralina afirmava que uma das melhores coisas que lhe aconteceu foi a maternidade, seus filhos aliviaram a aridez de seu deserto, dando sombra e alimento necessários à caminhada: "E foram eles a rocha onde me amparei,/ anteparo à tormenta que viera sobre mim./ Foram eles, na sua fragilidade infante,/ poste e alicerce, paredes e cobertura,/ segurança de um lar/ que o vento da insânia/ ameaçava desabar./ Filhos pequeninos e frágeis.../ Eu os carregava, eu os alimentava?/ Não. Foram eles que me carregaram,/ que me alimentaram./ Foram correntes, amarras, embasamentos./ Foram fortes demais./ Construíram a minha resistência./ Filhos, fostes pão e água do meu deserto./ Sombra na minha solidão./ Refúgio do meu nada./ Removi pedras, quebrei as arestas da vida e plantei roseiras"[159].

[158] In: SALLES, Mariana de Almeida. *Cora Coralina:* uma análise biográfica, p. 74.
[159] CORALINA, Cora. *Vintém de cobre:* meias confissões de Aninha, p. 76-77.

Foto 54: Guajajarina, Paraguassu, Cantídio e Jacyntha, Jaboticabal-SP

Em fins de maio do ano de 1912, no dia 28, nasceu a primogênita. Maio sempre foi um mês especial para Cora Coralina: "Maio é o mês em que a criatura desvencilha-se delicadamente do atavismo egoísta de seu eu e tem no coração mansidões inéditas"[160], como deixou registrado na fazenda Paraíso. Naquela tarde, às 17 horas, nasceu a menina Paraguassu Amaryllis, trazendo ao coração de Cora Coralina a mansidão de pela primeira vez ser mãe!

Paraguassu é um nome de origem indígena: 'para' quer dizer *rio* e 'assu, ou, açu' quer dizer *comprido*. Foi uma decisão de Cantídio colocar esse nome e, para completar, Cora Coralina quis um nome de flor, Amaryllis. Nome científico: *Hyppeatrum hybridum*, tendo o significado de altivez, elegância e graça. Também Virgílio, o célebre poeta romano, deu o nome de Amaryllis a uma pastora e, na mitologia grega, Amaryllis está associada ao deus Apolo.

Após dois anos do nascimento de Paraguassu, em 21 de fevereiro de 1914 vieram os gêmeos Cantídio e Enéas. Nomes em homenagem ao pai e ao tio Enéas Tolentino de Figueiredo Brêtas, mantendo assim a familiar tradição de homônimos como exigia a *praxi* da família Guimarães Peixoto, tão arraigada em Cora Coralina que ela incentivava os amigos e vizinhos a adotarem a mesma prática.

---

[160] In: Jornal *Goyaz*, Cidade de Goiás, n. 1066, 5 jun. 1909, p. 2. Acervo do Gabinete Literário Goiano.

Depois de cinco meses e três dias, Enéas faleceu e foi enterrado em Jaboticabal: "Évem vindo enterro de menino/ caixãozinho azul pequenino/ crianças taludas vão carregando/ vão conversando, vão balangando,/ dando risada,/ na parada da estrada./ Vão manobrando/ maquinista, maquinista/ dá logo o sinal/ tira essa máquina da estrada,/ abre caminho, deixa passar,/ olhe o enterro do pequenino/ ele tem pressa de descansar/ lá no berçário do cemitério"[161].

Em 1915, a família ganhou um novo membro: Jacyntha Philomena. A menina recebeu o nome da avó materna (Jacyntha) e da avó paterna (Philomena). Fizeram questão de que os nomes fossem com as grafias iguais as das antepassadas. Na certidão consta que no dia 30 do mês de março, às 8 horas, nasceu Jacyntha Philomena, do sexo feminino, branca.

No dia 21 de março de 1921, domingo à noite, houve a consagração da menina Jacyntha Brêtas a Nossa Senhora. As lembrancinhas foram oferecidas por dona Maria Oriel de Mello.

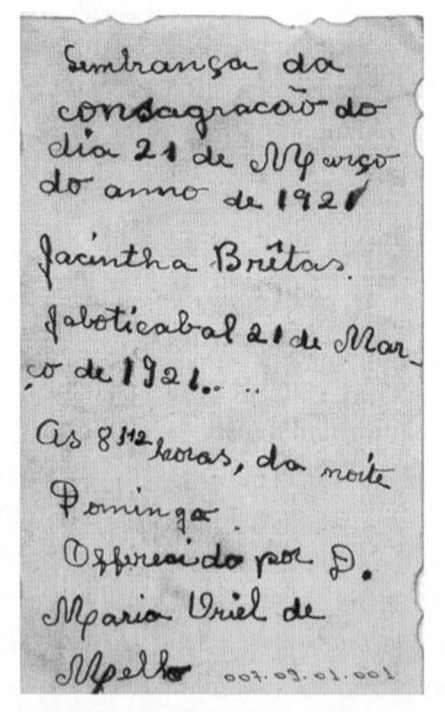

Fotos 55, 56: Lembrancinhas da consagração de Jacyntha, Jaboticabal-SP

---

[161] Poema de Cora Coralina declamado em entrevista a Miguel Jorge. In: *Folha de Goyaz*, Goiânia, 1968.

Dois anos depois do nascimento de Jacyntha, em 1917 nasceu Maria Isis Brêtas: uma criança prematura, pequena e franzina. O nome Maria foi escolhido por causa da religiosidade da progenitora que, vendo sua filha nascida prematuramente, deu-lhe o nome de Nossa Senhora, teologicamente Maria é filha da Sant'Ana. Madrinha de Anna Lins dos Guimarães Peixoto, que também havia nascido franzina e doente. Nos primórdios de uma conduta religiosa era um apelo de uma afilhada a sua santa protetora.

Etimologicamente o nome Ísis vem da mitologia egípcia. A deusa Ísis era irmã e mulher de Osíris e possuía grandes poderes. Entre outras coisas era a protetora das crianças, o que a tornou popular. Os nascidos sob sua proteção têm grande sensibilidade e poderosa imaginação, forte instinto materno ou paterno; estão sempre prontos para socorrer os necessitados, são fiéis no amor e compreensivos em relações aos outros. Estar sob sua proteção é nascer de 16 de junho a 15 de julho e Maria Ísis Brêtas nasceu no dia 20 de junho. Desde seus primeiros textos, Anna Lins do Guimarães Peixoto mostrou sua cultura sobre a mitologia egípcia, como podemos constatar no discurso "A Beleza Feminina", proferido em Goiás na *Soirée Rose*, em 10 de setembro de 1908, quando Anna, que já era Cora Coralina, tinha apenas 19 anos e citou as beldades mitológicas.

Maria Ísis Brêtas teve pouca chance de vida. Faleceu cinco meses e quatro dias depois: "Assim, vive um pedaço de tempo./ Depois, morre./ No cemitério da cidade,/ a quadra de crianças/ se enche logo/ de comorozinhos/ iguais, iguaizinhos / de crianças pobres, desnutridas/ que vão morrendo"[162].

A morte de Maria Isis marcou profundamente Cora Coralina ao ponto de tirar uma foto da filha falecida e de, no ano seguinte, enviá-la a sua mãe com uma mensagem:

"Mãe, Remeto-lhe este retrato de sua netinha, Maria Ísis, morta em 24 de novembro do anno passado.
Como a sra. perceberá facilmente o retrato está muito mal tirado e exagerado, pois ela sempre foi muito miudinha, nunca cresceu, nunca teve saúde.
Guarde-a como uma piedosa recordação da neta morta e da filha ausente.
Abraços saudosos da Annica.
Jaboticabal -19-8-918"

---

[162] CORALINA, Cora. *Meu livro de cordel*, p. 51.

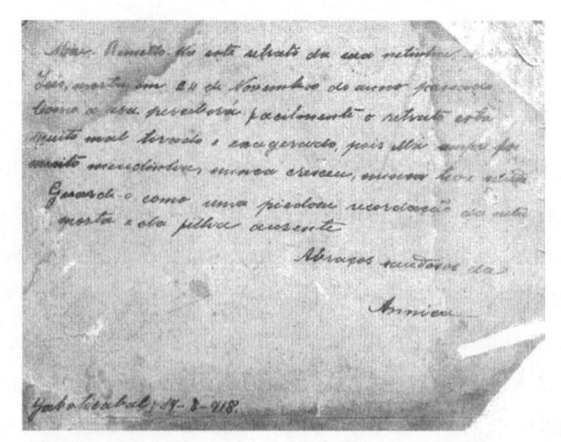

Foto 57: Carta de Cora Coralina para a mãe Jacyntha, 1918, Jaboticabal-SP

Dez anos passaram-se e quando pensavam que não haveria mais novidade na família nasceu a caçula Vicência, no dia 24 de setembro de 1927, em plena primavera. Várias Vicências marcaram a genealogia dos Couto Brandão, desde o Anhanguera, e a tradição continuou. Vicência chegou para alegrar a casa. Depois de dois dias Cantídio foi ao cartório e registrou a filha: Vicência Brêtas.

Em entrevista Cora Coralina relembrou o nascimento dos filhos: "Sete. Criei cinco. Perdi duas crianças com cinco meses de idade. Tempos difíceis. Não havia alimentação adequada, médico pediatra, e havia as dificuldades para se criar uma criança, que, hoje, já não existem"[163]. O fato de seus filhos terem nascido em Jaboticabal ficou marcado nos jaboticabalenses: "E dirá, ainda, que a Terra generosa, que tanto ama, forrou de pétalas de rosas o "pequenino barco", berço de seus filhos, que velejava num Córrego de Jaboticabal, como "rio da vida", que refletia em suas águas límpidas e serenas, uma casa... com os cantares dos pássaros, com flores e brinquedos de crianças... era uma casa"[164].

A maternidade nutriu Cora Coralina de felicidade, cada instante com seus filhos a deixava radiante, todos os afazeres maternos eram bem-vindos, ela declarou que foi "feliz no ser dos meus filhos, feliz em

---

[163] In: BOTASSO, Rosalina. Cora Coralina: a vida em prosa e verso, p. 29.
[164] Pronunciamento do senhor Dawson Aparecido Miranda, por ocasião da outorga do Título de "Emérita Cidadã de Jaboticabal" à poetisa Cora Coralina, no dia 25 de julho de 1984.

ver meus filhos pequeninos na cama ou no berço ao meu lado, feliz em dar banho em criança, lavar fraldas de criança, ver criança sorrir, ver bater as mãozinhas e as perninhas"[165].

Os filhos de Cora Coralina e Cantídio foram batizados na Igreja Matriz de Nossa Senhora do Carmo[166]. O batismo era sagrado para eles, tanto que, mais tarde, em visita a Jaboticabal, Cora Coralina, famosa, fez questão de ir até a igreja e, diante da pia batismal, ajoelhou-se e orou. "Voltei à velha cidade de Pinto Ferreira,/ antiga Fábrica de Nossa Senhora do Carmo de Jaboticabal,/ no sabor antigo dos autos cartorários./ Antiga rua. Velhas casas./ Passei longa, silenciosa e atentamente,/ perdida numa bruma pretérita"[167].

Foto 58: Igreja Nossa Senhora do Carmo 1925, Jaboticabal-SP

No dia 10 de setembro de 1925, seus filhos fizeram a primeira comunhão seguindo os moldes da época. As meninas com véus brancos presos com flores, vestidos brancos, tendo às mãos o breviário de orações e o terço. Cantídio Filho, elegante, também trazia o livro e um laço de fita branca atada à manga esquerda.

---

[165] *In:* Cora Coralina conta um pouco de sua história, 1983.
[166] A Catedral de Nossa Senhora do Carmo foi construída para substituir a Igreja Matriz, fundada por João Pinto Ferreira. Ela teve sua planta vinda da Itália e foi inaugurada no dia 16 de julho de 1936, na praça dr. Joaquim Batista.
[167] CORALINA, Cora. *Meu livro de cordel*, p. 34.

Foto 59: Primeira comunhão de Guajajarina, Paraguassu, Jacyntha e Cantídio,
1925, Jaboticabal-SP

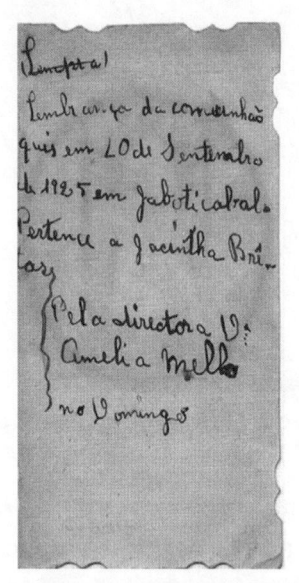

Fotos 60, 61: Lembrancinha da primeira comunhão, Jaboticabal-SP

A infância dos filhos de Cora Coralina passou-se na casa da rua Mimi Alemagna. Ali eles tinham um quintal com árvores frutíferas e, dentre elas, algumas jaboticabeiras. Também havia um barracão no fundo. Espaço para brincar é que não faltava. O terreno era amplo e se estendia até a avenida General Carneiro. Posteriormente, mudaram-se para a casa na avenida General Carneiro. Uma casa edificada segundo a vontade do casal, dentro do terreno que eles já possuíam.

Guajajarina, Paraguassu, Cantídio e Jacyntha estudaram no Grupo Escolar Coronel Vaz[168], situado na avenida General Ozório, n. 215. A construção do prédio foi estratégica, num ponto bastante elevado da cidade, em área originalmente arborizada e ajardinada. Havia oito salas de aula espaçosas e bem iluminadas, das quais quatro no pavimento inferior, além das salas reservadas para a diretoria e almoxarifado. O ginásio esportivo, anexo ao prédio, era dividido em duas partes, uma para os meninos e outra para as meninas.

Foto 62: Grupo Escolar Coronel Vaz, Jaboticabal-SP

A infância em Jaboticabal foi contemplada de momentos lúdicos guardados com carinho por seus filhos: "As primeiras lembranças que guardo de minha mãe, Cora Coralina, estão todas ligadas à minha infância em Jaboticabal, onde morávamos. (...) Nunca me esqueço dos momentos de refeição, quando toda família estava reunida. Meus pais gostavam muito de ler e era nessa hora que eles comentavam os livros que liam. Só que nós, as crianças, tínhamos que observar no mais completo silêncio. Não podíamos dar um piu. Apenas trocávamos sinais por debaixo da mesa, para não perturbar os diálogos dos nossos pais. O que mais me lembro com saudade – recorda ela – eram os preparativos, a farta mesa por ocasião do Natal"[169].

---

[168] Juntamente com outras 122 escolas públicas da capital e do interior, pelo alto valor histórico na evolução educacional do Estado de São Paulo, seu prédio foi tombado pelo Conselho do Patrimônio Histórico, Arqueológico, Artístico e Turístico do Estado de São Paulo (CONDEPHAAT), conforme publicação no Diário Oficial do Estado de São Paulo, do dia 7 de agosto de 2002.
[169] Jacyntha Brêtas Salles. In: Cora Coralina: sua filha vive aqui, p. 4.

Enquanto os filhos cresciam, Jaboticabal despontava para o progresso. Acompanhando o ritmo, a vida de Cora Coralina na Cidade das Rosas não se resumiu às lides domésticas. A região oeste do estado de São Paulo sempre foi quente. E, para aliviar aquele mormaço, nada melhor que a sombra de uma árvore. Além disso, elas contribuíam para uma melhor umidade do ar. Cora Coaralina, ciente disso, começou a vender mudas para serem plantadas durante a pavimentação da cidade de Jaboticabal: "Ela levou um saco de coquinhos e plantou todos. Nasceram palmeiras que ela vendeu à prefeitura, para arborizar a cidade"[170].

Foto 63: Jaboticabal, década de 1920

A visão pioneira de Cora Coralina sobre a importância da preservação do ambiente ficou registrada no artigo "Árvores", publicado em setembro de 1922. No texto, Cora fez um apelo, principalmente aos escolares, para que ao invés de apenas escreverem poesias, em comemoração à "Festa das Árvores", que os jovens plantassem mudas, fomentando assim nos estudantes o amor à ecologia. O texto é tão atual que até hoje é usado, principalmente em Jaboticabal, como um alerta ecológico:

---

[170] Depoimento de Nize Brêtas, nora de Cora Coralina, Balneário de Camboriú-SC, 2009.

"Podiam realizar nesse dia uma linda e nobre festa de propaganda prática e fecunda se, ao invés de versos inócuos cada professor levasse sua classe a plantar de fato árvores pelos arrabaldes, pela orla dos caminhos, pelas praças que nas cidades do interior são tão tristemente amplas, nuas e desertas e que seriam assim pela infância anualmente arborizadas! E elas aprenderiam assim melhor a amar e defender essas plantas, que cresceriam com elas e em que mais tarde se reveriam enquanto homens e mulheres feitos a lembrar-lhes sempre os mais belos dias de vida. Nem é isto fantasia irrealizável de escritora, senão objetivo de fácil alcance. As municipalidades hoje, todas elas mais ou menos interessadas na equação desse problema, se incumbiriam facilmente de designar e preparar os pontos a serem arborizados e as plantas para esse fim. E que linda festa não seria essa a que o povo se juntaria, festa religiosa em que a crença na primavera da vida, plantando árvores na primavera do ano, com suas mãos pequeninas e débeis, sentir-se-ia dignificada e feliz por uma ação nobre e boa, concorrendo assim, para beleza, progresso e fecundidade da terra que lhe é berço!"[171].

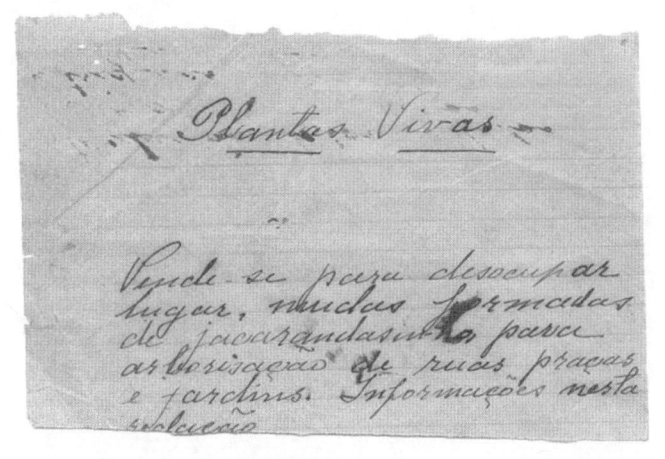

Foto 64: Texto para publicação em jornal, Jaboticabal-SP

Sempre o chamado da terra esteve ligado à vida de Cora Coralina. Essa vivência ela fazia questão de passar para as crianças, jovens e adultos, em textos, conversas e atitudes. Plantar, cuidar e colher era um lema em sua vida. Além de àrvores, ela plantou flores. Ela enfeitou de folhas e flores sua vida, esse foi seu "simbolismo de vida vegetal".

[171] CORALINA, Cora. Árvores, Jaboticabal, set. 1922.

8

ENTRE ROSAS CRESCEU MINHA POESIA

> "Antes, lá longe, no passado, parindo filhos e criando filhos
> e plantando roseiras, lírios e palmas, avencas e palmeiras,
> em Jaboticabal, terra de meu aprendizado de viver,
> terra de meus filhos[172]."
> *Cora Coralina*

Em 1921, duas amigas de Cora Coralina, as escritoras Lola de Oliveira e sua mãe Andradina de Andrada e Oliveira, membros da Academia Literária Feminina do Rio Grande do Sul, foram até Jaboticabal para uma palestra. Elas e Cora Coralina correspondiam-se e tinham afinidades literárias. "Para mim Cora Coralina era uma jornalista, ela se correspondia com Andradina de Andrada e Oliveira, lá do Rio Grande do Sul. Ela veio até Jaboticabal conhecer Cora[173]."

Mãe e filha gostaram da cidade, passearam pelas ruas de Jaboticabal. Ficaram tão felizes que declararam publicamente que, para elas, Jaboticabal era, na verdade, a Cidade das Rosas ao invés de ser pomar. Andradina comentou: "Vejo as rosas em vez dos frutos de ônix reluzentes e belos que lhe deram o nome gracioso. Em todos os jardins esplendem rosas. Em todos os lares vejo rosas. Em todas as salas anda o perfume das rosas. Foi *entre rosas* que encontrei Cora Coralina, a literata goiana que eu amava, através da distância, nas epístolas ternas e encantadoras, nas suas páginas

---

[172] CORALINA, Cora. *Vintém de cobre:* meias confissões Aninha, p. 40.
[173] Pronunciamento do Sr. Dorival Martins de Andrade, Jaboticabal, 12 de janeiro de 2009.

maravilhosas, lavores de Arte rara, onde vibra uma poderosa organização de artista... Jaboticabal é um rosal! Não esquecerei a cidade do perfume. Que encantadora há de ser a alma dessa gente que lida com rosas... que adora o seu hálito! Oh! Benditas mãos que plantais rosas!"[174].

Esse depoimento marcou os jaboticabalenses, tanto que batizaram a cidade de *A Cidade das Rosas*. Até mesmo no Hino de Jaboticabal há menção do nome: "Mansão sonora/ Alegre e litúrgica/ Cidade das rosas/ Campeã da música/ Jovens formosos/ Povo varonil/ Cidade das rosas/ Lirismo do Brasil/ Vivemos em alegria/ Sem temor ao mal/ É Jaboticabal"[175].

Mais uma vez Cora Coralina esteve relacionada a um dos capítulos históricos de sua cidade, nesse caso, a que escolheu para ter e criar seus filhos. Justa homenagem a quem cultivou flores por toda a vida: "Eu, partejando o nascer da flor,/ que ali vem na clausura/ uterina de um botão./ Rombóide./ Para a flor.../ Chamei a tantos.../ Indiferentes, alheios,/ ninguém sentiu comigo/ o mistério daquela liturgia floral./ Encerrada na custódia do botão,/ ela se enfeita para os esponsais do sol./ Ela se penteia, se veste nupcial/ para o esplendor de sua efêmera/ vida vegetal./ Na minha aflita vigília pergunto:/ - De que cor será a flor?/ (...) Vara florida de castidade santa./ Cetro heráldico. Emblema litúrgico/ de algum príncipe profeta bíblico/ egresso das páginas sagradas/ do 'Livro dos Reis' ou do 'Habacuc'./ E foi assim que eu vi a flor"[176].

No segundo poema em homenagem a Jaboticabal, Cora Coralina destacou este momento: "Jaboticabal./ Cafezal./ Canavial./ Algodoal./ Laranjal./ Rosal. Roseiral./ Cidade das Rosas"[177]. Isso porque em todo jardim público ou familiar havia uma roseira. E, seguindo a vocação e sua sensibilidade, adquiriu uma chácara e nela fez uma plantação de rosas: "Quando os filhos cresceram, Cora começou a se interessar por plantas: 'Aprendi a

---

[174] Texto da poetisa Andradina de Andrada e Oliveira, datado de 1921. In: Exposição de Motivos do Projeto de Lei n. 70/05 de autoria do vereador Nereu Rodolfo Krieger da Costa, de 2 de maio de 2005, que declarou a rosa como flor símbolo de Jaboticabal: "Sendo Jaboticabal a 'Cidade das Rosas', nada mais justo que ela se torne símbolo de nossa cidade, sendo perpetuado o culto a beleza da flor que se tornará símbolo obrigatório a ser usado em todo material impresso oficial do Município". Acervo do Museu de História de Jaboticabal.
[175] Hino de Jaboticabal. Letra de Francisco Berlingieri Marino e melodia de Michelino Maizano.
[176] CORALINA, Cora. *Meu livro de cordel*, p. 20-21.
[177] *Idem*, p. 40.

enxertar roseiras e até criei uma estufa de plantas verdes. Tudo isso enchia minha vida e até comprei uma casa com o dinheiro das flores'"[178].

A florista Cora Coralina comprava muda de roseira pelo catálogo Dierberger & Companhia[179], outras vezes ia até São Paulo capital para adquiri-las. Exímia lavradora sabia adubar, plantar, regar, cuidar, podar e enxertar as roseiras. Conhecia os segredos das plantas, vocação que veio desde criança, no quintal da Casa Velha da Ponte cuidava das plantas e flores em vasos e no jardim: "no quintal, roseiras, cravinas, cravos, cheirosos jasmineiros, um velho pé de baunilha entrelaçado a uma cerca de bambu, vivem carregados de flores, graça aos tratos que lhes dá a menina"[180]. Na chácara, o italiano Santino ajudava Cora Coralina no plantio e venda das rosas. A partir daí ficou conhecida em Jaboticabal como *dona Cora florista*. "Essa é Aninha, que nunca ficou velha, nunca foi esquecida. Hoje para falar de flores, da distante Bauru, chega-nos mais uma estória dessa 'Cantadora da Vida e do Amor ao Trabalho', relembrando que a poetisa em Jaboticabal, iniciou o cultivo de flores, principalmente rosas, que carinhosamente ornamentavam os grandes eventos e eram enviadas aos amigos. Por isso, sugere que, também seja ela: *A Madrinha de Jaboticabal Florida*"[181].

Cora Coralina morava próximo à estação ferroviária e, por causa de seu roseiral, visando adquirir novas espécies, sempre viajava: "Cantídio era um mineiro nato, daqueles que não gostavam de perder o trem. Então, no dia em que iam até São Paulo, sempre de trem, ele se arrumava e ficava horas antes parado na Estação Ferroviária, esperando o trem. Enquanto isso, Cora corria nos seus afazeres, mil coisas para decidir antes de viajar, e só quando ela ouvia o apito do trem chegando na Estação é que se arru-

F. 65: Catálogo Dierberger

---

[178] GONÇALVES, Maria José. *Cora Coralina*, p. 24.
[179] No ano de 1927, formou-se a firma Dierberger & Companhia, da qual João Dierberger era sócio comanditário e dois irmãos sócios solidários. Em 1928, em terras adquiridas em Poços de Caldas, organizou a firma a exploração de culturas especializadas do cravo e da rosa para a produção de flor cortada.
[180] TAHAN, Vicência Brêtas. *Cora coragem, Cora poesia*, p. 31.
[181] Pronunciamento do senhor Dawson Aparecido Miranda, por ocasião da outorga do Título de "Emérita Cidadã de Jaboticabal" a Cora Coralina, 25 de julho de 1984.

mava e corria para lá. Sempre comentava com Cantídio: Para que esperar tanto tempo aqui se o trem tem hora para chegar e para sair?"[182]

A atuação de Cora Coralina não se restringiu ao cuidado com a família e ao cultivo de rosas. A literatura e o jornalismo sempre estiveram presentes em sua vida e essas vocações não se limitaram ao artigo "Árvores". Durante sua estadia em Jaboticabal, nas horas livres, lia e escrevia, mesmo não recebendo estímulos para que divulgasse suas produções.

Os contatos de Cora Coralina com Goiás não se resumiam à correspondência com a família vilaboense. Alguns jornais e revistas do estado publicaram textos e/ou noticiaram sua vida literária, no período em que residiu em São Paulo. Em 1919, a *Revista de Artes, Ciências, Economia e Jurisprudência de Santa Rita do Paranaíba*[183], estado de Goiás, publicou a crônica "A Concepção da Pedra", juntamente com uma fotografia da escritora e os dizeres: "A brilhante beletrista goiana, d. Anna Lins dos Guimarães Peixoto, que usa o pseudônimo de Cora Coralina Reside hoje em Jaboticabal, onde ilustra o jornalismo local".

Também o jornal *O Lar*, da cidade de Goiás, trouxe um texto de Vitor de Carvalho Ramos destacando Cora: "Dentre a última geração de literatos goianos mencionaremos Anna Lins dos Guimarães Peixoto Brêtas (Cora Coralina), que é uma escritora de raro merecimento"[184].

Não localizamos outras citações ou publicações de Cora Coralina nos jornais de Goiás no período em que ela residia em Jaboticabal. Talvez o motivo do aparente silêncio fosse o fato de em Jaboticabal estar constantemente atarefada com as obrigações de mãe e esposa: "quando eu criava os filhos, muito pouco eu

F. 66: Jornal *O Lar*, Goiás-GO

---

[182] Depoimento de Nize Brêtas, nora de Cora Coralina. Balneário de Camboriú-SC, 2009.
[183] *In: Paranaíba*: Revista de Artes, Letras, Ciências, Economia e Jurisprudência. Santa Rita do Paranaíba, Ano 1, n. 1, maio de 1919. Acervo pessoal de Goiandira Ayres do Couto.
[184] Vitor de Carvalho Ramos. *In: O Lar*, Goiás, 16 jul. 1927, p. 5. Acervo do Gabinete Literário Goiano.

escrevia, quase nada. Como eu sempre fui uma criatura de comunicação, escrever para mim, prosa ou verso, é uma forma de comunicação. Eu não podendo publicar, também não me interessava escrever. E os filhos, e a vida doméstica, sempre me dominaram. Sempre achei um valor enorme e um prazer enorme na minha vida doméstica. E quando as coisas não iam tão bem, eu fugia para o lado das plantas. Cultivei roseiras e plantei roseiras. Cultivei flores e vendi flores. Cultivei vasos e vendi vasos"[185].

Cora Coralina durante seus primeiros anos em Jaboticabal foi limitada em seus escritos por falta de tempo. Isso não podou seus dotes literários. Ela conseguia driblar os afazeres e, nas dobras do tempo, escrevia. Sabia o que escrever e onde publicar. Para *A Informação Goyana,* enviava suas reminiscências sobre Goiás. Para o jornal *O Democrata,* coisas sobre Jaboticabal. No *Estado de São Paulo,* crônicas pertinentes a um jornal com ampla área de leitores. Para ela, o ato de escrever estava ligado diretamente à publicação. Assim, teria uma resposta ao seu texto. Essa interação escritor/leitor norteava a conduta da escritora.

Mesmo sem incentivo de Cantídio, tendo seus textos salvos, às vezes, pelos filhos, Cora Coralina nunca deixou a escritora adormecer: "Quando casei, meu marido era muito ciumento. Não aceitava que eu publicasse, aceitava apenas que escrevesse, mas não que publicasse. Mas durante quase que toda a minha vivência da vida conjugal, eu muito pouco escrevia, porque escrever para mim é uma forma de publicidade, eu sinto a dificuldade da publicidade para o que eu escrevia naquele tempo. E ele não querendo que eu publicasse, eu também não tinha ânimo, não tinha espírito para escrever, não tinha inspiração. Eu precisava da publicidade, precisava que viesse até mim uma crítica do que eu escrevia, uma apreciação, uma amostra de defeitos de volta para me corrigir. Sempre eu necessitei muito de mestres. Meu marido que podia ser mestre porque era mais velho do que eu e era um homem formado, quando eu escrevia qualquer coisa e mostrava para ele, ele olhava para mim de uma forma como quem estivesse dizendo: foi ela mesmo que escreveu isso? Depois dizia para mim: 'Você não sabe português!'. Eu não pedia a ele para me mostrar o erro e ele

---

[185] *In:* SALLES, Mariana de Almeida. *Cora Coralina:* uma análise biográfica, p. 76.

também não me mostrava. E isso ficava. Eu pegava aquele papel que tinha escrito, metia numa gaveta e, no dia de faxina, de arrumação, rasgava, ia pro lixo, queimava, as crianças mesmo, tiravam, mexiam"[186].

Durante o tempo em que morou em Jaboticabal, Cora escreveu muitos textos que não foram publicados: "Nós, os filhos, quando residíamos em Jaboticabal, sabíamos que ela escrevia artigos para o jornal da cidade, isto na década de 1930. Entretanto, ela escrevia poesias e não publicava. (...) Só bem mais tarde, quando nós já éramos adultos, é que percebemos que ela escrevia poesias e tinha muitas delas guardadas entre os seus papéis, chamados de circunstância"[187]. Sim... o que permeava a eudade coralineana eram os papéis de circunstância. Hierarquicamente, Cora Coralina aprendeu que esses papéis eram todos documentos importantes da família. Criou os seus e neles depositou sua história.

Um importante fato, que contribuiu para que Cora Coralina tivesse mais tempo para se dedicar à literatura e ao jornalismo, foi a mudança de sua irmã Helena para Jaboticabal. Helena gostou do lugar, acomodou-se e tomou novos ares. Ali tudo era diferente de Goiás. Conheceu Augusto Mainardi, casaram-se em Jaboticabal. Cora chamava Helena pelo apelido de Xotinha, uma forma carinhosa e diminutiva de Peixotinha – como era chamada pelos familiares.

Helena e Cora Coralina eram mais do que vizinhas, o quintal de uma casa unia-se ao da outra, separados apenas por um portão. Helena e Augusto tiveram um filho, afilhado de Cora Coralina, o menino Frank, Francisco de Assis Mainardi. E, para que tivesse uma renda, Cora incentivou Helena a fazer doces como os que eram feitos em Goiás, conquistando muitos fregueses e reconhecimento na cidade. Helena e Augusto continuaram em Jaboticabal mesmo quando Cora Coralina não mais residiu na cidade.

F. 67: Cartão para Helena Peixoto, Peixotinha, Andradina-SP

---
[186] *Idem*, p. 78.
[187] Jacyntha Brêtas Salles. *In*: Cora Coralina: sua filha vive aqui, p. 4.

Ambas se apoiaram no período em que moraram em Jaboticabal. Com Helena ao lado, Cora Coralina tinha uma pessoa de confiança para ajudar na criação dos filhos e nos afazeres do dia-a-dia. E, dessa forma, obteve o tempo necessário para desenvolver sua grande paixão: escrever. Cora Coralina esteve ligada à literatura durante o tempo em que viveu em Jaboticabal. Alguns de seus textos foram publicados em jornais paulistas e também na revista *A Informação Goyana*: "Vivendo já no interior de São Paulo, a participação de Cora nessa revista, distribuída em Goiás, todavia fundada e dirigida pelo notável goiano Henrique Silva, no Rio de Janeiro, veiculando matérias de colaboradores que ele julgava 'os mais competentes' entre nós, dá-se entre os anos de 1919 e 1924, quando se interrompe bruscamente"[188].

São dessa época as publicações: "Doces...", "Rio Vermelho", "Ipê Florido" "O progresso de Goyaz" e "Um milagre: lenda de Goyaz" (1919) e "Dominicais" (1924). As crônicas de Cora eram publicadas ao lado de textos de intelectuais de alcance nacional. Periódico que "registra e informa as possibilidades econômicas e culturais do Brasil Central, publicada no Rio de Janeiro, sob a direção do jornalista Henrique Silva e apoiado por Americano do Brasil. Esta revista tem como principais colaboradores: Leopoldo de Bulhões, Guimarães Natal, Hugo de Carvalho Ramos, Moysés Santana, entre tantos outros notáveis"[189].

Em 15 de fevereiro de 1919, a revista *A Informação Goyana* explicou aos leitores que "Cora Coralina é o pseudônimo de uma escritora brilhante que, com o maior entendimento, *A Informação Goyana* registra aqui entre seus colaboradores a partir do presente número. Seus trabalhos, como *Ipê Florido*, evocam sempre paisagens ou coisas da longínqua terra que ela deixou na mocidade"[190]. Dos textos publicados em *A Informação Goyana*, dois merecem especial atenção: "Rio Vermelho" e "Ipê Florido".

---

[188] DENÓFRIO, Darcy França (Org.). *Cora Coralina*: melhores poemas, p. 16.
[189] ARRAIS, Cristiano Alencar; TAVARES, Weder de Moraes. A Informação Goyana e a origem do discurso oposicionista à dominação política oligárquica no início do século XX, 2005.
[190] *In:* Revista *A Informação Goyana*, Rio de Janeiro, vol. 2, n. 7, 15 fev. 1919. Acervo do Gabinete Literário Goiano.

No dia 15 de março de 1919, a revista publicou a crônica "Rio Vermelho". Essa crônica consta no livro *Villa Boa de Goyaz*[191] e, nela, revelou a saudade que sentia da cidade natal. Escreveu sobre seu amado rio: "Goyaz tem um rio que a recorta precintando-a pelo meio, dividindo a cidade em duas partes iguais". Depois puxou o fio de sua existência às margens do rio Vermelho, falou das minerações, dos bandeirantes, de seu nascimento, da canção de ninar que foi o murmúrio do rio, da importância que ele exerceu em sua adolescência "acalentando com amavio estranho os sonhos da minha fantasia". Também revelou a cumplicidade junto ao rio que, sendo seu amigo, ao passar pela casa da Ponte da Lapa, ia mais vagaroso e lento só para lhe contar longas e formosas histórias dos lugares por onde passou: "E eu ficava longas e cumpridas horas pasmada para essas águas que corriam, corriam, sem nunca se deterem, sem nunca se cansarem, atenta para essas histórias de maravilhas e de sonhos que só eu ouvia". Saudosa, ela encerrou o texto dizendo que seus olhos tinham sede das águas do rio, que seus ouvidos ansiavam pela voz tranquilizante que nela acordou as ilusões de adolescente. E, Cora Coralina, se mostrou dolorida, cheia de amargura por estar longe do rio Vermelho. Desiludida, disse que pelo rio abaixo boiou e rodou a teia de seus sonhos. Seus sonhos estavam mortos. E, por isso, em sua alma corria um rio de lágrimas, longo, fiadas uma a uma, lágrimas que subiam até a cheia tenebrosa e intensa de sua dor.

Esse texto é significativo por revelar que a cidade de Goiás, apesar da distância física, sempre embalou a memória de Cora Coralina em um misto de dor e ternura. Uma saudade incontrolável que contribuiu para que a autora nunca se apaulistasse: "a minha terra, que sempre esteve presente ao meu emocional. Nunca me apaulistei, nunca deixei de ser mulher goiana e mais que tudo, mulher sertaneja, com todas as marcas de uma mulher sertaneja que me orgulho"[192].

Um mês depois, em 15 de abril de 1919, foi publicado na revista o texto "Ipê Florido". Optamos por transcrevê-lo na íntegra por acreditarmos ser um divisor de águas em sua poética. É o primeiro trabalho de Cora com uma intenção deliberadamente poética que temos conhecimento. Trata-se de uma experiência-limite, entre a prosa e a poesia, ou seja, um poema-prosa, a exem-

---

[191] CORALINA, Cora. *Villa Boa de Goyaz*, 2003.
[192] *In*: Eis uma goiana. *José*, Brasília, 13 a 19 ago. 1977.

plo do estilo desenvolvido posteriormente no aclamado "O Cântico da Volta" e em várias de suas peças literárias. Desse modo, o poema "Ipê Florido" revela a embrionária sintonia que teve com as ideias estéticas que culminariam quatro anos depois na Semana de 1922: "Já em sintonia com a poesia moderna (declarou, mais de uma vez, que havia acompanhado o movimento 'pelos jornais', além de haver demonstrado leituras de obras dos integrantes do movimento de 22), poderia estar agora começando o seu exercício poético, dentro das técnicas assimiladas, como autodidata que sempre foi"[193].

> "Altaneiro e flamívomo, ereto e majestoso, alteia na campina verde e distante, embelezando a paisagem deserta com o seu fulgor de ouro novo, o Ipê Florido.
> Vejo-te de longe, Ipê Florido, nos dias de sonho e revejo-te inda hoje nas horas de realidade e és o mesmo para mim, porque minha alma não envelhece, tecendo sempre a teia encantadora da ilusão...
> A campina toda um licor de esmeraldas, mordida pela volúpia quente do sol e o ipê altaneiro e majestoso, todo florido em jalde, nimbado d'ouro esplende, irradia, tremula e cintila nas cambiantes vivas da cor.
> Pássaros de plumagem rica e gorjeio estranho pousam nos seus galhos, borboletas de grandes asas irisadas recortadas em seda, osculam suas flores, abelhas fulvas sugam-lhe o mel, o perfume e o doce pólem dourado, besouros zumbem luxuriosos, colibris de bicos lanceolados sondam o cálice das flores olorosas e o Ipê glorioso e florido, vibra de sons, de canto e de cor na luz forte e ardente do sol e do vento do deserto que passa palhetando de ouro o corpo verde, todo verde da campina deserta...
>
> ***
>
> Frio, frio e inverno os pássaros tiritam nas suas penas, as borboletas de seda já não voam e o Ipê altaneiro, florido, no rigor estuante do verão, ostenta inda sua cor jalde de ouro velho.
> E a geada passou três noites seguidas e a árvore tropical congelado o sereno nas folhas e nas flores crestou, murchou, feneceu...
> Amargurado, feio e decrépito, tem sua beleza morta e chora o seu perpétuo sonho de ouro já passado e extinto.
> O sol ardente de Agosto requeimou a terra denegrida pela geada numa adustão cáustica em que a fria natureza delinquesce.
> Rolos sombrios de fumo sobem pelos horizontes e o vento passa como um hálito de febre; é o sol, é o fogo, é a morte, é a devastação, a obra maldita do homem sobre a obra redentora de Deus.

---

[193] DENÓFRIO, Darcy França. Retirando o véu de Ísis: contribuição às pesquisas sobre Cora Coralina, p. 177. As afirmações da pesquisadora referem-se ao poema "O Cântico da Volta".

E o fogo estala, sibila, lateja, passa de rojo, lambe a campina, sobe do tronco às frondes, apaga, reascende, chamejante e rubro...
E o Ipê desnudo e denegrido, revestido de crepe, talado, rígido, espectral, sem folhas e sem flores, sem azas e sem belezas entre os braços negros e queimados na campina negra queimada e morta.

***

Outubro! Primavera!
À primeira chuva fecundante que ativa a seiva e propicia os germens latentes de vida, o Ipê se abotoou e pequeninos pontos de esmeralda, que se abriram e se multiplicaram em centenas de cachos fulvos e redourados no excesso da vegetação fecunda, a seiva estuou de novo o Ipê reflorido para a vida e para o amor.
És para mim o símbolo da existência, Ipê Florido!
Também para os corações o frio e a nevada dos desenganos, a adustão dos grandes desesperos e o fogo ardente de todos os sofrimentos a talar e a queimar as ilusões da vida... Depois o orvalho fecundo da esperança, a revivescência, o reflorir, o reviver...
Vejo-te Ipê Florido na campina verde, cantando num grosso dionisiaco o epinicio da vida o triunfo de viver...
Alteias na campina longínqua a crônica encantadora de tua vegetação floral; a tua fronde é toda cor é toda luz.
Vibras, palpitas e estuas na seiva que circula no teu cerne...
Vejo-te Ipê Florido e és para mim o símbolo encantador da vida...

Cora Coralina"[194].

Os goianos leram Cora Coralina durante o tempo em que ela morou em Jaboticabal: "Através dos longos anos até a publicação deste livro eu sempre escrevi alguma coisa: espaço em jornais, em revistas, fora de Goiás, porque vivi 45 anos longe desta minha terra, de modo que nesse tempo todo eu estive ligada à literatura"[195].

Numa alquimia literária, Cora Coralina soube transformar as pedras de sua vida em flores e em poemas. Soube instituir um elo entre a Cidade das Rosas e a Cidade de Pedras: Jaboticabal e Goiás. Encharcou as bases onde ponteou a semente de sua poesia. Ambas se transformaram em terra fértil a exalar entre cores e perfumes o mistério de sua coralina liturgia floral.

---

[194] In: Revista A Informação Goyana, Rio de Janeiro, vol. 2, n. 9, 15 abr. 1919. Acervo do Gabinete Literário Goiano.
[195] In: Entrevista a Vicente Fonseca e Armando Lacerda, na fase de prospecção do Filme Cora Doce Coralina, Goiás, 1982.

9

A LÂMPADA SOBRE O ALQUEIRE

"E avistam duas mãos
pequenas de mulher,
batendo na porta dos corações,
multiplicando pela Fé,
a esmola que levanta
a Catedral[196]."
Cora Coralina

Para os amigos, o que mais fascinava em Cora Coralina era sua alegria, sua humildade e sua caridade. Ela não media esforços para ajudar um necessitado. "Ela tratava o pobre como se ele fosse da estirpe mais elevada da comunidade, pois ela dizia que o pobre era autêntico, ele não usava de subterfúgios"[197].

A religiosidade na vida da mulher Cora Coralina foi tecida com fios de ouro na cidade de Goiás. Lá aprendeu a rezar com a mãe, tias e bisavó Yayá: "Dentro da casa, minha bisavó, boa, vigilante, ralhava um pouco e rezava muito"[198]. Rezavam o rosário. Em todos os mistérios havia uma jaculatória em louvor à Virgem Maria que Aninha e suas irmãs acompanhavam. Uma das raras vezes em que Cora escreveu sobre uma brincadeira junto com as irmãs foi nesse texto; elas acompanhavam o rosário e ingenua-

---

[196] CORALINA, Cora. *Villa Boa de Goyaz*, p. 35.
[197] Depoimento de Nize Brêtas, nora de Cora Coralina, Balneário de Camboriú-SC, 2009.
[198] CORALINA, Cora. *Estórias da casa velha da ponte*, p. 94.

mente brincavam de jogar travesseiros. Um momento lúdico entrelaçado com a oração.

Além disso, teve exemplos concretos de caridade e de amor ao próximo em sua cidade natal. Um deles consistiu na implantação do Asilo São Vicente de Paulo, em 1909. Após conhecer a instituição, no ano de sua fundação, a jovem Cora Coralina escreveu uma crônica.

> "Todas estas reflexões que a muitos parecerá piegas o que nada altera, me foram sugeridas por uma visita que fiz ao asilo de São Vicente e Paulo, numa dessas tépidas e vaporosas tardes de Outubro, filigranadas de sol. (...) E quando o Ângelus rasgando o recolhimento da prece das vésperas, ecoou no crepúsculo cinzento que baixara, entrando na cidade, voltei os olhos para a casa tranqüila e branca do asilo e pareceu-me que do teto, numa espiral de névoa, subiram os sonhos, os desejos, as paixões de envolta com as amarguras de todos aqueles corações de velhos, onde aquela hora melancólica uma grande Saudade abria os braços... Cora Coralina"[199] (Inédito).

Exemplos e práticas que cultivou também em Jaboticabal, inicialmente integrando à Confraria do Rosário.

Foto 68: Diploma da Confraria do Rosário, 1922, Jaboticabal-SP

Ela participou da edificação da Igreja Nossa Senhora do Carmo. Em 1913 foi lançada a pedra fundamental para a construção da nova Matriz, com a presença de dom Marcondes Homem de Mello: "Levantam-se, postas/ duas mãos pequenas de mulher.../ É só o que se vê./ O mais, a face,

---

[199] *In:* Jornal *Goyaz*, Cidade de Goiás, 6 nov. 1909, p. 2-3. Acervo do Gabinete Literário Goiano.

o nome/ a modéstia esconde./ Levantam-se juntas/ em postura humilde/ essas mãos pequenas/ que vão movendo/ pedras e tijolos,/ cal, areia e cimento/ e homens sobre o andaime"[200].

Nem só de orações vivia Cora Coralina, mas também de obras. Ela praticava o amor ao próximo. Foi uma das fundadoras da *Associação Damas de Caridade da Cidade de Jaboticabal*: "E nessa escalada: o amor ao próximo, quando integrante das Damas de Caridade (Associação Vicentina), levou a idéia da fundação do Asilo São Vicente de Paulo"[201].

O lema que norteava a vida de Cora Coralina naqueles anos em Jaboticabal era 'caridade'. Reuniu amigas e vizinhas com a mesma intenção: ajudar os mais necessitados. E os de vida paupérrima tinham suas necessidades básicas saciadas por essas mulheres. Dar ajuda aos que moravam em condições precárias passou a ser uma das prioridades desse grupo. Voltaram seu olhar caridoso para aqueles que nem tinham onde morar, os que dormiam e viviam nas ruas da cidade. Mulheres que bem podiam ser personagens de uma das crônicas de Cora Coralina: "Sábia de uma grande vivência que a caracterizava, refugiada na humildade de sua vida pobre e fecunda. A sua pobreza material, nunca foi a pobreza estéril que reduz e aniquila. A sua era a pobreza generosa, operosa e diligente e construtora. Pobre, ela ainda se repartia com outros mais carecedores, vencidos e desalinhados pelas dificuldades da vida. (...) Era antes uma fonte de água viva que ela pela magia da Fé transformava em dádivas e auxílios que suas mãos generosas e abertas passavam para tantas mãos envelhecidas, estendidas, e suplicantes. *Lâmpada sobre o alqueire*"[202].

Criaram a Assistência Beneficente Social de Jaboticabal, fundada pela Associação 'Damas da Caridade'. O regulamento da assistência data de 1927 e foi redigido pela dama de caridade Anna Lins dos Guimarães Peixoto Brêtas. Após apresentado e posto em discussão, foi aprovado por unanimidade. De acordo com o documento, a Assistência Beneficente deveria ter fim caridoso e humanitário, com número indeterminado de sócios e suas

---

[200] CORALINA, Cora. *Villa Boa de Goyaz*, p. 35.
[201] Pronunciamento do senhor Dawson Aparecido Miranda, por ocasião da outorga do Titulo de "Emérita Cidadã de Jaboticabal" a Cora Coralina, 25 de julho de 1984.
[202] CORALINA, Cora. *O tesouro da casa velha*, p. 135-136.

finalidades principais eram criar um asilo para a pobreza inválida e velhice desamparada; prover a subsistência dos mendigos; interessar-se pela saúde dos pobres; prestar assistência religiosa; zelar pelas crianças, filhos de mendigos, para que freqüentassem a escola e aprendessem a trabalhar[203].

As caridosas mulheres foram até o prefeito pedir auxílio para dar uma moradia aos mendigos. Também solicitaram ajuda ao pároco local. Ambos apoiaram a causa. O grupo de mulheres escolheu o nome *Damas da Caridade*. Cora Coralina encabeçou a lista, ela e uma amiga batiam de porta em porta pedindo auxílio e arrecadaram muitos donativos, vestimentas, calçados, roupas de cama, gêneros de primeira necessidade, todos guardados em um cômodo no quintal de sua residência. Isso até que certo dia o grupo decidiu construir um lugar para abrigar essas pessoas desamparadas: um asilo.

Foi uma luta de anos e anos. Quem colaborava tinha seu nome anotado e se tornava sócio benevolente, e a cada dia mais adeptos a nobre causa se faziam presentes na sociedade jaboticabalense. Tudo era devidamente anotado em um caderno-ata que noticiava as reuniões: "O asilo será fundado em terreno apropriado, adquirido por compra ou doação, e será construído por meio de quermesses, subscrições, festas e benefícios usuais. A construção e direção interna do estabelecimento será calcada nos moldes do Asilo Padre Euclides de Ribeirão Preto" (Inédito).

Foto 69: Revista comemorativa do Asilo São Vicente de Paulo, Jaboticabal-SP

No arquivo do Asilo São Vicente de Paulo, no livro número 12 de Atas das Sessões das Damas de Caridade, está devidamente documentada a atuação de Cora Coralina junto à associação. Na ata do dia 10 de janeiro de 1921, sessão 117, página 51, constou que: "Por Dna Anna Guimarães foi oferecida a quantia de 10 mil reis aos pobres da conferência". E, em 13 de novembro de 1922, sessão 211, página 48, que: "Foi entregue à tesou-

---

[203] Regulamento da Assistência Beneficente Social de Jaboticabal. Acervo do Museu Casa de Cora Coralina.

reira a quantia de 5 mil reis para ser distribuída aos pobres doada pela Sra Cora Brêtas"[204] (Inédito).

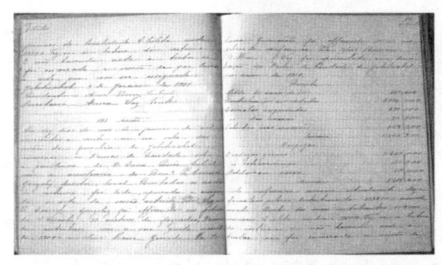

Foto 70: Atas das sessões das Damas da Caridade 1921, Jaboticabal-SP

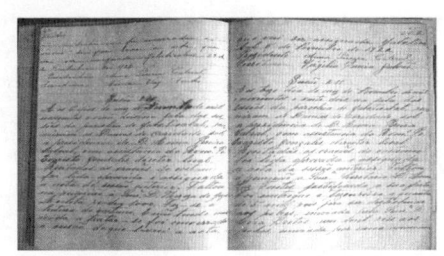

Foto 71: Atas das sessões das Damas da Caridade 1922, Jaboticabal-SP

A construção do asilo começou no dia 19 de julho de 1928, em um terreno na avenida 15 de Novembro que foi doado pelo sr. João Nascimento. A responsabilidade da obra estava com o monsenhor Antônio Ramalho, que foi diretor da Associação das Damas de Caridade no período de 1927 a 1953. Cora mudou-se de Jaboticabal para São Paulo antes de o asilo ficar pronto.

Em 19 de julho de 1930, na inauguração do Asilo São Vicente de Paulo houve uma festa, com muita pompa e alegria. Faltou uma figura ilustre, ilustre por sua devoção à causa, por ser jeito simples de ser: "faltou Cora Coralina"[205].

Essa lâmpada que iluminou os velhos e mendigos da cidade de Jaboticabal e os norteou para um abrigo, para um Asilo, há muitos anos já brilhava. Era uma luz que vinha de longe, de anos atrás. Vinha do tempo de Goiás. Desde outrora, a moça Cora Coralina já tinha um olhar diferenciado para os velhos. Tanto que, em 6 de novembro de 1909, o jornal *Goyaz* publicou a crônica intitulada "Os últimos", de sua autoria. Ela, que na época tinha apenas vinte anos de idade, relatou: "Velhos e doentes... A velhice por si só já é uma doença e tanto mais terrível por ser incurável. (...) Todas essas reflexões que a muitos parecerá piegas o que nada altera, me foram sugeridas por uma visita que fiz ao Asilo São Vicente de Paulo, numa dessas trepidas e vaporosas tardes de Outubro, filigranadas de sol"[206] (Inédito).

---

[204] Caderno de Atas, Sessões das Damas de Caridade, 1921.
[205] Depoimento de Nize Garcia Brêtas, nora de Cora Coralina. Balneário de Camboriú-SC, 2009.
[206] In: *Goyaz*, Cidade de Goiás, n. 1088, 6 de novembro de 1909, p. 2-3. Acervo do Gabinete Literário Goiano.

Foto 72: Asilo São Vicente de Paulo na década de1930, Jaboticabal-SP

O antigo Asilo São Vicente de Paulo de Jaboticabal funcionou na avenida 15 de Novembro até o dia 19 de julho de 1964, quando passou para o novo prédio situado no fim da rua Floriano Peixoto, no bairro Alto.

Foto 73: Asilo São Vicente de Paulo, 2009, Jaboticabal-SP

Aquela mulher vilaboense que chegou em terras jaboticabalenses tornou-se um norte para vários setores da sociedade. Ela foi ativa na literatura e no jornalismo, foi florista e ambientalista, caridosa e religiosa, esposa e mãe. Uma mulher com seus afazeres e rotinas diários. "Vou deixando a penumbra do sono./Acordo./Amanhece em contornos vagos/de uma luz difusa/ Perto, longe, os galos retardatários/vão orquestrando, ainda, o nascer do dia[207]." Ela registrou a vida em seu entorno e, humildemente, abençoou tudo o que viu. Escutou a voz da terra. A menina feia da Ponte da Lapa, a vilaboense Annica, filha de Jacyntha, em Jaboticabal transformou-se na mãe e na esposa Cora Brêtas. A pilastra-mestra que a manteve ereta foi a *Humildade*.

[207] CORALINA, Cora. *Meu livro de cordel*, p. 33.

10

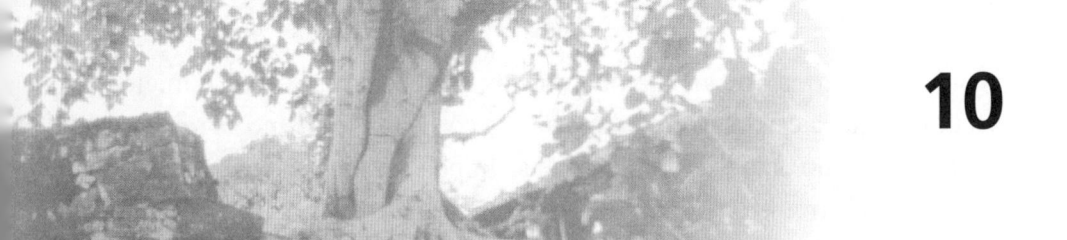

VISÃO CINEMATOGRÁFICA

"Recria tua vida, sempre, sempre.
Remove pedras e planta roseiras e faz doces.
Recomeça.
Faz de tua vida mesquinha
um poema.
E viverás no coração dos jovens
e na memória das gerações que hão de vir[208]."
Cora Coralina

No período em que viveu em Jaboticabal, Cora Coralina escreveu para os jornais locais crônicas e artigos por vezes combativos. Apesar de ser apaixonada pela terra natal, ela sempre afirmou que alguns dos momentos marcantes de sua vida aconteceram na Cidade das Rosas: "Por certo falará 'do seu duro aprendizado de vida' em meio a um roseiral, mas, onde também, existiam os espinhos, que lhe forjaram um caráter de inigualável vitalidade e resistência, como um imenso cafezal"[209].

A leitura fazia parte da vida de Cora Coralina e, como afirmou em diversas entrevistas, embora não integrasse o movimento literário, acompanhou pelos jornais a difusão e as polêmicas que rondavam a São Paulo de sua época: a que recebia as vanguardas europeias na pintura e nas letras.

---

[208] CORALINA, Coralina. *Vintém de cobre:* meias confissões de Aninha, p. 139.
[209] Pronunciamento do senhor Dawson Aparecido Miranda, por ocasião da outorga do Título de "Emérita Cidadã de Jaboticabal" à poetisa Cora Coralina, no dia 25 de julho de 1984.

As ideias pré-modernistas ou modernistas fortaleciam-se desde o início do século e o que a crítica nacional considera como modernismo se relacionaria a um período datado e público que se impôs como um divisor de águas: a Semana de Arte Moderna, realizada em fevereiro de 1922[210].

A essa efervescência ideológica, que iria culminar no Modernismo, aliam-se os preparativos para a comemoração do Centenário da Independência. Por essa razão, o jornal *O Estado de São Paulo,* em 3 de outubro de 1921, publicou um artigo intitulado "Idéias e Comemorações" de autoria de Cora Coralina e dedicado "ao dr. Monteiro Lobato". No artigo, sugeriu a exibição de filmes retratando a cultura de todos os estados da Federação, o que, segunda ela, atrairia turistas e divulgaria as belezas do país. A crônica destaca ainda a importância da cultura, aconselha aos governantes que se exibissem em todo tipo de cinema filmes de curta metragem mostrando a cultura, paisagem, pessoas com roupas típicas e músicas regionais de cada estado brasileiro. Ideias tão avançadas que até hoje não condizem com nossa realidade, um avanço cultural proeminente de uma ida ao cinema.

> "E viria em primeiro plano S. Paulo com o esplendor dos seus cafezais compactos, em todas as fases do plantio, cultura, florescência, colheita, exportação, enriquecendo direta e indiretamente o país, o Estado, o município, o fazendeiro e o colono. As suas indústrias prosperam, suas cidades de cinco anos já aparelhadas e feitas para a vida de cidades grandes. Depois Minas com o seu industrialismo de laticínios, seus rebanhos médios e suas velhas tradições históricas. Bahia com sua cultura de cacaueiros, toneladas de exportação (...) Paraná com sua erva mate, suas madeiras de lei e sua seiva maravilhosa. Rio Grande do Sul com as charqueadas, suas indústrias adiantadas (...) e o interessante gaúcho de poncho amplo e chapéu largo. Pernambuco e Alagoas com suas grandes usinas açucareiras. O Amazonas com sua borracha, dando-nos curiosos e inéditos aspectos da vida dos seringais. Mato Grosso com sua ferocidade de terras virgens, abertas, a remunerar todas as iniciativas do homem, seja criando, seja plantando. E Goyaz, o olvidado, o desconhecido Goyaz, perdido e isolado no centro do Brasil, mais ignorado dos próprios brasileiros do que todos os outros Estados da Confederação, relegado sempre na distribuição dos favores oficiais, vivendo vida inteiramente à parte progredindo mais pelo instinto natural das coisas do

---

[210] BOSI, Alfredo. *História concisa da literatura brasileira*, 1994.

que pelo consenso dos governos que desconhecem impatrioticamente as possibilidades econômicas do Brasil Central[211]."

Cora Coralina, depois de muitos anos da publicação, calculou que os donos do poder, que poderiam tomar providências para que fosse feito o que ela sugeriu, nem leram o texto. Mas sua crônica não passou despercebida para Monteiro Lobato que fez questão de lhe responder:

"São Paulo 4. out. 921.
Exma. Colega D. Cora Coralina.
Recebi sua gentilíssima carta de 25, e antes de mais cumpre-me agradecer a simpatia que demonstra para com este humílimo rabiscador. Quanto ao negar o *Estado* creio que a amiga dirigiu mal duas vezes; a 1.ª mandando sua colaboração para lá, para um jornal ranzinza e ingrato e abarrotado de matéria; 2° dirigindo-se a mim para obter a publicação, quando nenhuma ligação tenho com tal velho. Não obstante, a primeira vez que lá for falarei do seu artigo ao Amadeu. O melhor, porém, seria remeter-me cópia desse, que eu cá falo-i-a publicar.
E sem mais, Dona Cora, pedindo-lhe que creia na muita simpatia deste seu colega, subscrevo-me.
Amigo At.

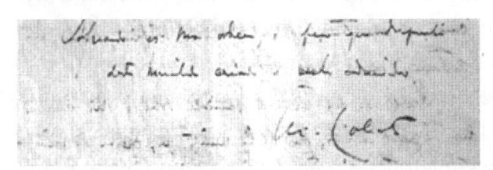

Monteiro Lobato[212]".

Foto 74: Carta de Monteiro Lobato a Cora Coralina

Monteiro Lobato pediu a Cora Coralina que lhe enviasse um artigo para que fosse publicado por ele na *Revista do Brasil*. Criticou o jornal *O Estado*, mostrando assim, certa influência e amizade naquele jornal.

Com a venda da fazenda Buquira (hoje, cidade Monteiro Lobato-SP), herança do avô Visconde de Tremembé, em 1911, Lobato comprou em 1918 a *Revista do Brasil*. As publicações da revista eram periódicas, ele mesmo verificava cada texto a ser impresso. Logo nas primeiras páginas, Lobato explicava que a *Revista do Brasil* era uma publicação aberta ao público, aos que

---

[211] CORALINA, Cora. Idéias e Comemorações, jornal *O Estado de São Paulo,* São Paulo, 3 out. 1921. Acervo do Museu Casa de Cora Coralina.
[212] Acervo do Museu Casa de Cora Coralina.

pensavam, aos que desenhavam, aos que investigavam e sentiam. Que ela não se fechava aos leigos, aos principiantes, ao obscuro e ao sem nome. Tanto acolhia os intelectuais da época como ao simples curioso, não olhando quem subscrevia a contribuição, mas, sim, para a contribuição somente. Isso queria dizer que, se o trabalho tivesse valor, seria aceito com prazer. A revista tinha a proposta de ser um reflexo da alma nacional, pois essa alma se encontrava sufocada pelo estrangeirismo invasor e pelo esnobismo das grandes capitais.

Lobato recebia artigos, crônicas, resenhas, poesias e contos para análise editorial. Isso deixou o escritor cansado e ele tirou férias. Foi para Santos, voltou 'salgado como um bacalhau' como se descreveu ao amigo e escritor Godofredo Rangel. Em cima de sua escrivaninha mais de 50 cartas para ler e responder. Dentre as que respondeu, havia a de Cora Coralina.

"São Paulo, 10.1.922.
Exma. Sra. (ou Stª?) Cora Coralina.
Só hoje respondo à sua de 30 de Dez, porque estive fora, de férias. Se li o seu artigo no *Estado*? Li-o, sim, e lembro-me muito bem dele. Propunha a Sra. Uma *visão cinematográfica* geral do país por ocasião do centenário. A idéia era ótima e creio que está em início de execução. Formou-se cá uma empresa para esse fim. Estão já batendo caixa, e prometem grandes coisas. Depois, como de costume, sairá um ratinho.
Recebi as suas tiras de saudade sobre o Rio Vermelho. Li com especial carinho, pois de há muito que, apesar de viver com o tempo contado, leio tudo o que traz a sua assinatura. Conheci-a da *Revista Feminina*[213], e tanta espontaneidade vi em seus escritos que telefonei à redação indagando quem era D. Cora. Soube que era uma Curado (informaram-me errado?) e já não me admiro por escrever bem, filiada que é a uma família tão distinta. Quis até escrever-lhe para Goiás, convidando-a para colaborar na *Revista do Brasil*. Vieram mil atrapalhações e o *quis* ficou no *quis*. Hoje a Sra. antecipou-me e veio para a *Revista*. Mas não vem como deve vir. Seu artigo, lindamente escrito, cheio de sentimento e saudade, não cabe no caráter dessa revista, que dá preferência a artigos de estudo, de observações sociológicas, e evita o que chamamos literatura pura (sabor do verso). Assim retenho o seu artigo para publicá-lo se me autorizar a isso, em outra publicação onde assente melhor e fico a espera de que mande para a *Revista do Brasil* algumas linhas próprias sobre tanta coisa que seu espírito está apto a tratar. Mando-lhe o programa da *Revista*, que

---

[213] A *Revista Feminina*, fundada em 1914 por Virgilina de Souza Salles, em São Paulo, contou com grande número de leitoras nos seus 22 anos de funcionamento.

tracei há tempos, e onde assinalei numerosas sugestões que lhe poderão guiar. Observadora como é, a senhora não dependa do escrever bem, tenho a certeza que encontrará nessa lista temas interessantes. E fora deste programa poderá a Sra. tratar do que queira, contando que se norteie pelo espírito dela.
Aguardo as suas ordens, e peço que disponha deste humilde criado e velho admirador.
M. Lobato"[214].

Aí estava uma vontade lobateana de mudar o Brasil, um país que se espelhava na Europa. Lobato queria escritores regionais, com ideias pitorescas. E Cora Coralina se encaixava no perfil da *Revista*, tanto que ele a incentivou a enviar alguns de seus textos para a publicação. Não localizamos dentre as edições anuais da Revista do Brasil de 1922 até 1925 nenhum texto de autoria de Cora Coralina. Tempo de novas expressões no cenário nacional das artes. Cora, mesmo não acompanhando o movimento de perto, estava integrada a ele: "Eu só me libertei da dificuldade poética depois do modernismo de 22, mas não acompanhei o movimento. Não sei como – não posso explicar como - me achei dentro daquela mudança. Em primeiro lugar, poesia para mim é comunicação; em segundo lugar é invenção, porque só o gênio cria. Hoje nós temos que achar a poesia na realidade da vida e a vida toda é poesia. Porque onde há vida, há poesia. Poesia para mim é um ato visceral. É um impulso que vem de dentro e, se eu não obedecê-lo, me sinto angustiada".[215]

Cora Coralina dividia seu tempo entre os escritos, a criação dos filhos e o cultivo de rosas. Em 1º de julho de 1925, após a viuvez de Cantídio, oficializaram a união do casal. Está registrado no livro B-0044 o casamento de Cantídio Tolentino de Figueiredo Brêtas e Anna Lins dos Guimarães Peixoto, realizado pelo juiz de casamentos MM. José dos Passos da Silva Cunha, na cidade de São Paulo.

> "Certifico que (...) no dia primeiro de julho de mil novecentos e vinte e cinco, foi realizado o casamento de CANTIDIO TOLENTINO DE FIGUEIREDO BRETAS e ANNA LINS DOS GUIMARÃES PEIXOTO, que passou a assinar o nome... contraído perante o MM. Juiz de casamentos JOSÉ DOS PASSOS DA SILVA E CUNHA.[216]"

---

[214] Acervo do Museu Casa de Cora Coralina.
[215] *In:* A vitória de Cora, p. 10-12.
[216] Certidão de casamento de Cantídio Tolentino de Figueiredo Brêtas e Anna Lins dos Guimarães Peixoto.

F. 75

F. 76

Depois de 14 anos de união, casaram-se perante à sociedade. Essa Cora Coralina não era a mesma que havia saído da cidade de Goiás, não era mais Annica, era uma vilaboense com muita maturidade, incutida pelos anos de convívio com Cantídio. Ela já não sonhava mais com seu príncipe encantado: "Casei-me. Sonhei uma coisa e saiu uma realidade muito diferente. (...) Sonhei com um príncipe encantado, sonhei com um homem todo delicadeza, todo mimos comigo, eu adorada, querida, conceituada e mãe de família. E saiu um homem ciumento"[217]. Nessa mesma entrevista para *Mulherio,* ela desabafou que durante o tempo em que morou em Jaboticabal pouca coisa ela escreveu porque Cantídio aceitava que ela escrevesse, mas não aceitava que ela publicasse. Explicou: "Eu nunca escrevi para mim, nunca. Escrever para o público, para ser lida, criticada elogiada e mais do que tudo isso, corrigida e ensinada"[218]. E uma de suas fugas era o jardim, suas roseiras e as mudas de "plantas de sombra", com isso, em Jaboticabal ela tinha as mais lindas roseiras e Cantídio se "ufanava daquilo"[219].

Sempre requisitado, Cantídio teve participação ativa na vida jaboticabalense. Renomado advogado, era convidado a toda festividade e decisão importante em Jaboticabal, integrando-se à vida da cidade. Tanto que em maio de 1917, formou-se em Jaboticabal a Liga da Defesa Nacional, cuja diretoria foi

Foto 77: Homenagem a Cantídio Brêtas no jornal *O Democrata,* **Jaboticabal-SP**

[217] *In:* Cora Coralina, conta um pouco da tua história, 1983.
[218] *Idem.*
[219] *Idem.*

eleita no mesmo dia. Compondo o quadro diretório estava Cantídio Brêtas, na comissão de contas.

No dia 2 de outubro de 1917, no recinto da Câmara Municipal, foi criada a Associação dos Escoteiros de Jaboticabal, onde vários oradores se fizeram ouvir, dentre eles o diretor do Grupo Escolar, o professor Francisco Rodrigues Correia, o dr. Pedro Dória, o dr. Djalma Goulart e o dr. Ascânio da Mesquita Pimentel. O exmo. Cantídio Brêtas compôs o quadro da diretoria.

Sempre atuante na comunidade, Cantídio Brêtas participava da vida sociocultural de Jaboticabal; como advogado ganhou diversas causas e fez muitos amigos, prosperando no exercício de sua profissão.

Umas das funções exercidas por Cantídio em Jaboticabal foi a de redator do jornal *O Democrata*. Fator que certamente contribuiu para estimular a atividade jornalística de sua esposa, que também publicava textos nesse jornal jaboticabalense.

Foto 78: Carteira de Cantídio Brêtas, OAB-SP

No ano de 1929, Cantídio Brêtas foi para a comarca de Salto Grande e ali fez residência. Visando melhores condições de estudo, Cora Coralina e os filhos mudaram-se para São Paulo, separando, desse modo, a ligação diária do casal. Mesmo residindo na capital, Cora Brêtas viajava constantemente para Salto Grande e também continuou participando da vida jaboticabalense.

A escritora Cora Coralina era conhecida em alguns estados brasileiros onde jornais e revistas publicavam seus textos. Ciente disso, o jornal *O Democrata* de Jaboticabal, em 7 de maio de 1931, anunciou que a ilustre patrícia seria sua mais nova colaboradora:

> "Cora Coralina e sua colaboração para 'O Democrata'.
> Cora Coralina, a festejada escritora patrícia, volta a colaborar em nosso jornal, trazendo-lhe o concurso valioso de sua pena de ouro.
> Cora Coralina não é apenas a intelectual, cujo estilo primoroso constitui sem exagero um padrão de nossa literatura, ela é também o exemplo de mãe carinhosa, votada à felicidade do seu lar e é o espírito combativo e

atilado que ainda dispõe de tempo para auxiliar com vigor as cruzadas do bem.

Jaboticabal lhe deve a propaganda intensa, infatigável e inteligente em favor da assistência aos pobres e da qual resultou a fundação do Asilo que hoje vem prestando inestimáveis serviços aos infelizes"[220].

Nesse mesmo exemplar foi publicada a crônica "Coisas de São Paulo", dando início a uma série de crônicas de Cora Brêtas em *O Democrata*. Por meio desse primeiro texto, vemos uma Cora familiarizada com a vida na capital do estado. Mesmo morando em São Paulo era presença constante em Jaboticabal, onde continuava com sua casa e mantinha-se a par dos fatos importantes que ali aconteciam, objeto de suas preocupações.

F. 79

Na crônica "Coisas de São Paulo", a escritora logo no primeiro parágrafo comentou que um dos traços típicos dos costumes paulistanos, e que feria a observação de quem era de fora, consistia no hábito generalizado, discreto e severo, de manter sempre fechadas as residências, como que vivessem em uma constante defensiva. As casas mudas, impenetráveis, trancadas com cadeados e grossas correntes. Cora Coralina descreveu a desconfiança paulistana, os costumes e as desculpas inviáveis para ficarem trancados dessa maneira. Com uma boa dose de humor, relatou que uma senhora trancava o portão com corrente e cadeado por causa das moscas. Também nesse texto, presenteou-nos com uma história que foi, décadas depois, publicada em *O tesouro da casa velha*[221] com o título "As Almofadas de Dona Lu". Eis um trecho da crônica de 1931:

"E almofadas e mais almofadas de cores e feitios abundantes e cuja redundância inútil é de modo atravancar os ambientes confinados. Conheço uma boa senhora que tem espalhados pela casa 86 exemplares desse

[220] *In: O Democrata*, 7 maio 1931.
[221] CORALINA, Cora. *O tesouro da casa velha*, 2002.

gênero e essa senhora rala-se de inveja de outra amiga que ultrapassou a conta de 122 e cujo marido coagido de livre locomoção, tolhido no ambiente doméstico por essa centena de trouxas amarradas, pintadas e bordadas, numa concessão inspirada a paz conjugal passa o dia todo no escritório porque não tem em casa onde por os pés. Coralina"[222].

Nesse artigo, Cora Coralina colocou como cidade de origem São Paulo. Suas crônicas foram publicadas periodicamente até o dia 25 de julho de 1931, sempre na coluna "Coisas de Jaboticabal", no jornal *O Democrata*, mostrando, assim, amor à terra de seus filhos.

F. 80 — Coisas de Jaboticabal VIII

Ficaram famosas as crônicas em que ela descreveu o serviço de água, os hidrômetros recém-colocados na cidade e suas críticas ao prefeito. Na publicação de 4 de junho de 1931, ela denunciou a cobrança abusiva feita pela Prefeitura na conta de água, na leitura dos hidrômetros, afirmando que "a higiene do lar estava sacrificada, pois em Jaboticabal ninguém mais tomava um semicúpio ou lavava as pontas dos dedos sem primeiro pedir licença ao tal relógio"[223].

As crônicas eram sempre aceitas pelos leitores, em todos os níveis: políticos, professores, alunos, advogados, religiosos e faziam sucesso: "Nem só de poesia, nem só de doces, nem só de amor, nem só de flores, viveu, em Jaboticabal, Cora Coralina. E aqui mesmo travou memoráveis lutas, polêmicas, entre elas aquela para anular ato do Prefeito Municipal, que taxou de forma exorbitante o consumo de água domiciliar. Venceu a parada, removeu mais uma pedra de sua gloriosa montanha. Somente esse exemplo, para não penetrarmos em outras estórias, repletas da mesma coragem e reto caráter"[224].

Também havia em Jaboticabal naquela época o jornal *O Combate*. "Foi no começo desses trinta anos de progresso 'gigantesco', como dizia o dr. Irineu Vilela em seu arroubado discurso, precisamente no dia 20 de setembro

---

[222] In: *O Democrata*, Jaboticabal, 7 maio 1931. Acervo do Museu de Jaboticabal.
[223] In: *O Democrata*, Jaboticabal, 4 jun. 1931. Acervo do Museu de Jaboticabal.
[224] Pronunciamento do senhor Dawson Aparecido Miranda, por ocasião da outorga do Título de "Emérita Cidadã de Jaboticabal" a Cora Coralina, 25 de julho de 1984.

de 1903, que Carlos Buck fez circular o primeiro número do 'O Combate' (...) 'Jornal pequeno e modesto *O Combate*, não será literário, nem artístico e nem discutirá problemas sociológicos; se limitará apenas em dar notícias locais e regionais que possam interessar ao público"[225]. *O Combate* era o mais antigo veículo informativo impresso, muito respeitado na cidade.

Em Jaboticabal, no dia 30 de maio de 1931, foi publicado no pasquim *Tribuna Liberal* um artigo que muitos acharam anticlerical. A reação da população foi imediata, os ânimos dos alunos do Gynásio São Luiz ficaram exaltados, saíram em passeata protestando. Houve um "debate acirrado envolvendo crítica de uma loja maçônica à ação de um padre na cidade, que teria afastado uma mulher dos atos religiosos: Cora partiu em defesa da Igreja Católica em artigos relevantes no jornal *Tribuna Liberal*. Ela contou com o apoio velado de magistrados da época, como o Juiz de Direito e o Promotor Liberato Costa Fontes

A coluna "Coisas de Jaboticabal" sempre foi ponto de referência para os jaboticabalenses e, como não podia ficar quieta, pois todos queriam sua posição, Cora Brêtas escreveu o texto "Palavras de verdade – lugar de honra para a justiça – Exortação". Nele, ela disse que "os protestos foram tão abundantes e exagerados que impacientaram a opinião pública moderada"[226]. O que mais Cora Coralina fez no artigo de 18 de junho de *O Democrata* foi tomar partido, escreveu no 10º parágrafo que "A Gazeta merecia simplesmente a recusa das pessoas sensatas que as apressariam a devolvê-la em um protesto público".

A cronista Cora Coralina não se deixou abater. Firme nas palavras, continuou escrevendo na coluna "Coisas de Jaboticabal". Mesmo residindo em São Paulo enquanto Cantídio morava em Salto Grande tirava um tempo e preparava seus artigos e suas crônicas que eram lidos por toda a sociedade.

A escritora Cora Brêtas incutiu o exemplo de força e de coragem que até hoje ecoa na Cidade das Rosas. Ao utilizar sua pena a serviço da população de Jaboticabal, criticando e defendendo assuntos polêmicos e de interesse coletivo, demonstrou que a mulher poderia dilatar sua atuação para a cena pública.

Dona Cora Coralina nunca se esqueceu da cidade onde nasceram seus filhos e preservou os laços de amizade construídos ali. Jaboticabal também não

---

[225] CAPALBO, Clovis Roberto. *Memórias Fotográficas de Jaboticabal* – 1900-1990 e outras histórias, p. 237.
[226] *In:* Jornal *O Democrata,* Jaboticabal, 18 jun. 1931, p. 1. Acervo do Museu de Jaboticabal.

se esqueceu de Cora Coralina. Inúmeras foram as homenagens a ela prestadas. Algumas, marcantes, ainda embalam as recordações dos moradores.

No dia 6 de julho de 1983 lhe foi outorgado o título de Emérita Cidadã pela Câmara Municipal de Jaboticabal, proposto pelo então vereador Dawson Aparecido Miranda. Título entregue um ano depois, quando ela foi a Jaboticabal. "Artigo 1º - Fica concedido o título de Emérita Cidadã Jaboticabalense à poetisa Cora Coralina pelo carinho que tem dedicado a Jaboticabal através de seus ternos poemas."

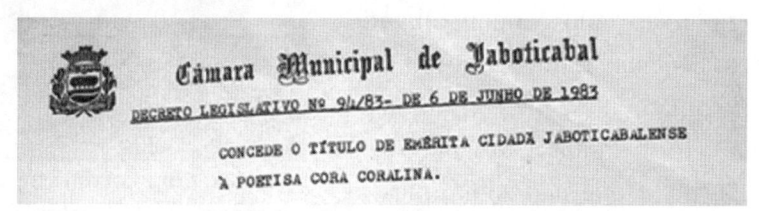

Foto 81: Decreto Lei concedendo o titulo de Emérita Cidadã à Cora Coralina, 1983, Jaboticabal-SP

Em 25 de julho de 1984, Cora Coralina recebeu o título de Emérita Cidadã das mãos do presidente da Câmara Municipal dr. prof. Ayres de Campos. Sempre sorridente e agradecida, ela fez questão de retribuir o carinho demonstrado pelos jaboticabalenses.

A Emérita Cidadã Jaboticabalense discursou durante a cerimônia e foi auxiliada por Cantídio Brêtas Filho, que atenciosamente acompanhou a mãe.

A escritora Cora Coralina recebeu um buquê de rosas da amiga e doceira Geny Votta Sim. Marcando assim a imagem da Cora florista que tanto plantou, colheu e distribuiu rosas em toda a cidade, aquela era a vez da poetisa receber esse carinho: "Mãos laboriosas/Abertas sempre para dar/ajudar unir e abençoar"[227].

Para enaltecer ainda mais a estadia da escritora em Jaboticabal, no dia 26 de julho de 1984, Cora Coralina participou de uma tarde de autógrafos na Livraria Acadêmica. Evento que teve de se estender ao outro dia, devido à quantidade de pessoas que queriam adquirir seus livros. Ainda mais... conversar, ter um dedo de prosa com a velha amiga e matar a saudade.

---

[227] CORALINA, Cora. *Meu livro de cordel*, p. 59.

A Livraria Acadêmica sempre pertenceu à família Capalbo. O senhor Clóvis Roberto Capalbo herdou de seu pai, Guerino Capalbo, o fascínio pelos livros. Ele sempre foi amigo de Cora Coralina: "Certo dia dona Cora chegou e sentou-se nessa cadeira, onde ela sempre gostava de ficar. Encostou a sombrinha do lado e ficou olhando os livros. Eu estava atendendo no balcão. Veio um cliente e me perguntou se eu tinha o livro *Poemas dos becos de Goiás*, eu disse que não sabia, mas ia procurar. Daí fui para perto da prateleira, dona Cora me cutucou e falou assim: 'tem sim, olha lá no alto, aquele de capa meio esverdeada, pode pegar que é ele'. Eu sabia que ela lia muito, então pensei: 'esse é mais um que ela já leu'. Peguei o livro e, antes que eu o entregasse, ela me pediu que olhasse quem era o autor. Eu li o nome Cora Coralina, não contive a pergunta: 'Dona Cora foi a senhora mesma quem o escreveu?' Pronto! ela levantou-se, pegou a sombrinha e me falou: 'claro que fui eu quem o escrevi'. Isso marcou minha vida. Anos depois, quando ela veio para a tarde de autógrafos em 1984, me deixou a mensagem: 'encontro você mais amadurecido...'"[228]. O elo dessa amizade foi timbrado em aço.

Foto 82: Cora Coralina na Livraria Acadêmica, 1984, Jaboticabal-SP

A escritora passou a tarde na Livraria Acadêmica. Sem se queixar de cansaço, ela ficou horas e horas autografando os exemplares de *Vintém de cobre*. Todos queriam uma foto, uma palavra amiga e um minuto com Cora Coralina. Não só vieram os amigos do tempo em que ela ali morou, mas os jovens que só a conheciam pelo

Foto 83: Mensagem de Cora Coralina para Clovis Capalbo, 1984, Jaboticabal-SP

[228] Depoimento de Clovis Capalbo, amigo de Cora Coralina. Jaboticabal - SP, janeiro de 2009.

nome. Também apareceram os amigos das cidades circunvizinhas para conhecer ou re-encontrar a "velha rapsoda".

Durante esses dias de festa em Jaboticabal ela teve a sua disposição o carro Galaxy da Prefeitura da cidade e ficou hospedada em sua antiga casa, à rua General Carneiro. O amigo Clovis Capalbo fez essa delicadeza à Cidadã Jaboticabalense, à amiga dona Cora Brêtas que agradeceu as gentilezas dos amigos e feliz acenou-lhes um "até breve"!

Foto 84: Cora Coralina se despedindo dos amigos, 1984, Jaboticabal-SP

A escritora nutria grande amor pela Cidade das Rosas, ao ponto de participar dos "Encontros de Jaboticabalenses" na cidade de São Paulo, onde revia e tinha notícias dos conhecidos. Nessas ocasiões, ouvia discursos e declamava poemas.

Atualmente, durante o aniversário da cidade de Jaboticabal, dia 16 de julho, dia consagrado à Padroeira Nossa Senhora do Carmo, ocorre a Festa do Quitute, com duração de cinco dias. Essa comemoração começou em 1983. A festa acontece na antiga estação de trem, que hoje é chamada de "Estação de Eventos Cora Coralina". Os frequentadores saboreiam quitutes diversos, doces de todos os tipos. Não só a escritora marcou presença junto aos moradores de Jaboticabal, mas a Cora doceira também. Como diz Izilda, que tem raízes jaboticabelenses: "Cora Coralina, no rosto os traços de serenidade da vovó Maria Augusta e nas receitas de seus doces encontrei os segredos de família, com ambas, exemplos de dedicação e paciência seja na busca do perfeccionismo tanto para arte dos doces e quitutes quanto para enfrentar os desafios da vida. No doce de mamão vermelho de

Cora Coralina o re-encontro com a minha própria história, a herança dos meus antepassados, sempre tão presente em minha vida e a doce infância ao lado de Vovó. (...) Aproximadamente trinta anos depois, a Maria Luiza, neta de Cora Coralina me presenteou com suas receitas, dentre elas o doce de mamão vermelho onde encontrei os segredos das receitas dos doces da família"[229]. Segredos que são compartilhados e saboreados todos os anos na Festa do Quitute e diariamente nas cozinhas de Jaboticabal.

Cora Coralina hoje tem seu nome estampado na "Estação de Eventos" da cidade, no mesmo lugar em que pela primeira vez colocou seus pés... na estação de trem. Lugar que marcou sua vida. Porta de entrada para a cidade de seus filhos; acesso seguro em São Paulo.

A mulher caridosa e religiosa que em sua humildade soube lutar pelos mais necessitados deixou marcas na história da cidade. Foi a Cora Coralina simples 'que fez seu duro aprendizado de vida' naquela terra distante de suas raízes tribais, mas sempre grata por tudo o que tinha. Com suas ações e exemplos, perfumou a *Cidade das Rosas*, terra de seus filhos.

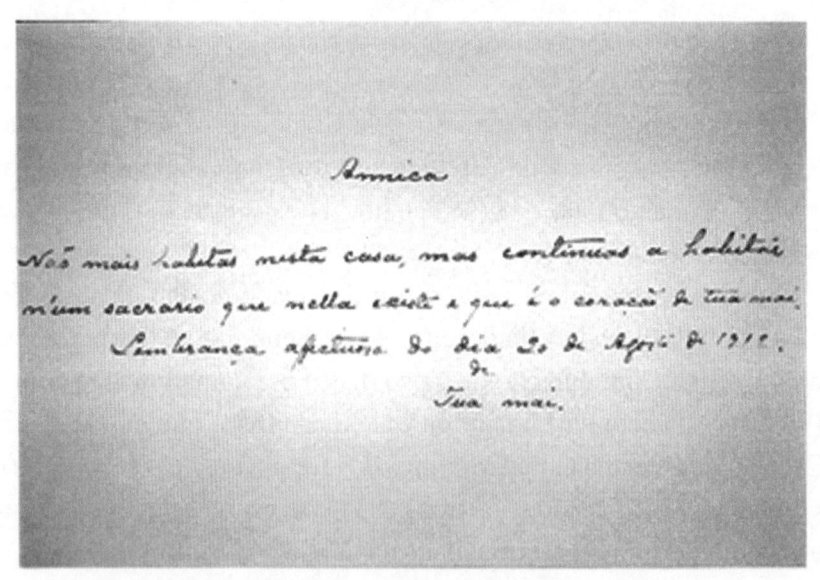

Foto 85: Cartão de Jacyntha para Cora Coralina, 1912

[229] Depoimento de Izilda Aparecida da Costa. Jaboticabal-SP, janeiro de 2009.

11

FELIZ É O PROFESSOR QUE APRENDE ENSINANDO

> "Não havendo monetário que pague as lições de um mestre, bem assim é que ele recebe honorários, que bem entendidos são contributos de honra[230]."
> Cora Coralina

Para que seus filhos tivessem bons estudos, Cora Brêtas mudou-se com eles em fevereiro de 1929 para a cidade de São Paulo. Queria garantir o futuro dos filhos e sabia o quanto valioso era o estudo. Bons colégios e professores não tinham preço, mesmo que para isso significasse ficar longe de Cantídio. Morar em São Paulo era a melhor opção para os filhos: "Cumpre aos alunos e mestres defender seus valores ancestrais, inavaliáveis"[231]. Cora Coralina defendeu os estudos dos filhos, tinha a concepção de que "feliz aquele que transfere o que sabe e aprende o que ensina"[232]. Acreditava que, em São Paulo, seus filhos teriam maiores oportunidades que lhe dariam base para uma brilhante carreira.

---

[230] CORALINA, Cora. *Vintém de cobre*: meias confissões de Aninha, p. 149.
[231] *Idem*, p. 160.
[232] *Idem*, p. 164.

Foto 105: Bairro do Brás, São Paulo-SP

Cantídio Brêtas continuou em Salto Grande, enquanto Cora Coralina e seus filhos ficaram na capital do estado. Para que sua esposa pudesse alugar uma casa em São Paulo, Cantídio passou-lhe uma procuração:

> "Estados Unidos do Brasil, Estado de São Paulo, Comarca de Salto Grande. 1º Tabelião Mansueto Martorelli.
> Procuração bastante que faz o sr. Cantídio Bretas. Saibam quantos que fazem público este instrumento de procuração bastante virem, que no ano de nascimento de Nosso Senhor Jesus Cristo, de mil novecentos e vinte e nove, aos dois dias do mês de fevereiro, nesta cidade de Salto Grande, em meu cartório, compareceu o senhor Cantídio Brêtas, maior, casado, advogado, residente nesta cidade. (...) Me foi dito que por esse público instrumento na melhor forma de direito, nomeado e constituia seu bastante procurador onde quer que com este se apresente neste País ou no estrangeiro, a sua mulher D. Anna Lins dos Guimarães Peixoto Brêtas, proprietária, brasileira, residente em São Paulo, para o fim especial de, em nome do outorgante, em benefício do casal, transferir à pessoa idônea o contrato de arrendamento do prédio à rua Marajó, número três, na capital do Estado, assim como ratifica qualquer contrato relativo ao mesmo prédio que por acaso já tenha a outorgada realizado, assim como outorga também poderes especiais à mesma outorgada para fazer em nome do outorgante, ou em seu próprio nome, qualquer contrato de arrendamento de outro qualquer prédio, assinando qualquer escritura a respeito, ou comprometendo-se por qualquer documento, ficando a mesma outorgada com poderes especiais para onerar qualquer bem do casal se necessário, para o bom desempenho desse mandatoe ratifica os impressos na parte que lhe for útil"[233].

---

[233] Acervo do Museu Casa de Cora Coralina.

Na documentação consta que no ano de 1929, aos dois dias do mês de fevereiro, na cidade de Salto Grande, o advogado Cantídio Brêtas compareceu no cartório e passou uma procuração para o nome da sua esposa.

Com a esperança de que na capital haveria maiores chances de um bom futuro, Cora Coralina matriculou Guajajarina na Escola Profissional do Bairro. Paraguassu estava concluindo o curso ginasial. Cantídio Brêtas Filho ingressou no Ginásio Nossa Senhora do Carmo[234], de irmãos maristas. Jacyntha foi para o grupo. Vicência ainda não tinha idade para ir à escola.

Foto 106: Procuração de Cantídio para Cora Coralina, 1929, São Paulo-SP

Juntos, Cora Coralina e seus filhos precisavam de uma casa maior. Encontraram um ótimo sobrado à rua Pires da Mota, na Aclimação, número 36. Alugaram por 300 mil réis. Sempre que podia, Cora ia a Salto Grande ver Cantídio e, algumas vezes, era ele quem ia até São Paulo ver sua esposa e os filhos. Na rua Pires da Mota, fizeram amizade com alguns vizinhos, dentre eles o casal de italianos Tuturo e Josefa. Sr. Tuturo tinha uma barbearia e sua casa ficava ao fundo do comércio: "Mudaram-se mais uma vez para São Paulo, lá é que conheceram a família de italianos de quem sempre fala e guarda boas recordações"[235]. Eram bons amigos, para todas as horas. Amizade que desafiou o tempo, ao ponto de em 12 de fevereiro de 1961, mais de 30 anos depois de residir na Pires da Mota, Cantídio Filho escrever uma carta a sua mãe dando notícias a respeito do sr. Tuturo e esposa: "Em São Paulo estive na casa dos italianos, na rua Pires da Mota, como a senhora deve saber o seu 'Tuturo' faleceu já há uns quatro ou cinco anos, dona Josefa há uns dois anos"[236] (Inédito).

---

[234] Foi conhecido durante muito tempo pela denominação de Escola Modelo do Carmo, ou Escola do Carmo, por haver funcionado, em seu início, nos fundos da Igreja da Ordem Terceira do Carmo, local que mais tarde foi ocupado pelo Ginásio dos Reverendos Irmãos Maristas.
[235] Anotações de Elza Recco, Andradina-SP, 1983.
[236] Acervo do Museu Casa de Cora Coralina.

Quem também frequentava a casa era o jovem Nelson, filho de Vicência (Sinhá), sobrinho de Cora. Ele sempre vinha do Rio de Janeiro, onde estudava medicina. Nelson e Paraguassu se apaixonaram e se casaram no dia 10 de outubro de 1929. Com o filho mais velho já formado, veio "a própria Sinhá morar com ele, trazendo o segundo, Nonhô, também para cursar medicina"[237]. O casal Paraguassu e Nelson foram morar em Palmital-SP onde ele montou consultório, perto de Salto Grande. Ficaram, assim, próximos de Cantídio. Em seguida foi a vez de Guajajarina, que também foi para perto do pai em Salto Grande, cuidando dos afazeres domésticos e lhe fazendo companhia.

Foto 107: Vicência (irmã de Cora Coralina), Goiás-GO

[237] TAHAN, Vicência Brêtas. *Cora coragem, Cora poesia*, p. 103.

12

DEI OURO PARA O BEM DE SÃO PAULO

> "Presidente. A posteridade te espera.
> Não te espantem as dificuldades de assumir[238]."
> *Cora Coralina*

Em julho de 1932, explodiu em São Paulo uma revolta contra o Presidente Getúlio Vargas. Tropas federais foram enviadas para conter a rebelião. As forças paulistas lutaram contra o exército durante três meses. O episódio ficou conhecido como a Revolução Constitucionalista de 1932. Tudo começou em 1930, quando uma revolução derrubou o governo dos grandes latifundiários de Minas Gerais e São Paulo. Getúlio Vargas assumiu a Presidência do Brasil em caráter provisório. Ele tinha amplos poderes e decretou que as instituições legislativas fossem abolidas, desde o Congresso Nacional até as Câmaras Municipais. Para seus cargos, Getúlio Vargas nomeou interventores. Essa política centralizadora desagradou as oligarquias estaduais, especialmente as de São Paulo. As elites políticas, do estado economicamente mais importante, sentiram-se prejudicadas e os liberais reivindicaram a realização de eleições e, também, o fim do governo provisório. Foi então que o governo Vargas reconheceu oficialmente os sindicatos dos operários, legalizou o Partido Comunista e apoiou o aumento no salário dos trabalhadores. Medidas que irritaram ainda mais as elites paulistas.

---

[238] CORALINA, Cora. *Vintém de cobre*: meias confissões de Aninha, p. 178.

No dia 23 de maio, foi realizado um comício reivindicando uma nova Constituição para o Brasil. O comício terminou em conflitos armados em que os estudantes: Martins, Miragaia, Dráuzio e Camargo, morreram. E, assim, foi criado o grande símbolo da revolução, a sigla MMDC: "Glória maior da gente paulista, aquela participação lúdica na arrancada que hoje, meio século depois, se revive quando tremia ao lado das '13 Listras' o lábaro simbólico MMDC – Martins, Miragaia, Dráusio e Camargo, jovens idealistas, massacrados na passeata da entusiástica oposição à ditadura que espezinhava São Paulo e cujo sacrifício e morte desencadearam a Revolução Constitucionalista"[239].

Houve uma greve que provocou a paralisação de 200 mil trabalhadores no estado. Empresários e latifundiários de São Paulo uniram-se contra Getúlio Vargas: "A cidade vibrava embandeirada, agitada, engalanada. Não havia televisão naquele tempo. Acabaram-se no rádio os anúncios, sambas, novelas e canções, dando lugar à irradiações militares, hinos patrióticos, dobrados que emocionavam, boletins das frentes de luta e notícias seguidas dos quartéis"[240].

Em julho, explodiu a revolta. As tropas rebeldes espalharam-se pela cidade de São Paulo e ocuparam as ruas. A imprensa paulista defendeu a causa dos revoltosos. Uma intensa campanha de mobilização foi acionada.

A mulher guerreira Cora Coralina ficava a par de tudo o que acontecia. "Teriam tido, vocês, guris daquele tempo, a glória de ter feito parte de um daqueles agrupamentos infantis que faziam parar o trânsito no seu desfile entusiástico e comovente, compondo o quadro mais expressivo daquele tempo?"[241] A população aderiu à rebelião e um grande número de pessoas alistou-se para a luta. Cora Coralina descreveu que houve "o envolvimento total do povo e das famílias. A mobilização foi geral, os Batalhões Patrióti-

Foto 108: Soldados indo para a frente de batalha, 1932, São Paulo-SP

---

[239] CORALINA, Cora. Os batalhões infantis de São Paulo, 1982.
[240] *Idem.*
[241] *Idem.*

cos surgiam multiplicados. Agrupados, símbolo maior: o capacete de aço, suas legendas e inscrições"²⁴².

Quando se iniciou o levante, uma multidão saiu às ruas em seu apoio. Tropas paulistas foram enviadas para os fronts em todo o estado. Mas as tropas federais eram mais numerosas e bem equipadas. Aviões foram usados para bombardear cidades do interior paulista. E 35 mil homens de São Paulo enfrentaram um contingente de 100 mil soldados. Os revoltosos esperavam a adesão de outros estados, o que não aconteceu.

Foto 109: Cartaz da Revolução de 1932, São Paulo-SP

Foto 110: Cora Coralina, na época da Revolução, São Paulo-SP

São Paulo clamava por justiça. Atendendo ao chamado, Cora Coralina alistou-se como enfermeira, trabalhou costurando uniformes e bibis dos soldados. Uniu-se aos que lutavam pelo estado. Todos ajudavam, independentemente de sexo ou idade: "As mulheres, heróicas e unidas, estimulavam a resistência. Improvisavam-se enfermeiras de emergência. Ofereciam-se como ajudantes nos hospitais, prontas para seguir, acompanhando os batalhões"²⁴³. Dentre elas, Cora Coralina, sempre à frente de seu tempo, acompanhava tudo de perto, na luta, como podia, trabalhando em prol da causa: "Eu morava em São Paulo e me incorporei. Costurava, ativa, os bibis que os pequenos levavam cônscios, com garbo militar, identificados com as vibrações das famílias e o carisma do meio, sem falar do nome do Batalhão e legendas alusivas"²⁴⁴. Cora costurava os chapéus dos

---
²⁴² *Idem.*
²⁴³ CORALINA, Cora. Os batalhões infantis de São Paulo, 1982.
²⁴⁴ *Idem.*

soldados, fazia o trabalho junto a dezenas de mulheres que, unidas, ficavam horas e horas diante de uma máquina de costura, trabalhando por um único ideal: "Dava-se o ouro. A um simples apelo despojavam-se as casas de lavradores e pratarias e baixelas antigas"[245]. Esse apelo não ficou calado no coração da mulher de princípios Cora Coralina, ela doou sua aliança. "Mãos que jamais calçaram luvas,/ Nunca para elas o brilho dos anéis./ Minha pequenina aliança./ Um dia o chamado heróico emocionante:/ Dei ouro para o bem de São Paulo"[246].

Foto 111: Certificado para quem doasse ouro à causa da Revolução, São Paulo-SP

Várias pessoas, até mesmo famílias inteiras, fomentaram a causa, doaram seus pertences: "as famílias faziam doações de vulto. Ofereciam seus valores a São Paulo, suas jóias preciosas, em lances comoventes. (...) Um baiano, já opulento, ofereceu todos os adereços e diamantes da família dizendo em Carta Aberta: devolvo com orgulho, apenas um mínino do muito que alcancei em São Paulo. (...) Aquela mulher anônima ofereceu comovida, seu único valor. A criança trazia nas orelhas botõezinhos de ouro. Presente da madrinha em dia de batizado. Quis dar também sua pequena jóia"[247]. Todos esses fatos marcaram a escritora Cora Coralina, tanto que 50 anos depois a lembrança foi latente na crônica "Os Batalhões Infantis de São Paulo". Aquela aliança de casamento, tão almejada e querida,

[245] Idem
[246] CORALINA, Cora. Meu livro de cordel, p. 59.
[247] Idem.

símbolo de luta e de glória foi doada para *O Bem de São Paulo*: "Os casais, no altar da Cúria – eu vi essas coisas – trocavam com simplicidade, graves, suas alianças conjugais, passavam para os anulares círculos pesados, gravados: Dei ouro para o Bem de São Paulo"[248].

Cartazes e discursos incentivavam os jovens a se integrarem à causa. E o jovem Cantídio Brêtas Filho alistou-se no 9º Batalhão de Caçadores da Reserva[249]. Cantídio e Cora Coralina levaram o filho até a Estação da Luz onde Cantídio Filho embarcou rumo à frente de batalha: "Batalhão Paes Leme, Borba Gato, Batalhão Diocesano, MMDC, 9º BC das tropas regulares. Eram os jovens de Piratininga seguindo com orgulho para a frente de combate"[250]. E, junto deles, seu único filho homem, Bretinhas.

Em outubro de 1932, após três meses de luta, os paulistas se renderam. Prisões, cassações e deportações seguiram-se à capitação. Estatísticas oficiais apontaram 830 mortos. Estima-se que centenas a mais de pessoas morreram sem constar nos registros oficiais.

A Revolução Constitucionalista foi o maior confronto militar no Brasil no século XX. Apesar da derrota paulista em sua luta por uma Constituição, dois anos após o combate, em 1934, o objetivo dos paulistas foi alcançado com a convocação de uma Assembleia Nacional Constituinte.

O fim da revolução foi um alívio para todos. Mas a família Brêtas estava apreensiva, pois Cantídio Filho não havia retornado. Foi um alarme geral: 'Onde estaria Bretinhas?' O pai Cantídio saiu à procura do filho, foi a vários lugares tentando encontrá-lo, e nada. Cora rezava e procurava onde podia. Até que Cantídio encontrou seu filho e o amigo Ari Grelet. No interior paulista, eles andaram muito tempo a pé, estavam cansados, exaustos. Quando pai e filho encontraram-se foi a maior alegria. Retornaram a São Paulo. Logo que chegaram, Cora Coralina avisou que cumpririam um compromisso. Promessa feita por uma mãe zelosa, que implorou a Deus pela vida de seu filho: "Vão caminhando e rezando o terço pelas ruas da cidade[251]" até à igreja da Lapa.

---

[248] CORALINA, Cora. Os batalhões infantis de São Paulo, 1982.
[249] Ao se iniciar a Revolução Constitucionalista, o 9º Batalhão de Caçadores da Reserva foi incorporado às Forças Revolucionárias por ordem do Comandante da 2ª Região Militar, general Bertoldo Klinger, participando de várias frentes de combate.
[250] CORALINA, Cora. Os batalhões infantis de São Paulo, 1982.
[251] TAHAN, Vicência Brêtas. *Cora coragem, Cora poesia*, p. 159.

13

O GRANDE SILÊNCIO SE FEZ

> "Uma estrada,
> um leito,
> uma casa,
> um companheiro.
> Tudo de pedra[252]."
> *Cora Coralina*

O advogado Cantídio Brêtas continuava em Salto Grande: "Ele gostava muito de pescar, de se banhar... tanto que ficou doente de se banhar lá no rio, daí pegou uma pneumonia"[253]. Adoeceu e ficou internado na Santa Casa de Palmital por causa de uma infecção pulmonar. Cora Coralina foi para junto dele no hospital, juntos Paraguassu e Nelson também estavam atentos à saúde de Cantídio. A infecção avançou, nada mais pôde ser feito. Cantídio Tolentino Brêtas faleceu no dia 2 de abril de 1934. Seu corpo foi velado na casa da filha Paraguassu e sepultado no cemitério de Palmital: "A dor pela perda do marido é grande. Mas o momento não é para lágrimas. Precisa conter sua dor e ser prática. Afinal, agora já não pode contar mais com ele para ajudá-la na formação dos filhos"[254].

O jazigo onde Cantídio Brêtas está sepultado fica na quadra D, número 23, no começo da rua principal do cemitério. O sr. Oswaldo Baptista,

---

[252] CORALINA, Cora. *Meu livro de cordel*, p. 11.
[253] Depoimento de Vicência Brêtas Tahan, filha de Cora Coralina. São Paulo-SP, março de 2009.
[254] TAHAN, Vicência Brêtas. *Cora coragem, Cora poesia*, p. 162.

em reportagem ao *Jornal da Comarca*, Palmital, em 3 de novembro de 2001, declarou que cuidava dos túmulos, mas com aquele o prefeito, Manoel Leão Rego, pedia um cuidado especial. Ele nunca teve curiosidade em saber o motivo da recomendação, só identificou-o depois de ler uma reportagem sobre Cora Coralina e ver o nome Cantídio Brêtas ligado ao dela. Daí ele se lembrou que sempre escrevia esse nome num túmulo na rua principal do cemitério. "Num dia de morte meu barco se abriu e me achei sozinha, bracejando na tormenta e a carga sobre mim. Tinha os dentes cerrados e bracejava sempre, vendo apenas na distância uma pequena estrela verde, apagando e acendendo... sentia agarrados aos meus cabelos, às minhas orelhas, às minhas espáduas cinco anõezinhos que devia levar a salvo, longe, longe, lutando, lutando, bracejando sempre, sozinha, dentro de um mundo indiferente e aflito"[255].

A morte de Cantídio foi divulgada pela imprensa de Jaboticabal, cidade em que era estimado. Até hoje é lembrado com carinho pelos jaboticabalenses. O sr. Clovis Capalbo disse que foi até Palmital para uma celebração de batismo na família. Passeando pela cidade, dirigiu-se ao cemitério. Foi quando olhou para o túmulo e leu o nome de Cantídio Brêtas, o amigo de Jaboticabal. Ele se emocionou e fez uma oração. "Não foi à toa que eu me vi ali, com tanto lugar para estar, por que logo no túmulo de Cantídio?"

Sobre a morte de Cantídio, Cora Coralina registrou: "Ano a ano. Limpo o tempo inexorável. (...) Muda, poluída, machucada, expoliada, humilhada. Assim decorreu minha vida de 12 a 34. Veio a morte e *o grande silêncio se fez*. Me achei só, minhas filhas em volta e (...) a casa triste, incerta, silenciosa"[256]. A luta por sua sobrevivência e também de seus filhos apenas começava. Não havia tempo para lamentações. A sonhadora Aninha, aquela que foi "Gata Borralheira que perdeu o sapatinho de cristal\na correria da volta, sempre à espera do príncipe encantado[257]" deu lugar à Cora madura, a mulher que tanto lutou e sofreu. Agora precisava criar seus filhos sozinha. Por eles iria lutar, para levá-los à margem do rio com

---

[255] CORALINA, Cora. *Meu livro de cordel*, p. 74.
[256] Acervo do Museu Casa de Cora Coralina.
[257] CORALINA, Cora. *Vintém de cobre: meias confissões de Aninha*, p. 46.

segurança. Precisava garantir que pudessem continuar estudando e obter o pão de cada dia: "Arrastadas nas águas revoltas e sujas desse rio-mar sem fim, e eu bracejava sempre, presos aos meus ombros, agarrados aos meus cabelos, meus anõezinhos"[258].

Foi uma época de sérias decisões. Essas lembranças foram marcantes, Cora Coralina contou para sua amiga Elza Recco: "Quando seu marido morreu, Paraguassu era casada, e ela ficou com seus três filhos e mais a filha de criação em uma casa alugada por 500 mil reis que tinham que ser pagos pontualmente". Ela avaliou toda a situação, não tinha tempo mesmo para sentar-se e chorar, era hora de agir. Para ajudar na educação e sobrevivência dos filhos mudaram-se novamente, foram para a rua Marquês de Itu, número 14, uma região onde Cora abriu uma pensão e cuidou de sua nova vida... a de viúva. Arriscou pagar um aluguel bem mais alto do que o anterior, não tinha medo do trabalho. Fez cartão de visitas para ser distribuído entre os amigos de Jaboticabal que iam a São Paulo e precisavam de um lugar para ficar; dormir e fazer refeições. Que esse lugar fosse então na Pensão de Dona Cora Brêtas.

Cora Brêtas

RUA MARQUEZ DE ITÚ, 14   SÃO PAULO

Foto 112: Cartão de visitas de Cora Coralina, São Paulo-SP

Cora matriculou sua filha Vicência no colégio Caetano de Campos, perto da nova casa, a menos de um quarteirão. O colégio era o de mais moderno em organização educacional da época. No Jardim de Infância, a disciplina era cultivada até mesmo na entrada dos alunos.

[258] CORALINA, Cora. *Meu livro de cordel*, p. 75.

Foto 113: Colégio Caetano de Campos, década de 1930, São Paulo-SP

A influência norte-americana era marcante. O jardim dividia-se em três turmas de alunos, eram os períodos, dos 4 aos 6 anos. Para cada classe havia uma professora e uma auxiliar, que era aluna da Escola Normal. O Jardim da Infância era voltado para o preparo dos alunos de ambos os sexos, que se destinavam às escolas-modelo, pela educação dos sentidos. Os materiais empregados nos jogos ou nas ocupações do Jardim de Infância eram chamados de dons ou dádivas. Também havia aula de música que era matéria de grande importância no cotidiano. Com visão futurista, Cora Brêtas investiu no futuro de sua filha, para isso Vicência teve seus primeiros estudos em uma escola de referência.

Na pensão, Cora Brêtas corria com seus afazeres, quartos para arrumar, comida para fazer, marmita para entregar, recepcionava os jaboticabalenses que ali se hospedavam. Contratou um empregado. Fazia muitas tarefas ao mesmo tempo, além de ser mãe, dar atenção aos filhos, ajudá-los nas atividades escolares. Posteriormente, Cora resolveu vender a pensão e mudou-se para o bairro de Pinheiros, à rua Theodoro Sampaio, número181.

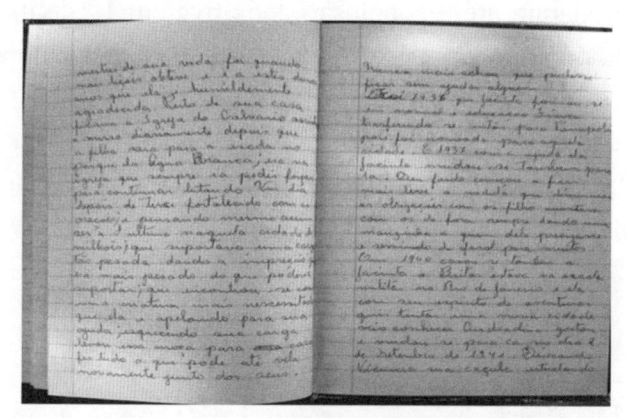

Foto 114: Anotações de Elza Recco, 1983, Andradina-SP

Esses anos em São Paulo lhe ofereceram um ensinamento que cultivou por toda a vida; foi um aprendizado mitigado pelo carinho dos filhos e sua religiosidade: "Estes foram os verdadeiros anos mestres de sua vida, foi quando mais lições obteve e é a esses duros anos que ela é *humildemente* agradecida. Perto de sua casa ficava a igreja do Calvário. Assistia a missa diariamente, depois que sua filha saía para a escola, no parque da Água Branca; era na igreja que sempre ia pedir forças para continuar lutando"[259].

A região de Pinheiros foi um dos primeiros bairros de São Paulo. Perto dali, numa grota próxima à igreja de Nossa Senhora de Fátima, nascia o córrego Verde. Era um veio d'água que se esgueirava abrindo caminho e vinha serpenteando até passar na frente da Igreja do Calvário na rua Arco Verde (hoje, Cardeal Arcoverde). O córrego Verde continuava por onde hoje é a praça Benedito Calixto, passava em tubos sob a rua Theodoro Sampaio e depois corria a céu aberto nos fundos dos quintais das ruas Henrique Schaumann e Lisboa. Dali até a Igreja de São José seguia canalizado, desaguando num pequeno lago ao lado de um colégio de freiras.

Em 5 de agosto de 1923, iniciou-se uma campanha para aquisição de materiais visando a construção da igreja do Calvário. No dia do aniversário natalício de São Paulo da Cruz, dia 3 de janeiro, em 1926, ela foi oficialmente inaugurada com a celebração de um ato litúrgico. As obras

[259] Anotações de Elza Recco, Andradina-SP, 1983.

internas continuaram até a conclusão definitiva em 19 de maio de 1930. Sua torre lateral para o campanário consumiu dois anos para ser construída. Foi festivamente inaugurada em 19 de dezembro de 1937. A fase final desse empreendimento foi vista por Cora Coralina. As modificações aconteceram na época em que ela frequentava a igreja.

Foto 115: Igreja do Calvário década de 1930, São Paulo-SP

Quase todas as manhãs, Cora Coralina ia à igreja do Calvário. Gostava de orar: "Um dia depois de ter-se fortalecido com as orações, pensando mesmo ser a ultima naquela cidade de milhões, que suportava uma carga tão pesada, dando a impressão que era mais pesada do que poderia suportar, encontrou-se com uma criatura mais necessitada que ela e apelando para sua ajuda, esquecendo sua carga, levou essa moça, fez tudo que pode até vê-la novamente junto dos seus. Nunca mais achou que pudesse ficar sem ajudar alguém" (Inédito)[260].

A religiosidade em Cora Coralina tinha raízes no catolicismo cultivado em Vila Boa de Goiás. A Aninha, que sempre ia à missa, com seu véu, seu breviário e seu rosário, fez com que ela recorresse sempre a Deus e a seus santos prediletos. Um deles fez ressoar dentro dela tudo de que mais gostava: a natureza, a pobreza e a humildade. O santo dos pobres e dos animais: São Francisco de Assis.

[260] Anotações de Elza Recco, Andradina-SP, 1983.

Esse episódio narrado por Elza Recco remete-nos à trajetória de São Francisco de Assis. Quando São Francisco foi até Roma, o Papa Inocêncio III recebeu-o e reconheceu nele o mendigo de seu sonho. Então, o Papa foi até Francisco, abaixou-se e beijou-lhe os pés, pois viu naquela figura coberta de andrajos, Jesus Cristo que veio para os pobres. Um fato semelhante aconteceu com Francisco que passeava a cavalo quando lhe apareceu um leproso. Teve um sentimento de horror intenso mas, lembrando-se da resolução de vida perfeita que tomou, e de que devia, antes de mais nada, vencer-se a si mesmo, saltou do cavalo para abraçar o infeliz. O mendigo recebeu um beijo. Francisco, cheio de admiração e de alegria, pôs-se a cantar louvores ao Senhor, pois fora o próprio Cristo que apareceu para ele. Com a mesma intensidade de sentimentos, Cora Coralina atendeu à mulher que na porta da igreja pediu-lhe ajuda. Ao ponto de esquecer-se de que tinha acabado de sentir-se a última das criaturas. Fez um propósito de vida, de sempre ajudar alguém. Uma consciência franciscana que a norteou para o resto da vida: "Escorrendo todas as águas amargas, águas de cinza e sal da longa travessia, um dia me encontrei na margem e a carga me desceu dos ombros. Olhei num espanto. Os anõezinhos que eu carregara agarrados aos meus cabelos, às minhas espáduas, às minhas orelhas eram cinco gigantes que tinham me trazido até ali, até o barranco final. Meus cabelos estavam brancos, meus ossos curvados, minhas carnes quebradas. Eu tinha envelhecido"[261].

---

[261] CORALINA, Cora. *Meu livro de cordel*, p. 75.

14

O CARISMA

"A vida é boa. Saber viver é a grande sabedoria
Saber viver é dar maior dignidade ao trabalho.
Fazer bem feito tudo que houver de ser feito[262]."
Cora Coralina

Em São Paulo, Cora Coralina fez amizade com a família Olympio. José Olympio havia inaugurado no dia 29 de novembro de 1931 a Livraria José Olympio Editora, na rua da Quitanda, 19-A, e adquiriu prestígio, tornando-se um dos livreiros mais respeitados da cidade. Pouco tempo depois, Cora foi convidada para vender livros pela Editora José Olympio e aceitou o trabalho alegremente: "Nesse tempo, era a minha luta. A pensão se acabou, não deu certo. A luta vendendo livros pelas ruas de São Paulo. Achava almas boas e achava também os medíocres que não deixavam de pisar naquela pobreza que procurava sobreviver"[263].

Cada livro vendido era fruto de sua leitura e, com isso, demonstrava ao comprador o quanto aquela obra era importante. Andava pelas ruas de São Paulo carregando livros, batendo de porta em porta, conversando sobre literatura, e escrevia seus textos para os jornais sobre a vida do bairro Pinheiros.

---

[262] CORALINA, Cora. *Vintém de cobre*: meias confissões de Aninha, p. 153.
[263] Acervo de Mariana de Almeida Salles.

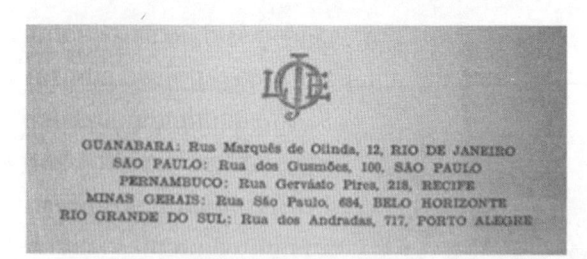

Foto 116: Logomarca da Livraria José Olympio Editora

A venda dos livros era extenuante, andar rua por rua com um significativo volume debaixo dos braços gerava cansaço. Mas a luta precisava ser vencida. Cora Brêtas batia de porta em porta e convencia os fregueses à compra do livro. "Sempre vivi em tempos ingratos, de muita dificuldade, dinheiro escasso e ranço. Entretanto, nunca desanimei. Meus filhos continuaram estudando e eu, já em São Paulo, desenvolvi a arte de vender livros[264]." Arte que desenvolveu com louvor. Ainda mais porque ler sempre foi sua paixão. E, para que seu trabalho surtisse fruto, precisaria ler os livros que apresentasse ao freguês. Uma ação concernente à venda, sabia que só com uma boa conversa e a sabedoria de uma leitora poderia vender os livros: "A José Olympio estava lançando a coleção de Humberto de Campos e eu ia oferecer nas residências da rua Augusta, Theodoro Sampaio e outras das imediações. Vendia também enciclopédias e livros de direito nos escritórios. Todos eram solidários comigo. Eu tinha o carisma de quem precisava vender"[265]. Sim... precisava vender, precisava sustentar uma família.

Um dos principais responsáveis pelo sucesso editorial da José Olympio foi Humberto de Campos. Escritor que contribuiu para a mudança da sede da editora para o Rio de Janeiro, em 1934: "O projeto teve em Humberto de Campos um fervoroso aliado. Existia um motivo pessoal para o apoio. Campos havia trocado sua editora, a Marisa, pela José Olympio, com uma ambiciosa programação de edições.

[264] GONÇALVES, Maria José. Cora Coralina, p. 24.
[265] Idem.

Foto 117: José Olympio, Rio de Janeiro-RJ

E acreditava que as vendas aumentariam se a editora se instalasse no Rio. A união de interesses entre J. O., para quem Humberto de Campos era o *best seller*,com que qualquer editor iniciante sonharia, e o autor insatisfeito com a distribuição de suas obras aconteceu depois de um namoro muito rápido. Em meados de 1933, Campos já fazia parte do catálogo da José Olympio. No início de 1934, a programação incluía o lançamento de nove títulos, entre edições e reedições"[266].

A coleção *Crítica* de Humberto de Campos foi lida e relida por Cora Coralina. Tanto que, 46 anos depois, ela citou a coleção. A obra foi tão significativa para ela que a adquiriu para sua biblioteca particular e até hoje consta no acervo do Museu Casa de Cora Coralina. São quatro volumes que mostram desgaste nas folhas e capa por serem muito manuseadas. A obra é vasta, Humberto de Campos criticou vários escritores oferecendo um panorama das tensões da vida literária daquele momento. Ele escreveu que se naquela época os homens de há 300 anos ressuscitassem, acreditariam estar em outro planeta. Pois houve muita evolução, mas "a inspiração dos poetas, esta, unicamente, estagnou-se (...) é a única energia paralisada"[267]. Fez um alerta de que a alma universal reclamava, naquele momento, novas fórmulas, moldes e expressões estéticas de ansiedade humana. Completou que não havia influência das descobertas científicas sobre a inspiração dos versejadores modernos, pois existia "um evidente desejo de ligar a poesia, como outrora, aos destinos da humanidade. O progresso humano pede, aspira, suplica, uma forma estética de expressão. (...) Só os inconscientes, aqueles para os quais a poesia é um simples fenômeno de mecânica, se encontram satisfeitos com os recursos atuais"[268]. Como inovadora, sempre com o pé no futuro, Cora Coralina abraçou essa ideia e a encaixou em sua criação literária. Esse era seu pensamento a respeito da poesia: "A literatura mudou muito de 22 para cá. Hoje, eu mesma que venho de um passado, já não procuro mais a literatura dos velhos poetas, tanto quanto possível, convivo intelectualmente com os novos, embora nela eu reveja o passado, porquanto tenho uma grande vivência e é na minha vivência que encontro

---

[266] SOARES, Lucila. *Rua do Ouvidor 110*, p. 32.
[267] CAMPOS, Humberto de. *Crítica. Terceira Série*, p. 7.
[268] *Idem*.

os temas de melhor expressão, sensibilidade. E devo dizer que a minha vivência é muito rica, muito poderosa e eu não tenho ainda descido ao fundo dela"[269]. Cora Coralina sabia o quanto tinha para escrever, e melhor ainda que sua escrita era única. Aninha que gostava de escrever e ler, a que sentiu o peso da palmatória, aprendeu a ser precisa nas palavras, não queria errar novamente. Também não era de imitar ninguém, nem de seguir modismos. Tinha seu estilo. Seu jeito de falar, de colocar as palavras no papel como se fosse uma prosa: "lá na minha cidade eles diziam que eu escrevia poesia e prosa, que minha prosa era uma prosa poética, de modo que eu era uma precursora intuitiva do que veio anos mais tarde"[270].

No terceiro volume do livro *Crítica* de Humberto de Campos, ele mencionou que o cérebro queimado pelo raciocínio tem sede de simplicidade, como o deserto tem sede de água pura. Ainda concluiu que "é isso que explica o fluxo e o refluxo do sentimento artístico, e a passagem de um salto, das formas literárias mais complicadas para as mais singelas e, às vezes, mais infantis"[271]. Pensamento que dialoga, de certo modo, com algumas das opções abraçadas por Cora Coralina, pois sua literatura converge em um conjunto de hábitos linguísticos, os quais ela se fazia compreender e se compreendia.

No começo dos anos de 1940 seus filhos estavam encaminhados. Guajajarina morava no interior de São Paulo, Paraguassu tinha duas filhas: Maria Luiza e Maria Helena. Vicência, matriculada em uma boa escola. A jovem Jacyntha desdobrava-se estudando em duas escolas, a Normal Padre Anchieta e a de Educação Física. O homem da casa, Cantídio Brêtas Filho, passou nos exames e foi para a Escola Militar do Realengo, no estado do Rio de Janeiro.

A missão que coube a Cora Coralina, dar melhores condições de estudo aos filhos, estava sendo cumprida. No fim do ano de 1935, Jacyntha formou-se e prestou concurso para dar aulas no interior de São Paulo, em Penápolis. Passou e foi chamada para tomar posse do cargo. Dessa forma, elas poderiam voltar a morar em uma cidade do interior, onde os vizinhos eram prestativos e os cadeados não marcavam presença nos portões, as pessoas se conheciam.

---

[269] *In:* Cora Coralina: depoimento e antologia, p. 141.
[270] Cora Coralina. *In: Palavra de Mulher,* TV Cultura, 1983.
[271] CAMPOS, Humberto de. *Op. Cit.,* p. 22.

15

PENÁPOLIS

"Tu encontrarás sempre no teu caminho
alguém para a lição de que precisas.
Aprende, mesmo que não queiras[272]."
Cora Coralina

Em 1842, iniciou-se o povoado de Nosso Senhor dos Passos, com a doação de 100 alqueires da fazenda José Pinto Caldeira. O ribeirão Lajeado dividia as terras pelo meio. A partir de 1880, com a prosperidade comercial do café, o mercado externo e também o interno exigiram mais mão-de-obra. Era a descoberta do potencial das terras do oeste paulista. A ocupação sistemática instaurou-se como empreendimento econômico motivado pelo café e outros implementos capitalistas. Isso provocou uma transformação socioeconômica na região que, a partir dessa época, passou a experimentar notável progresso.

Em 25 de outubro de 1908 foi criado o Patrimônio de Santa Cruz do Avanhandava. Frei Bernardino de Lavale, da Congregação dos Frades Capuchinhos, tomou posse das terras doadas por Eduardo de Castilho para a construção da cidade. Foi constituído o distrito de Paz de Penápolis dia 17 de novembro de 1909, em homenagem a Afonso Augusto Moreira Penna, Presidente da República falecido naquele ano. O distrito pertencia

---

[272] CORALINA, Cora. *Vintém de cobre*: meias confissões de Aninha, p. 186.

ao município de São José do Rio Preto e era uma vila progressista, já incorporada ao ciclo do café.

Com o processo de interiorização da ocupação paulista, muitas famílias procuraram a região em busca de terras novas. A Lei Estadual n. 1.397, no dia 22 de dezembro de 1913, instituiu o município de Penápolis. Dali alguns anos, em 10 de outubro de 1917, pela Lei n. 1.557, surgiu a comarca de Penápolis como uma das maiores da mesorregião de Araçatuba[273].

Em Penápolis, Cora Coralina, recém-viúva, recomeçou sua vida mais uma vez, abrigando dentro de si inúmeras funções: mãe, dona de casa, comerciante, jornalista, religiosa. Ficou conhecida na região como Cora Brêtas, morou nesse município na segunda metade da década de 1930, durante cinco anos, deixando ali as marcas de sua passagem na força de seus exemplos.

Foto 121: Rua São Francisco, 1937, Penápolis-SP

Na verdade, o motivo da ida de Cora Brêtas para Penápolis foi acompanhar sua filha Jacyntha que havia sido, logo que terminou seus estudos, nomeada professora do Ginásio Estadual da cidade. Isso foi animador para a família. Jacyntha assumiu seu cargo de professora de Educação Física e, no mesmo ano, em 1936, Cora mudou-se para Penápolis para ficar ao lado da filha:

"Aos quatro dias do mês de março do ano de mil novecentos e trinta e seis, na secretaria do Ginásio do Estado em Penápolis, comigo secretário

---

[273] Cf. Histórico disponibilizado no site da Prefeitura Municipal de Penápolis.

nomeado compareceu a senhora (...) dona Jacintha Bretas que prestou o compromisso de bem e fielmente desempenhar o cargo de professora interina de Educação Física do Ginásio Estadual em Penápolis para o qual foi nomeada por Decreto, de dezoito de fevereiro do corrente ano de mil novecentos e trinta e seis, prometendo ser fiel à causa da República, cumprir e fazer cumprir suas leis e regulamentos e de ser exata no cumprimento dos deveres de seu cargo".[274] (Inédito)

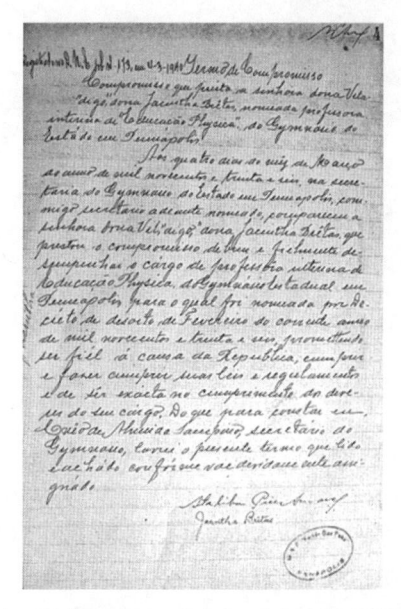

Foto 122: Termo de compromisso, Jacyntha, Penápolis-SP

Foto 123: O Gynásio em construção, 31 de maio de 1937, Penápolis-SP

[274] Termo de Compromisso. Acervo Museu Histórico e Pedagógico Glaucia Maria de Castilho Muçouçah Brandão.

A nova sede do Gynásio estava em fase de construção e, por isso, as aulas eram providas em um local precário. Enquanto aguardava a conclusão das obras, Jacyntha ministrava as aulas de Educação Física na quadra de esportes da cidade.

Foto 124: Ginásio, 2009, Penápolis-SP

Em 1936, Cora Brêtas chegou à Estação Ferroviária de Penápolis juntamente com sua caçula Vicência. Na bagagem, algo inusitado, muitas sementes de coquinhos. Novamente, em uma cidade do interior ela teve mais tempo para ir à missa diariamente, escrever e cuidar de suas plantas: mudas de árvores e roseiras.

A casa era bem localizada, em uma rua atrás da igreja, bem no coração da cidade. O município pertence à Diocese de Lins e seu padroeiro é São Francisco de Assis. A Igreja Matriz de Penápolis é servida, desde sua criação, pelos frades capuchinhos, os primeiros vindos da região de Trento, na Itália; hoje é o Santuário de São Francisco de Assis.

Logo que chegou à cidade, Cora Brêtas matriculou Vicência no Grupo Escolar de Penápolis, instalado desde 1919[275], e participou das atividades promovidas pela igreja e pelos devotos de São Francisco de Assis. A jovem

---

[275] Em novembro de 1919, Penápolis recebe o projeto arquitetônico aprovado de seu primeiro grupo escolar, um dos mais importantes à época. O projeto do imponente edifício, que até hoje ornamenta a praça 9 de Julho, foi elaborado por Mauro Álvaro, então engenheiro chefe de Serviço Sanitário do Estado. Sua construção foi iniciada em 1920, graças à doação do terreno pela Câmara Municipal, representada pelo prefeito Manoel Bento da Cruz (fundador de Penápolis). Em princípio de 1923, o prédio foi entregue à municipalidade. Em 1955, passou a se chamar Escola Estadual Luiz Chrisóstomo de Oliveira.

recém-formada, Jacyntha, além das aulas no Ginásio, trabalhava meio expediente na prefeitura.

Após dois anos da morte de seu marido, Cora Brêtas enfrentou uma nova perda. Em 1º de abril de 1936 sua mãe Jacyntha Luiza do Couto Brandão Peixoto faleceu na cidade de Goiás. Durante o tempo em que Cora Coralina morou no estado de São Paulo, mãe e filha trocavam correspondências. Manteve a mãe sempre a par dos acontecimentos da família e da cidade. Também, Jacyntha, sempre relatava à filha os fatos mais marcantes acontecidos na família e em Goiás, a exemplo da carta que informa a mudança da capital para Goiânia. Inconformada, dizia que certamente seria o fim da cidade de Goiás: "Todo mundo desprezando o seu berço, indo em busca do incerto. Não sei como Goiás, sobreviverá! A inauguração foi dia 24 de outubro"[276]. Em uma das últimas cartas enviadas a Cora, datada de 22 de fevereiro de 1935, relatou: "Não se esqueça do meu estado e que só tenho prazer quando recebo carta de vocês. Abraço aos netos e a ti. Tua mãe Jacyntha"[277].

Dois anos depois do falecimento de Jacyntha, em 30 de setembro de 1938, um documento foi enviado ao juiz da comarca de Penápolis intimando Anna Lins dos Guimarães Peixoto Brêtas a retornar à cidade de Goiás e se apresentar como testamenteira de sua mãe. Impossibilitada de viajar, Cora Coralina enviou uma carta ao juiz de Goiás:

> "Penápolis, 24-10-1938. Exmo. Sr. Dr. Ignácio B. de Loyola. Atenciosas saudações. Recebi em dias da semana passada a citação de uma precatória emanada desse Juízo e assinada por V. Ex designando-me inventariante do espólio deixado por minha falecida mãe. Respondendo-lhe devo dizer a V. Ex. que minha irmã Vicência, intimada para primeira inventariante pela falecida, cargo que não pode desempenhar por motivos vários, encontra-se gravemente enferma na cidade de Palmital, neste Estado, onde reside e para junto dela devo seguir sem tardança. (...) Alongo-me nestes detalhes para justificar a V. Ex. a impossibilidade de me locomover até aí e dar devido cumprimento ao mandado. No entanto, não recuso a incumbência se V. Ex., considerando o motivo relevante que impede no momento minha ida até aí, houver por bem levar vossa tolerância em protelar por mais algum tempo o início desse inventário. (...) Anna Lins dos Guimarães Peixoto Bretas"[278] (Inédito).

---

[276] Acervo do Museu Casa de Cora Coralina.
[277] Cf. SALLES, Mariana de Almeida. *Cora Coralina:* uma análise biográfica, p. 80.
[278] Acervo do Museu Casa de Cora Coralina.

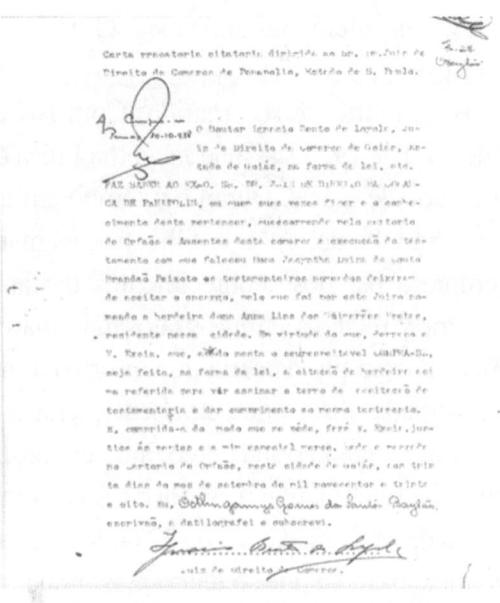

Foto 125: Inventário, Penápolis-SP

Nesse mesmo ano, a epopeia de Virgulino Ferreira (Lampião) agitava o país. Como uma descendente de nordestinos, Cora Coralina procurava notícias a toda hora. Seu fascínio era grande e sempre quis uma foto de Lampião e seu grupo para emoldurar e colocar na parede de sua casa. Todavia, isso demorou anos para acontecer. Somente conseguiu a fotografia décadas depois, quando já havia retornado a sua cidade natal. Admiração que foi registrada no poema "Lampião, Maria Bonita... e Aninha": "Tenho na parede da minha sala um pôster de Lampião, Maria Bonita/ e cangaceiros. Sempre desejei um retrato de Lampião./ (...) Foi uma cearense que tinha uma boutique em Brasília, Boutique Lampião,/ que me mandou do Ceará./ (...) Por quê?/ Não os conheci pessoalmente. Não conheço o Nordeste./ O carisma... tão-somente./ Acontece que sou filha de pai nascido em Paraíba do Norte/ e de mãe goiana./ Assim, fui repartida./ (...) Do lado paterno, minha metade nordestina, eu um pouco cangaceira./ Daí, Lampião, Maria Bonita, seus cabras e o padrinho Cícero/ na parede de minha casa, com muito agrado"[279].

---

[279] CORALINA, Cora. *Vintém de cobre:* meias confissões de Aninha, p. 78.

Foto 126: Lampião, Maria Bonita e o grupo de cangaceiros

Em uma de suas entrevistas, comentando sobre os mecanismos da inspiração e sobre a loucura, Cora Coralina afirmou: "Dizem que há uma linha muito estreita entre a loucura e o gênio. E eu tenho na minha parede, com muito agrado, um pôster do Lampião, Maria Bonita e os cangaceiros. Espiritualmente eu estou no meio daqueles cangaceiros. Eu também sou uma cangaceira"[280].

Para ela tudo era fonte de inspiração. Na saga de Lampião ou em um simples monte de lixo, conseguia captar a força propulsora de sua poética, dando a todos os temas, até mesmo aos mais obscuros, dignidade lírica: "Converse, você, poeta destes novos tempos,/ converse com as sementes e as folhas caídas/ que pisa distraído./ Você vai sobre rodas e caminha sobre vidas que o asfalto recobriu./ Quem fala essa mensagem é uma mulher muito antiga/ que entende a fala e a vida de um monte de lixo. (...) Saiba mais, e saiba com humildade,/ que o lixeiro que remove o lixo de sua casa/ é tão necessário e útil a coletividade,/ como um estudante carregado de livros"[281].

Na vida penapolense, essa preocupação já existia. Cora Coralina pedia aos lixeiros as latas velhas para o plantio das mudas que cresciam em seu terreno: "Cora Coralina quando andava pela rua sempre olhava o lixo e pelo

---

[280] Entrevista a Vicente Fonseca e Armando Lacerda, na fase de prospecção do Filme *Cora Doce Coralina*, Goiás, 1982.
[281] CORALINA, Cora. *Vintém de* cobre: meias confissões de Aninha, p. 165-168.

monturo de lixo ela imaginava o quanto podia ser aproveitado porque era uma fonte de riqueza. Certa vez pegou no lixo um bulbo, levou-o para casa e o plantou. Ele vingou, cresceu, soltou botões e surgiu uma linda flor, Cora ficou maravilhada e comentou: Veja bem, é algo da natureza e estava no lixo. Daí escreveu um lindo artigo sobre o lixo, foi publicado na *Folha de São Paulo* e tanto repercutiu que ficou conhecida como 'A Literata do Lixo'"[282].

As plantas eram vendidas às prefeituras da região para a arborização das cidades. Ela firmou um contrato com a prefeitura de Penápolis com a finalidade de fornecer mudas para o plantio nas calçadas do centro que, até então, não possuíam arborização: "Tive plantas de roseiras e criação de mudas de plantas de sombra. Eu vivo as minhas ocupações. Coloco poesia em tudo aquilo que faço, o meu sentido. Quero que seja o mais bonito"[283].

Foto 127: Rua Barão do Rio Branco, esquina com a avenida Luiz Osório, 1935, Penápolis-SP

Desde essa época, Cora Brêtas elaborava peças de grande valor e já com as características marcantes do punho lírico coralineano. Tanto que, no ano de 1938, elaborou a primeira versão de "Minha Infância", considerado pela crítica como um de seus poemas mais representativos[284]. Foi um grito profundo de uma mulher que marcou seu tempo nas páginas de um caderno.

---

[282] Depoimento de Nize Brêtas, nora de Cora Coralina. Balneário de Camboriú-SC, 2009.
[283] *In: Jornal de Brasília,* Brasília, 1977.
[284] Cf. SANTOS, Wendel. *Crítica sistemática*: um estudo progressivo da literatura, 1977.

Tantas atividades diárias não a esgotavam e, sempre que podia, destinava momentos para criar crônicas, contos e poemas. Como uma "cantadora" que colhia estórias, quando vinha o momento não o deixava passar: "Cora Coralina, muitas vezes, acordava durante a noite, desprezava a luz elétrica, acendia uma vela, e dava curso àquelas vozes que cantavam no seu interior"[285]. Ela se rendia ao chamado da poesia: "Agora quando vem, se eu deixo fugir aquele momento, não volta mais. Como me vem sempre à noite ou pela manhã, tenho perto de minha cama um castiçal com vela e fósforo, um caderno espiral e uma esferográfica para apanhar aquele momento"[286].

O mesmo ritual noturno de tantos anos, que atravessou sua infância, sua mocidade e sua maturidade: ter sempre à mão os objetos necessários para uma boa safra de palavras. Em 10 de outubro de 1938, ela escreveu o poema "Minha Infância" (freudiana). Poesia feita em antevéspera do Dia da Criança. Desde o ano de 1924 existia essa data no calendário brasileiro, mas somente na década de 1960 ela foi difundida por todo o país. Cora Coralina mantinha-se bem informada e, talvez, a proximidade da data fez com que re-encontrasse o passado: "Volto à infância, simplesmente. Dou um salto. É uma necessidade poética, uma sensibilidade minha voltar ao passado para explicar o presente. A volta ao passado é uma tentativa de explicar o presente e abrir um caminho para os jovens"[287], sendo um dos fatores que a levaram remexer no seu baú de memórias, no seu porão infantil. Outro fator que certamente contribuiu foi a morte de sua mãe dois anos antes. No rememorar, veio junto Jacyntha, trazendo à tona Aninha, numa linguagem lúdica onde os sentimentos ficaram ancorados num porão de uma casa da ponte, à beira do rio Vermelho. Tanto que Cora/Aninha colocou na segunda página do manuscrito de 1938: "Minha mãe era moça,/nunca beijava os filhos". Mas, ao publicar o poema, 27 anos depois, cortou essa frase.

Através do manuscrito podemos analisar a maneira coralineana de escrever. Como sempre dizia, quando vinha a inspiração não deixava passar, pegava o papel e escrevia. Só depois de algum tempo iria ler e fazer esse ou aquele acerto, como fez em "Minha Infância". Uma autoanálise

---

[285] Jacyntha Brêtas Salles. *In*: Cora Coralina: sua filha vive aqui, p. 1.
[286] *In:* BOTASSO, Rosalina. Cora Coralina: a vida em prosa e verso, p. 29.
[287] Entrevista a Vicente Fonseca e Armando Lacerda, na fase de prospecção do Filme *Cora Doce Coralina*, Goiás, 1982.

esperando aliviar uma infância sofrida onde ela puxou o fio psicanalítico de sua educação e de sua aparência, transpondo o fato de ser filha de pai doente para chegar ao entendimento de seu Destino.

Esse poema foi publicado em seu primeiro livro: *Poemas dos becos de Goiás e estórias mais*. Uma exortação freudiana à menina Aninha que sempre viveu em Cora Coralina. A mulher que era velha quando era moça e ficou criança depois que envelheceu.

Ela não vivia apenas da venda de mudas, dedicava-se à família, à igreja, à comunidade penapolense. Com os filhos se casando e seguindo suas vidas em outras paragens, Cora Brêtas teve mais tempo para cuidar de si, impulsionar seus sonhos e projetos e, claro, ter um tempo necessário para a leitura e a escrita. Nessa época, Guajajarina e Paraguassu já haviam se casado e Jacyntha se preparava para subir ao altar com o bancário Flávio Salles, que também residia em Penápolis: "De um lado logo saiu um gigante e disse a uma das minhas: vamos fazer nosso barco... Eu lhes dei a bênção e eles partiram cantando. Veio outro e disse à outra minha: vamos fazer nosso barco... Eles partiram sorrindo e eu os abençoei de novo. Depois outro, mais outro: todos se foram felizes e eu lhes dei uma grande bênção"[288].

Foto 128: Casamento de Jacyntha e Flávio Salles, 1938, Aparecida-SP

[288] CORALINA, Cora. *Meu livro de cordel*, p. 75.

Jacyntha e Flávio Salles casaram-se em Aparecida-SP, em 24 de junho de 1938; receberam a grande bênção coralineana na igreja matriz. A família quase toda compareceu. Apesar dos filhos residirem em cidades diferentes, sempre estiveram unidos pelos laços do coração. E não faltou fotografia para registrar o acontecimento. Na foto anterior, com os noivos, Paraguassu e Nelson, Cantídio Filho (fardado), Cora Coralina (de chapéu), sua irmã Vicência (Sinhá – de óculos redondos e chapéu), Vicência (segurando o vestido), os três filhos de Paraguassu (Nelson, Maria Helena e Maria Luíza), além de José Juvêncio, Gualter Monteiro, Herondina, Francisca e Luci. Mesmo depois do casamento, Cora e sua filha Jacyntha continuaram a ter contatos: "Jacyntha casou e foi para Bauru quando o Flávio foi nomeado gerente"[289].

O varão da família, Cantídio Filho, havia se formado pela escola militar no Rio de Janeiro e procurava novas paisagens. Logo que se formou ele pediu transferência para Ponta Porã, no estado do Mato Grosso: "Era um castigo ir para aquele lugar, à época, tão precário e ermo. Mas ele decidiu que aquele era o lugar que iria ficar. Ainda mais... convenceu três colegas a irem com ele. E Cantidio Brêtas foi na frente, antes dos colegas"[290]. Para chegar a Ponta Porã era necessário passar por Campo Grande. Logo que chegou à cidade, conheceu a jovem Nize e seus irmãos.

Foto 129: Cantídio Filho na Escola Militar, Rio de Janeiro-RJ

---

[289] Acervo de Mariana de Almeida Salles.
[290] Depoimento de Nize Brêtas, nora de Cora Coralina. Balneário de Camboriú-SC, 2009.

Como a estrada era de terra, esperava-se uma condução de Campo Grande a Ponta Porã que poderia levar vários dias. Enquanto isso, o jovem Cantídio Brêtas encontrou dois colegas que trabalhavam em Campo Grande e o pai deles era general. Pediram para Cantídio ficar, pois o batalhão onde serviam necessitava de gente. Ele foi transferido para a Unidade de Campo Grande.

Cantídio e Nize começaram a namorar e ele comunicou o fato à mãe. Ao ficar ciente do namoro, a reação de Cora foi imediata: "colocou a mão na cabeça e disse: meu filho vai se casar com uma índia... Meu Deus!"[291]. Ao saber da preocupação, Cantídio tirou uma foto junto com Nize e a enviou para Cora, que ficou alegre ao ver a a namorada de seu filho e exclamou: "É uma princesa!". Dois anos depois, Nize e Cantídio se casaram em Campo Grande, no dia 12 de maio de 1942: "Por último, uma linda jovem levou o meu gigante. Foram fazer os seus barcos de vida e eu lhes dei a última bênção e eles partiram em alegria"[292].

Foto 130: Cantídio Filho e Nize, 1942, Campo Grande-MS

Desde Jaboticabal, Cora Coralina trabalhou como comerciante vendendo rosas e mudas de árvores. Em Penápolis não foi diferente. Além da arborização, a cidade crescia e havia trabalhadores que precisavam de alimentação. Percebendo essa necessidade, Cora começou a servir refeições em sua casa atraindo grande clientela, dentre eles o dentista Gualter Monteiro com quem ela manteve amizade durante anos.

[291] Depoimento de Nize Brêtas, nora de Cora Coralina. Balneário de Camboriú-SC, 2009.
[292] CORALINA, Cora. *Meu livro de cordel*, p. 75.

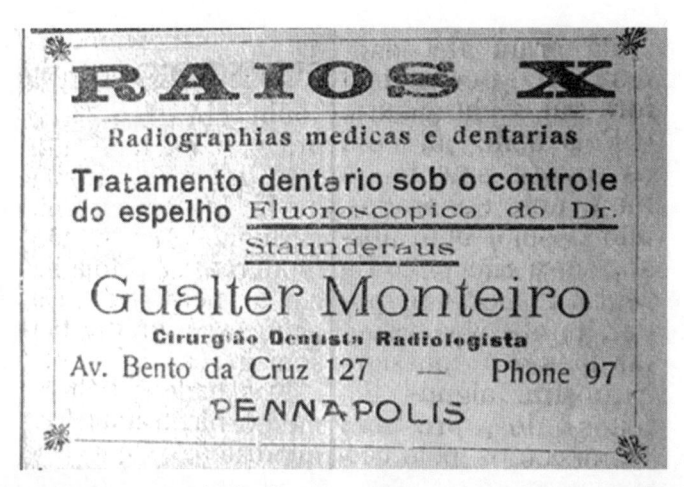

Foto 131: Propaganda do dentista Gualter Monteiro, Penápolis-SP

Cora Coralina, à frente de seu tempo, abriu um comércio numa época em que era raro ver uma mulher comerciante. Decidiu vender retalhos de tecidos. Foi a São Paulo, na rua 25 de março, onde os turcos vendiam cortes de tecidos e adquiriu uma boa variedade de material. Abriu a loja, onde existia uma antiga farmácia, e mudou-se para uma casa simples, no fundo de um cartório, perto de onde ela morava: a Casa de Retalhos. Com Cora trabalhava Elza, uma moça dinâmica, seu braço direito. "Ela vinha aqui em São Paulo e comprava a quilo, tecidos por quilo, não tinha metragem certa, eram retalhos, retalhos... de um metro, dois metros, três metros, cinco metros. E aí ela vendia a metro lá em Penápolis "[293]. O negócio prosperava, ela resolveu conversar com os comerciantes para criarem uma associação comercial na cidade. Escrevia no *O Penapolense*[294] suas ideias e, com isso, ganhava vários adeptos à causa.

F.: 132

---

[293] Depoimento de Vicência Brêtas Tahan, filha de Cora Coralina. São Paulo-SP, março de 2009.
[294] O jornal *O Pennapolense* circulou de 1915 a 1940.

Aos quinze dias de outubro de 1940, no prédio onde funcionava o Club Penapolense, reuniram-se 42 comerciantes locais que foram convocados verbalmente, pela imprensa e por carta, além de comerciantes dos municípios vizinhos, juntamente com o então prefeito municipal sr. Renato Dias Aguiar e o advogado Colbert Crelier, com o intuito de elaborar o estatuto da Associação Comercial de Penápolis e eleger sua diretoria. Nesse dia, vários assuntos foram debatidos e poucas pessoas fizeram o uso da palavra: quatro homens (Emilio Fonseca, João Francisco Varanda, Duarte Canha e Eugênio de Araújo) e uma mulher, aliás, a única dentre todos os comerciantes que integraram a associação: Cora Brêtas.

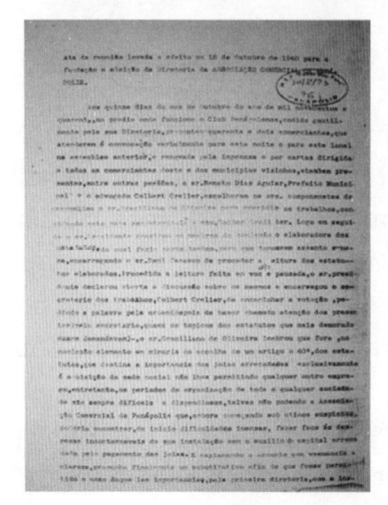

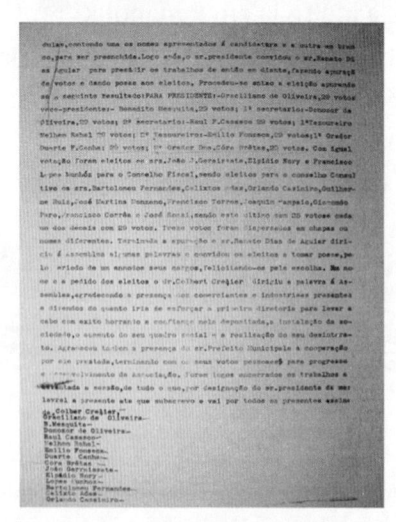

Fotos 133, 134, 135: Ata da Associação Comercial, 1940, Penápolis-SP

Elegeram a diretoria: Presidente: Graciliano de Oliveira, 29 votos. Vice-presidente: Benedito Mesquita, 29 votos. 1º Secretário: Donozor de Oliveira, 29 votos, 2º Secretário: Raul F. Casasco, 29 votos. 1º Tesoureiro: Melhem Rahal, 29 votos. 2º Tesoureiro: Emilio Fonseca, 29 votos. 1º Orador: Duarte F. Cunha, 29 votos. 2º Orador: dona Cora Brêtas, 29 votos, e os senhores João J. Geraissate e Elpidio Nory, com 29 votos para conselheiros fiscais. Dentre tantos homens, Cora Brêtas sobressaía, tinha o dom da palavra, tanto escrita como verbal.

> "Declarou o sr. Presidente aprovados os estatutos da Associação Comercial de Penápolis para entrarem desde logo em vigor. Pediu então a palavra Dna. Cora Brêtas, que se congratulou com a Assembléia pelo feliz término da primeira parte dos trabalhos e fez votos e prognósticos acerca do brilhante futuro destinado à Associação Comercial de Penápolis que se acabava de fundar, para fraternidade do comércio e da indústria dos três municípios da Comarca"[295] (Inédito).

O período em que Cora Brêtas morou em Penápolis foi de apenas cinco anos. Apesar do pouco tempo, deixou muitos exemplos a serem seguidos e carregou consigo muitos amigos. Em suas entrevistas, relembrava o período em que residiu na cidade como um tempo de paz e religiosidade. Décadas mais tarde, em 21 de janeiro de 1985, três meses antes de falecer, com a saúde debilitada, mas com a memória impecável, recebeu a visita do prof. José Fulaneti de Nadai. Esse encontro deixou no professor a visão de que a escritora era uma andorinha que voltou para o seu ninho. "De Cora Coralina se pode dizer que a vida e obra se fundem numa unidade perfeita. O sabor de seu lirismo não se deve apenas ao jorro de ternura humana que dela flui, mas ao idioma de feição bíblica e arcaica"[296]. Cora fez questão de deixar registrada uma mensagem para a cidade de Penápolis: "Morei alguns anos nessa cidade banhada pelo Maria Chica e abençoada por São Francisco de Assis que ali tem uma igreja dirigida por frades franciscanos e onde, em boa hora, ingressei na V.O.T.F.[297] o que muito tem me ajudado na vida. Foi para mim a melhor dádiva de Penápolis. Cora Coralina".

---

[295] Ata da reunião da Associação Comercial de Penápolis. Acervo do Museu Histórico e Pedagógico Glaucia Maria de Castilho Muçouçah Brandão.
[296] NADAI, José Fulaneti. O ninho da Andorinha, 3 mar. 1985.
[297] Venerável Ordem Terceira Franciscana.

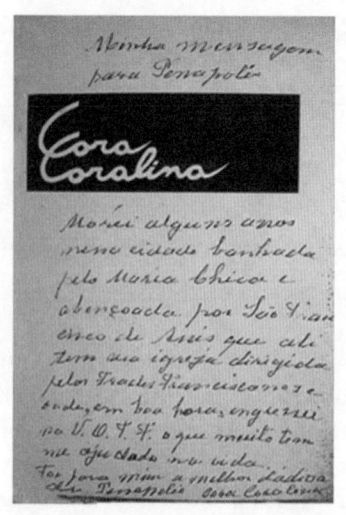

Foto 136: Dedicatória e autógrafo de Cora Coralina para os penapolenses entregue ao sr. José Fulaneti de Nadai

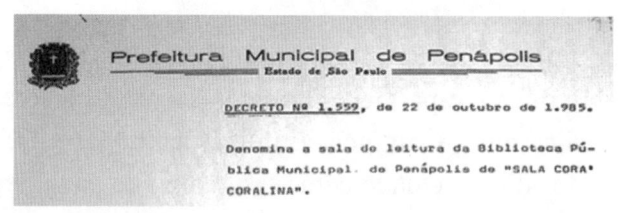

Foto 137: Decreto Lei denominando a Sala de Leitura Cora Coralina, Penápolis-SP

Os penapolenses não se esqueceram de sua ilustre moradora. Em 22 de outubro de 1985, pelo Decreto Lei 1.559, a Sala de Leitura da Biblioteca Pública Municipal de Penápolis passou a se chamar "Sala Cora Coralina". Um deferimento ao requerimento n. 93 de autoria do então vereador José Fulaneti de Nadai. A Sala de Leitura recebeu o nome de Cora Coralina, com o argumento de que ela tem destacado renome no meio cultural do país, de que residiu alguns anos em Penápolis e que lá deixou laços de amizade: "E Cora ancoradouro, hoje, da nova geração. Que ela vai como quem não vai em vão. Vereda viva que em busca de nós trilhamos, reencontrando *moderno* e *tradição*"[298]. Moderno porque era sempre à frente de seu tempo. Participou da fundação da Associação Comercial de Penápolis. Tradição, porque dava valor aos ensinamentos passados entre gerações, em especial a religiosa. Principalmente, por se tratar de um santo que amava a natureza, do Irmão Sol.

[298] NADAI, José Fulaneti. O ninho da Andorinha, 3 mar. 1985.

16

IRMÃO SOL, IRMÃ LUA

"A gente saía confortada, ouvia a missa, cumpria a penitência e comungava, ajoelhada, véu na cabeça em modéstia reforçada[299]."
Cora Coralina

Foto 138: Cruzeiro de Avanhandava, Penápolis-SP

Marcando uma nova cidade, em 25 de outubro de 1908, Manuel Bento da Cruz, Eduardo de Castilho e os capuchinhos fundaram o Patrimônio de Santa Cruz do Avanhandava. Nesse dia realizaram a primeira missa, pedindo bênçãos àquelas terras. Naquele local ergueram

---

[299] CORALINA, Cora. *Vintém de cobre*: meias confissões de Aninha, p. 43.

um cruzeiro para marcar o acontecimento. Em 1923, nesse lugar foi instalado o primeiro Grupo Escolar de Penápolis e, onde ficava o cruzeiro, está uma estátua de São Francisco de Assis.

Foto 139: Imagem de São Francisco em frente ao primeiro Grupo Escolar da cidade, 2009, Penápolis-SP

A cidade propiciou que Cora Brêtas entrasse em contato com os franciscanos. Mesmo sendo leiga, ela quis vivenciar os ensinamentos do Irmão Francisco. Todos que ingressam nessa cristandade perseguem um ideal de santidade. Foi nesse intuito que Cora, em 19 de novembro de 1937, fez parte da Venerável Ordem Terceira[300] da Penitência Franciscana – V. O. T. P., a qual é constituída por pessoas que vivem no mundo, mas regularmente se reúnem para meditar, rezar e armar as estratégias de sua ação do mundo. Os irmãos buscam a realização humana junto a um processo de amadurecimento. Não precisam ficar num convento, vivem em suas famílias, no trabalho, no lazer, na política, no comércio, irmanados com os ensinamentos franciscanos.

O chamado bateu forte no coração coralineano e ela aceitou a Regra: ou seja, seguir o Evangelho e as lições de São Francisco, como irmã de penitência: "A Regra e a vida dos franciscanos seculares é esta: observar o Evangelho de Nosso Senhor Jesus Cristo, segundo o exemplo de São Francisco de Assis, que fez do Cristo o inspirador e o centro de sua vida com Deus e com os homens"[301].

---

[300] O primeiro conselho eleito se deu em 1º de março de 1936, com a presença do Diretor Espiritual, Frei Pacífico de Itatiba, sendo eleita a primeira ministra a Sra. Inocência Carrili. Desde então, todos os anos houve novas admissões e profissões de novos irmãos.
[301] Site dos Franciscanos (Rg 4; 1Cel, 18, 115).

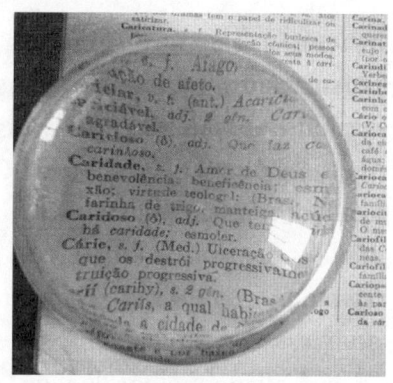

Foto 140: Lupa e dicionário de Cora Coralina, 2009, Goiás-GO

F.: 141 *Cora Brêtas – Ir. Conceição*

Em 1937 ela fez seus votos: "Registra-se nos livros mais uma irmã que recebeu o Hábito da Penitência no dia 19 de novembro a Sra Anna Cora Brêtas que recebeu o nome de Irmã Conceição. (...) Para que tudo isto conste a presente ata nos livros da Irmandade lancei a presente ata que passo a subscrever. Pe. Diretor: Frei Marcos de Álvares. Ministra: Inocência Carilli. Secretária: Francisca Silva Teixeira"[302]. Na cerimônia de entrega do hábito, durante o juramento da Ordem, a tradição rege que a nova irmã demonstre sua pobreza, "sou pó e ao pó voltarei", deitada rente ao solo, numa demonstração de humildade absoluta. Era uma nova vida, gênesis, Cora Coralina se tornava irmã Conceição. "Nada tão real como a apóstrofe do gênesis:/ 'Tu és pó e ao pó retornarás'. / O homem foi feito do barro e da terra"[303].

A partir dessa data, Cora Brêtas, ou melhor, Irmã Conceição, passou a ser penitente. Ela que já mostrava amor à irmã pobreza, decidiu tornar-se uma franciscana. Cora Coralina, depois de entrar para a Ordem, passou a utilizar roupas que haviam sido usadas e, em casa, vestia as roupas mais surradas. "Dona Cora aceitava as pessoas como elas eram, nunca reclamava de nada, tudo para ela estava bom e respeitava todas as pessoas dos diversos níveis sócio-econômicos. Mas o que me deixava mais admirada era o fato

---

[302] Livro de atas da Venerável Ordem Terceira da Penitência. Acervo do Museu Historico e Pedagógico Glaucia Maria de Castilho Muçouçah Brandão.
[303] CORALINA, Cora. *Vintém de cobre*: meias confissões de Aninha, p. 61.

de quando Cora ganhava roupas novas, aniversário, dia das mães e Natal, ela me chamava até o quarto, pegava as roupas e me entregava dizendo: Use-as até elas ficarem gastas, quando estiverem bem usadas se quiser me trazer para usar eu aceito-as, mas agora não!"[304]. A própria Cora confirmava esse gesto em suas entrevistas: "Tudo o que é mais pobre, me agrada. Gosto de vestir uma roupa que já foi usada por outra pessoa de minha família... Para mim não preciso de nada. Também tenho um sentimento por não poder fazer mais caridade do que faço. Mas peço sempre a Deus e ao pai São Francisco, que levem o meu coração para o lado melhor da vida".[305]

Amar a pobreza não quer dizer ser pobre de ideias. Amar a pobreza é sempre se colocar à disposição do próximo, é lutar para que se tenha justiça e ser feliz com o que se tem. Esse era o lema de Cora Coralina: "Senhor, fazei com que eu aceite/ minha pobreza tal como sempre foi./ Que não sinta o que não tenho./ Não lamente o que podia ter/ e se perdeu por caminhos errados/ e nunca mais voltou./ Daí, Senhor, que minha humildade/ seja como a chuva desejada/ caindo mansa,/ longa noite escura,/ numa terra sedenta/ e num telhado velho./ Que eu possa agradecer a Vós,/ minha cama estreita/ minhas coisinhas pobres"[306].

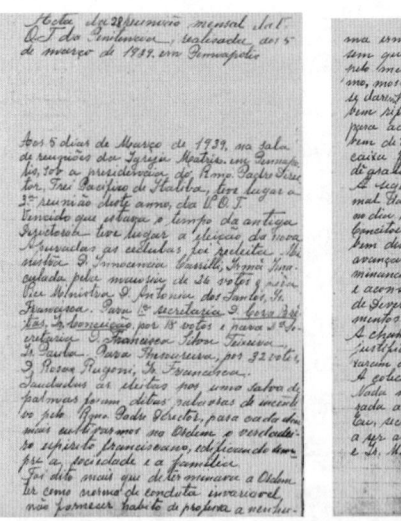

Fotos 142, 143: Ata da reunião mensal da Venerável Ordem Terceira de Penitência, 1939, Penápolis-SP

---

[304] Depoimento de Nize Brêtas, nora de Cora Coralina. Balneário de Camboriú-SC, 2009.
[305] In: BOTASSO, Rosalina. Cora Coralina: a vida em prosa e verso, p. 31.
[306] CORALINA, Cora. Meu livro de cordel, p. 59.

No dia 5 de março de 1939, um ano e quatro meses depois que ingressou na Ordem, Cora Brêtas – Irmã Conceição – foi eleita com 18 votos como 1ª Secretária. A partir dessa data, foi a responsável por redigir as atas dos encontros mensais da V.O.T.P. Em sua primeira ata, relatou as palavras do rvmo. padre diretor incentivando na Ordem o cultivo do verdadeiro espírito franciscano, edificando sempre a sociedade e a família. Descreveu também as formas de aquisição do hábito, o Retiro Quaresmal da Ordem e fez um balanço do dinheiro arrecadado na coleta. Assinaram o padre diretor, frei Pacífico, a irmã Ministra e a 1ª Secretária, Cora Brêtas.

Em Penápolis, quando ela participava das reuniões e atividades da Ordem, existiam 49 irmãs terceiras. São três as Ordens: a) Ordem dos Frades Menores – Primeira Ordem – subdividida em três ramos (Ordem dos Frades Menores (OFM), Capuchinhos (OFMCap) e Conventuais (OFMConv); b) Ordem de Santa Clara – Segunda Ordem – Irmãs Clarissas; e c) Ordem Franciscana Secular – Terceira Ordem[307].

A capela de São Francisco dentro da igreja Matriz de Penápolis é um lugar acolhedor onde as pessoas procuram refúgio. Dentro do nicho, em cima do Santíssimo, fica um dos símbolos dos franciscanos: o crucifixo de São Damião. O crucifixo evoca uma mudança na concepção do mistério cristológico ao retratar um Cristo sofredor em substituição ao Cristo triunfante e glorioso. Ao entrar na ruína da igreja de São Damião, Francisco se prostrou, súplice, diante do Crucifixo. Tocado pela graça divina, a imagem de Cristo Crucificado lhe falou: "Francisco, vai e repara minha casa que está em ruína". Francisco quase perdeu os sentidos diante destas palavras. Mas se dispôs a cumprir o pedido e se entregou à obra, reconstruindo a igrejinha. A partir de então, nunca se esqueceu de cuidar daquela igrejinha e daquela imagem. Na verdade, São Francisco reconstruiu o templo de Cristo no seu coração e nos corações dos homens. A própria oração de Francisco diante do Crucifixo de São Damião sugere antes a reparação "espiritual" da casa do Senhor, crucificado no coração. Pediu

---

[307] Atualmente, a V.O.T.F. Venerável Ordem Franciscana Secular é designada de O.F.S. Ordem Francisca Secular.

especialmente por três virtudes teologais: fé, esperança e amor. Virtudes que Cora Coralina manteve durante a vida.

No ano de 1936, iniciou-se em Penápolis uma campanha para a ampliação da igreja, constava de dois braços laterais estendidos à capela-mor. Depois de cinco anos o trabalho foi concluído. Em 1941 terminaram o antigo salão paroquial. Frei Benedito de Campinas, não-sacerdote, poeta, violeiro e grande valor da cultura negra foi quem dirigiu a campanha. Nesse período, Cora Coralina morava em Penápolis e foi atuante junto à igreja. O vigário nessa época (1936-1941) era Frei Pacífico de Itatiba.

Foto 144: Capela do Santíssimo na Igreja Santuário de São Francisco, 2009, Penápolis-SP

Em 4 de outubro de 1949, Cora Coralina transcreveu a oração atribuída a São Francisco e a ofereceu aos ginasianos de Andradina. Fez questão de explicar-lhes: "Escrita essa oração por São Francisco há mais de 700 anos, ela exprime com simplicidade e beleza uma norma de vida para nosso tempo e para todos os tempos"[308].

Após o contato com a Ordem, Cora Coralina ampliou sua vivência de fé: "É o que deveríamos sempre buscar. Uma das jaculatórias preferidas por mim e rezada todos os dias é esta: 'Meu Deus, fortalecei a minha

[308] Acervo do Museu Casa de Cora Coralina.

fé'. Lembro-me, assim, daquela passagem do Evangelho, quando Cristo pregava – e os judeus davam-lhe as costas. Uns atiravam-lhe pedras. Não podiam suportar aquelas palavras novas para eles. Outros, ainda, rasgavam suas vestes. Era uma forma de protesto do povo judeu, rasgar as suas vestes. Numa dessas, Jesus perguntou a Pedro: 'Pedro, tu também queres me deixar?'. E Pedro respondeu: 'Senhor, para onde irei sem ti? Só tu tens palavras de vida eterna'. Eu digo a mesma coisa: Meu Deus, onde irei sem vós? Sois a vida eterna. Fortalecei a minha fé. Eu procuro, dia-a-dia, sustentar a minha fé, pedindo a Deus para reforçá-la"[309].

Opção de vida que também deixou explícita em suas obras. Dos títulos dos livros, evocando temas simples, aos personagens que os povoam; das metáforas que transmitiu em sua poesia às citações bíblicas, ela evidenciou seu amor ao próximo, à natureza e às coisas mais ínfimas de seu cotidiano: "Minha Nossa Senhora das Graças/ toda minha./ Das raízes e dos troncos./ Das florestas e das frondes./ Dos rios que correm para o mar/ e dos corguinhos sem destino./ Dos altares, dos montes e das grunas./ Dos pássaros sem vôo,/ e das rolinhas bandoleiras./ (...) Das abelhas rufionas/ que vão de flor em flor/ segredando de amor/ e acasalando os polens./ Das cobras e dos tigres/ que também têm direito á vida./ Nossa Senhora/ dos maus e dos bons./ Profundamente minha/ porque de todos os anônimos/ bichos e gentes"[310].

Mesmo depois que deixou Penápolis indo morar em Andradina, e depois, na cidade de Goiás, Cora Brêtas nunca se desligou dos preceitos franciscanos: "Tenho uma alegria muito grande dentro de mim. É que sou da Ordem Terceira de São Francisco. Ninguém me chamou. Ninguém me convidou. Fui morar numa cidade onde havia essa confraria e me senti atraída por ela. Acho mesmo que foi o próprio São Francisco quem me atraiu. Sinto apenas não participar dela há mais tempo, pois a atração pela irmã pobreza – como fala São Francisco – é em mim muito grande"[311]. Foi mesmo tão grande que ela foi franciscana por toda a vida: "Em 1973, quando ela caiu, Cora me disse: 'Quando eu morrer me vista com o hábito franciscano, ele está dentro da gaveta. O hábito eu não achei lá na casa, mas ela me falou que

---

[309] *In:* BOTASSO, Rosalina. Cora Coralina: a vida em prosa e verso, p. 31.
[310] CORALINA, Cora. *Meu livro de cordel*, p. 52.
[311] *In:* BOTASSO, Rosalina. Cora Coralina: a vida em prosa e verso, p. 31.

tinha. Eu me lembro de ver na casa um escapulário franciscano. (...) Depois, quando fui visitá-la em Goiânia ela me disse: 'Recebi a extrema unção do meu frade franciscano. Eu agora tenho a benção de São Francisco'. Eu acho que era daqueles franciscanos lá do bairro de Campinas, em Goiânia"[312].

Essa vivência franciscana, Cora Brêtas levou consigo, em orações e exemplos. Tanto que, anos depois, abandonaria tudo para regressar a sua casa natal, optando por viver uma vida com simplicidade: "Só uma pedra no meu túmulo./ Pedra de renúncia aos bens da vida./ Pedra luz de meus votos./ (...) Graça maior concedida/ à pequenina irmã/ que só pedia a Jesus/ ser a rocha de amparo à sua fé./ No fim, minha mão vazia, segura/ as mãos cheias de Deus"[313]. A humildade franciscana foi o norte que comandou a vida de Cora/Irmã Conceição: "Padre Júlio Salviatti, que eu tinha conhecido como franciscano em Penápolis, onde, sob cuja direção, ingressei em hora feliz na V. O. T. Franciscana".[314]

A Cora Coralina famosa, ganhadora de honrarias era a mesma de sempre. Com ou sem títulos, sua vida era franciscana. No dia em que recebeu o título de dra. *Honoris Causa* pela Universidade Federal de Goiás, escreveu um cartão à Reitora da Universidade: "Magnífica Reitora Doutora Maria do Rosário Cassimiro. Que a tua riqueza espiritual se estenda na abundância de tua mesa e na paz da tua casa. Teu coração procurou a humildade. E São Francisco te abençoa, sou de sua fundação simples e feliz irmã terceira. Cora Coralina. Memória de gratidão. 18/8/83"[315].

Em 1984, em uma revista editada pela Ordem Franciscana Secular – O.F.S., foi publicada uma matéria de Nelly Esteves sobre a Cora Coralina: "Viver para mim é compreender. Compreender a criatura, o meio, o tempo, o bem e o mal. É sobretudo não condenar. 'Não é este o espírito do evangelho. O espírito de São Francisco?'"[316]. Terminando a reportagem, Nelly concluiu que "por tudo isso é que São Francisco a atraiu para sua milícia e que ela sente muita alegria interior, irradiando bondade"[317].

---

[312] Depoimento de Antolinda Baia Borges, amiga de Cora Coralina. Goiás, fev. 2009.
[313] CORALINA, Cora. *Vintém de cobre*, meias confissões de Aninha, p. 222.
[314] CORALINA, Cora. *Meu livro de cordel*, p. 88.
[315] *In*: CASSIMIRO, Maria do Rosário. Cora Coralina: trajetória poética, p. 141.
[316] *In*: Cora Coralina, lição de vida, p. 169/170.
[317] *Idem*.

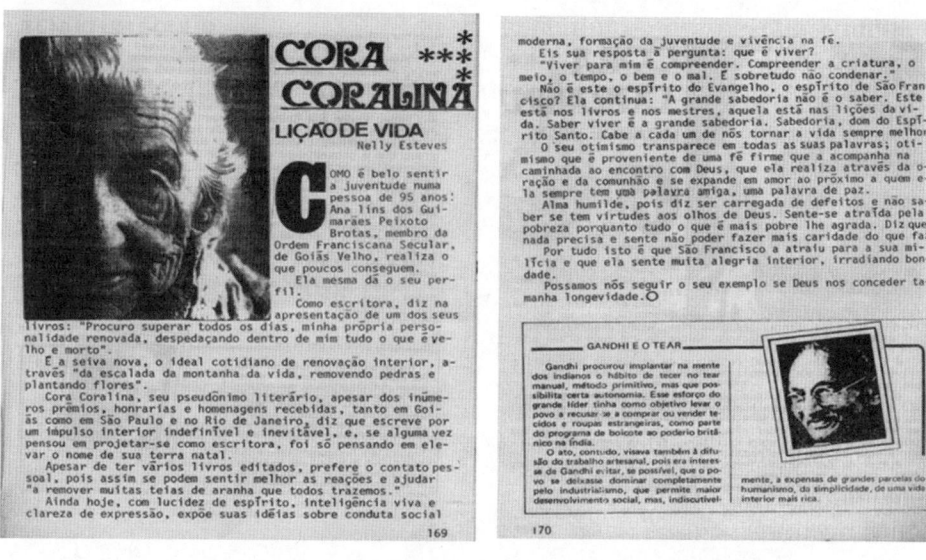

Fotos 145, 146: Revista da Ordem Franciscana Secular, Rio de Janeiro-RJ

De Penápolis, Cora Brêtas seguiu com suas preces e ações para a cidade de Andradina, se tornando uma pioneira: "Eu na cidade de Penápolis, via passar aqueles caminhões, com aquela carga pobre. Procuravam as terras novas de Andradina. Eu então me fiz pioneira, e um dia tomei o trem e fui ver Andradina sozinha. Quando eu voltei de lá, já deixei casa alugada. Engajei na mudança e procurei meu ponto de pouso na cidade que nascia. Meus atavismos ancestrais me arrastaram para a *terra*. E eu participei. Me afirmei sitiante. Plantei e colhi, aprendi mais uma vez a viver. Quando eu ia pra Andradina, dizia gente lá de Penápolis – 'a senhora vai pra lá? Isso é só para aventureiro. É o lugar que a gente não tem segurança de vida'. E eu falei – 'pois eu também vou me aventurar'. Engraçado como é que aquelas ameaças não me pressionavam. Eu sozinha, viúva, meu filho lá pra escola militar, minha filha maior casada, e eu com uma menina pequena"[318].

Cultivando os preceitos franciscanos, Cora Coralina não se apegou ao que tinha, amou a terra e tudo o que ela contém. Não teve medo de desafios, lutou pelos pobres e, principalmente, foi caridosa. Com esse lema, nessa luta e sem receio, foi desbravar outras terras e viver junto à natureza. Mudou-se para Andradina.

[318] *In*: Cora Trabalho Coralina, p. 20.

17

ANDRADINA: GLEBA QUE TRANSFIGURA

> "Na passagem do carandazal,
> a boiada parada,
> deitada,
> muge, nhaca, baba, lambe os cascos
> - pegou febre.
> Pantanal...
> Fundão de Mato Grosso.
> Andradina: porta de São Paulo[319]."
>
> *Cora Coralina*

Um dos maiores criadores de gado do Brasil, o fazendeiro Antonio Joaquim de Moura Andrade, conhecido como "O Rei do Gado", idealizou a fundação de Andradina em 1932. Ele conseguiu uma nova variante na linha ferroviária Noroeste do Brasil, passando em sua propriedade: a fazenda Guanabara: "Posse. Vinculação./ Desbravamento. Lastro. Variante./ Descrença dos vencidos./ Deserção./ E ao cântico de fé dos vencedores,/ surge uma cidade nova"[320].

---

[319] CORALINA, Cora. *Poemas dos becos de Goiás e estórias mais*, p. 131.
[320] Idem, p. 147.

Foto 154: Vista parcial da cidade de Andradina-SP

Encomendou à empresa de engenharia Benelow & Benelow o projeto para a urbanização da futura cidade. Com tudo muito bem planejado, em 11 de julho de 1937, na fazenda Guanabara surgiu um povoado. Junto dele veio o trem. "Resfôlego de vapor.../ Locomotiva crepitando, fagulhando,/ apitando, sinalando, esguichando, refervendo./ Chiados, rangidos, golfadas, atritos, apitos./ Bandeira vermelha que se agita./Bandeira verde de partida./ E o resfolegar do trem que vem, do trem que vai...[321]"

Moura Andrade loteou a fazenda em pequenos sítios para os pioneiros. Acolheu mais de seis mil famílias sem exigir fiador ou algum dinheiro de entrada. Instalou luz elétrica movida a motor diesel e fez casas populares. Quase todos os comércios do povoado pertenciam ao Moura Andrade, até o Banco. Vendeu a preço baixo os lotes urbanos e os sítios: "tinha uma gleba no sertão, terra nova, mataria de primeira, na variante da Noroeste, onde estavam se abrindo novos patrimônios. Qualquer estação inaugurada virava cidade, bastando que as terras de roda fossem boas. Por toda parte eram os corretores com seus mapas, sua boa propaganda, vendendo lotes a prestação e dando esperanças de graça"[322].

Em frente à Estação de Trem da Estrada de Ferro Noroeste do Brasil – N. O. B. – colocou enormes toras de madeira, junto delas o cartaz: "Esta é a prova da fertilidade das terras de Andradina". "Além dos agentes capacitados,

---

[321] Idem, p. 137.
[322] CORALINA, Cora. O tesouro da casa velha, p. 106.

agenciadores e empreiteiros recrutando trabalhadores braçais para o avançamento, as derrubadas, tiração de toras, lavragens de dormentes. Muita gente esperta já ia na frente do picadão, se firmando em posses e cadernetas"[323].

Aquelas terras começaram a ser conhecidas como "Terra do Rei do Gado": "Conversou com os filhos. Que fossem, aventurassem. Dava a eles a gleba inculta. Metessem o peito e fizessem pela vida. (...) Tomaram da foice e do machado. Primeiro roçaram a paulama fina e cipoada. Depois o machado comeu no pau grosso e foi um estrondo. A mata se abrindo, se entregando, desvirginada. A mata se clareando e o sol entrando, amarelando, ressecando folhas e galhadas"[324].

Cinco meses depois o povoado foi elevado à condição de Distrito de Paz de Valparaíso, 10 de novembro de 1937, pela Lei Estadual n. 3.126. Seu desmembramento do município de Valparaíso se deu em 30 de dezembro de 1938 pelo interventor federal de São Paulo, Ademar de Barros, por meio do decreto n. 9.775. Em 1939, no dia 10 de janeiro, foi a posse do primeiro prefeito, sr. Evandro Brembati Calvoso. Estava oficialmente criado o município de Andradina.

Foto 155: Letreiro propaganda de venda de terras andradinenses

Enquanto isso, em fins da década de 1930, Cora Brêtas assistia diariamente àquela corrida de famílias passando por Penápolis indo em busca de uma nova vida. Eram os desbravadores do Oeste Paulista. E sua

---

[323] *Idem*, p. 106.
[324] *Idem*, p. 107-108.

verve bandeirante pulsou mais forte, a "raça dos Buenos" pediu atenção, foi conhecer a tal terra prometida e decidiu que ali iria, novamente, recomeçar sua vida: "Velhas jardineiras do passado.../ Condutores e cobradores, vós me levastes de mistura/ com os pequenos e iletrados, pobres e remendados.../ Destes-me o nível dos humildes em tantas lições de vida./ Passante das estradas rodageiras, boiadeiros e comissários,/ aqui fala a velha rapsoda. (...) Viajei nas velhas e valentes jardineiras/ do interior roceiro, suas estradas de terra,/ lameiros e atoleiros, seus heróicos e anônimos condutores/ e cobradores, práticos, sabidos daqueles motores desgastados. Santos milagreiros eram eles. Onde estarão?/ Viajei de par com os humildes que tanto me ensinaram./ (...) Andradina"[325].

Dentre aquelas famílias de desbravadores, de pioneiros, em 1941, chegava uma senhora de 52 anos, com uma amiga que era como se fosse da família: Elza Zardim. Reivindicou uma casa. Ali, na cidade de Andradina, na 'Coloninha', uma das casas construídas pelo Moura Andrade, fez-se residente, era a pioneira Cora Coralina: "E eu falei: 'Eu também vou me aventurando'. Como é que aquelas ameaças não me impressionavam, não é? Eu sozinha, viúva, meu filho longe, lá para a escola militar. Minha filha maior, casada, eu com uma menina pequena. Como é que dava? Como é que deu para eu ir e voltar e dar conta de tudo isso. Afinal, arranjei uma moça chamada Elza, a Minha Moça"[326].

Foto 156: Cora Coralina, década de 1950, Andradina-SP

---

[325] CORALINA, Cora. *Vintém de cobre*: meias confissões de Aninha, p. 112-113.
[326] *In*: Cora Trabalho Coralina, p. 20.

Seus filhos estavam bem encaminhados: Vicência estudando em Penápolis, morando na casa da irmã Jacyntha, Cantídio Brêtas Filho residente em Campo Grande, Paraguassu e Guajajarina casadas e com filhos. Cora Brêtas estava tranquila e disposta a enfrentar esse novo desafio: "Fiquei com vontade de procurar Andradina e um dia tomei o trem e fui a Andradina, andei em Andradina sozinha. Quando voltei de lá, já deixei casa alugada"[327].

Para a recém-cidade de Andradina, Cora Brêtas levou seu comércio de tecidos: a Casa de Retalhos Borboleta. Um ramo que já conhecia. Elza Zardim era seu braço direito, trabalhava com Cora Coralina na loja que ficava à rua Paes Leme, principal rua de comércio na cidade: "Lá em Andradina eu tinha um bazar que era uma casa de retalhos – bazar Borboleta. Levei de Penápolis para Andradina"[328].

Foto 157: Rua Paes Leme, 1946, Andradina-SP

Cora Brêtas rendeu-se ao chamado da terra. Quem na infância viveu na sesmaria Paraíso, precisava de árvores, córregos, plantações, pomares e criações para viver bem: "Amo a terra de um místico amor consagrado, num esponsal sublimado,/ procriador e fecundo./ (...) Minha identificação

---

[327] *In:* Cora Trabalho Coralina, p. 20.
[328] *In:* SALLES, Mariana de Almeida. *Cora Coralina:* uma análise biográfica, p. 84.

profunda e amorosa/ com a terra e com os que nela trabalham./ A gleba me transfigura. Dentro da gleba,/ ouvindo o mugido da vacada, o mééé dos bezerros,/ o roncar e o focinhar dos porcos, o cantar dos galos,/ o cacarejar das poedeiras, o latir dos cães,/ eu me identifico./ Sou árvore, sou tronco, sou raiz, sou folha,/ sou graveto, sou mato, sou paiol"[329].

No dia de seu 52º aniversário, 20 de agosto de 1941, Cora Brêtas adquiriu do amigo Manoel Francisco dos Santos um pedaço de terra: 25 alqueires paulistas, pela quantia de sete contos de réis. Surgia a Cora Coralina sitiante... a mulher Terra! Chamada pelos mais íntimos de dona Cora Brêtas, ou somente dona Cora.

O sítio era em Alfredo Castilho, um sub-distrito do município de Andradina que se desmembrou e passou a ser distrito no ano de 1953[330]. Era a primeira parada de trem em direção ao rio Paraná: "Procurou as barrancas do Paraná e saiu na frente do picadão, aberto na mata. Aí entestou para o rumo da gleba, demarcada sem grilagens nem sete-donos, que demarcou as melhores glebas do Oeste e da Noroeste paulista. Terras limpas e de procedência insofismada. Tomar posse, abrir lavouras e fazer benfeitorias"[331].

Sua terra era mata fechada. Com o desmatamento, dona Cora vendeu madeiras para a estrada de ferro e fez as benfeitorias necessárias. Contratou gente para o plantio e para a colheita de algodão. Eles vinham em paus de arara, vinham do Nordeste. Dentre os bóias-frias um ficou para trabalhar com dona Cora, responsável pelos serviços diários, era o sr. Vicente, aliás, Tomé Pereira da Silva, nascido a 20 de dezembro de 1895 em Correntes, estado de Pernambuco: "Tive trabalhadores e roçados. Plantei e colhi por suas mãos calosas./ Jamais ouvi de algum: 'Estou cansado'./ (...) Acompanhavam o progresso das lavouras e a festa das colheitas./ Viam com prazer o paiol cheio e a tulha derramando./ (...) Estas coisas lá longe,/ nos reinos da cidade de Andradina"[332].

O sítio precisava de mão-de-obra. Dona Cora, sozinha, não dava conta de tudo, as criações, as plantações e as visitas tomavam seu tempo.

---

[329] CORALINA, Cora. *Vintém de cobre*: meias confissões de Aninha, p. 108-109.
[330] Cf. LEONARDO, Hugo; SHIOMI, Caio. *Andradina 70 anos*, 1937 – 2007.
[331] CORALINA, Cora. *O tesouro da casa velha*, p. 107.
[332] CORALINA, Cora. *Vintém de cobre*: meias confissões de Aninha, p. 49-50.

Seu Vicente ficou cuidando do sítio: "Eu no estado de São Paulo, depois de viúva, eu tive chácara e tive sítio, portanto eu estive profundamente ligada a terra. Este velho que de vez em quando sai aí, ele entrou para meu trabalho em 1944. Trabalhou no meu sítio, trabalhou na minha chácara"[333].

Foto 158: Boias-frias vindos de caminhão para a colheita do algodão, década de 1950, Andradina-SP

Foto 159: Certidão de nascimento de Tomé, Goiás-GO

---

[333] Entrevista a Vicente Fonseca e Armando Lacerda, na fase de prospecção do Filme *Cora Doce Coralina*, Goiás, 1982.

A terra era limpa e, no tempo certo, arada e semeada. Tempo das águas. Plantou milho e, ali, colheu dois de seus poemas mais celebrados: "Oração do Milho" e "Poema do Milho". Uma oração precede ou finaliza um acontecimento. Ora-se para pedir ou para agradecer. E dona Cora antecedeu o "Poema do Milho" com a "Oração do Milho", relembrando a irmã Franciscana que vivia dentro dela: "Sou a pobreza vegetal agradecida a Vós, Senhor,/ que me fizeste necessário e humilde./ Sou o Milho"[334]. Plantou algodão. A abundância das lavouras deixava a lavradora feliz. No campo ela via "mulheres e crianças estão afoitas dentro das lavouras, brancas, de algodão aberto, colhendo e ensacando os capulhos de neve"[335].

Tudo administrado pela sitiante: "Ninguém teve porcos mais bonitos, mais tratados, mais limpos, mais gordos do que os meus, lá em Andradina. Ninguém teve sítio mais zelado, mais arrumadinho do que o meu e, Castilho – Castilho é Andradina. Aquela gente da roça quando sábado e domingo vinha pra cidade, sentava na porta daqueles bares e começava a conversar sobre sítios alheios. Falavam: 'sítio de fulano, cicrano e beltrano', quando chegava na hora do meu, diziam: 'sítio aqui é só o sítio de Dona Cora'"[336].

Dona Cora estabeleceu-se como agricultora. Conseguiu, com muita luta, vencer as dificuldades. Jacyntha e Vicência visitavam a mãe e passeavam em Alfredo Castilho, encontros que lhe renderam muitas lembranças: "passando por um local onde se realizava uma reunião política, resolveu entrar no momento em que um deputado influente da época pedia votos. Ela (Cora) pediu licença e tomou a palavra para afirmar que o povo não queria só voltar, queria principalmente enxadas, foices arados, pás e demais utensílios para suas lavouras, objetos que faltavam no mercado"[337]. Fato que a marcou ao ponto de, décadas depois, escrever o poema "A Enxada".

A cidade progredia e o comércio de retalhos também. Em virtude disso, dona Cora permanecia mais tempo no sítio que não era tão longe, uma continuação da rua Paes Leme, passando pelo Aeroporto no sentido da Nova Independência, perto da fazenda Primavera. Era um sítio bem cuidado, chamado

---

[334] CORALINA, Cora. *Poemas dos becos de Goiás e estórias mais*, p. 157.
[335] CORALINA, Cora. *Vintém de* cobre: meias confissões de Aninha, p. 180.
[336] *In*: SALLES, Mariana de Almeida. *Cora Coralina:* uma análise biográfica, p. 85.
[337] Jacyntha Bretas Salles. *In*: Cora Coralina: sua filha vive aqui, p. 5.

carinhosamente de 'Casinha Branca'. O sítio era lugar de parada, de descanso e de alegres momentos: "Era um sítio muito bem cuidado, com riacho ou ribeirão (Ribeirão do Abrigo, hoje) e um lago com patos, gansos e lambaris. Pescava ali com minha varinha, recebendo as lições de meu pai. Costumava-mos visitá-la aos sábados ou domingos, deliciando com seus doces e comidinhas caseiras. (...) No sítio tinha uma carrocinha puxada por um bode que era a alegria da criançada. Passear na carrocinha circundando o lago era uma aventura!"[338]. Havia uma escola perto e as crianças quando passavam pela estrada em frente ao sítio ganhavam um conselho: nunca cortar uma árvore e preservar as nascentes dos rios. O pomar ficava do lado direito e tinha diversos tipos de frutas: várias qualidades de laranja, limão, jaboticaba, siriguela, caju, mamão, carambola e banana. Bem na entrada do sítio, dona Cora plantou amendoeiras, uma delas resiste ao tempo e altaneira vive: "Boa doceira costumava vir de carroça trazendo doces, lingüiça, queijo e frangos para vender de encomenda às famílias"[339].

Foto 160: Fogão a lenha do sítio "Casinha Branca", 2009, Andradina-SP

A casa foi construída segundo os moldes que ela queria, até mesmo os tijolos foram feitos exclusivamente pelo Moura Andrade, sem queima, com liga fácil, enormes, como ela idealizou. A casa é uma fortaleza, resiste até os dias de hoje. No sítio, atualmente, logo na entrada há uma alameda de pinus, uma

---

[338] Depoimento de Marco Antônio Sampaio, Andradina-SP, janeiro de 2009.
[339] Cântico de Andradina, Imortal Herança de Cora Coralina. In: *O Jornal da Região*, Andradina, 12 abr. 1985. Acervo da Biblioteca Pública de Andradina.

amendoeira, dois pés de siriguela e uma acácia que foram plantados por dona Cora Brêtas. O atual proprietário, sr. Ricardo Alexandre Roque, comentou sobre uma das árvores: "essa aqui que até hoje não descobri o nome, ela parece que está morta, mas todo ano ela floresce e fica a coisa mais linda... de cacho comprido e amarelo, eu acho que é acácia, não sei... é nossa árvore de Natal"[340].

A sitiante tinha suas raízes em Aninha, era ecológica, "sabia guardar o lixo e dele fazer adubo, naquela época ela já falava em recuperar a terra plantando mucuna[341], plantando nabo, para incorporar na terra e fazer adubo"[342]. Não era só nas ações que ela se fazia ecologista, também demonstrou essa preocupação em seus textos e conselhos: "A molecada passava por aqui, pois aqui era caminho da escola, e ela ensinava pra eles preservar a natureza". Ricardo era criança e passava por ali, e, agora, dono do sítio que herdou do pai sr. Isidoro Roque, dá muito valor aos ensinamentos que dona Cora Brêtas lhe passou. Ela falava para preservar a nascente d'água, o córrego, em "melhorar e conservar". Por isso, a água que fica armazenada no bebedouro dos animais tem alevinos que comem as larvas de insetos, prevenindo assim a Dengue. Dona Cora deixou muitos exemplos: "ela tinha uma visão avançada do mundo, coisas que ela estava prevendo foram acontecendo, muitos e muitos anos antes ela já previa, né?! esse negócio de ecologia é uma delas. Ela naquele tempo passava perto de um monte de lixo ela parava e se encantava, ela ficava imaginando a vida, a riqueza que havia ali naquele lixo"[343].

Quem sempre parava para um dedo de prosa e saborear doces era Nego Viana. Ele se mudou para Andradina em 1943, foi caminhoneiro e trabalhou no frigorífico Mouran. Foi vereador em Andradina por 27 anos: "Cora Coralina fazia doces caseiros para vender. Ela fazia doce de leite, cocada, queijada. Sempre que eu passava de caminhão perto do sítio dela, parava para comprar uns doces"[344].

---

[340] Depoimento de Ricardo Alexandre Roque, Andradina-SP, janeiro de 2009.
[341] A mucuna é um dos melhores adubos verdes, é recomendado plantá-la em outubro (início das águas). As vantagens dela são: adicionar ao solo matéria orgânica na sua melhor relação C/N; deixar a superfície do terreno mais bem protegida do calor solar e, consequentemente, preservar mais a umidade do solo; e evitar o desenvolvimento de ervas daninhas.
[342] Depoimento de Ricardo Alexandre Roque, Andradina-SP, fevereiro de 2009.
[343] Depoimento de Nize Brêtas, nora de Cora Coralina. Balneário de Camboriú-SC, 2009.
[344] In: O Jornal da Região, Andradina, 7 out. 2001.

A estrada passava bem de frente ao sítio e no tempo de chuva ninguém conseguia seguir viagem: "Mas D. Cora ficou famosa por causa da 'Subida da Dona Cora'. A estrada empinava-se à entrada de suas terras. Com a chegada das chuvas, formava-se uma camada de lama movediça, sinal vermelho aceso na lembrança de todos que conheciam o local"[345]. Todos sabiam que aquele dia ninguém venceria a subida da dona Cora. A satisfação dos viajantes era ir para a casa da sitiante. Mesmo que fosse de madrugada, acolhia os passageiros da jardineira do Paizinho. E, assim, a subida da dona Cora ficou famosa no Barro Preto, ganhando até uma placa que está lá, lembrando que ali foi um lugar de difícil acesso em dias de chuva. Mas que permitia um aconchego na casa de dona Cora.

Foto 161: Jardineira do Expresso São Sebastião (Paizinho), década de 1950, Andradina-SP

No sítio do Barro Preto, a lavradora Cora Brêtas fez um lugar para pouso de boiadas: "Comovia-se até as lágrimas ao ouvir o som do berrante anunciando a chegada ao pouso. E o gadão, bois pinheiros de chifre, vindos dos cafundós de Mato Grosso arrolhavam-se ali, na estrada estreita, carreador

---

[345] PONTES, Álvaro B. A subida de Dona Cora. In: O Jornal da Região, Andradina, 9 out. 1983, p. 1. Acervo da Biblioteca Pública de Andradina.

apropriada para conferir a manada: cem, duzentos, mil bois pantaneiros saudosos dos mistérios do pantanal. O passo cadenciado dos bois deu ritmo aos poemas de quem seria 'a pessoa mais importante de Goiás'"[346].

Vivência que norteou a escrita dos poemas "Evém Boiada!", "Trem de Gado" e "Pouso de Boiadas", posteriormente publicados em seu primeiro livro. Peças epilíricas que, juntamente com "Oração e Poema do Milho" e "Cântico de Andradina", são importantes registros do cotidiano rural do interior paulista: "Pouso de boiadas.../ - a espaço./ Nas dobras,/ nas voltas,/ no retorcido das estradas./ Pouso de boiadas,/ à s'tância/ das marchas calculadas./ Porteira a cadeado./ Xiringa de contagem./ O gado cansado/ recanteado, esmorecido,/ espera"[347].

---

[346] *Idem.*
[347] CORALINA, Cora. *Poemas dos becos de Goiás e estórias mais,* p. 140.

18

VIZINHO: A LUZ DA RUA

"Canto e descanto meus vizinhos.
Contei sempre com eles e nunca me faltaram.
Beleza simbólica maior: O Dia do Vizinho[348]."
Cora Coralina

A jovem Vicência casou-se com Rúbio Magno Tahan, bancário, no dia 4 de abril de 1948. Houve um almoço festivo para amigos e parentes no sítio. Os filhos de Cora Coralina estavam todos encaminhados, não ficavam mais sob sua responsabilidade. A viúva Cora Brêtas vivia dividida entre o comércio, a casa da cidade e o sítio: "Os filhos já tinham todos se casado, tive sítio e tive chácara, sempre fui independente, nunca fui dependente de filho"[349].

Contava com Elza e também com a ajuda dos vizinhos: "Plantadores e enxadeiros, meus vizinhos sitiantes./ onde andarão eles?/ Andradina, Castilho, Jaboticabal, comissários e boiadeiros, tangerinos,/ esta página é toda de vocês./ Fala de longe a velha rapsoda"[350].

Grata pelo apoio constante, Cora Coralina propôs a criação do Dia do Vizinho. Sabia o valor que tem essa ilustre figura. E, numa missa solene, lançou em Andradina a homenagem ao vizinho. O dia escolhido para a

---

[348] CORALINA, Cora. *Vintém de cobre*: meias confissões de Aninha, p. 187.
[349] *In:* Cora Coralina conta um pouco da sua história, 1983.
[350] CORALINA, Cora. *Vintém de cobre*: meias confissões de Aninha, p. 113.

celebração foi a data de seu nascimento – 20 de agosto: "Proposto por dona Cora. Que em Andradina reuniu-se muito às gentes que também queriam essa comemoração em nossa cidade. Dia – símbolo da solidariedade na beira da cerca, ao pé do fogo, no mesmíssimo som da rotina, que mistura casas e pessoas em paisagens humanas"[351].

Os vizinhos sitiantes estavam sempre à beira do fogão a lenha no sítio "Casinha Branca", tomando um café e comendo bolinhos; os alunos da escola vizinha paravam para uma conversa; os vizinhos comerciantes a consultavam sobre o progresso da cidade; os vizinhos de rua, da casa e da cidade, sempre prontos para qualquer momento: "Canto e descanto meus vizinhos./ Contei sempre com eles e nunca me faltaram./ Beleza, simbólica maior: o Dia do Vizinho./ O vizinho é a luz da rua. Quando o vizinho viaja e fecha a casa,/ é como se apagasse a luz da rua... Indagamos sempre: quando volta?/ E quando o vizinho volta, abre portas e janelas/ e é como se acendessem todas as luzes da rua/ e nós todos nos sentimos em segurança"[352].

A casa na cidade foi construída pelo Moura Andrade. Era uma das primeiras de Andradina, na vila: todas iguais, mesma repartição interna, mesma fachada. Algumas sobreviveram ao tempo e até hoje sustentam a tradição das casas andradinenses.

Foto 162: Casa de Inês Andrade, 2009, Andradina-SP

[351] Andradina te ama, Cora Coralina. *In: O Jornal da Região,* Andradina, 28 set. 1983, p. 1. Acervo da Biblioteca Municipal de Andradina
[352] CORALINA, Cora. *Vintém de cobre*: meias confissões de Aninha, p. 206.

Dona Inês Andrade, nascida no dia 19 de janeiro de 1920, sempre ia à casa de dona Cora para um dedinho de prosa. Ali na Coloninha havia amizade entre os vizinhos, as casas foram construídas bem próximas umas da outras. Dona Inês gosta de morar lá. Sua casa é uma das que até hoje não foram modificadas. Ela é filha de Francisco Teodoro de Andrade, um dos pioneiros de Andradina, e se lembra de Cora Coralina; foram vizinhas durante alguns anos.

O Dia do Vizinho ficou gravado na memória dos andradinenses que apoiaram essa ideia. Tanto que em 1968, quando Cora Coralina já morava na cidade de Goiás, a prefeitura municipal de Andradina patrocinou com o aval do prefeito Miguel Cury a publicação da "Apresentação sobre o Dia do Vizinho", escrita e incentivada por Cora Coralina. No panfleto, suas palavras foram de adesão e apoio à criação da data: "que seja criado por um decreto lei, resolução, dispositivo legal emanado de quem de direito e aceito pelo consenso coletivo o Dia do Vizinho. (...) Dia, sobretudo, educativo, sociológico e fraternal. Dia esse que se diria santificado pelo seu espírito relevante de aproximação, de cortesia e sociabilidade coletiva e individual. Dia sem parentesco, sem personalismo estreito, fora de todas as convenções formais. (...) Vizinhos de paredes meias. Vizinhos de esquina, vizinhos da frente, vizinhos do lado de lá da rua. Vizinhos de apartamento. Nenhum mais do que esses precisam do *DIA DO VIZINHO*. (...) É sempre assim o vizinho: prestativo, solícito e de boa vontade, independente de qualquer laço de consangüinidade ou afinidade de família". Cora Coralina abriu e encerrou o texto, falando sobre a terra e a semente, mostrando sua relação com a terra, revelando a sitiante Cora Brêtas: "Faço no entanto como o velho trabalhador, que já no tarde da vida lança sobre a terra sua pequenina e derradeira semente. Cumpro meu destino de semeador obscuro. Muitos virão depois e farão melhor o que sozinha não posso fazer". Assinou Cora Coralina – Cora Brêtas.

Entre os vizinhos que marcaram a vida de Cora Coralina estava o casal Elza e Miguel Recco. "Sr. Miguel era dono da Sapataria Recco, que mudou, de vez, a forma das botinas rangideiras, de ponta reforçada de aço para as confortáveis Gostosonas... sucesso de venda no Interior! Sr. Recco deveria tê-las patenteado"[353].

---

[353] Depoimento de Marco Antonio Sampaio, Andradina-SP, janeiro de 2009.

Dona Cora e o casal Recco foram vizinhos de comércio. O laço de amizade firmado entre eles foi forte ao ponto de continuar mesmo depois que Cora Coralina voltou para Goiás. Quando ia a Andradina era na casa deles que se hospedava.

Foto 163: Cora, dona Elza Recco e amigas na casa do casal Recco, Andradina-SP

Ao chegar em Andradina, Cora Coralina era sempre visada pela imprensa local: "O casal D. Elza – Miguel Recco chega hoje ao meio-dia com D. Cora Coralina, procedente de Garça onde se encontrava em visita à uma filha (...) Amanhã à tarde será homenageada por damas da sociedade andradinense, amigas e admiradoras. A festinha de senhoras tem caráter restrito é apenas para as convidadas"[354].

> "Para Elza e Miguel, veros amigos
> Prece para a mesa
> Senhor, nós vos agradecemos a fartura tranqüila desta mesa e a saúde e a paz de nossa casa.
> Levai, ó Deus, vossa misericórdia a todos os lares e fazei com que nunca falte o pão aos pobres, que todas as sobras dos que mais podem sejam levadas em humildade, em vosso nome, aos que menos têm.
> Cora Brêtas
> Andradina 15 -10-68.[355]"

[354] Cora Coralina em Andradina. In: O Jornal da Região, 1982.
[355] Acervo de Elza Recco.

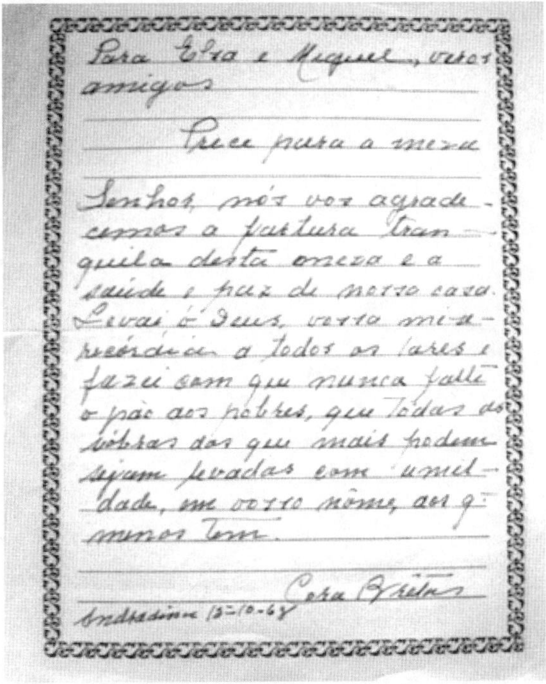

Foto 164: Prece que Cora Coralina escreveu para o casal Recco, 1968, Andradina-SP

Os vizinhos foram prestativos com Cora Coralina. Ela também soube retribuir, foi uma ótima vizinha: "Quem jamais deixou de ter em algum tempo o seu bom vizinho? Quem na idade adulta deixará de se recordar de um bom vizinho na casa paterna e de seus folguedos com os meninos da vizinhança? Quem jamais deixou de valer de seus préstimos em horas atribuladas ou não? (...) Por que nos fechamos tão hermeticamente na nossa rudeza individual se a vida nos põe sempre juntos em encontros freqüentes e cotidianos e se temos tanto para dar de nós e tanto para receber dos outros?..."[356].

Nessa comum unidade, integrados sem a consanguinidade, unidos somente pelo respeito e pela atenção, cada vizinho se tornou uma luz para os outros. Assim como registrou a poetisa, uma rua com bons vizinhos tem iluminação própria.

---

[356] CORALINA, Cora. Apresentação sobre o dia do vizinho, 1968.

19

CÂNTICOS DA TERRA

"Sou a espiga e o grão que retornam à terra.
Minha pena (esferográfica) é a enxada que vai cavando,
é o arado milenário que sulca[357]."
Cora Coralina

Em Andradina, o contato com a terra aflorou em dona Cora Brêtas muitos dos temas que irrigariam seu ofício literário. As poesias e as crônicas que redigia e publicava nos jornais da cidade e região, desde 1944, forçavam passagem. Conforme vimos, os poemas escritos nessa fase, assim como sua prosa curta, evocaram seu cotidiano com a gleba e com os que nela trabalham. Desde seus primeiros textos publicados, a exemplo do celebrado "Tragédia na roça", essa simbiose já se instaurava: a convergência para o telúrico, um processo de elevação do ser. A terra, para Cora Brêtas, era o todo: "ao afirmar que é a mulher mais antiga do mundo, está afirmando que é a Terra, pois, Terra e mulher, enquanto seres capazes de fecundar e gerar vidas, se identificam. (...) A fecundidade feminina tem um modelo cósmico: o da Terra Mater, a Mãe Universal"[358].

---

[357] CORALINA, Cora. *Vintém de cobre:* meias confissões de Aninha, p. 93.
[358] FERNANDES, José. *Dimensões da literatura goiana*, p. 175-176.

F.: 165

Em 19 de março de 1944, no jornal *O Andradina*, foi publicada a crônica "O homem e a terra", uma série assinada pela sitiante Cora Brêtas, inaugurando sua fase de mulher/escritora sitiante que clamava pelos mais necessitados. Como em outras cidades, ela lutou pelo mendigo e pelo ancião (Jaboticabal), pelo direito da mulher (São Paulo), pela união dos comerciantes (Penápolis) e, em Andradina, sua preocupação era garantir o bem-estar do lavrador, demonstrar a importância do colonizador e defender o direito das crianças.

Nessa primeira crônica, Cora reivindicou ao governo um banco de leite em cada cidade paulista, onde as crianças teriam alimentação decente e as mães receberiam instruções de como cuidar dos filhos, eliminando, assim, a ignorância maternal. No início, ela afirmou que o homem e a terra são antagônicos e concluiu com uma sugestão: "O homem é pobre, analfabeto, ignorante. A terra é nova, fértil e pujante. O homem enfrenta a terra em que se apóia sem valor. A terra esmaga o homem de biologia fraca, contaminando-o de endemias várias: amarelão, leishmaniose, malária. (...) O padrão de vida é baixo e a mortalidade infantil é lamentável, num país que precisa ser povoado. Cada cidade paulista devia ter o seu lactário, onde, de par com a alimentação adequada, cada criança fosse assistida e fichada na primeira idade e se ministrassem, às mães ignorantes, instrução sobre criação dos filhos. Ignorância e pauperismo são sofismas da morte. Dizem os jornais que vamos acolher 500 crianças judias... Muitas palmas, mas olhemos e acolhamos, sobretudo, nossas próprias crianças..."[359]

---

[359] *In: O Andradina*, Andradina, 19 mar. 1944, p. 1.

Foto 166: Operários trabalhando na terra, Andradina-SP

A edição de 23 de abril de 1944 de *O Andradina* publicou o poema "Terra". Podemos ver aí a sitiante se curvando diante da Grande Mãe. Numa alegoria vegetal, Cora Brêtas pungiu o valor da integração biológica "da terra para a terra". E, para tanto, conduziu o leitor à lenda de Higinus (a fábula-mito do Cuidado), sinalizando o nascimento (feita do teu barro), o Cuidado (começou a dar-lhe forma) e a simbiose (meu espírito procura aquele que me criou). Enraizamento, fecundação e descanso na cava aberta no seio da terra. Imagens que posteriormente envolveriam inúmeros dos poemas publicados em seus livros, culminando com o "Meu Epitáfio", que completa sua lápide.

> "Terra.
> Terra, minha primeira e grande Mãe.
> Amo-te. Sou tua, pois que fui feita do teu barro imundo.
> Meus pés se apóiam na tua firmeza, enquanto meu espírito procura
> Aquele que me criou um dia, para tudo quanto ignoro.
> Sei que vivo em ti, colada ao teu ventre fecundo.
> Sei que vivo de tudo que me vem de ti, através do esforço, do trabalho
> e da luta.
> Sinto-me integrada em todas as belezas simples e incompletas que
> provêm de ti.
> Minha biologia é estreitamente da terra e para a terra.
> Terra, minha grande Mater, generosa e fecunda!

De conforto é para meu cansaço disfarçado de todos, o pensamento de que em breve abrirá no teu seio, a cava estreita do meu repouso.
C. BRETAS"[360] (Inédito).

Aquela mulher que plantou rosas e mudas de árvores, que pegou um bulbo no lixo dando-lhe a chance de vida, agora tinha a terra ao seu dispor e a respeitava, integrava-se às belezas da Mãe Universal. Desde "Ipê Florido" e "Minha Infância", já experienciava uma poesia fora da rigidez métrica e acenava a gestação de seu estilo lírico. Marcas que também podem ser evidenciadas de forma singela em "Terra" e que se fortaleceram e se espraiaram por toda a sua poética: "O ritmo de sua poesia, que combina versos longos modalizados na prosa com versos entrecortados, duros e secos. Seus procedimentos retórico-discursivos são simples, têm na coloquialidade fonte prodigiosa, com recorrência de metáforas *in praesentia* e comparações. Elementos da oralidade estão presentes na organização dos poemas, na forma agregativa dos versos, no tom de conversa e extensão. O *modus operandi*, baseado no vai e vem, fluxo e refluxo da fala, assenta-se na repetição, no paralelismo, nos adjetivos que vão se acumulando e dando volume aos poemas. (...) A mescla do épico e do lírico é outra característica de sua poética"[361].

Tanto amadureceu em seu ofício poético que, dois anos depois, em 31 de março de 1946, publicou no jornal *O Andradina* o poema "Búzio Novo", que seria depurado e acomodado em livro somente em 1976, por ocasião do lançamento de *Meu livro de cordel*. Poema considerado pela crítica como de alta voltagem lírica, evidenciando seu trabalho artesanal e lucro fônico e que "não deixa dúvidas de que sabia muito bem manejar o ritmo e de que já havia assimilado técnicas modernas que soube incorporar em seus versos"[362].

Para a composição de "Búzio Novo", dona Cora Brêtas articulou suas leituras e vivências religiosas ao seu contato com a fertilidade da

---

[360] *In: O Andradina*, Andradina, 23 abr. 1944, p. 1.
[361] CAMARGO, Goiandira Ortiz de. Cora Coralina: uma poética para todas as vidas, p. 66-67.
[362] DENÓFRIO, Darcy França. Retirando o véu de Ísis: contribuição às pesquisas sobre Cora Coralina, p. 177.

terra. Mesclou termos considerados sagrados e profanos como epifania, vigília natalina, oferendas, canto religioso, dia santo, liturgia, conúbio nupcial, despindo, sexual. Nele evidenciamos Eros como uma das forças de sua poética: "Não é de se estranhar, portanto, que um vetor erótico atravesse a obra poética de Cora Coralina. (...) Embora alguma vez se dissesse 'assexuada', Eros é uma força onipresente em seu lírico: seja quando observa o reino animal, seja quando contempla o mundo vegetal. (...) E somente os seus olhos poderiam flagrar daquele modo o 'Búzio Novo', com suas 'flores sexuais', ou aquele 'espasmo no bananal'. (...) Cora sabia lidar, sem conflitos, com os dois pólos antitéticos, próprios do humano: o espiritual e o carnal"[363].

Mas o punho coralineano não se dedicou apenas à poesia. A Cora Coralina jornalista também se fez presente em Andradina. A partir de 1946, começou a assinar uma coluna chamada "A Hora Presente" no jornal *O Andradina*. Em 17 de fevereiro, a sitiante Cora Brêtas saudou a grande festa da colheita evocando as festas dionisíacas pagãs com seus cachos e espigas: "Salve! Velha terra Mãe dos homens". No mesmo texto, surgiu a sitiante que entendia de colheita e comércio e que fez uso das palavras para denunciar os acontecimentos:

> "Mais uma vez Andradina se encontra em vésperas de uma grande e opulenta safra de cereais.
> A terra nova e fértil recompensa o esforço dos seus crentes. O grão lançado em hora certa multiplicou-se e se oferece em farta messe.
> Amadurecem por todos os lados roças largas de milho bem granado. O feijão das águas foi tanto que já abarrotou o comércio local e para as sobras não há interesse.
> Dentro de 60 dias o arroz, o cereal nobre, estará em corte.
> Há um jogo favorável de bom tempo, permutadas chuva e sol; e esse bom, esse ótimo calor fecundo, vai cacheando, amadurecendo, virando os arrozais dourados.
> A lavoura está em festas. Festa dionisíaca e pagã, de luz, de espigas e de cachos; toda ela batisada de boas chuvas e benzida de um quente e magnífico sol.
> Salve! Velha terra Mãe dos homens.

---

[363] DENÓFRIO, Darcy França (Org.). *Cora Coralina*: melhores poemas, p. 17-18.

Já os detentores das sobras da colheita anterior, se apressam a levar o remanescente a benefício e 'soltar para baixo', na perspectiva da safra nova que se aproxima.

O lavrador anda curvado, lá nas roças, dando as últimas carpas, ignorando por quanto vai vender. No comércio os tubarões esperam, cheios de voracidade.

Fazem-se apostas de arroz a 20 cruzeiros o saco. Dão-se palpites de 70. O comércio vai roendo o osso desses meses duros, esperando a oportunidade que se aproxima. Compradores de cereais vão tenteando seu lance...

Que a safra vai ser boa...

Com esse ótimo calor e com essa chuvarada em permuta, os arrozais estremecem fecundos das raízes às últimas esgalhas; vão virando cacho, vão granando bem. O homem da roça abre ao sol e remenda largos panos encardidos e esburacados, velhos panos gastos de bater arroz. E o preço?

Que preço alcançará o lavrador pelo seu suado produto?

Na possibilidade de alta, virá a força do tabelamento?

Vem vindo a grande safra; vai chegando. Qual a orientação dos preços?

Será dada uma oportunidade ao lavrador ou terá ele que entregar sua produção na forca de mais um tabelamento iníquo?

C. BRETAS"[364].

(Inédito)

Foto 167: Carregamento da colheita de algodão durante a década de 1950, Andradina-SP

[364] *In: O Andradina,* Andradina, 17 fev. 1946, p. 1.

No dia 3 de março, nem um mês fazia da publicação anterior, saiu outra crônica de Cora Brêtas na coluna "A Hora Presente". Nela, a sitiante relembrou a ação dos pioneiros em desbravar as terras do Rei do Gado, Moura Andrade, e a emancipação do proletariado rural. Também se engajou criticando a desigualdade de pagamento na hora de vender a safra e reclamou da qualidade precária das sementes vendidas para o plantio. A força de suas palavras a fez conhecida entre a gente rude do campo, e aqueles que não sabiam reivindicar encontraram em dona Cora Brêtas uma aliada.

> "Qualquer pessoa que tome uma dessas jardineiras que demandam a interlândia desta vasta comarca de Andradina, seja Independência, Timboré ou Castilho; seja Murutinga ou Guaraçaí, abre olhos de encantamento e queda embevecido na maravilha e opulência das lavouras que se expandem por todos os lados, em pleno apogeu da fronde e do viço.
> Moura Andrade, homem do futuro mais que do presente, antecipou de muito as idéias novas de reivindicação de classe e criou em Andradina um campo experimental de socialismo pleno e militante.
> (...)
> Todos os anos a avareza dos compradores estrangula sua economia. O capital onipotente esmaga seu trabalho miserável e ele vive à margem do meio social.
> Não recebe auxílios, é desajudado; e a semente que compulsoriamente adquire de fonte oficial, com talões passados pelas coletorias, nem sempre corresponde à confiança. Haja visto o panorama dos algodoais presentes. Ontem o pulgão, hoje a broca.
> E o problema preço?
> Já os compradores rondam o mercado, fazendo calculadamente a propaganda psicológica da baixa. Cada qual quer fazer melhor sua posição. No final, quando o lavrador tiver mais uma vez perdido a partida a favor dos tubarões, os cereais passarão a alta.
> E a contrapartida melhor, ganha o comunismo na sua propaganda.
> C. BRETAS"[365].
> (Inédito)

[365] *In: O Andradina*, Andradina, 3 mar. 1946, p. 1.

Foto 168: Jardineira, década de 1950, Andradina-SP

A mulher roceira trocava os balaios de milho com os vizinhos para não plantar a semente da mesma terra. Esperava os ventos de outubro que sempre chegavam rondando, redemoinhando. Aguardava o revoo das saúvas e sabia que era o tempo certo, a lua com seu círculo amarelo, predestinando chuva. Era o tempo do plantio, era lua nova. Os homens plantando, enxada na mão, capanga de grãos a tiracolo, fazendo covas, jogando os grãos. E a labuta continuava... Na solidão do plantador, regia sua fé. Oferta remota; patriarcal de uma liturgia milenária. Onde o ritual de paz recriava a vida, recomeçava o mundo. Os grãos na cova – vida inerte que a terra ia multiplicar: "Eu tive sítio e tive chácara e plantei milho. Não pelas minhas mãos, plantei pelas mãos calorosas dos meus trabalhadores, mas acompanhei aqui com o espírito da realidade da poesia, porque nada mais poético do que um grão de milho na terra. Quando ele vai nascer, é uma eclosão. Primeiro que ele não emite o broto, primeiro que ele emite a raiz que vai dar a ele a sua própria vida. Então, eu vi tudo isso com o espírito de poesia".[366]

Valia até uma oração. Uma oração para o milho. A mulher sitiante sentia o cheiro da roça. Conhecia a gestação sinestésica do milho. E os frutos mais preciosos, dourados, germinados de um simples grão, abriram-se em formação. Balançavam-se ao vento, mostravam-se, rompiam a casaca, extravasavam a libido vegetal. A vida repetida, uma geração de grãos, a

---

[366] *In:* VELLASCO, Marlene Gomes de. *A poética da reminiscência:* estudos sobre Cora Coralina, p. 103.

continuação de um ciclo. O masculino desejava, tinha vontades, fecundava, polinizava as adolescentes bonecas vestidas de palha. As beldades, cabelos ao vento, fertilizadas pelo pólen, soltavam odores fecundos. E ficou no ar o cheiro; a fragrância quente que num espasmo invadiu o milharal. A espiga gorda explodiu na haste e o pendão fálico ficou ressecado. A sitiante olhou o milharal e viu ali uma boa colheita: gestou no papel em branco os grãos amarelos das palavras amadurecidas no paiol da vida: "O 'Poema do Milho' revela todo o meu conhecimento da vida da terra. Eu sempre achei a poesia. (...) Eu sou uma mulher ligada à terra, ligada ao trabalho. (...) Só o trabalhador sabe do mistério de uma semente germinando na terra. O trabalhador pode ver a cor verde se tornar azul. Ele, na flor, já viu o fruto e no fruto já prevê a semente do futuro. Ele sabe o que é uma cova seca de milho. Uma braçada de folhas na terra é vida que se renova. Que sabe você da fala das sementes?"[367]

E dessa vivência com o mundo rural em Andradina surgiram a "Oração do Milho" e o "Poema do Milho"[368]. Considerados pela crítica como de esplêndida concepção e fatura por reterem em suas imagens um alto teor poético, "A 'Oração' é, como convém, devocional, repassada de um toque bíblico. Inscreve-se em sua textura um lapidar verso: 'Não me pertence à hierarquia tradicional do trigo'. O 'Poema do Milho' é antológico, indiscutivelmente a obra-prima de Cora Coralina"[369].

No sítio de Barro Preto, onde dona Cora Brêtas também semeou e colheu milho, a semente hoje é plantada pelo proprietário Ricardo Alexandre Roque. "O grão que cai é o direito da terra./ A espiga perdida – pertence às aves/ que têm seus ninhos e filhotes a cuidar./ Basta para ti, lavrador,/ o monte alto e a tulha cheia./ Deixa a respiga para os que não plantam nem colhem./ – O pobrezinho que passa./ – Os bichos da terra e os pássaros do céu"[370].

---

[367] *Idem*, p. 107.
[368] Embora no acervo do Museu Casa de Cora Coralina as primeiras referências de "Oração do Milho" e "Poema do Milho" datem de 1961. Vicência, filha de Cora, descreve a gênese dos mesmos quando sua mãe residia em Andradina. Cf. TAHAN, Vicência Bretas. *Cora coragem, Cora poesia*, 2002.
[369] MARQUES, Oswaldino. *Cora Coralina: professora de existência*, p. 17.
[370] CORALINA, Cora. *Poemas dos becos de Goiás e estórias mais*, p. 167.

Além desses textos, conforme pesquisa no acervo do Museu Casa de Cora Coralina, ela escreveu mais dois poemas na década de 1940 que, posteriormente, integraram seu primeiro livro: "Cidade de Santos" e "Cântico de Andradina", ambos com a indicação de 7 de dezembro de 1943.

A ação dos pioneiros para a construção de uma nova cidade ressoou pela mata virgem, pela reserva florestal, e o homem entrou na selva com foice e machado. Assim Cora Coralina descreveu a interferência dos pioneiros nas matas da fazenda Guanabara. Nada passou despercebido para a sensível mulher. A pioneira das palavras registrou em "O Cântico de Andradina" a luta do homem pela terra prometida, a busca do sonho euclidiano. A revista *Paisagem* publicou o "Cântico de Andradina" em seu número comemorativo ao Jubileu da Cidade de Andradina. Em dezembro de 1952, foi publicado no documentário *Seiva* durante o do aniversário da cidade. E, no ano em que Cora Coralina deixou Andradina, em 1956, ele foi publicado no jornal local com os dizeres: "É com a mais viva satisfação que fazemos, em nome do nosso povo, o testemunho público de reconhecimento à sua dileta pioneira, que, entre os desbravadores, mourejando ombro a ombro com os cultivadores da terra, entre outros, no tradicional 'Sítio de Dona Cora', se distinguiu no labor. Inestimável foi sua atuação nos meios intelectuais, culturais e assistenciais, produzindo imortal página em que teve a 'tapuia' seu mais expressivo canto de exaltação, como quem melhor o tiver, neste maravilhoso 'Cântico de Andradina'"[371].

Através de seus textos e exemplos, conduzia o leitor ao dom da Mãe Terra. A natureza comungou-a de bênçãos publicadas em seus escritos, semeadas em palavras. "Nossa Senhora das sementes.../ Ajudai todas elas – boas e más/ a bem cumprir seu destino/ de sementes"[372]. Até mesmo suas orações eram de sitiante, de quem entendia os clamores da terra, de quem amava a gleba: "Nossa Senhora das raízes.../ Eu sou a raiz ancestral,/ perdida e desfigurada no tempo/ obscura na terra/ onde lutam, sobrevivem/ e desaparecem todas/ no esquecimento e no abandono"[373]. Era como uma

---

[371] In: *Boletim mensal ACIA*, Andradina, jul. 1956.
[372] CORALINA, Cora. *Meu livro de cordel*, p. 53.
[373] *Idem*.

árvore já madura, desgastada em suas raízes, mas uma árvore que se mantinha de pé: "Vigia para mim/ e guarda em vida longa/ todas as raízes novas/ que vivem enleadas/ às minhas/ já gastas e amortecidas"[374].

Cora Brêtas aprofundou suas raízes, manteve-se árvore frondosa, de copa alta, onde todos procuravam frutos, abrigar-se durante tempestade, descansar a sua sombra. Abrigo que acolhia aqueles que vinham tomar uma boa xícara de café e comer quitutes, sair da jardineira e correr para a casa da dona Cora em dia de chuva. Todos eles queriam mesmo era um dedinho de prosa com a Mulher Terra. Um descanso.

Muitos diziam na época "Dona Cora Brêtas é a mulher mais rica de Andradina". Viam nela a fartura. Fartura de disposição, coragem e trabalho. Passou por dificuldades, mas as enfrentou com destemor. "Eh... meu sítio. Uma coisa que eu me lembro. Como dei conta daquilo, meu filho. Tinha dia que não tinha dinheiro e tinha que fazer pagamento para os trabalhadores no sábado. Então, o que eu fazia? De noite eu ajudava os camaradas pegar as galinhas e prender tudo num caixão grande com portinha e tudo. Coisa já bem preparada. Quando era de manhã, passavam lá os galinheiros e frangueiros e gritavam: 'tem galinha pra vender?'. Aí a gente chamava. Eles vinham e compravam aquela galinhada toda, olha eu com dinheiro para pagar os camaradas. Ninguém nunca soube da minha dificuldade"[375]. Ela não se queixava, resolvia os problemas com a segurança de que tudo ia dar certo. Teve dia em que precisou ir do sítio até a cidade a pé, nem dinheiro para pagar a jardineira ela possuía. E isso não a incomodava. Sabia resolver os seus problemas: "Agora digo a você: o homem de sítio precisa ter paiol de milho até a colheita nova. E mandioca até que você arrancou o último pé e o outro já está bom de arrancar. Nunca faltava milho no paiol, nem mandioca na terra. E você tendo alimentos para os seus animais, o que é para você comer pode buscar na cidade. Não tem importância. Se o sítio não deu pode ir buscar na cidade. Mas alimento para animais você não pode ir buscar na cidade, não. É muito, animal come muito mais do que gente. Depois, comida de gente você pode

---

[374] *Idem*.
[375] *In*: Cora Trabalho Coralina, p. 20.

limitar, reduzir. De animal, você não pode. A variedade é pequena, mas o pequeno tem que ser com fartura. Como é que eu dei conta daquilo? Como é que eu aprendi? Aprendi o que não sabia e fiquei sabendo mais do que os que sabiam"[376]. E foi com essa sabedoria, adquirida com a necessidade de tocar um sítio, pelo amor que tinha à natureza e alegria de viver, que dona Cora Brêtas nunca esteve cansada e nem se queixava: "Mas ninguém nunca soube da minha necessidade. Sempre pareci ter muito mais do que tinha"[377].

Afinal ela era Aninha, Anna Lins, Cora Coralina, Cora Brêtas, dona Cora... todas em uma só. Aquela que superou vários obstáculos, lutou e venceu. Aninha que vivia conversando com as formigas, com as rolinhas e com o rio Vermelho. A menina feia da Ponte da Lapa transformou-se em uma sitiante que via a terra com um místico amor consagrado. Morava numa casinha branca aconchegante, tinha terras, plantações, criações, córrego... O lugar "era uma festa para as crianças. Tinha uma quedinha d'água. Era uma cachoeirinha. Chamava cachoeirinha. Na divisa das minhas terras com a do vizinho"[378]. E seu amor fez com que ela conhecesse os anseios da terra e dos lavradores, e com isso se tornou referência para a política andradinense.

---

[376] *Idem.*
[377] *Idem.*
[378] *Idem.*

20

OS APELOS DE ANINHA

"Presidente, há uma trilogia de salvação e recuperação em oferta ao governo. Sê o Presidente, esse esperado, sê o Messias destes tempos novos. Se assim for, a posteridade te espera[379]."

Cora Coralina

Fundados em 1945, os dois principais partidos nacionais e regionais, a União Democrática Nacional (UDN) e o Partido Social Democrático (PSD), buscavam o apoio dos fazendeiros coronéis, visando eleger o maior número de representantes no âmbito estadual e municipal. A ideia era eleger políticos ligados aos princípios básicos da UDN, oposicionista das práticas de Getúlio Vargas, criando uma oligarquia regional que seguisse os ideais instituídos por aqueles que participavam direta ou indiretamente do poder. Nesse contexto, comerciantes, fazendeiros e ocupantes de cargos públicos se uniam visando suprir as suas necessidades econômicas mediante o resultado das campanhas eleitorais.

De um lado ficava a população mais carente, e do outro os administradores dos municípios e do estado – aqueles que ditavam as regras do jogo. Eles não podiam manter por muito tempo a liderança sem dar algo em troca. Os agricultores, sitiantes e fazendeiros precisavam de estradas para escoamento de seus produtos, um bom pagamento da safra

---

[379] CORALINA, Cora. *Vintém de cobre*, meias confissões de Aninha, p. 161.

e utensílios agrícolas de primeira classe a preços baixos. Os munícipes precisavam de assistência médica e detinham algo desejado pelos políticos, principalmente em época de eleição: o voto.

Andradina era uma recém-cidade (fundada em 1937) cheia de idealismo político, urbano, agrícola e comercial: "Tudo o que se realizava no local (Andradina) era por conta e risco da iniciativa privada; a ação governamental era praticamente nula"[380]. Seu projeto urbano ficou conhecido como "milagre da iniciativa particular", mediante uma reforma agrária honesta nos moldes do capitalismo: "E aqueles pequenos fazendeiros, prósperos, eram imunes ao comunismo"[381].

Era ano de eleições municipais, a UDN precisava de partidários, e o PSD também. Ambos tinham seus adeptos, mas em Andradina a situação era atípica. Buscavam candidatos de categoria, carismáticos e que soubessem dominar a massa. E, para tanto, ninguém melhor do que uma pessoa que conhecesse a causa do trabalhador rural, do comerciante e do munícipe: precisavam de dona Cora Brêtas. Ela angariaria votos.

Aquela mulher que, passando "por um local onde se realizava uma reunião política, resolveu entrar no momento em que um deputado influente na época pedia votos. Ela pediu licença e tomou a palavra para afirmar que o povo não queria só votar, queria principalmente enxadas, foices, arados, pás e demais utensílios para suas lavouras, objetos que faltavam no mercado"[382], era uma formadora de opiniões, uma mulher politicamente correta – Cora Brêtas. Ainda mais... Era uma escritora respeitada pelas suas crônicas, uma comerciante admirada pela conduta no seu Bazar Borboleta, uma sitiante famosa pelas ideias ambientalistas e plantios em suas terras. Além disso, possuía uma liderança na região. Era previsível que fosse convidada para integrar-se na política local. Cora aceitou o desafio e integrou-se ao quadro de candidatos a vereadores pela UDN na cidade de Andradina: "Ela era muito formidável, nas eleições ela fazia discursos, ela foi candidata à vereadora e sempre influenciava na política, ajudava, ia aos comícios, falava, sempre ia nos palanques falar"[383].

---

[380] HIOMI, Caio; LEONARDO, Hugo. *Andradina, 1937-2007*, p. 23.
[381] *Idem*.
[382] Jacyntha Brêtas Salles. Cora Coralina: sua filha vive aqui, p. 5.
[383] Depoimento de Inês Andrade, vizinha de Cora Coralina. Andradina-SP, janeiro de 2009.

A candidata não mudou o ritmo de sua vida por causa da política, continuou como sempre, escrevia suas crônicas, tocava seu negócio, cuidava da casa na Coloninha e do sítio. Marcava pouso para as boiadas, fazia linguiça, participava da preparação da terra, plantio e colheita do milho, algodão, arroz e feijão. Contemplativa e vibrante, permaneceu atada à mãe terra. Não ficou calada, fez seus apelos em favor dos mais necessitados, especialmente dos lavradores.

Dona Cora não tinha medo da crítica e expunha seus pensamentos, com isso, um número grande de leitores passou a admirá-la. Quando escreveu o artigo "O Homem e a Terra"[384], fez uma equivalência entre o homem ignorante e cheio de doenças e a terra forte, esmagadora. Em 1946, numa crônica, a dona Cora política se fez presente. Sabendo usar as palavras, conduziu o leitor descrevendo a terra farta, uma grande safra que viria, em primeira instância um texto poético. Depois, questionou o preço do saco de arroz, perguntou sobre a orientação para os preços: "Será dada uma oportunidade ao lavrador ou terá ele que entregar sua produção na forca de mais um tabelamento iníquo?"[385]. Não havia meio termo para ela, o que precisava ser dito, requisitado pelos mais fracos, ela o fazia. Cora criticava a desigualdade na hora de vender a safra, a qualidade precária das sementes para o plantio. Todavia, enobrecia o feito de Moura Andrade, dizendo que ele loteou uma vasta gleba e a vendeu a baixo custo.

Dona Cora Brêtas tornou-se uma referência para a população andradinense: "A sua facilidade de comunicação e simplicidade no trato e relacionamento com as pessoas. Escrevia e publicava suas crônicas e poesias nos semanários que então proliferaram abundantes em Andradina, como expressão das diversas facções políticas, de 1945 em diante, na fase pós II Guerra e redemocratização do país. Dona Cora subia nos palanques públicos e apoiava candidatos a prefeito, a vereador, deputados, governadores, senadores e presidentes. Ela, em Andradina, lançou o despertar à participação da mulher nas letras, na política e na vida pública em geral. (...) Nas comemorações cívicas D. Cora Coralina era sempre

---

[384] Jornal O Andradina, 19 mar.1944, p. 1
[385] BRETAS, Cora. A Hora Presente. Jornal O Andradina. 17 fev.1946, p. 1

convidada para declamar ou fazer pronunciamentos, sempre muito aplaudidos, sobre a data que se comemorava".[386]

Ficou marcada a participação de uma mulher na política local, ainda mais no final da década de 1940 e começo da de 1950: "A falta de um partido político é o que falta para a regimentação das mulheres, para que sejam ouvidas, tenham voz ao lado dos homens em geral. O mais importante é a formação de um partido político de mulheres"[387]. Fazia pouco tempo que a mulher havia conquistado o direito de votar: em 3 de maio de 1933, quando houve a eleição para a Assembleia Nacional Constituinte, a mulher brasileira, em âmbito nacional, pela primeira vez votou e foi votada. E coube "a primazia de ser eleita a médica paulista Carlota Pereira de Queirós, a primeira deputada brasileira, que havia se notabilizado como voluntária na assistência aos feridos durante a Revolução Constitucionalista"[388]. Vale aqui lembrar que Cora Coralina também se alistou como enfermeira na Revolução Constitucionalista de 1932 e trabalhou muito pela causa. Quando terminou a revolução, Cora "encontrou outra causa. Bradou pela formação de um partido feminino, escreveu até o manifesto da agremiação"[389]. Esse brado ela manteve por toda vida. Sempre que lhe perguntavam sobre a mulher, comentava: "Elas têm que se valorizar politicamente como mulheres, têm que eleger e serem eleitas, para defenderem os seus propósitos. Não querem uma libertação? Elas só terão essa libertação com um partido político feminino que tivesse peso de decisão"[390].

Também nessa época ela escreveu a favor do voto feminino. Sua neta, Ana Maria Tahan, achou um texto em que Cora comentou esse assunto: "Alguns anos atrás, ao remexer nos escritos deixados por minha avó e ciumentamente controlados por minha mãe, deparei-me com parte de um texto manuscrito por ela em caneta-tinteiro, datado dos idos de 1930 e alguma coisa. Escrevia em defesa do voto feminino. (...) O tal resquício dos escritos

---

[386] *In:* Cântico de Andradina, Imortal Herança de Cora Coralina, 1985.
[387] Acervo de Mariana de Almeida Salles.
[388] Agaciel da Silva Maia. *In:* Jornal Online: Arte e Cultura News. http://www.arteculturanews.com
[389] TAHAN, Ana Maria. Aventureira e libertária, p. 2.
[390] *In:* Cora Coralina, conta um pouco a tua história, 1983.

(era assim que se ela referia aos versos e prosas que transbordava em qualquer papel) de Cora vieram-me à mente ao vasculhar as datas de efemérides listadas em algum endereço eletrônico localizado no Google. Em 24 de fevereiro de 1932, o Código Eleitoral Provisório permitiu o voto às mulheres, desde que casadas e devidamente autorizadas pelo marido, ou solteiras independentes financeiramente (ou seja, ricas). Cora criticava justamente tais limites impostos ao exercício democrático da cidadania feminina"[391].

Nas crônicas de *O Andradina*, dona Cora Brêtas era a sitiante que entendia da safra e questionava os planos governamentais a respeito da compra dos sacos de arroz. Comentava o financiamento e a ajuda que nunca chegavam ao produtor e sobre a venda de cereais brasileiros para a Inglaterra e Estados Unidos a preços baixos. Cora tinha voz ativa na comunidade andradinense, e as pessoas paravam para ouvi-la. Desse modo, não poderia ficar neutra na questão política municipal. Apesar dos apelos, optou por continuar com sua rotina de sitiante, dona de casa, comerciante, escritora e mãe. Não se aborreceu quando soube que não havia sido eleita. Afinal, uma mulher ser candidata a vereadora naquela época já era um fato grandioso.

Foto 169: Época de eleição em 1951, Andradina-SP

[391] TAHAN, Ana Maria. Investimento em políticas mulheres, 2008.

Foto 170: O prefeito Stanislau Enfeldt Junior (Lalau) reunido com lideranças políticas da cidade de Andradina, com a presença de dona Cora Brêtas, década de 1950

Segundo o pensamento da sitiante dona Cora Brêtas: "Um partido enfrenta um partido de homens. Um partido de mulheres enfrenta, tem voz, fala e é ouvido. Só um partido político é que aglutina, aglutina até os homens, quanto mais as mulheres. Política é uma coisa muito forte, minha filha, agora as mulheres não estão acostumadas a fazer política, estão acostumadas a viver atreladas a política do marido. Elas fazem a política do marido, e não a política delas"[392]. Palavras com a sabedoria incontestável de uma mulher que fez da sua própria política a luta pelos fracos. Suas qualidades lhe garantiram um lugar de destaque junto aos líderes municipais – mesmo que fosse a única mulher a comparecer, participava das reuniões decisivas que norteavam Andradina: "Com essa intimidade nos meios sociais, cívicos e culturais, na gleba como na cidade, a poetisa Cora Coralina viveu 15 anos em Andradina, onde escreveu e publicou na imprensa local grande parte da sua produção literária, que mais tarde reuniu em livros e publicou em Goiás. Aqui ela se fez ídolo antes que em sua própria terra"[393].

Em 1956 ela decidiu voltar para sua terra natal e se despediu de Andradina. Foi atraída pela "força das raízes. Quem sabe ela esperou isso a vida inteira... 'um dia eu vou voltar para Goiás'. É muito comum um goiano ficar esperando a aposentadoria para voltar para a cidade de origem"[394].

---

[392] *In:* Cora Coralina, conta um pouco sua história, 1983.
[393] *In: Jornal da Região*, 1985.
[394] Depoimento de Vicência Brêtas Tahan, filha de Cora Coralina. São Paulo-SP, março de 2009.

Como seu ancestral Bartolomeu Bueno, que demorou 40 anos para retornar a Villa Boa de Goyaz, Cora Coralina voltou 45 anos depois. Bartolomeu voltou à procura do ouro – seu tesouro; Cora voltou por causa da Casa Velha da Ponte, esse era seu maior tesouro. Durante sua permanência no estado de São Paulo, em sua lembrança, manteve aceso o fogo do fogão à lenha, o porão cheio de antiguidades, conversa com as formigas do quintal, sonora a biquinha d'àgua e a porta da rua sempre aberta.

Depois que foi para Goiás, Cora Coralina manteve seu sítio e sua casa em Andradina ainda por algum tempo. Elza Zardim ficou morando na casa da cidade, olhava de vez em quando o sítio e escrevia cartas informando tudo que ali acontecia: "No primeiro momento ela não vendeu. Ela não saiu de Andradina sem o sítio, sem casa. Ela conservou tudo. O sr. Vicente e a Elza ficaram. O sr. Vicente, lá no sítio onde tinha pouso para boiada, ficou tomando conta e a Elza ficou na cidade tomando conta da casa"[395].

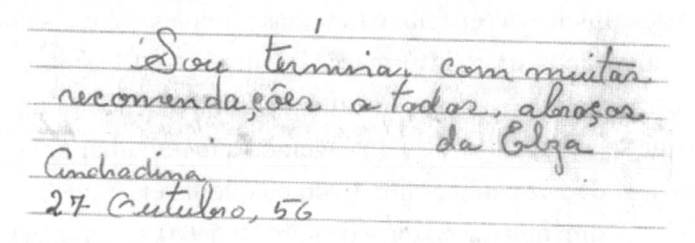

Foto 171: Carta de Elza Zardim a Cora Coralina, 1956

A lavradora Cora Coralina resolvia os assuntos do sítio de longe. Em carta datada de 23 de maio de 1956, uma das primeiras, Elza disse que a dona Maria Ondina já estava engordando um peru para a volta de Cora a Andradina. Seus amigos a queriam por perto. Um apelo amoroso para que a amiga Cora Brêtas retornasse a Andradina.

O sítio continuava sendo cuidado pelo Bastião, que havia plantado "arroz, milho, feijão, mandioca, já encontrei tudo isso nascido, a ilha limpa, esperando uma chuva para ser plantada, dois dias depois choveu, foi plantado todo o arroz. As melancieiras estão com tantas melancias que

[395] Depoimento de Vicência Brêtas Tahan, filha de Cora Coralina. São Paulo-SP, março de 2009.

é uma beleza, as cebolas já foram arrancadas, deu muitas, os cajueiros já estão em flor, os limoeiros estão muito bonitos, mas não têm flor, os mamoeiros estão com uma carga tão grande de mamões que parece até uma pintura, tanto os da entrada como os do mangueirão e da horta, as bananeiras estão pondo uns cachos tão bonitos"[396]. Elza escrevia cartas de até oito páginas, relatando o dia a dia no sítio e a vida em Andradina. Em uma carta de 27 de outubro de 1956, perguntou: "Será que vai dar para a senhora vir para o Natal?"

Sempre em contato com o casal Vicência e Rúbio, Elza fazia questão de mandar notícias dos netos para a avó Cora Coralina: "Na casa da Vicência está tudo indo muito bem, Rubinho sempre um bão menino, Ana M. muito boazinha, ela vem ficar comigo a metade do dia. (...) Célia muito engraçadinha. (...) Carlos M. está gordo, forte, risonho, parece muito com o Rubinho"[397].

Quem também sempre passava pelo sitio e pela casa da cidade para verificar o que precisava ser feito e tomar as medidas cabíveis era Cantídio Filho, que logo após dava informações à mãe: "A Elza na ocasião não estava na casa, pois tinha ido a Araçatuba a fim de atender a uma cunhada (ou irmã) que se achava doente. (...) Tivemos que trabalhar um pouco, pois com a ausência da Elza até comida tivemos que fazer"[398].

Elza Zardim morreu no dia 4 de julho de 1970, na casa da Coloninha: "Elza morreu na cozinha, caiu ao lado do fogão, segurava um paninho de prato bordado, estava sozinha, e que de certo foi um ataque fulminante"[399].

Apesar da distância, Cora Coralina nunca cortou os laços com seus amigos de Andradina. Depois que se mudou para Goiás, visitou a cidade várias vezes para estar com seus amigos e receber homenagens. Em 11 de julho de 1962, Cora recebeu o título de Cidadã Andradinense pela Câmara Municipal de Andradina. Homenagem dos amigos que sentiam falta da dona Cora Brêtas: "No mata-borrão do céu há lágrimas de Cora Coralina, numa promessa de chuva sobre os esquálidos milharais da estrada. Curvamo-nos

---

[396] Carta de Elza Zardim. Acervo do Museu Casa de Cora Coralina.
[397] Carta de Elza Zardim. Andradina, 11 maio 1959. Acervo do Museu Casa de Cora Coralina,
[398] Carta de Cantídio Brêtas Filho, 12 de fevereiro de 1961. Acervo do Museu Casa de Cora Coralina.
[399] Depoimento de Inês Andrade, vizinha de Cora Coralina. Andradina-SP, janeiro de 2009.

ante sua doce humildade, não como a plebe frente à milady, mas como os corações dos pais sob delicado rebento"[400].

Em 1982, com 93 anos, dona Cora Brêtas voltou a Andradina para receber várias homenagens, dentre elas uma placa da Prefeitura e uma medalha da Câmara Municipal. Se não podia mais com uma enxada e a lavoura, podia, e muito, com a caneta e o caderno. Essa foi sempre sua ferramenta mais forte: "Ponha sempre nas mãos do trabalhador, mesmo fraco, uma ferramenta forte./ Observe o resultado. A boa ferramenta estimula o trabalhador./ O trabalhador sente-se forte e seu trabalho se faz leve e ele se esperta. (...) Estas coisas lá longe,/ nos reinos da cidade de Andradina"[401]. Nessa ocasião, no dia 17 de setembro, também recebeu o título de Hóspede Oficial de Andradina[402].

Foto 172: Cora em Andradina – "Cora Coralina – Mulher Coragem"[403]

No dia 6 de outubro de 1983, inaugurou a "Biblioteca Escolar Cora Coralina", no Colégio Estadual Teodoro de Andrade, em Andradina. Entre os amigos que ali estavam, o diretor do *Jornal da Região,* sr. Isael Soares Fernandes, discursou homenageando Cora Coralina. Os alunos cantaram,

---
[400] *In*: Andradina te ama, Cora Coralina. O Jornal da Região, 28/09/1983, p. 1.
[401] CORALINA, Cora. *Vintém de cobre:* meias confissões de Aninha, p. 50.
[402] Decreto Lei número 1.108 da Câmara Municipal de Andradina
[403] Cora Coralina homenageada na 1ª Exposição de Fotos Históricas de Andradina pela Faculdades Integradas Rui Barbosa – FIRB. Patrona da Galeria de Exposição.

declamaram e discursaram para a poetisa. O professor Dionísio Guimarães Filho também discursou, afirmando que a conheceu quando ela declamava o poema do Fenemê e concluindo que a eterna sitiante era uma semeadora de cultura, letras e livros.

Em Andradina, Cora Coralina autografou muitos exemplares de *Vintém de cobre*. Em todos fez questão de deixar mensagens, repletas de palavras de força e otimismo. Seu elo com as palavras verticalizava sua escrita, e ela ficava o tempo necessário para deixar impressa com sua personalizada letra uma linda mensagem. Sempre se dirigia a cada um conforme seu trabalho, conduta, idade ou cidadania.

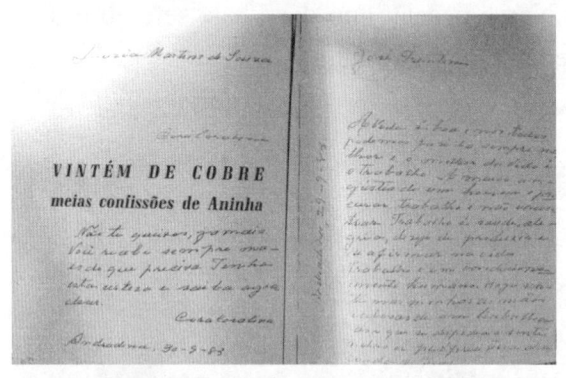

Foto 173: Dedicatória e autógrafo de Cora Coralina para Luzia Martins de Souza, 1983, Andradina-SP

Em um dos autógrafos, a escritora filosofou sobre o trabalho: "A vida é boa e nós todos podemos fazê-la sempre melhor, e o melhor da vida é o trabalho. A maior angústia do homem é procurar trabalho e não encontrar. Trabalho é saúde, alegria, desejo de produzir e se firmar na vida". Além de todo incentivo ao trabalho, encerrou com um conselho. Disse para a leitora não se queixar jamais, pois a pessoa sempre recebe mais do que precisa. Arrematou falando que precisamos saber agradecer. Palavras de uma mulher que muito amou e soube viver.

Atualmente, em Andradina, há a Casa da Cultura Cora Coralina, lugar de ensaio e de dança, teatro e música, de encontro entre jovens, estudantes, professores e comunidade em geral. Ela foi inaugurada no dia 11 de julho de 1985, durante a gestão do prefeito João Carlos Carrera.

Foto 174: Casa de Cultura Cora Coralina, 2009, Andradina-SP

Na Biblioteca Municipal, o Museu Histórico e Pedagógico Regente Feijó guarda a história de Andradina. No acervo estão alguns itens referentes a Cora Coralina. Quadros com fotos, panfletos com poemas comemorativos e até mesmo um lenço vermelho. Um lenço que pertenceu à ex-moradora e cidadã andradinense. Vermelho, cor do coração – lenço, fragmento que enxuga lágrimas, estanca ferimentos, acena boas vindas e até mesmo... partida!

Ainda hoje podemos sentir a sua presença em Andradina. Ao caminharmos pelas lojas da rua Paes Leme, ao ver a placa "Subida da Dona Cora", ao apreciar as enormes tamareiras plantadas por ela na entrada do sítio ou ao nos depararmos com a festa da colheita. Ela voltou para Goiás, mas não deixou de amar o estado de São Paulo. Tanto que ao dedicar um livro aos amigos Junior, Patrícia, Ronaldo, Renato, Regina e Ricardo, da fazenda Conquista, em Sales de Oliveira-SP, Cora Coralina demonstrou seu amor pelo estado: "Meus jovens amigos nascestes no estado de São Paulo, numa zona rica e privilegiada, tenham o orgulho de serem paulistas. Sou Goiana e tenho filhos, netos e bisnetos e genros paulistas o que muito me satisfaz. Vivi no vosso estado 45 anos e amo São Paulo e sua gente e voltei a minha terra ouvindo o chamado de minhas raízes. Tão somente. Cora Coralina"[404].

---

[404] Autógrafo com dedicatória no livro *Poemas dos becos de Goiás e estórias mais*, em 1º de fevereiro de 1981.

Voltar para suas raízes foi voltar para a vida. A raiz é essencial para a vida da planta, ela a fixa ao solo, é através dela que apanha água e nutrientes para sua sobrevivência. Assim, a planta eterniza sua espécie. Voltar para sua Casa da Ponte, ficar ao lado do rio Vermelho, era tudo que precisava para perpetuar-se. Atendeu ao chamado!

PARTE III

CORA DOS GOIASES
(1956-1985)

21

O CHAMADO DAS PEDRAS

> "Nada tão real como a apóstrofe do Gênesis:
> 'Tu és pó e ao pó retornarás'.
> (...) Tudo o que somos usuários vem da terra e volta para a terra.
> Terra, água e ar. O triângulo da vida[405]."
> *Cora Coralina*

Em 1956, depois de 45 anos vividos no estado de São Paulo, Cora Coralina decidiu que já era hora de atender ao chamado das pedras de sua cidade natal. Como descreveu poeticamente, voltou pobre e já vestida de cabelos brancos. Goiás se despediu de uma jovem de 22 anos e, quase meio século depois, recebeu uma senhora de 67 primaveras. Na verdade, sua volta constitui importante rito de passagem. Reencontrar Goiás foi olhar no espelho do passado: "Saí cheia de vida, a face brilhante, os olhos de paz, os cabelos lisos, negros. E quando voltei, vinha vestida já da média dos anos, mas trazia dentro de mim uma soma, um depósito, um repositório enorme, de coisas da minha terra e alguma coisa, muito pouca, de fora, porque eu nunca me apaulistei e nunca me ausentei. A minha ida para São Paulo em 1911 demorou 16 dias, 14 dias a cavalo de Goiás a Araguari, dois dias de trem de Araguari a São Paulo e a minha volta demorou 45 anos. E, quando ia, eu já voltava. Voltava nas patas do caranguejo: um passo para frente e dois para trás"[406].

---

[405] CORALINA, Cora. *Vintém de cobre*: meias confissões de Aninha, p. 77.
[406] Entrevista com Cora Coralina. Sessão da Academia Feminina de Letras e Artes de Goiás, 10 jun. 1980. Arquivo da AFLAG.

Metaforicamente, a poetisa escreveu que voltou sobre os próprios pés atendendo ao chamado das pedras. Desde 1910, quando havia escrito a crônica "Concepção da Pedra", as pedras já assumiam uma enorme atração na sensibilidade da jovem Anna Lins. Certamente em virtude da grande quantidade encontrada nos morros, nos muros e no calçamento de sua velha cidade e, também, do vasto imaginário que este elemento articula. Tanto que vários pesquisadores têm estudado tal simbologia devido às suas reincidências e importância no texto coralineano: "A palavra 'pedra', no singular, no plural ou em formas parassinônimas, comparece 86 vezes em sua obra lírica publicada. Chegou a dizer que em sua poesia só havia pedra"[407].

Suas imagens litóficas evocam imobilidade, dificuldades, dor, mas também superação e resistência. As pedras resistiram e testemunharam diferentes épocas, sustentaram a vida da cidade e fazem o elo do presente com a infância. Daí uma identificação com a trajetória da poetisa, que resistiu a todas as adversidades e voltou para reencontrar suas origens: foi na volta para Goiás que ouviu os ecos do passado e criou a máscara lírica "Aninha". Cora, seguindo o exemplo de Bentinho, de *Dom Casmurro*, voltou para reaver a casa da adolescência e amarrar poeticamente as pontas soltas de sua trajetória: "O meu fim evidente era atar as duas pontas da vida, e restaurar na velhice a adolescência. (...) Em tudo se o rosto é igual, a fisionomia é diferente"[408].

Desse re-encontro em diante, Aninha e Cora andaram de mãos dadas: "Menina que passa na ponte, menina que pára, que espia o rio. Eu me revejo em ti. Pequena, magriça, feia, despenteada, de jeito rebelde. Sou eu mesma que me reencontro em você, pequena goiana, incerta, desgraciosa, marcada pelo ferro em brasa de um destino duro"[409]. O chamado das pedras, das suas raízes, a necessidade de procurar o vintém perdido na infância, a acompanhou durante os 45 anos que morou em São Paulo: "Quarenta anos decorridos! Outros tantos que iniciei o retorno, numa migração inconsciente e obscura, tenaz e muda, tendo a Serra Dourada como sigla, os morros por roteiro e as arestas da vida me demorando os passos, e, sobretudo, e acima de tudo, o chamado ritual, agudo e poderoso da terra. A vestal vigilante

---

[407] DENÓFRIO, Darcy França (Org.). *Cora Coralina:* melhores poemas, p. 11.
[408] ASSIS, Machado de. *Dom Casmurro*, p. 3.
[409] CORALINA, Cora. *Villa Boa de Goyaz*, p. 107.

da minha saudade sempre conservou acesa a candeia votiva da ternura pelo meu duro berço de pedras. Os morros verdes parecem que vestiam para mim galas vegetais; festivo o azul lavado dos ares, e no meu cansado coração, uma festa maior: - A festa da Volta às Origens da Vida"[410].

Essas foram as justificativas constantemente descritas por Cora Coralina quando questionada sobre os motivos de sua volta à Goiás – um chamado poético: "Do perdido tempo./ Do passado tempo/ escuto a voz das pedras:/ Volta... Volta... Volta.../ E os morros abriam para mim/ imensos braços vegetais./ E os sinos das igrejas/ que ouvia na distância/ Diziam: Vem... Vem... Vem.../ E as rolinhas fogo-pagou/ das velhas cumeeiras:/ Porque não voltou.../ Porque não voltou.../ E a água do rio que corria/ chamava... chamava.../ Vestida de cabelos brancos/ Voltei sozinha à velha casa, deserta"[411]. Além disso, havia também um chamado judicial. Como vimos, quando Cora ainda residia em Penápolis, em 1938, ela havia sido intimada para dar execução ao testamento de sua mãe, na cidade de Goiás. Devido à doença e morte de sua irmã mais velha, adiou o retorno. Somente compareceria em juízo duas décadas depois, visando tomar posse da casa de sua família antes que alguém lhe tomasse os dois imóveis. Nuança coerente com seu discurso, já que a casa-natal trazia marcada a herança de sua estirpe bandeirante, de seus familiares, de seu passado. Lutar pela casa era, desse modo, re-encontrar com suas origens, memórias e sonhos.

Antes de re-encontrar Goiás, Cora Coralina conheceu Goiânia. É certo que Cora acompanhou pelo noticiário e por cartas a construção e transferência da capital goiana, mas, agora, ela via o sonho corporificado. A pedra fundamental de Goiânia foi lançada em 1933, graças aos esforços de Pedro Ludovico Teixeira, e a transferência efetivou-se em 1937: "Da mudança para Goiânia, suas ofertas, lotes, casas e chácaras,/ terrenos baratos em sua volta. Um decreto do Governador/ oferecendo lotes na 'nova' a todos os proprietários da 'velha'/ que requeressem no sentido de compensação generosa,/ conseqüente a desvalorização da velha Capital./ Vendedores de lotes a prestação ofereciam de porta em porta,/ traziam mapas, informavam./ (...) A mesma situação conheci em Andradina"[412].

---
[410] *Idem*, p. 106-107.
[411] CORALINA, Cora. *Meu livro de cordel*, p. 95.
[412] CORALINA, Cora. *Vintém de cobre:* meias confissões de Aninha, p. 201-202.

Enquanto a maioria dos moradores da cidade de Goiás sofria com a perda do *status* de viver na capital e não aceitava a mudança, Cora Coralina, que já havia sido pioneira, sabia a importância do idealismo e acreditava na nova capital do estado e no sucesso da construção de Brasília no coração brasileiro. E profetizou, em 1956: "Um autêntica civilização que, no enluramento de dois séculos, se considerou um dia madura e apta para ser mudada, sem se esfacelar, deixando ainda, para os pósteros, raízes fortes e sementes fecundas. Goiânia! O grande milagre de Goiás e da gente goiana! (...) Uma nova esperança se acena no horizonte. Com a expansão de Goiânia e com a possibilidade da mudança da Capital Federal para o planalto, Goiás, será, sem dúvida, um centro de turismo, dos mais interessantes do país. Assim compreendam seus assistentes e responsáveis, impedindo, em tempo, maiores atentados ao seu feitio característico e tradicional que merece ser inteligentemente resguardado"[413].

Nas entrevistas afirmava que voltou a Goiás em 22 de março de 1956 sem a intenção de permanecer e que queria apenas matar saudades velhas e carregar saudades novas[414]. Todavia, dois meses antes, em janeiro do mesmo ano, Cora Coralina re-encontrou sua velha cidade. Em 9 de janeiro publicou uma mensagem aos andradinenses: "Minha gente amiga de Andradina, acabo de chegar nessa velha cidade de Goiás. Falo a vocês da Casa Velha da Ponte. (...) Eu digo sempre, é uma ventura nascer em Goiás, viver em qualquer cidade do estado de São Paulo e principalmente viver nesta maravilhosa cidade de Andradina. (...) Falo desta distância e mando para vocês a minha saudação e o meu coração que esqueci aí entre vocês. (...) E aqui nesta hora, nesta manhã ensolarada desta minha cidade, dentro da Casa Velha da Ponte, ao lado de amigos que vieram a esta casa tão à minha chegada, mando dessa cidade para toda cidade de Andradina o meu grande abraço, aquele abraço e, naquele abraço, a grande saudade e o grande agradecimento, a grande gratidão de quem aí esteve e se despediu de vocês há tão poucos dias"[415].

---

[413] CORALINA, Cora. *Villa Boa de Goyaz*, p. 106-109.
[414] Cf. Cora Coralina – Especial Literatura, n. 14, TVE, 29/1/1985.
[415] Poetisa Cora Coralina saúda os andradinenses. In: Jornal não identificado, Andradina, jan. 1956.

Foto 184: Casa Velha da Ponte, bico de pena de João do Couto

Cora foi inteirar-se do estado da Casa da Ponte e das providências que necessitaria tomar para reaver os bens. Em 17 de janeiro sua nora Nize Brêtas lhe escreveu relatando notícias familiares e questionou: "Quando terá fim esse inventário? Já estamos com muitas saudades da senhora". Além disso, comentou: "Alegrou-me bastante saber que a senhora com a receita está bem de saúde e bem disposta"[416]. Se não bastasse a cansativa viagem, ela chegou a Goiás febril, ainda se recuperando de problemas de saúde. O abatimento físico contribuiu para que não sentisse o impacto do re-encontro, como registrou em seus versos sobre o retorno que a cidade-mãe nem a surpreendeu, nem a desencantou: "Eu perguntei qual tinha sido a sua emoção ao chegar a Goiás depois de quase cinquenta anos de ausência e ela me contou que tinha vindo de ônibus, febril, numa noite de chuva. Uma viagem muito cansativa. De modo que não houve o primeiro impacto. Esse grande impacto, do re-encontro, essa emoção, não foi imediata"[417].

Adda, sua irmã caçula, já havia falecido há cinco anos. Na casa residiam seu cunhado e algumas sobrinhas. Não se conheciam. Esse primeiro momento foi descrito pela poetisa: "Voltei. Ninguém me conhecia. Nem eu reconhecia alguém./ Quarenta e cinco anos decorridos./

---

[416] Carta de Nize Brêtas a Cora Coralina. Acervo do Museu Casa de Cora Coralina.
[417] Depoimento de Hecival Alves de Castro, amigo de Cora Coralina. Goiás, fevereiro de 2009.

Procurava o passado no presente e lentamente/ fui identificando a minha gente"[418]. Cora Coralina percebeu que o inventário se estenderia por um longo tempo, fator que a fez mudar de planos: "Avaliando a situação racionalmente, procurando inteirar-se da questão que a levou ali – sua herança –, verifica que não será em pouco tempo que terá resolvida a pendência e vê que sua estadia na cidade é imprescindível. Desta forma, o melhor é tornar ao estado de São Paulo, desfazer-se de seus bens restantes em Andradina, e vir de vez. Um mês depois, está de volta"[419].

Em 21 de março de 1956 se despediu de Andradina, deixando nova mensagem: "Volto para outros rumos. Outros compromissos. Apelo de filhos e netos. Não digo um adeus a Andradina. Digo até a volta. Vim com as mãos vazias. Deram-me flores, diplomas, medalha, comenda de honra e distinção, tantas ofertas delicadas. Cidadã da cidade eu o sou em hora feliz. Nesta curta demora vivi tantos momentos de alegria, recebendo homenagens e amigos. Parto e me parte o coração não saber agradecer melhor. Obrigada amigos. Obrigada a todos pelo muito que me foi conferido. Cora Coralina"[420].

No dia seguinte, em plena Semana Santa, retornou com o intuito de residir em Goiás para acompanhar de perto o inventário. Um de seus primeiros atos na cidade foi comparecer ao fórum e assinar o termo de aceitação de testamentária:

> "Aos vinte e seis dias do mês de março de mil novecentos e cinqüenta e seis, nesta cidade de Goiás, na sala de despachos do M. M. Juiz de Direito da 2.ª Vara, doutor Geraldo Magella F. Ferreira que aí se achava comigo, escrivão do seu cargo, abaixo indicado e que este subscrevo, compareceu a Sra. D. Ana Lins dos Guimarães Peixoto Bretas, a quem o M. M. Juiz deferiu o compromisso, na forma da lei, de bem e fielmente, com boa e sã consciência, sem dolo nem malícia, desempenhar o cargo de testamenteira da finada D. Jacinta Luiza do Couto Brandão Peixoto. Prestado o referido compromisso, prometeu ser fiel executor das disposições de última vontade da testadora, tais como se acham expressadas no testamento. Do que, para constar, lavrei a presente, que

---

[418] CORALINA, Cora. *Vintém de cobre:* meias confissões de Aninha, p. 135.
[419] TAHAN, Vicência Brêtas. *Cora coragem, Cora poesia,* p. 205.
[420] Cf. ALCÂNTARA, Luziana Queiroz. *Andradina:* a terra do Rei do Gado – 1937-1969, 2001.

lido e achado conforme, é assinado. Octhugamys Gomes dos Santos Baylão. Geraldo Magella F. Ferreira. Anna Lins dos Guimarães Peixoto Bretas"[421] (Inédito).

A Casa Velha da Ponte era a única herança concreta de seus antepassados. Recuperar este tesouro era promover um acerto de contas com o passado, mesmo que para isso fosse necessário despedaçar correntes de afeto e deixar amigos, família, bens, projetos: "O meu local é aqui. O meu estado é aqui. A minha vida é aqui, porque aqui eu tenho as minhas raízes. (...) Eu vivi em cidades ótimas no estado de São Paulo e deixei mais do que cidades, deixei filhos, netos, bisnetos, nora e genros, gente que me queria bem e me quer bem e me respeita e voltei para minha terra chamada pelas raízes, as minhas raízes ancestrais. Eu ouvi um chamado das pedras da minha cidade. E eu acabei voltando. E aqui estou integrada. Não quero nada mais do que esta casa velha, estas pobrezas que me cercam e as minhas raízes que me cercam e que eu me liguei de novo. (...) Quando eu me afastei da família eu tinha dado a essa família 45 anos de minha vida, portanto nenhum sentimento de culpa, apenas um sentimento de quem cumpriu um dever. Eu tinha me dado aos filhos durante 45 anos. Chega. Tinha também o direito de viver a minha vida"[422].

Ela não precisava morar em Goiás, mas optou por instituir seu exílio voluntário na Casa Velha da Ponte visando ter um teto todo seu, um espaço onde pudesse conquistar sua autonomia financeira e intelectual: "Hoje meus filhos moram todos em São Paulo e eu aqui. Nem eu tenho vontade de ir para perto deles, nem tenho vontade que eles venham para perto de mim. Porque acho bom assim. Não quero mais limitação na minha vida. Fui limitada na primeira infância, fui limitada de menina, fui limitada de adolescente, fui limitada de casada e não quero ser limitada depois de velha. Hoje, não me sinto livre, me sinto liberta. Não quero mais limitação na minha vida. Não há nada que valha para mim a minha libertação"[423].

---

[421] Acervo do Museu Casa de Cora Coralina.
[422] Entrevista a Vicente Fonseca e Armando Lacerda, na fase de prospecção do Filme *Cora Doce Coralina*, Goiás, 1982.
[423] *In:* BOTASSI, M. Cora Coralina conta um pouco da sua história, p. 9.

Foto 185: Cora Coralina da janela da Casa Velha da Ponte, década de 1950, Goiás-GO

Enquanto se desenrolavam os trâmites judiciais, que se arrastariam por alguns anos, Cora Coralina se integrou aos poucos à vida da cidade. Inicialmente seus pontos de apoio foram as tias Bárbara e Vitalina, irmãs de sua mãe, que residiam ao lado da Igreja da Boa Morte, e dona Idalina. Viviam constantemente juntas: "A primeira vez que eu vi Cora foi aqui na casa de dona Idalina. Dona Idalina morava nessa casa acima aqui da Igreja da Boa Morte. E dona Vitalina e dona Bárbara, que eram parentes dela, primas ou tias, moravam numa casa em frente. Então eu as vi aqui. Isso em 1956, quando ela chegou. Eu gostei de Cora, achei simpática, muito franca. Então eu comecei a me relacionar com ela. Nessa época que ela voltou, as amigas que ela tinha eram dona Altair Camargo, dona Siná, dona Olímpia de Azeredo, dona Umbelina (que era madrinha dela), dona Idalina, dona Vitalina e dona Bárbara"[424]. "Tinha uma vizinha de minha mãe, dona Vitalina, que era aparentada de Cora e foi me visitar e

---

[424] Depoimento de Antolinda Baía Borges, amiga de Cora Coralina. Goiás, fevereiro de 2009.

casualmente tocou no nome de Cora. E na noite seguinte ela levou Cora lá em casa. Cora encantou a todos. Aquela palestra alegre, viva, cheia de bom humor. E eu me recordo que antes de se retirar ela recitou aquele poema 'Do Beco da Vila Rica'. Depois disso, cresceu ainda mais minha admiração e curiosidade em entrar em contato com Cora, e comecei a frequentar sua casa, estabelecendo uma convivência bastante estreita"[425].

Logo que regressou, Cora escreveu o poema-prosa "O Cântico da Volta". Um dos exemplares do acervo do Museu Casa de Cora Coralina traz a data de março de 1956. O poema é um rito de passagem, uma baliza que a reapresentou ao campo literário e cultural goiano: "A primeira mensagem minha foi 'O Cântico da Volta', que eu escrevi e mandei publicar num folhetinho. (...) Foi uma espécie de ligação com a minha gente. (...) E daí então foi se abrindo dentro de mim, como se tivesse um porãozinho dentro, e as coisas foram saltando, as recordações, as lembranças, aquelas velhas figuras, velha paisagem, velhos costumes, tudo isso foi saindo de mim e eu comecei a escrever o primeiro livro"[426].

Enquanto se reintegrava à vida em Goiás e resolvia as questões da herança, Cora Coralina pesquisou os antigos costumes, as histórias e, principalmente, a linguagem. Em 8 de abril de 1956 o jornal *Cidade de Goiás* divulgou a presença de uma escritora que visitava a cidade:

> "Cora Coralina. Em visita a esta cidade encontra-se entre nós a Sra. D. Ana Lins dos Guimarães Peixoto Bretas, de tradicional família vilaboemse, viúva do dr. Cantídio Bretas, ex-chefe de Polícia do Estado e que transferiu sua residência para São Paulo em 1911. A ilustre visitante, que tomou parte ativa no movimento intelectual naquela época, colaborou intensamente nos jornais goianos sob o pseudônimo de Cora Coralina, sendo relevante o seu papel no meio literário de Goiás nos seus tempos áureos. Inteligência viva e palestra fluente, Cora Coralina está colhendo dados para trabalho seu sobre a nossa terra, que virá a lume dentro em breve"[427].

---

[425] Depoimento de Hecival Alves de Castro, amigo de Cora Coralina. Goiás, fevereiro de 2009.
[426] Cf. Cora Coralina – Especial Literatura, n. 14, TVE, 29/1/1985.
[427] *In:* Jornal *Cidade de Goiás,* Goiás, n. 633, 8 abr. 1956, p. 1.

F. 186

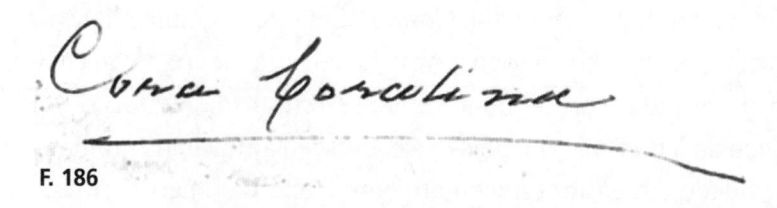

Cora Coralina, mesmo quando morou em São Paulo, de uma forma ou de outra, sempre esteve ligada à Goiás: "Ela me dizia que, quando ela deixou Goiás e ficou quarenta e cinco anos fora daqui, nunca perdeu contato com a cidade. Deixou família, amigos, sabia o que acontecia na cidade. Ela se correspondia através de cartas. Inclusive, ela ficou sabendo da morte dos familiares, até da última pessoa da casa que havia morrido"[428].

Ela também acompanhava de longe os acontecimentos da vida literária de seu estado, mantendo-se informada e recebendo cartas e livros de escritores goianos. Prova disso é a correspondência de Paulo Emílio Póvoa, datada de 26 de fevereiro de 1949:

> "Exma. Sra. Cora Brêtas. (...) Estando fazendo uma coletânea de contos de autores goianos para ser publicada pela 'Bolsa de Publicações Hugo Ramos', da secção de Goiás da Associação de Escritores do Brasil, não podia deixar de incluir um trabalho de Cora Coralina, uma das poucas intelectuais goianas de grande e real mérito. (...) Os *Contos Goianos* apresentarão, além de um trabalho seu, que muito enriquecerá a coletânea, outros assinados por Hugo e Vitor de Carvalho Ramos, Bernardo Elis, Pedro Gomes, José Décio Filho, Eli Brasiliense, Marilda Palínia, Domingos Félix de Sousa, Léo Lince, Gastão de Deus etc. (...) Os últimos livros de autores goianos que têm sido publicados são: *Ermos e Gerais,* de B. Elis; *O Pito Aceso,* de Pedro Gomes; *Goiás: usos, costumes e riquezas naturais,* de dr. Vitor Coelho; *Antologia Goiana,* de Veiga Neto; *Nos Rosais do Silêncio,* de Americano do Brasil; *Rio do Sono,* de José Godoi Garcia; *A Outra Face,* de Domingos Félix de Sousa; *O Túnel,* de Afonso Félix de Sousa etc. Caso se interessar por algum, terei prazer em lhe mandar"[429] (Inédito).

Em 3 junho de 1956, a Associação Brasileira de Escritores (ABDE) promoveu em Goiânia um coquetel no restaurante Bamboo em homenagem

---

[428] Depoimento de Ataliba Guimarães Franco, enfermeiro de Cora Coralina. Goiás, fevereiro de 2009.
[429] Acervo do Museu Casa de Cora Coralina.

ao retorno de Cora Coralina. Nessa ocasião teve algumas de suas poesias declamadas por escritores goianos e distribuiu "O Cântico da Volta" num folheto que havia mandado imprimir em duas folhas dobradas: "O cântico da volta é também o seu retorno ao campo literário. A volta de Cora Coralina à vida literária local. Por isso foi merecedora de uma notável homenagem por seus pares, que sabiam de sua importância no passado da Cidade de Goiás. Não uma simples festa de congraçamento e de boas-vindas por parte de alguns escritores, como chegamos a imaginar. Mas algo consagrador. E ficamos sabendo pelo Editorial de Boquady, quem teria estendido a mão a Cora Coralina naquele princípio"[430]. Vejamos a descrição do evento:

"Na manhã do último domingo, a Associação Brasileira de Escritores, Secção de Goiás, ofereceu no Restaurante Bamboo, nesta Capital, à escritora e poetisa Cora Coralina (goiana que ora nos visita) um coquetel a que compareceram, além de outras, as seguintes pessoas: o Presidente da ABDE, Secção de Goiás, e a sra. José Bernardo Félix de Souza, o escritor e a sra. Bernardo Elis, o poeta Erico Curado, o poeta José Lopes Rodrigues, o poeta José Godoy Garcia, o cronista e a sra. Antônio Juruena Di Guimarães, o poeta Wilson Mendonça, o poeta Gilberto Mendonça Teles, o jornalista Elísio de Assis Costa, o jornalista Oscar Sabino Júnior, o radialista Jeovah Baylão, o contista Waldomiro Bariani Ortêncio, o sr. Milton Ribeiro Guimarães, o escritor José Xavier de Almeida Júnior, presidente da Academia Goiana de Letras, o jornalista Germano Maltez, o sr. Messias Tavares, presidente da União do Estado de estudantes goianos, a srta. Terezinha Pinto, a srta. Divina Nascimento, o jornalista e poeta Geraldo Vale, presidente da Associação Goiana de Imprensa, o médico e sra. Hélio Seixo de Brito, o desembargador Maximiano da Mata Teixeira e sua sra., a escritora Amália Hermano Teixeira, a escritora Ada Curado, o engenheiro Jerônimo Fleury e sua sra., a poetisa Rosarita Fleury, a sra. Anita Curado, a sra. Zila Fleury Teixeira, o presidente da agremiação de teatro sr. Otavinho Arantes, o poeta e vereador Haroldo de Brito Guimarães, a srta. Vilma Gianotti. A homenageada, escritora Cora Coralina, fez-se presente e teve vários poemas de sua autoria lidos, no momento, por José Godoy Garcia, Gilberto Mendonça Teles, Xavier de Almeida Júnior e Jeovah Baylão. O escritor José Bernardo Félix de Souza, na qualidade de presidente da ABDE, Secção de Goiás, iniciou a secção com um breve discurso, falando, logo depois, o jornalista Oscar Sabino Júnior e a sra. Hélio de Brito. Godoy Garcia

---

[430] DENÓFRIO, Darcy França. Retirando o véu de Ísis: contribuição às pesquisas sobre Cora Coralina, p. 185.

leu um poema. A sra. Divina Nascimento, acompanhada ao piano pela poetisa Rosarita Fleury, declamou versos de Regina Lacerda e cantou Noites Goianas. No final, a sra. Cora Coralina pronunciou belas palavras de agradecimento e leu, com muito agrado, dois poemas de Bernardo Elis"[431].

O jornal *Folha de Goyaz,* em 24 de junho de 1956, publicou os poemas de Cora declamados durante a homenagem. Foram eles: "Búzio Novo", "Meu Destino", "Cidade de Santos" e "Cântico de Andradina". E concluiu ser promissor para Goiás e para a intelectualidade goiana o regresso da escritora. O certo é que, após o lançamento de "O Cântico da Volta", ela reatou os laços com os escritores de sua geração e ficou conhecida também pelos escritores jovens.

Nesse ano foi várias vezes a Goiânia, hospedando-se na casa dos sobrinhos Ondina Albernaz e Pequetita Guimarães: "Grande saudade de todos e de tudo que aí ficou e principalmente da algazarra da criançada. (...) No mais, os morros verdes, a Santa Bárbara vigilante e a vida quietinha da cidade que roda devagarinho como as águas do velho rio desviando-se dos estorvos. Annica. Goiás, 24/5/56"[432]. Além da homenagem por ocasião do lançamento de "O Cântico da Volta", Cora Coralina também prestigiou em 1º de agosto de 1956 a conferência "Memórias e belezas da cidade de Goiás", pronunciada por seu primo Goiás do Couto na Assembleia Legislativa do Estado: "Na época, o presidente da Assembléia inaugurou um ciclo de conferências sobre o estado de Goiás, e o primeiro conferencista foi o professor Goiás do Couto, daqui da cidade, que fez a conferência 'Memórias e belezas da cidade de Goiás'. Nessa palestra, a Assembleia estava lotada, o mestre de cerimônia anunciou a presença de Cora Coralina no auditório"[433].

Em meio à solidão dos cômodos, na casa vazia de gente, cheia de sonhos, fantasmas e papelada, a escritora buscou seus segredos e lembranças, revelando-as em meias confissões. Daí a reincidência do porão como metáfora: "Nós temos dentro de nós um porãozinho. Ele abre e fecha automaticamente. E as coisas caíram dentro do meu porão. E o porão se fechou. E ficou fechado durante quarenta e cinco anos. O tempo todo que eu estive fora da minha

[431] BOQUADY, Jesus Barros. Editorial. Jornal não identificado, Goiânia, 6 jun. 1956.
[432] Carta de Cora Coralina a Juruena e Pequetita Guimarães. Acervo do Museu Casa de Cora Coralina.
[433] Depoimento de Hecival Alves de Castro, amigo de Cora Coralina. Goiás, fevereiro de 2009.

cidade. E eu senti a necessidade de abrir esse porão voltando. Lá não. Tinha que voltar para abrir o porão. Aqui é que o meu porão tinha que ser aberto soltando as coisas de dentro. Soltando o passado de dentro"[434].

Enquanto se integrava à sua nova rotina, recomeçou a escrever. Entre 1956 e 1959, publicou contos e poemas nos jornais locais, muitos dos quais até hoje não foram acomodados em livro. São desse período: "Meu Goiás, Evocações" e "Relógio do Rosário" (poemas, jornal não identificado, 1956), "Zé Sidrach e Dico Foggia" (conto, jornal *Cidade de Goiás,* 9/12/1956), "A Catedral de Goiás" (poema, jornal *Oió,* 1957), "Rio Vermelho" (poema, jornal *Cidade de Goiás,* 20/1/1957), "Dois pesos e duas medidas" (artigo, Jornal *Gazeta de Goiás,* 26/5/1957), "A Escola da Mestra Silvina" (poema, jornal *Gazeta de Goiás,* 16/6/1957) e "Velho Sobrado" (poema, jornal *Cidade de Goiás,* 22/3/1959). Além disso, durante o ano de 1957, manteve uma coluna intitulada "Meu Canto" no jornal *Gazeta de Goiás,* cujos textos se referiam a passagens da vida de Jesus[435].

Conforme publicou o jornal *Cidade de Goiás,* Cora Coralina estava de volta para colher dados para seu próximo trabalho. Um dos eixos que nortearam esta coleta de dados foi a sua preocupação com a linguagem. Preocupação que guiou seu processo criativo ao ponto de elaborar um glossário de termos e apelidos comumente utilizados em Goiás. No texto intitulado "Meu Goiás", forneceu algumas pistas:

> "Sempre se usou aqui, em Goiás, umas tantas palavras e expressões que perdi das oiças e que nunca mais escutei nos longos anos que vivi por outras cidades, em outros Estados, ouvindo outra gente falar. Não que sejam palavras regionais, gíria; ou corruptelas, sem dicionário ou chancela de gramática. Até que elas têm boa origem portuguesa, mas, por isso ou aquilo, ninguém as emprega fora daqui. Volto a Goiás, depois de longa ausência, e encontro as tais em uso corrente. Nem se gastaram, nem foram esquecidas, nem relegadas ou trocadas por palavras e expressões novas, incorporadas na língua, nesses longos quarenta anos. Vejamos: a rica, expressiva e velha palavra – ENZONA – e suas derivadas: enzonice, enzoneira... Palavra Goiana que me lembra a infância passada e repassada. Palavra marcante, clara como ferro em brasa sobre a sensibilidade da

---

[434] *In:* SALLES, Mariana de Almeida. *Cora Coralina:* uma análise biográfica, p. 38.
[435] Cf. Acervo do Gabinete Literário Goiano.

criança de imaginação viva que saía da bitola estreita, traçada e medida pelo matriarcado das famílias. Só agora, depois de ouvir a velha expressão, ela encontrou nova ressonância na acústica da lembrança, consciente, inconsciente ou o que seja, e surgiu à flor das recordações minha figurinha boba de menina de outros tempos. Enzoneira... Eu era uma menina enzoneira... Encontro novamente a palavra inimiga e detestada, ouvida e sentida na remota infância. Eu era definida como menina enzoneira... (...) Criança de imaginação, fazedeira de perguntas, contadeira de sonhos e misturando verdades com o imaginário. Eu era uma menina enzoneira com reprovação geral de todas que zelavam da minha infância. E assim fiquei para sempre. Me fiz mulher, nasceram meus filhos e vieram netos. Meus cabelos embranqueceram e continuo enzoneira. Que deixo eu no papel senão as enzonas de minha imaginação? Que procuro no acervo humano da vida senão enzonices de um espírito combativo e inquieto? Encontro de novo minha palavrinha bem goiana, bem conterrânea"[436].

Foto 187: Cora Coralina e o neto Paulo Sérgio Brêtas de Almeida Salles, 1961, São Paulo-SP

Em Goiás, recebeu o apreço da juventude. Foram os jovens que promoveram a primeira aparição pública da intelectual. A partir daí, a cidade conheceu sua outra face. Ressurgia a escritora Cora Coralina: "Goiás possuía um movimento estudantil muito forte. Nós resolvemos patrocinar uma série de palestras sobre a cidade de Goiás. A primeira foi a do professor Goiás do Couto, que fez a mesma conferência que ele havia pronunciado na Assembleia alguns anos antes. Outros palestrantes falaram sobre a história de Goiás. Depois o tema foi literatura goiana. Um ciclo de palestras sobre literatura. E só houve uma palestra: a de Cora Coralina. Depois dela, ninguém mais se

[436] CORALINA, Cora. Meu Goiás. Jornal *Cidade de Goiás,* Goiás, 16 set. 1956.

dispôs a vir. E foi um sucesso. Foi a primeira apresentação pública de Cora depois do retorno. Eu era presidente do Centro Cívico Professor Ferreira, a convidei e ela aceitou de bom grado. Foi no clube dos estudantes, ali onde atualmente funciona a APAE. Na palestra ela não abordou propriamente a literatura goiana. Ela apresentou um dos seus contos e, a partir dele, mostrou um painel da sociedade goiana. O conto se chama 'O fantasma da louca de Goiás'[437]. Ela foi muito aplaudida, comentada. Durante semanas na cidade só se comentava sobre a palestra de Cora"[438].

De posse dos termos, das histórias e dos poemas, começou a lutar pela publicação de seus escritos. Uma sexagenária, pobre, mulher, do interior de Goiás, enviando trabalhos para revistas e jornais visando ter seus textos divulgados e avaliados. Muitas foram as dificuldades e pedras encontradas no caminho. Exemplo instigante é a carta que enviou em 1959 aos escritores Aurélio Buarque de Holanda e Paulo Rónai solicitando a publicação do poema "Pouso de Boiadas" no suplemento literário do *Diário de Notícias* do Rio de Janeiro. Ao lê-la, observamos parte do pensamento literário vigente na época, além dos argumentos e das estratégias utilizadas pela poetisa de Goiás tentando romper com os preconceitos:

> "Procuro hoje o suplemento do 'Diário de Notícias' que V.V. S.S. dirigem e ordenam. Venho pedir licença de entrada, a moda antiga, sem ninguém que me apresente, batendo palmas na porta e mandando cartão, que, no caso, é a poesia junta: 'POUSO DE BOIADAS'. Estará, ela, dentro dos quadros e avaliações do Suplemento? Passará pelo filtro das seleções? O que posso dizer de verdade, é o seguinte: para nós que vivemos namorando o jornal, da banda de fora, o suplemento literário representa uma conquista de todos os inconformados com a falta de talento e exuberância de vocação publicitária. Para aqueles que não têm livros publicados, nem nome feito, ou lugar marcado na imprensa, essas páginas domingueiras são, a bem falar, uma espécie de respiradouro, por assim dizer, uma tenda de oxigênio onde esperamos respirar nossas próprias criações. Competição? Não. Justo e humano desejo de sermos avaliados e publicados, um passinho na carreira difícil, um degrauzinho

---

[437] Conto publicado com o título "Correio Oficial de Goiás", no livro *Estórias da casa velha da ponte*.
[438] Depoimento de Hecival Alves de Castro, amigo de Cora Coralina. Goiás, fevereiro de 2009.

na escalada impossível. Sem esquecer de que muitos são chamados e poucos os escolhidos. Pode também, acontecer, a gente nem ser aceita, ou, mesmo sendo, nunca passar do suplemento. No primeiro caso se disfarça o desapontamento e faz de conta que não mandou nada. No seguinte, a gente mostra a todo o mundo, quer dizer, ao pequeno mundo da gente. Pede o suplemento aos amigos, assinantes do jornal, e, se enche toda de... gás néon, por exemplo. Ficamos acreditando ter entrado em nova rotação na esfera literária e que, dali, a se firmar na estratosfera, onde pairam os maiorais, é um pulo. Assim ou assado, não deixa de ser um teste. E por falar em teste... vamos ver o meu teste. Aproveitando este final: Por que os mestres que são de dentro, mandantes aí, não viram esse suplemento pelo avesso, não desentulham ele de tanta gente letrada e dogmática e não deixam o dito, só para gente nova, mais ágil, sem livros e ansiosa de cartaz? Por que não se dá a ele um sopro renovador, abrindo concursos literários, com estímulos e prêmios? Temos, nós, para cá da linha dos jornais, a impressão de que os suplementos deveriam ser nossos. (...) Remove para o corpo do jornal essa gente sapiente, encadernada em dourado, impressa em couché e deixa o suplemento, democraticamente, aos pequenos, que dele precisam, com as devidas ressalvas. Melhorava, e bem, para nós. 'Pouso de Boiadas' pede um lugarzinho no Suplemento que V.V. S.S. dirigem e ordenam. Basta isso, Mestres? Atenciosamente, Cora Coralina. Goiás, julho de 1959"[439].

Posteriormente, Cora Coralina escreveu que "Pouso de Boiadas" havia pedido um lugarzinho no jornal e que não foi ouvida. Isso em âmbito nacional. No estado de Goiás as dificuldades não foram menores, apesar da homenagem que recebeu por ocasião de sua volta. Nessa época, ocorria uma tensão no campo literário goiano. O grupo literário "Os Quinze", composto por poetas que se identificavam com a Geração de 45, em seu manifesto datado de 1957, tentava negar a existência de rivalidades e prepotências entre escritores dentro do movimento literário. Havia uma luta entre velhos e novos autores: "Foi talvez uma luta íntima, em que alguns teimavam em não se ver superados e outros trabalhavam por emparelhar-se com o escritor 'consagrado da província'. Foi talvez rivalidade. Mas foi luta. Tanto que de lá para cá outras foram as vozes que se ouviram, principalmente na poesia. Um crítico lúcido como E. D'Almeida Victor não vacilou em mencionar

[439] Acervo do Museu Casa de Cora Coralina.

a ruptura que se estava verificando entre as duas gerações, a que pregou o Modernismo em [Goiás] 1942 e a que, em 1957, procurava novos rumos para as suas mensagens de poesia"[440].

Cora Coralina havia chegado nesse campo literário e, como vimos nas ideias expostas na carta a Buarque de Hollanda e Paulo Rónai, era previsível que ficasse do lado dos escritores mais jovens, dos que, como ela, buscavam reconhecimento. Muitos jornais de Goiás fecharam suas portas às colaborações da poetisa: "Eles me põem de lado. Eles têm medo da minha opinião porque eu falo o que os outros querem dizer e não têm coragem e como eu não tenho ninguém em Goiás, eu tenho a liberdade para dizer o que eu quero. Eu sei da minha franqueza e não faço mais, não me agrupo"[441]. Todavia, Cora Coralina não desistiu. Seguiu seu destino de rapsoda e re-escreveu os autos do passado antes que o tempo passasse tudo a raso.

Ela re-encontrou suas origens e obteve o suporte necessário para realizar um dos projetos de sua vida: escrever e publicar sua obra. Transformou sua cidade de pedras em cidade de palavras. Talvez tivesse mais possibilidades de publicar seus livros quando residia em São Paulo, mas os publicou durante a sua estadia em Goiás. A poetisa escreveu a maior parte de sua obra em solo goiano, em sua reclusão voluntária na Casa Velha da Ponte, realizando um rearranjo da memória coletiva. Não por acaso, confidenciou a sua amiga Elza Recco: "Em São Paulo podemos fechar os olhos, correr o dedo pelo mapa e onde ele parar é bom para viver. Mas somente na velha Goiás é bom para morrer"[442].

Cora Coralina voltou para viver e deixar um exemplo de coragem e otimismo. Que o melhor tempo é o tempo em que estamos vivendo e que, independentemente do ponto de partida, o que vale é a caminhada. Por isso, inverteu o itinerário e, de foz a nascente, retornou para revisitar o passado: "Quando escrevo, escrevo por um impulso interior que me vem do insondável que cada um de nós traz consigo. Mas uma coisa eu digo a você: ontem nós falamos nas pessoas que ainda estão

---

[440] TELES, Gilberto Mendonça. *A poesia em Goiás*, p. 202.
[441] Entrevista a Vicente Fonseca e Armando Lacerda, na fase de prospecção do Filme *Cora Doce Coralina*, Goiás, 1982.
[442] Anotações de Elsa Recco, Andradina-SP, 1983.

voltadas para o passado. (...) E eu digo a você: não há ninguém que não faça sua volta ao passado ao escrever. Nós todos fazemos. Nós todos pertencemos ao passado. Todos nós. Queira ou não queira. É de uma forma instintiva. Nós todos estamos ligados muito mais aos nossos avós do que aos nossos pais"[443].

Uma série de leituras e experiências acumuladas; o re-encontro com a cidade e a casa natal; o estabelecimento de um teto todo seu; a realização de pesquisas resgatando vocabulário, estórias, verdades e mentiras; a busca pela independência financeira; o isolamento necessário para o trabalho intelectual; e uma mente angustiada. Esse conjunto de fatores, aliado a um projeto de vida que nunca abandonou a meta de realizar-se como escritora, inspirou Cora Coralina a, finalmente, decidir que esse seria o momento de construir sua obra. Mas a autora, atendendo o chamado das pedras, ainda teria que vencer dois grandes obstáculos: escrever e publicar seu primeiro livro.

[443] *In:* Cora Política Coralina, 1984.

A POETISA DOS BECOS

> "Quando eu morrer, não morrerei de tudo.
> Estarei sempre nas páginas deste livro, criação mais viva
> da minha vida interior em parto solitário[444]."
> Cora Coralina

Cora Coralina, ao retornar, começou a elaborar os poemas que integrariam seu primeiro livro. Desde 1919, a escritora possuía esse intuito, tanto que, quando publicou seus textos na revista *A Informação Goyana*, infracitou: "Do livro Canção das Águas". Certamente seria um dos nomes cogitados para intitular sua primeira obra. Como vimos, ela nasceu às margens do rio Vermelho e, mesmo quando morava em São Paulo, nunca se esqueceu de seus murmúrios e chamados sinestésicos. "Canção das águas" seria a terceira margem do rio de sua infância, o mesmo que embalaria os seus cabelos brancos: "Rio Vermelho, líquido amniótico/ onde cresceu da minha poesia, o feto,/ feita de pedras e cascalhos"[445]. Todavia, este livro nunca foi lançado, e a própria autora se justificaria: "Nasci para escrever, mas, o meio,/ o tempo, as criaturas e fatores/ outros, contramarcaram minha vida"[446].

As dificuldades postergaram a publicação de seu primeiro livro e, enquanto não conseguia publicar, a autora seguiu sua sina de escriba, redigindo as estórias e re-escrevendo os autos do passado. Quando morava em Andradina, já prestes

---

[444] CORALINA, Cora. *Vintém de cobre:* meias confissões de Aninha, p. 61.
[445] CORALINA, Cora. *Meu livro de cordel*, p. 49.
[446] *Idem*, p. 83.

a voltar para Goiás, a correspondência com seus familiares revela que Cora Coralina estava em plena produção literária, elaborando um livro de contos: "Já estou em falta com a senhora, pois a dias foi que recebi sua carta acompanhada dos contos. (...) Alegrou-me bastante saber que a senhora está bem disposta, continuando o livro que já deve estar quase terminado a essas horas e é um orgulho e uma grande satisfação para nós a publicação do seu livro. Recebemos os contos e todos nós agradecemos muito sua atenção e o papai manda dizer que gostou muito, estão muito bons, e quer ver logo publicados, e eu endosso suas palavras. Até o Bretas ficou entusiasmado, e ainda mais que conforme a senhora diz, os melhores não vieram. (...) Pena que a senhora em Andradina passou quase todo o tempo sem escrever, o que é uma grande pena"[447].

É provável que priorizasse, nesse período, a prosa, devido a duas grandes influências em sua trajetória literária: "Apenas dois escritores me influenciaram ou me impressionaram bastante. Eça de Queiroz, que ainda não foi ultrapassado, e outro, contemporâneo, falecido há pouco tempo, Guimarães Rosa. Dois escritores diferentes, mas dois escritores na acepção da palavra". Acrescentando que o que lhe apreciava em Eça de Queiroz era "o policiamento natural do seu palavreado escrito. Nunca ninguém escreveu tão bem com tão poucas palavras"[448]. A respeito de Guimarães afirmou:

> "O melhor roteiro é sempre ler e assimilar o que lê. Ler para aprender, procurar vencer. A maior dificuldade de todos escritores se limita a duas palavras: escrever bem. Então o roteiro é esse. Procurar ler para aprender. Ninguém escreve bem sem ler muito e procurar assimilar o máximo. Assimilar não é imitar. (...) Eu sou uma grande leitora de Guimarães Rosa e uma grande admiradora dele, muito antes dele ser aceito. A literatura dele não é uma literatura fácil, principalmente nos dois maiores livros dele, *Corpo de Baile* e *Grande Sertão: Veredas* (...) Agora há os imitadores de Guimarães Rosa, mas imitar é uma coisa e assimilar é outra. Então eu digo, a gente deve ler, reler, transler. Ser dono dele. Não precisa abrir o livro no começo. Abre ao acaso e só fecha quando cansou, quando já não tem mais tempo. Ponha sempre perto de sua cama ao alcance de suas mãos, ao alcance de seu tempo"[449].

---

[447] Carta de Nize Brêtas à Cora Coralina. 17 jan. 1956. Acervo do Museu Casa de Cora Coralina.
[448] Entrevista a Miguel Jorge. *In: Folha de Goyaz*, Goiânia, 1968.
[449] *In*: Cora Contemporânea Coralina, 1984.

A escritora dizia que sempre efetuava uma leitura desordenada e que seu grande livro de referência era o dicionário: "O grande livro de amor de quem como eu só teve uma escola primária: o dicionário. Dicionário é um livro de amor, o meu livro de amor". E conclui que quando fazia doce, seu dicionário "estava na mesa da cozinha: cheio de melado, de dedada de manteiga, de melado, de gema de ovo. E me valeu. Hoje, jovem não abre dicionário, jovem não abre dicionário'"[450].

Quando ela retornou foi a poesia que a embalou nos braços, apesar de estar em plena arquitetura do livro de contos. Talvez este fato explique os motivos pelos quais ficou dividida entre a prosa e a poesia na primeira peça que elaborou após seu regresso: "O Cântico da Volta". Cora Coralina, que já havia assimilado as conquistas dos modernistas paulistas e as colocado em prática em "Poema do Milho", "O Cântico de Andradina", "Minha Infância", "Búzio Novo", entre outros poemas, encontrou em Goiás um caminho aberto para a sua lírica. Havia uma tradição literária de certa forma consolidada na poesia modernista. Logo que retornou, existem documentos que comprovam seu contato com as poesias de Bernardo Elis, Regina Lacerda e José Godoy Garcia. Este último declamou durante o lançamento de "O Cântico da Volta" um poema seu intitulado "Poema de brincadeira sobre Goiás para Cora Coralina". Desse modo, Cora, ao formar seu estilo, "não pode ter deixado de se influenciar, entre outros elementos da estética de 22, pelo ritmo, a oralidade, a incorporação do cotidiano, o espraiamento verbal que José Godoy Garcia [e outros poetas goianos] lhe descortinava em seu próprio torrão natal"[451].

Foto 188: Mesa de trabalho, 2006, Goiás-Go

---

[450] *In:* Cora Coralina, aos 92 anos: eu sou a própria terra, 1981.
[451] DENÓFRIO, Darcy França. Retirando o véu de Ísis: contribuição às pesquisas sobre Cora Coralina, p. 189.

Seu primeiro livro começou a ser gerado quando a autora ainda estava em São Paulo, no dia em que conseguiu se libertar da métrica e da rima e escrever seu primeiro poema. A partir daí, foi iniciado o longo processo de encontro com a poesia, de amadurecimento intelectual-afetivo, de gestação de sua escritura. Observamos que muitas das poesias publicadas em 1965, em *Poemas dos becos de Goiás e estórias mais*, desde a década de 1930 já forçavam passagem. Podemos dizer, de acordo com os registros no acervo da autora, que os 24 poemas reunidos na primeira edição do livro foram concebidos entre as décadas de 1930 e 1960. É bem verdade que a maior parte da sua obra foi efetuada após seu re-encontro com a cidade de Goiás, quando re-escreveu e registrou as relações – de um passado que vivenciou e/ou que ouviu contar. A experiência e os efeitos desse re-encontro não podem ser desprezados: a autora, ao se distanciar da cidade e ao se isolar em sua residência, conseguiu realizar uma leitura mais descomprometida com os limites ditados pela sociedade; da mesma forma, ao decantar a vida da qual testemunhou e/ou ouviu contar, pôde revelar a vida dos "obscuros". Assim, um distanciamento outrora físico e agora temporal, na maturidade, dialoga com as lembranças das experiências vividas ou percebidas, na infância.

Entre 1956 e 1962, o impacto do retorno propiciou a eclosão da maioria dos poemas do livro. Verificamos, por exemplo, citações nas cartas do escritor Vitor de Carvalho Ramos, datadas de 1957, elogiando os poemas "A Escola da Mestra Silvina" e "Frei Germano"; a carta enviada a Paulo Rónai e Aurélio Buarque de Hollanda, em 1959, com o poema "Pouso de Boiadas"; os manuscritos de "Velho Sobrado" com a data de 1959; a correspondência de Tarquínio J. B. de Oliveira, datada de 28 de maio de 1960, que cita os poemas "Do Beco da Vila Rica" e "Rio Vermelho"; e a publicação de "Oração do Milho", juntamente com o "Poema do Milho" na revista *Anhembi* de São Paulo, em agosto de 1962. Essas datas, colhidas em manuscritos, fontes impressas e correspondências, indicam que uma versão dos poemas já havia sido escrita nos períodos citados; todavia, provavelmente resultam de um refinamento de versões anteriormente escritas. Não podemos ignorar o fato de que Cora Coralina possuía o hábito de voltar aos poemas na tentativa de depurá-los. Desse modo, alguns de seus poemas divulgados em jornais, antes da edição em livro, geralmente assumiam mais de uma forma na divisão dos versos, fruto de um processo de amadurecimento literário. As alterações, a exemplo de "Oração do Milho" publicado em 1962 na revista *Anhembi* e depois em livro em 1965, evidenciam uma mudança no ritmo que o teria melhorado de modo significativo[452]. Sabemos que não apenas a disposição dos versos era modificada. Cora, de uma versão para outra, costumava retirar ou inserir estrofes inteiras, mudar palavras e até mesmo o título dos poemas.

Foto 189: Beco do Sócrates, 2005, Goiás-Go

Um dos seus maiores *insights* foi a eleição dos becos como lugares privilegiados de sua lírica, locais periféricos, marginalizados e, ao mesmo tempo, indispensáveis à vida na cidade. Tão importantes que os escolheu para intitular seu primeiro livro. A vida na cidade é traduzida pela vida nos becos, nos personagens que ali residem e circulam. O beco se contrapunha ao largo e aos monumentos. Enquanto os largos eram ligados pelas ruas principais, onde viviam as famílias da sociedade reconhecida, os becos eram construções para facilitar o acesso às ruas, geralmente surgindo na confluência dos quintais e funcionando como depósito daquilo que a sociedade desejava evitar. O beco se tornou o espaço das vidas obscuras

---

[452] Cf. DENÓFRIO, Darcy França. Retirando o véu de Ísis: contribuição às pesquisas sobre Cora Coralina, 2006.

privilegiadas em sua poesia[453]. Neles, viviam os pobres, as lavadeiras, as prostitutas, enfim, a gente humilde, sem vez e voz: "Amo e canto com ternura,/ todo o errado da minha terra./ (...) Conto a estória dos becos,/ dos becos da minha terra,/ suspeitos... mal afamados/ onde família de conceito não passava./ 'Lugar de gentinha' – diziam, virando a cara./ De gente do pote d´água./ De gente de pé no chão./ Becos de mulher perdida./ Becos de mulheres da vida"[454].

Ela trouxe para sua poética uma série de personagens até então destinados ao esquecimento literário e social. Realizou um rearranjo das memórias: "Alguém deve rever, escrever e assinar os autos do Passado antes que o Tempo passe tudo a raso. É o que procuro fazer para a geração nova, sempre atenta e enlevada nas estórias, lendas, tradições, sociologia e folclore de nossa terra. Para a gente moça, pois, escrevi este livro de estórias. Sei que serei lida e entendida"[455]. Optou por cantar não apenas as belezas de sua terra natal. Descreveu o cheiro nojento das baratas, a galinha morta nos becos, a vida mera das mulheres pobres. Efetuou um canto solidário com os excluídos ao ponto de dizer que todas essas vidas viviam dentro de si. Não sem motivos, deliberadamente, escreveu para os jovens: "Sabe-se que, enquanto ganhava a simpatia dos jovens, enfrentou a indiferença e/ou a discriminação de seus conterrâneos, a má vontade, que ainda perdura, de alguns, sobretudo, em sua cidade e estado natal. (...) Entretanto, diferenciada, ela passou, nem sempre de mansinho, e marcou, como um dólmen, o seu lugar"[456]. Talvez seja um dos fatores que contribuíram para que ela empreendesse sozinha a sua inserção no campo literário. Anos depois, confessaria que "os goianos – maiores de idade – desta Vila Boa de Goiás, aqueles que ainda escrevem Goyaz com y e z e falam em contos de réis nunca me perdoaram a galinha morta e o gato morto no Beco da Vila Rica. Pode?"[457].

---

[453] Cf. BRITTO, Clovis Carvalho. "Amo e canto com ternura todo o errado da minha terra": literatura e sociedade em Cora Coralina, 2008.
[454] CORALINA, Cora. *Poemas dos becos de Goiás e estórias mais,* p. 93-94.
[455] *Idem,* p. 25.
[456] DENÓFRIO, Darcy França. Retirando o véu de Ísis: contribuição às pesquisas sobre Cora Coralina, p. 203.
[457] Carta de Cora Coralina a Carlos Drummond de Andrade. 28 jan. 1981. Acervo do Museu Casa de Cora Coralina.

Apesar de todos os obstáculos encontrados em sua caminhada, Cora Coralina não desanimou. Passava dias e noites escrevendo em sua casa, aguardando o que ela definia como momento de inspiração: "Agora, quando vem, se eu deixo fugir aquele momento, não volta mais. Como me vem sempre à noite ou pela manhã, tenho perto de minha cama um castiçal com vela e fósforo; um caderno espiral e uma esferográfica para apanhar aquele momento. Depois de apanhado, eu não leio. Escrevo como se fosse uma gravação, sem preocupação de gramática, de estilo, nada. Um esquema. De manhã, vou reler aquilo. Às vezes, tem coisas valiosas que aproveito; outras, nem tanto. Mas fico muito satisfeita quando escrevo um esquema válido"[458]. Hábito que a acompanharia até o final de sua vida: "Ela se recolhia cedo, mas não dormia cedo. Tem até um fato muito interessante. Um dia nós estávamos na ponte de madrugada e vimos a luz do quarto dela acesa. E no outro dia perguntamos para Cora se havia acontecido alguma coisa, ficamos preocupados. Aí ela nos respondeu: 'Hora da inspiração'. Ela tinha os caderninhos, vela, caneta, sempre ao lado da cama. Dizia que inspiração não tinha hora para chegar. Ela não tinha televisão, rádio, telefone na casa. Apenas lia jornal todos os dias. Lia muito e era muito informada e estava antenada com o mundo. Uma mulher muito perspicaz"[459].

Após escrever como "uma gravação", Cora Coralina dizia reler aquele esquema. É nessa releitura que ela trabalhava a gramática, o estilo, a temática, moldando as nuanças de seu gesto criativo. Seguindo esse processo, a autora reuniu dezenas de cadernos e folhas esparsas, com poemas, contos, desabafos, relatos do cotidiano, anotações de gastos caseiros etc. Pautando-se em livros de história, matérias de jornais, "causos" e lendas ou nos fatos que presenciou em sua infância, acumulou um tesouro, enterrado sobre as linhas e entre as margens de seus cadernos. Tesouro que corria o risco de se perder. Os cadernos e folhas esparsas, em precário estado, ficavam amontoados em seu escritório, "uma porção

---

[458] *In:* VELLASCO, Marlene Gomes de. *A poética da reminiscência:* estudos sobre Cora Coralina, p. 105.
[459] Depoimento de Marlene Gomes de Vellasco, vizinha e amiga de Cora Coralina. Goiás, março de 2009.

deles esparramados em mesas cheias de papeladas", e precisariam de uma organização e revisão para ser publicados – "estão bem escritos, mas tudo dependendo de uma limpeza":

> "Os originais dela estão muito misturados e precisam ser reescritos por ela, antes de serem datilografados 'Ela não é uma maravilha de ordenação para escrever'. (...) 'São bons originais, dependendo de uma guaribada e de uns acertos, para os quais ela não marca prazo e não sabe nem como nem quando vai fazer. Ela quer publicar, mas não apressa'. (...) São dezenas de cadernos, as histórias estão manuscritas, ocupando os dois lados de cada folha e, algumas vezes, estão de cabeça para baixo. Originais (...) de uma pessoa que sente, no arranjo verbal, o mesmo caminho que sente um artista plástico no arranjo de sua matéria e o músico no arranjo do seu som... Ela tem diante do texto esta posição: de uma artista"[460].

Uma das formas encontradas para a organização de seus registros e para a apresentação às editoras seria datilografá-los, e ela não possuía uma máquina para este propósito. Daí a importância do escritor Tarquínio J. B. de Oliveira, que, em visita à Casa Velha da Ponte, em 1960, propôs levar seus originais para serem publicados em São Paulo, presenteando-a com uma máquina. Não foi sem razão que Cora Coralina inseriu um agradecimento na abertura do livro: "Ao Dr. Tarquínio J. B. de Oliveira – padrinho e animador desta publicação. Foi quem, baixando um dia, em Goiás, tirou este livro do limbo dos inéditos. A ele, minha oferta e meus agradecimentos"[461]. Vejamos as correspondências relativas ao envio da máquina: "D. Cora. A máquina de escrever 'Hermes Baby' já foi despachada para Goiás aos cuidados do Dudu. (...) Guardo recordação magnífica do nosso encontro. (...) Tarquínio J. B. de Oliveira. S. Paulo, 28 maio 60". "SP. 15 julho 60. Querida amiga D. Cora Coralina, (...) A máquina de escrever é sua por direito de conquista. Não agradeça, portanto. Comprei essa Hermes Baby há alguns anos na convicção de que me serviria a escrever poemas. Tempo consumido em escritos econômicos, negócios, administração. Vejo que ela

---

[460] *In:* ULHOA, R. Cora Coralina: nos originais abandonados, um tesouro que pode se perder, p. 1.
[461] CORALINA, Cora. *Poemas dos becos de Goiás e estórias mais,* p. 21.

tinha um destino certo. E o realiza agora. (...) Certamente, um dia, será célebre nas obras de Cora Coralina e com maior beleza e valor. Não me agradeça. A máquina queria um dono como à senhora. Teria fugido de mim mais cedo ou mais tarde. (...) Ela já era sua. Perdoe que não a tenha encontrado mais cedo"[462].

Foto 190: Máquina de escrever de Cora Coralina, 2009, Goiás-GO

A chegada da máquina de escrever foi o primeiro passo para a organização dos originais. Mas a autora ainda continuava afirmando que a poesia vinha na ponta de sua esferográfica: "Não digo na máquina, porque eu não sei pensar na máquina. Escrevendo à máquina eu não coordeno o meu pensamento"[463]. Cora Coralina ingressou aos 71 anos no curso de datilografia e, mesmo depois de datilografar seus manuscritos, ainda efetuava correções. Livro escrito e organizado, faltava a parte mais difícil: conseguir a publicação: "É muito fácil publicar hoje. Eu não tive essa facilidade. Sempre tive muita facilidade para escrever, mas publicar é outra coisa. E, quando o fizeram, não valorizaram o que estava escrito. Mas a idade de quem escrevia. (...) As referências eram feitas à guisa de parabéns à velhinha de Goiás"[464].

---

[462] Cartas de Tarquínio J. B. de Oliveira a Cora Coralina. 1960. Acervo do Museu Casa de Cora Coralina.
[463] *In:* SALLES, Mariana de Almeida. *Cora Coralina:* uma análise biográfica., p. 6.
[464] *In:* ANTONELLI, R. Cora, uma poesia entre o coração e o mundo, p. 34.

Em 1964, quando concluiu a organização dos poemas, viajou para São Paulo e, com o auxílio de Tarquínio e da amiga Terlita, começou uma verdadeira peregrinação em busca de uma editora: "Para conseguir a publicação de meu livro, tive que enfrentar uma verdadeira odisseia. Andei em diversas editoras, todas elas diziam: 'Deixa os originais, daqui a trinta dias damos a resposta. Vamos levá-los à comissão de ledores para o julgamento. Tem telefone?'. Findo o prazo pedido, desculpavam-se, dizendo-se por demais sobrecarregados. Eu era sozinha nessa peregrinação. Não tive ninguém que me recomendasse às editoras, até o dia da José Olympio. Nunca desanimei. Havia lido vidas de outros artistas que sofreram mais do que eu. Contudo, quando voltava com os meus originais devolvidos, sentia como se estivesse num deserto, apesar dos milhares de habitantes de São Paulo. Mas eu estava só"[465].

Depois de percorrer várias editoras, finalmente conseguiu a resposta que propiciou, de fato, a sua inserção no campo literário brasileiro. Foi o seu re-encontro com a Editora José Olympio, na qual, na década de 1930, havia trabalhado como vendedora: "É como se recordasse de suas andanças pelas vastas multidões solitárias de São Paulo – Cora começa a falar sobre sua peregrinação na 'Paulicéia Desvairada', para conseguir editar seu primeiro livro *Poemas dos becos de Goiás*: 'Eu nunca havia pensado na José Olympio, porque era uma editora muito grande e, certamente não iria querer editar o livro de uma poeta de muito longe, desconhecida e totalmente anônima. Vinha da Editora Nacional, depois de receber um 'não' bem redondo. Estava chateada, deprimida, achando que não publicaria meus livros, duvidando do valor deles. Mas ao mesmo tempo havia dentro de mim uma voz de reação que dizia: 'Vai, outros já passaram por isso'. De repente, paro ante uma grande vitrine, e vejo escrito lá: Livraria José Olympio Editora. No corredor havia uma escada antiga, de cerâmica vermelha, que me convidava a entrar. Lá chegando, encontrei-me com o irmão de José Olympio, e foi a mesma conversa: 'Daqui há um mês a senhora volta e etc.'. Quando voltei, sem nenhuma esperança, observei-o abaixar-se para tirar qualquer coisa da gaveta, e pensei que

---

[465] Entrevista a Miguel Jorge. *In*: *Folha de Goyaz*, 1968.

eram os originais para a devolução. Era a orelha do livro já pronta para a publicação"[466]. Em seguida, assinou o contrato, mas não havia uma data certa para que o livro ficasse pronto, pois uma revisão e decisão sobre a capa eram necessárias. Em algumas correspondências há informações sobre o período em que o livro estava no prelo:

> "23/8/64. Querida Dona Cora, (...) Já está tudo encaminhado devendo até o fim deste mês ou princípio de out. estará o seu livro publicado. (...) Vão ser publicados mil exemplares (...). Sr. Antônio queria fazer umas alterações nos originais, não concordei, pedi para fazer como está, só fazendo a correção se fosse preciso no português, está bem assim? Bretas ficou de mandar o dinheiro, estou incumbida de efetuar o pagamento assim que receber os livros. (...) Terlita".

> "16/10/64. Querida Dona Cora, Só agora venho dar minhas notícias e também do livro da senhora, que tudo indica sair até o fim de novembro o mais tardar (...). Sr. Antônio Olavo estava a minha espera para remeter o livro já em ordem para ser publicado, mas não quer fazer sem primeiro a aprovação da senhora. Assim que remeti hoje e peço se estiver do seu agrado é só passar um telegrama, ou melhor, devolvê-lo para publicação. Já está tudo em ordem. (...) Sr. Antônio mandou dizer que a capa a editora não pode fazer esta que a senhora quer, ele explicou que não sai bem visível, assim pede a senhora resolver. (...) Terlita"[467].

O livro só foi publicado em junho de 1965, devido à demora da autora na devolução das provas, à indefinição da capa e à escolha da disposição dos poemas. O livro saiu com uma feição simples, formato 14x21 cm e sem ilustrações. A apresentação (orelha, intitulada "Cora Brêtas – Cora Coralina: miniaturista de mundos idos que assim ela eterniza") e sugestões para a sequência dos poemas ficaram a cargo do escritor J. B. Martins Ramos, crítico designado por Antônio Olavo (diretor da José Olympio em São Paulo): "Em 1965, Cora Coralina enviou seus originais para a Editora José Olympio, onde o escritor trabalhava. Ele conta que sentiu o que havia de bom no material dela, reparou alguma coisa que precisaria de uma 'emendinha (isso ela não admite)'. 'Dei uma guaribada e fiz uma

---

[466] FELÍCIO, B. Cora Coralina dos becos de Goiás e dos caminhos do mundo, p. 11.
[467] Cartas de Terlita à Cora Coralina. Acervo do Museu Casa de Cora Coralina.

montagem, botei em uma ordenação em que os textos formavam um sentido, comportavam um título e podiam ser publicados. E fiz uma apresentação daquele voluminho que devia dar 96, 98 páginas, que até hoje está saindo como orelha, desde a primeira edição. O nome original da obra é BECOS DE GOIÁS E ESTÓRIAS MAIS"[468].

Em meados de junho de 1965, finalmente, *Poemas dos becos de Goiás e estórias mais* foi publicado: "Minha prezada D. Cora, senti-me feliz em sabê-la alegre e satisfeita com a publicação do livro. Espero que outras alegrias mais venham se juntar a essa inicial, e para isso estou lhe mandando as primeiras notícias e apreciações já publicadas sobre seu trabalho de estréia. (...) Estou certo de que muita gente irá tratar dos seus poemas pelas colunas dos jornais de nossas principais cidades. Antônio Olavo. 9/7/1965"[469].

Seu lançamento oficial ocorreu no mesmo ano, na Cúria Diocesana, na cidade de Goiás, e em 23 de setembro de 1965, no Bazar Oió, em Goiânia. O agradecimento a Hecival Alves de Castro, que a ajudou no lançamento em Goiás, e ao Grupo de Escritores Novos[470] – GEN –, que promoveu o lançamento em Goiânia, ficaram gravados em poesia: "Tirei-os da minha solidão sem ajuda e sem esperança,/ ao fundo, o relâmpago longínquo de uma certeza./ Recusada tantas vezes, até o encontro com a José Olympio em 1965./ (...) Leitores e promoção./ Meu respeito constante, gratidão pelos jovens./ Foram eles, do grupo Gen, cheios de um fogo novo/ que me promoveram a primeira noite de autógrafos/ na antiga livraria Oió: jamais os esquecer./ Miguel Jorge, nos seus dezessete anos, namorado firme/ de Helena Cheim, também escritora e amiga de sempre./ Luiz Valladares e tantos outros a quem devo/ tanta manifestação carinhosa e generosidade./ Hecival de Castro"[471].

O escritor Miguel Jorge foi um dos que acreditaram no valor de sua obra num momento em que muitos fecharam as portas ao seu talento. Miguel a promoveu, publicando alguns de seus poemas nos suplementos

---

[468] ULHOA, R. Cora Coralina: nos originais abandonados, um tesouro que pode se perder, p. 1.
[469] Carta de Antônio Olavo a Cora Coralina. 9 jul. 1965. Acervo do Museu Casa de Cora Coralina.
[470] Para maiores informações sobre o GEN Cf. GODOY, Heleno; JORGE, Miguel; BARBALHO, Reinaldo (Orgs.). *Poemas do GEN 30 anos*, 1994.
[471] CORALINA, Cora. *Vintém de cobre:* meias confissões de Aninha, p. 52-53.

literários de Goiânia, convidando-a para se integrar ao GEN e organizando a festa de lançamento de seu primeiro livro. A carta de Miguel Jorge ao poeta vilaboense Manoel de Jesus Lima, datada de 3 de julho de 1965, evidencia os primeiros momentos dessa relação: "Conversamos [o Grupo do GEN] com o Norton [gerente] do Bazar Oió [famoso pelo apoio aos escritores e artistas em geral], o qual achou magnífica a idéia do lançamento de *Poemas dos becos de Goiás e estórias mais*, prometendo um coquetel por conta da casa'. (...) Depois de contar a Manoel de Jesus que haviam chegado também ao Bazar Municipal três exemplares do livro de Cora, todos comprados por integrantes do GEN, e que seu grupo literário já havia apresentado a obra a diversas pessoas, sendo grande o interesse dos intelectuais relativamente ao livro, Miguel registra, dirigindo-se aos dois escritores: 'De maneira que, Manoel e Cora, a festa de lançamento ficará sob responsabilidade do GEN. Queremos apenas o comparecimento de vocês para uma bela noite de autógrafos (...) Ansiamos por conhecê-los e estreitar nossos conhecimentos'"[472].

O lançamento ocorreu no dia 23 de setembro, sob o patrocínio do Departamento Estadual de Cultura, juntamente com uma exposição individual do artista plástico vilaboense Octo Marques: "E pudemos então, no antigo Bazar Oió, do livreiro Olavo Tormim, recebê-la e promover em Goiânia a noite de lançamento de 'Poemas dos becos de Goiás e estórias mais', noite de autógrafos a qual ela impôs uma condição: nada de fotografias! (...) Mas as fotos infalíveis vieram, apesar de ela tentar afastar com as mãos as luzes dos flashes, de negacear a face sem muita convicção"[473]. A partir daí, Cora Coralina definiu seu lugar no espaço literário: "Estes [os jovens] procuravam ventilar o meu trabalho em todos setores da sociedade, analisando-o e criticando-o de forma amiga e verdadeira. Houve épocas em que eu pensava comigo mesma: 'Cora, até hoje ninguém quis editar os seus versos, seu trabalho não é assim tão bom. Deixa de pretensão, afinal você só tem o curso primário e olhe lá'. Passei por determinados períodos na minha vida de escritos que me abateram e quase me fizeram deixar

---

[472] DENÓFRIO, Darcy França. Retirando o véu de Ísis: contribuição às pesquisas sobre Cora Coralina, p. 205.
[473] BORGES, Luis Fernando Valadares. Doutor Honoris Causa: Cora Coralina, p. 206.

tudo, mas, como a arte era uma manifestação latente dentro de mim e os jovens viam isso e me compreendiam, incentivando-me, resolvi continuar, apesar de todos os entraves que se apresentaram à minha frente"[474].

Foto 191: Cora Coralina e os escritores Bernardo Elis, Octo Marques, Miguel Jorge e Yêda Schmaltz, Goiânia-GO

    O GEN nasceu em 1963 com um tom de polêmica, crítica e renovação e foi considerado como um divisor de águas na vida literária goiana. Sua dissolução ocorreu em 1968-1969, e, mesmo depois desse período, muitos de seus membros continuaram com uma estreita relação com Cora Coralina. Com a extinção do Grupo de Escritores Novos, *Poemas dos becos de Goiás* praticamente caiu no esquecimento durante 13 anos: "Depois, treze anos de esquecimento./ Solidão, esperando se fazer a geração adolescente/ que só o conheceu na sua segunda edição,/ que ao final sensibilizou a geração adulta, que o recebeu na primeira/ em escassos cumprimentos"[475].

    Após o lançamento de *Poemas dos Becos*, Cora Coralina enfrentou grandes dificuldades para promover seus textos no campo literário. Nesse momento, muitos jornalistas e críticos, principalmente no estado de Goiás, silenciaram ou menosprezaram o legado da poetisa goiana, obscurecendo sua obra e focalizando a idade da escritora. Isso fez com que ela optasse por não divulgar sua idade:

---

[474] *In:* Na poesia, o retrato de Cora, 1980.
[475] CORALINA, Cora. *Vintém de cobre:* meias confissões de Aninha, p. 52.

"Perguntas feitas a Aninha. Com muita delicadeza algumas pessoas, visitantes, turistas têm me feito interessantes perguntas. Assim tipo: 'a senhora não leve a mal, quantos anos a senhora tem?'. Querem ouvir de mim mesma, os números, datas e signos. Dessas dicas os números não dou. Seria cretinice da minha parte. (...) Outra melhor, maior em tamanho, enorme de não caber resposta fácil, na hora, aliás resposta implícita, anexada a pergunta assim delicadinha, macia, fala amenizada: '– Dona Coralina, foi a senhora mesma quem escreveu este livro?...' Meu Deus! O tamanho da pergunta, assim de arrasar num sufoco, não tivesse eu a minha cultivada rudeza em reação. Para umas: 'não, este livro foi psicografado', e como a dona da pergunta não está a par dos grandes livros do Chico Xavier, reage com conclusão: 'Não sabia!'. Coitadinha, a outros me alongo: 'Um dia levei esses originais sem referência, abono, apresentação ou um corriqueiro prefácio bem assinado, levei a José Olympio, ele recebeu, leu e publicou... e nunca jamais me perguntou – 'Foi a senhora que escreveu?'. Hoje com o livro na mão visível a chancela das editoras ainda alguns perguntam se foi eu quem o escreveu. Faça pergunta melhor... Reação: '– Não estou perguntando não é por mal, se alguém ajudou a senhora...'. Piso em cima: 'e você acha que alguém precisaria de me ajudar a escrever?'. A gente é ou não é, isso de ajudar a escrever e um assinar não existe, e vamos mudando o assunto. Homens e mulheres têm me feito a cândida pergunta. No fundo, explico: Tão velha, tão gasta, tão pobre, bagaço de gente, suspeitam, não querem aceitar, poucos, felizmente; mas atuantes. Isso de velha foi o que me deram de sobejo, em destruição, tempos... No fundo começaram não teve jeito, nem esmoreci, nem fui destruída, nem apagaram o conteúdo do livro"[476].

Cora foi a quarta mulher a publicar um livro de poesias em Goiás. Antes apenas Leodegária de Jesus (*Coroa de lírios,* 1906 e *Orquídeas,* 1928), Regina Lacerda (*Pitanga,* 1954) e Yêda Schmaltz (*Caminhos de mim,* 1964) haviam editado seus livros: "Ela era uma pessoa muito autêntica. E ela não perdia a oportunidade de demonstrar essa autenticidade. Falava abertamente. Nos momentos que a acompanhei ela foi de muita coragem, de muita autenticidade e coragem na defesa e na denúncia das coisas que se referiam à cidade de Goiás. A sociedade vilaboense nunca entendeu a personalidade dela, a personalidade da artista. (...) E uma coisa que a contrariava eram as perguntas cretinas. Ela era intolerável com a burrice,

---

[476] *In*: Acervo do Museu Casa de Cora Coralina, 1978.

com a ignorância, com algumas perguntas sobre a idade. E ela renunciou a tudo para viver em Goiás"[477].

Rapidamente seu livro esgotou: "A edição de Poemas se acha esgotada. Sinto necessidade de apoio para novos lançamentos. Acontece o seguinte: embora me ajude o conteúdo dos livros, desajuda-me, contudo, a idade, a que não posso fugir nem trair e... Estamos no Brasil"[478]. E, não aceita no campo literário, tendo compromissos com o inventário e necessitando de meios para conquistar sua independência financeira, Cora Coralina decidiu se dedicar à fabricação de doces: "Meus amigos me esqueceram. As revistas que apareceram em Goiânia, jamais me pediram uma crônica sequer. Eu poderia ter colaborado e muito. Havia muita coisa a ser escrita dentro da história de Goiás. Preferiram encomendar crônicas de fora, Eneida e outros nomes, que falavam da Guanabara. Eu fui ficando de lado, angustiada, aborrecida, frustrada. Por isso dediquei-me de corpo inteiro a fabricação de doces, sem deixar de escrever meus contos e poemas. É uma espécie de revolta que tenho comigo. Escrevi bastante naquela época, mas nunca bati na porta de ninguém para a publicação de meus trabalhos. (...) Aí está o motivo de meu apego aos doces, é uma réplica a esse alheamento que os jornais fizeram da minha pessoa literária"[479]. E a poetisa dos becos, por meio do trabalho, desenvolveu uma forma de sair das estreitezas e limitações: utilizou suas mãos para criar e legar uma poética do sabor.

---

[477] Depoimento de Hecival Alves de Castro, amigo de Cora Coralina. Goiás, fevereiro de 2009.
[478] Carta de Cora Coralina a Augusto Lins. Sem data. Acervo do Museu Casa de Cora Coralina.
[479] Entrevista a Miguel Jorge. In: Folha de Goyaz, 1968.

23

MÃOS DOCEIRAS

"Minhas mãos doceiras...
Jamais ociosas.
Fecundas. Imensas e ocupadas.
Mãos laboriosas.
Abertas sempre para dar,
ajudar, unir e abençoar[480]."
Cora Coralina

Uma das forças que moviam Cora Coralina era o trabalho. A relação com a terra, as suas obras assistenciais e religiosas, o jornalismo, a venda de plantas e de livros, as lides domésticas e a literatura eram percebidos como oportunidades dadas pela vida. Por isso, criou uma refrão interior que acompanhou a maioria dos depoimentos, das dedicatórias e autógrafos que abriam seus livros: "Eu sou uma mulher ligada à terra, ligada ao trabalho. A minha mensagem, hoje, em livros que compram aqui, criei uma trilha sonora: 'A vida é boa e você pode fazê-la sempre melhor e o melhor da vida é o trabalho'. É uma trilha que vai em todos e depois mais um texto com referência a pessoa. (...) Insisto para que levem a mensagem e se convençam dela dentro da possibilidade do jovem. E eu digo mais, muita coisa eu digo sobre o trabalho. O homem será totalmente feliz no dia em que ele fizer do seu trabalho um lazer na sua vida. (...) O trabalho tem dois valores: tem o valor monetário – você no seu trabalho recebe o

---

[480] CORALINA, Cora. *Meu livro de cordel*, p. 63.

dinheiro com que compra as necessidades de sua vida, os valores da vida. Você guarda um bocadinho para o dia que precise – e tem o valor abstrato – o valor que encerra a própria dignidade do trabalhador"[481].

O trabalho era necessário para garantir o sustento, a independência financeira para a sobrevivência longe dos filhos e a compra das partes dos demais herdeiros da Casa Velha da Ponte; além de uma forma de satisfação, de fortaleza, demonstrando que suas mãos estavam aptas a ajudar, auxiliar, construir. Para explicar esse sentimento, criou metáforas dizendo que era uma abelha no seu artesanato, uma cigarra cantadeira e uma formiga diligente de um longo estio que se chama vida. E colocou sua obra a serviço dessa causa. "Nunca estive cansada", "Três deveres a cumprir", "A gleba me transfigura", "Ofertas de Aninha – Aos moços", "Recados de Aninha I e II", "Os apelos de Aninha" e "Oração do pequeno delinqüente" são alguns dos poemas em que revelou o tema que de modo direto ou indireto atravessa toda a sua obra: "As alusões ao trabalho fazem parte da literatura de sapiência que abrangem vários poemas de Cora Coralina, fundamentada na sua condição de mulher vivida e da velha que se faz ouvir. (...) A exaltação ao trabalho está vinculada às suas experiências pessoais que acabaram impondo um matiz mais forte na mescla vida-invenção, própria da criação poética"[482]. Talvez um poema síntese seja "Estas mãos", publicado em *Meu livro de cordel* e que revela, em sua trajetória, a afeição ao trabalho.

Foto 192: Cora Coralina fazendo doces no fogão a lenha da Casa Velha da Ponte, Goiás-Go

[481] Entrevista a Vicente Fonseca e Armando Lacerda, na fase de prospecção do Filme *Cora Doce Coralina*, Goiás, 1982.
[482] CAMARGO, Goiandira Ortiz de. Cora Coralina: uma poética para todas as vidas, p. 69.

A maneira encontrada para conquistar sua independência financeira foi mais uma vez atar as duas pontas da vida, voltar seu olhar para a infância, na época em que as famílias vilaboenses se dedicavam à fabricação da tradicional doçaria goiana. Evocando esse tempo, descreveu em "O Prato Azul-Pombinho" o rituais gastronômicos das Festas do Divino em que o mundo sinestésico não saiu dos olhos, da boca e dos desejos da menina Aninha: "Do meu tempo só foi mesmo/ aquele último/ que, em raros dias de cerimônia/ ou festas do Divino,/ figurava na mesa em grande pompa,/ carregado de doces secos, variados,/ muito finos"[483]. As doces memórias da sua tia Nhorita, das mulheres da Casa da Ponte e das cozinheiras da fazenda Paraíso a acompanharam durante os anos em que morou em São Paulo; reavivadas com a vida ao lado de sua irmã Helena, que, em Jaboticabal, se dedicou à fabricação de doces. Também em Andradina são comuns as recordações de antigos moradores descrevendo o primor dos doces feitos por dona Cora Brêtas. Doces que não saíram do paladar da memória de Cora Coralina, tanto que a *Informação Goyana,* em 1919, trouxe uma crônica de sua autoria, "Doces": "Entre as muitas saudades e recordações de minha terra, avulta e cresce dentro de mim a lembrança de uns certos doces que se faziam na aproximação de Pentecostes, em casa da minha Tia Nhorita em Goyaz"[484].

Em 1956, uma das primeiras sensações despertadas em suas reminiscências foi a intimidade com os doces de frutas. Lembrança gravada no começo de "O Cântico da Volta": "Velha casa de Goiás. Acolhedora e amiga, recende a coisas antigas de gente boa. Vem de dentro um cheiro familiar de jasmins, resedá e calda grossa – doce de figo ou caju"[485]. Os doces são uma tradição goiana de séculos e Cora, precisando trabalhar para se manter, começou a fabricá-los e comercializá-los. As receitas e peculiaridades das sobremesas eram (e são até hoje) transmitidas de geração para geração, dentro da imaterialidade dos saberes e dos modos de fazer, para o consumo doméstico e ocasiões especiais. Cora Coralina foi

---

[483] CORALINA, Cora. *Poemas dos becos de Goiás e estórias mais,* p. 70-71.
[484] *In: A Informação Goyana,* p. 3.
[485] CORALINA, Cora. *Villa Boa de Goyaz,* p. 105.

uma das primeiras mulheres a comercializar os doces, a dilatar e dividir parte da alquimia íntima das cozinhas para o espaço público. Isso se deu, inicialmente, pelo convívio com suas tias Vitalina e Bárbara, também exímias doceiras que, como vimos, a apoiaram nos primeiros anos em Goiás: "Dona Vitalina fazia doces. Cora fazia doces com ela. Lembro que dona Vitalina fazia muito bem doces secos, de frutas. Tinha até uma especialidade, que era o doce de mangaba. Minha mãe morava na chácara, vinha e trazia frutas para elas. Já trazia para dona Vitalina e começou a trazer para Cora. Foi assim que começou o contato. Minha mãe não tinha uma grande amizade, e sim um relacionamento de freguesas"[486].

Nas entrevistas e em sua obra poética, Cora Coralina afirmou: "Fiz doces durante quatorze anos seguidos./ Ganhei o dinheiro necessário./ Tinha compromissos e não tinha recursos./ Fiz um nome bonito de doceira, minha glória maior./ Fiz amigos e fregueses"[487]. Em seu discurso oficial, dizia que começou a fabricar e comercializar os doces em 1965 e parou em 1979: "Comecei a fazer doces em 65. Fazia doces e vendia em caixinhas: doces de laranja, doce de figo, doce de mamão maduro, de mamão verde, doce de goiaba no tempo, doce de caju no tempo, doce de banana todo tempo, doce de mangaba no tempo e doce de cidra quando aparecia. Fora doce de abóbora com coco, doce de batata com leite de coco e doce de leite também com coco ralado. (...) Existia um processo de aperfeiçoamento. Da mesma forma com que procuro escrever bem, eu procurava fazer bem os meus doces e consegui, porque eu fiz um nome bonito de doceira, que há quatro anos desativei meus tachos e ainda hoje há fregueses que vêm aqui procurar meus doces, que ainda relembram o sabor dos meus doces"[488].

Cora elegeu em seu discurso o ano em que publicou *Poemas dos becos de Goiás* como marco, o início de sua atividade de doceira. Mas desde sua chegada existem documentos que comprovam a fabricação dos doces antes da publicação do primeiro livro. No ano em que regressou,

---

[486] Depoimento de Antolinda Baía Borges, amiga de Cora Coralina. Goiás, fevereiro de 2009.
[487] CORALINA, Cora. *Vintém de cobre*: meias confissões de Aninha, p. 49.
[488] Entrevista a Vicente Fonseca e Armando Lacerda, na fase de prospecção do Filme *Cora Doce Coralina*, Goiás, 1982.

correspondências revelam sua relação com os doces: "Andradina, junho de 1956. Querida vovó, Quero mais doces de banana e de leite. Quando a senhora vier, peço trazer. Todos estão bem. Espero que a senhora esteja bem. Estou com saudades. Rúbio". "Jujuca muito estimado, aqui chegando encontrei umas laranjas e massa de buriti. Fiz o doce das primeiras e lá vai. Ando procurando limões e outras coisas que, de certo, chegarão aí com o devido vagar. (...) Por aqui, enquanto espero, faço doces. (...) Annica, Goiás, 24/8/56"[489].

A princípio, seus doces eram produzidos de modo informal, para presentear amigos, vizinhos e parentes. Após praticar e testar a aceitação da sua arte, decidiu comercializá-la, adquirindo meios para custear o inventário e dando exemplo para as mulheres de Goiás: "Tinha sido nomeada testamenteira e para isso precisava de dinheiro. Não quis pedir para ninguém. Resolvi, assim, ser doceira. Foi um tempo maravilhoso, quando me senti forte, útil, além de dar um exemplo para as outras mulheres da cidade que não sabiam como ganhar algum dinheiro com o seu trabalho"[490]. Afirmava ainda que se pudesse escolher uma profissão, escolheria a de cozinheira: "Sou mais doceira e cozinheira/ do que escritora, sendo a culinária/ a mais nobre de todas as Artes:/ objetiva, concreta, jamais abstrata/ a que está ligada à vida e/ à saúde humana"[491]. Para que isso fosse possível, em 1960, convidou seu Vicente, que trabalhou com ela no sítio em Andradina, para ser sua companhia na Casa da Ponte e cuidar do vasto quintal: "Imediatamente ela trouxe seu Vicente e foi reconstruir o quintal. O primeiro objetivo foi colocar o quintal em condições de produzir. Eles entendiam de terra, de cultura, de agricultura. E realmente o quintal produziu, era um pomar"[492].

Enquanto o sertanejo e afilhado do padre Cícero cuidava do quintal, plantando as árvores frutíferas e uma grande horta no coração da cidade de Goiás, Cora Coralina preparava seus doces, vendia frutas e verduras ali cultivadas. Preocupava-se com a qualidade dos frutos, tanto que

---

[489] Acervo do Museu Casa de Cora Coralina.
[490] *In:* GONÇALVES, Maria José. Cora Coralina, p. 24.
[491] CORALINA, Cora. *Meu livro de cordel*, p. 83.
[492] Depoimento de Hecival Alves de Castro, amigo de Cora Coralina. Goiás, fevereiro de 2009.

os enviou para serem avaliados pelo Instituto Agronômico, Secção de Fitopatologia Geral, em Campinas-SP [493], em janeiro de 1965.

Sua fama de doceira extrapolava os limites de sua cidade e estado natal. A cidade de Goiás, à época recentemente tombada como Patrimônio Histórico Nacional, já recebia um incipiente fluxo turístico, e visitar a Casa Velha da Ponte, morada da doceira e poetisa, constituía em roteiro quase que obrigatório. Na velha casa se poderia apreciar a culinária, a poesia e, principalmente, a sabedoria de uma contadora de histórias. Muitos iam apenas para conversar e provar instantes com a artesã das palavras e dos frutos. A maioria das doceiras da cidade fabricava doces de frutas cristalizadas. Cora Coralina fazia questão de que seus doces fossem glacerados. Ao invés de passar açúcar e levar para secarem ao sol, os glacerava com a própria calda, o que lhes conferiam aspecto característico, singularizando sua arte: "Sabe o que é engraçado... é que o pessoal do turismo agora não gosta de doce glaçado. E dona Cora fazia muito doce glaçado. Punha a calda e depois retirava a laranja e punha lá pra secá. Não precisava de sol nem nada. Ela mesma seca e fica brilhano, né? Mais o povo que vem comprá doce hoje num gosta. Tem menos açúcar"[494].

Foto 193: Seu Vicente, Goiás-Go

Com o aumento da demanda, Cora tinha ajudantes para descascar as frutas e auxiliar no preparo dos doces. Algumas continuam comercializando doces, inspiradas no exemplo da poetisa doceira: "Vinha muita gente vender frutas para ela. Na época do caju era um movimento a casa, uma meninada oferecendo frutas, porque ela pagava melhor do que as outras doceiras. E ela tinha os fornecedores de frutas. Lembro de seu Olegário Antunes, que tinha uma chácara lá no Barreirinho, ele vinha de charrete trazer frutas aqui para ela. Os doces eram ótimos e era ela quem dava o

---

[493] Documentos sob a guarda do Museu Casa de Cora Coralina.
[494] Depoimento de Lúcia Benedita Pereira dos Santos, empregada de Cora Coralina. Goiás, fevereiro de 2009.

ponto. Tinham as meninas que descascavam as frutas e a auxiliavam: as duas Ditas, seu Vicente, Etelvina... Eles descascavam laranja, na época do caju elas espremiam o caju ali perto da bica. Além disso, ela fazia muito bem feito. Mandava buscar essência fora. Ela cultivava baunilha no quintal, tinha os vidros de baunilha no açúcar. E muitas pessoas vinham a Goiás especialmente para comprar seus doces"[495].

Foto 194: Cora Coralina pesando e embalando seus doces, década de 1960, Goiás-Go

Cora desenvolveu uma espécie de ritual para o preparo dos doces, que se adaptava ao tipo das frutas utilizadas. Não abria mão de que eles fossem feitos no fogão à lenha e nos tachos de cobre: "Faça doces com amor, com fruta e com o tacho de cobre no fogão à lenha. Nem muita água, nem muito açúcar (as frutas já têm açúcar natural). Misture tudo isso com muita inteligência. Vá graduando no fogo, escorra a calda. Apure essa calda mais um bocadinho no fogo e vá despejando as poções, passando os pedaços de frutas cozidas em calda. Deixe esfriar. Levante a tampa. O doce está pronto? Sirva-o com amor e inteligência. E você verá o milagre da transformação, transformando as frutas naturais em doce de fruta"[496].

Quase não relatava o seu dia-a-dia nos doces. Afirmava apenas que acordava às 5h30 da manhã e dormia quando os doces deixavam e que ser doceira era uma de suas maiores felicidades: "Cora Coralina parece flutuar

---

[495] Depoimento de Marlene Gomes de Vellasco, vizinha e amiga de Cora Coralina. Goiás, março de 2009.
[496] In: MORAES, Menezes de. 93 anos. Doceira e poetisa com muito orgulho, 1981.

entre suas mesas, caixas, bancas, cadeiras, geladeiras amarela e branca, tachos de cobre e marmitas. Seus artísticos pacotes de doces continuam custando oito cruzeiros e não chegam para quem quer. (...) Preocupa-se com as figueiras do quintal e projeta ampliá-las. Espera mudas de áreas distantes: 'uma vez que a boa genética vegetal ensina: não se planta na terra semente do mesmo lugar'. [Dizendo que sua única dificuldade era lidar com as abelhas que insistiam em invadir a Casa Velha da Ponte]. (...) Quando deviam me respeitar, por uma solidariedade de classe, já que sou tão operária quanto elas'. (...) Antes, secava seus doces, tranquilamente, debaixo da videira e de benfazejas árvores frutíferas. Uma patrulha avançada da colméia os localizou e parece que não ficou ninguém para cuidar da rainha e nem das larvas. Os poucos doces de laranja, banana em fita, figo e mamão maduro que ainda consegue preparar para ganhar a vida, são guardados, a portas e janelas fechadas, no escuro de dois quartos pregados ao corredor e à sala de visitas de chão de terra batida. Sozinha na vastidão do prédio centenário da rua Dom Cândido Penso, Cora Coralina enfrenta as dificuldades com prazer e vai contando para quem quiser acreditar: 'Moro aqui com meus 28 anjos da guarda. No porão residem quatro fantasmas, que não fazem mal a ninguém. Radarzinho é meu principal protetor. Eu o chamo assim porque ele me dá um sinal aqui na veia jugular e eu compreendo que é hora de tirar o tacho da fornalha. Quando não posso atender, ele mesmo cuida de apagar o fogo, mas me adverte: anjo da guarda apenas ajuda, quem deve fazer é você"[497].

Na primeira década de trabalho com os doces, devido à necessidade de aumentar a produção, foi auxiliada por seu Vicente, por dona Etelvina e dona Dita (Lúcia Benedita): "Cada fruta tinha um sistema, a banana, procê vê, tirava o ponto dela, quando descesse o tacho, dava umas batidas nela. Aí dona Cora tinha umas tabuinha onde colocava, e ela vinha com uma faquinha e cortava em tirinha. A laranja dona Cora cortava e fazia pétala. Essa tinha di curti. Aí nóis ia descascar laranja, eu e seu Vicente, um sentava do lado de cá e outro do lado de lá, e descascava aquele monte

---

[497] In: O Popular, 1972. Também conferir poema "Cigarra cantadeira e formiga diligente", publicado em *Vintém de cobre:* meias confissões de Aninha.

de laranja. Aí nóis fermentava ela e quando ela esfriava colocava num coxo grande de madeira, acho que ainda tem lá, um coxo grande que a gente jogava água nele e despejava as laranja, que tanta água saía dela, era dia e noite curtino, dexava a água lavano ela. Aí depois, dava umas duas ferventadinha nela e dexava esfriá para depois pôr na calda. Uma vez uma senhora falou assim: 'Dona Cora agora tem um corante que a gente põe na fruta e ela fica verdinha'. Hum... dona Cora disse: 'Detesto esse tal de corante nos doces. Dita, ocê nunca põe corante nos doce. De jeito nenhum. Baunilha põe'. O caju nóis furava, né? Furava ele, eu e seu Vicente. Nóis esprimia e colocava na água"[498].

Posteriormente, outra Dita (Ditinha)[499] a auxiliou no preparo dos doces e nos afazeres domésticos, residindo na Casa da Ponte durante nove anos, até a morte da escritora: "Fui lá através de uma comadre dela, ela precisava de alguém para trabalhar. Eu comecei lá trabalhando com ela nos doces. Ia no mercado, lavava, passava... A comida ela mesma quem gostava de fazer. Na primeira fase que eu fiquei lá, devo ter ficado uns dois anos e meio. Depois eu saí para ir pra Goiânia e seu Brêtas foi atrás de mim, pediu pra eu voltar. (...) Figo, laranja, mamão ela usava do quintal, quando não tinha ela comprava fora. A laranja tinha uma senhora só para descascar, porque era muito e um serviço demorado. Ficava sentada, debaixo, lá no porão, descascando a laranja da terra. Depois que essa senhora descascava, a gente ia ferver para curtir ela. Fervia, trocava aquela água e colocava nas bacias em volta da bica. Elas recebiam água a noite toda. (...) Os doces dela eram muito bem feitos. Já tinha as faquinhas certinhas para tirar, porque às vezes ficava com alguma casquinha. A banana comprava fora, no mercado. Passava na peneira, levava ao fogo, colocava o açúcar, e a gente ia mexendo. O doce de banana era despejado numa fôrma, forrava com um plástico e, ainda quente, esparramava ali e depois ela cortava e passava o açúcar refinado. Já o doce de mamão a gente colocava água até cobrir o mamão. Depois colocava uma bonequinha de cal para desmanchar ali e deixava ficar uns minutos, para

---

[498] Depoimento de Lúcia Benedita Pereira dos Santos, empregada e amiga de Cora Coralina. Goiás, fevereiro de 2009.
[499] Inúmeras são as correspondências entre Cora Coralina e seu filho Cantídio Brêtas em que citam a presença de Dita e seu Vicente residindo na Casa da Ponte.

ele não endurecer. O figo, dona Cora mandava a gente cortar ele em cruz, ferventava ele, não muito, e depois colocava na fôrma e no congelador. No outro dia limpava debaixo da torneira. Ela não tinha medida, a medida dela era o olho. E quem dava o ponto era ela. Na hora a gente chamava ela, fazia questão de dar o ponto. Sempre no tacho de cobre, era doze tachos. Quando era Carnaval, Semana Santa ou uma encomenda grande, tinha vez que a gente usava os doze tachos"[500].

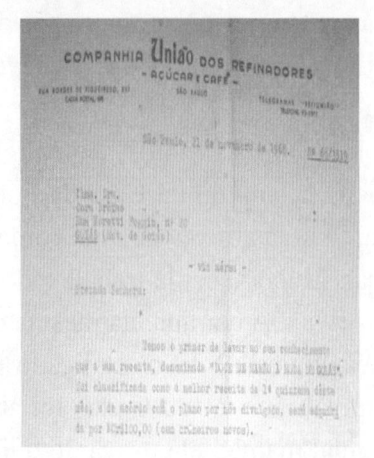

Foto 195: Premiação à Cora Coralina feita pela Companhia União

Cora Coralina também trocava informações e receitas, sempre com o intuito de aperfeiçoar seu trabalho: "Ela escrevia para o Açúcar União trocando receitas, informações. Tanto que uma vez o Açúcar União publicou na embalagem uma das receitas de Cora, que ela tinha enviado para lá"[501]. O acervo do Museu Casa de Cora Coralina comprova essa prática. Destacamos três cartas da Companhia União dos Refinadores, entre 1968 e 1969, informando que suas receitas, intituladas "Excelências de Goiás", "Doce de mamão à moda de Goiás" e "Doce de figo à moda de Goiás" haviam sido classificadas como as melhores do mês, adquiridas pela quantia de cem cruzeiros novos cada uma. A sua fama de doceira extravasou os limites de Goiás e do Brasil: "A sala está sempre cheia: gente sai, gente

---

[500] Depoimento de Benedita Pereira dos Santos, empregada de Cora Coralina. Goiás, fevereiro de 2009.
[501] Depoimento de Hecival Alves de Castro, amigo de Cora Coralina. Goiás, fevereiro de 2009.

entra. De tudo quanto é lugar: SP, DF, GO, são as iniciais que exibem as chapas de carros estacionados por perto. Há os que querem comprar seus doces e os que só desejam ouvi-la dizer seus poemas"[502]. "Seus doces eram enviados à Riviera Italiana, Portugal, França, Holanda, chegando até o Papa Pio XII"[503]. O fato é que eles faziam grande sucesso. Quando o então bispo de Goiás, dom Tomás Balduíno, foi a Roma em visita ao Papa Pio XII, Cora Coralina enviou de presente seus doces. Posteriormente, em 20 de janeiro de 1972, a Secretaria do Vaticano encaminhou carta à doceira goiana informando que "o Sumo Pontífice acolheu com paterna benevolência o gentil presente, enviado através do Senhor Bispo de sua diocese; com tal gesto de delicadeza, cujo significado explicitava na carta que acompanhava a lembrança, quis render homenagem a Sua Santidade. (...) Ele invoca sobre a senhora e sobre todos os que lhe são queridos a abundância dos divinos favores, ao conceder-lhe, em auspício de fidelidade aos cristãos sentimentos testemunhados, uma especial Bênção Apostólica"[504].

Além do Papa, vários políticos e intelectuais brasileiros apreciaram seus doces. Muitos foram até Goiás e conheceram a poetisa doceira de perto, como a Primeira Dama da Nação, dona Yolanda Costa e Silva, o médium Chico Xavier, as escritoras Rachel de Queiroz e Dinah Silveira de Queiroz. Os doces também motivaram o primeiro contato entre Cora Coralina e Jorge Amado, desencadeando uma grande amizade:

"Bahia, 13 out. 75.
Minha amiga,
Dos doces posso dizer que são sublimes e divinos e ainda digo pouco.
Da gentileza de enviá-los, nada posso dizer, faltando-me as palavras para agradecer tanta civilização. A senhora é uma artista, admirável em sua arte, a mais nobre das artes, a da culinária.
Ao demais sinto-me feliz de contar com mais uma amiga em Goiás – eu e minha mulher Zélia.
Receba um beijo dela e outro afetuoso de

Jorge Amado"[505].

[502] *In*: RAMOS, Anatole. Cora Coralina, o tesouro da casa velha de Vila Boa,. 1971.
[503] GONÇALVES, Maria José. Cora Coralina, 1982.
[504] Documento do Acervo do Museu Casa de Cora Coralina.
[505] *Idem*.

F.: 196

De início, Cora Coralina vendia os doces em caixas improvisadas: "Depois que ela começou a fazer os doces, eu juntava caixas para ela. Eu trabalhava na Casa Veiga e juntava caixas de lápis, essas caixas que não possuem cheiro. Eu separava essas caixas de papelão, que cabiam um quilo mais ou menos. Eu passava lá toda manhã. E ela dizia: 'Minha filha, não tem caixa. Não tem cola. Traz mais papel'. Quando eu descia para ir para a loja eu passava lá para saber o que ela precisava. Aí criou um vínculo entre nós. Ela me ensinou a cortar o papel da largura da caixinha e do comprimento. Colocava na caixa e depois arrumava os doces. Tinha que arrumar tudo certinho, nas fileiras: laranja com laranja, banana com banana... Fazia a fila, tudo bem arrumadinho. Aí enrolava. Um dia eu falei para ela para comprarmos papel fantasia, estampado, para fazer os embrulhos e dentro colocava o papel de seda, impermeável. Depois que ela mandou fazer as caixas em Goiânia, bem depois"[506].

Posteriormente encomendou as caixas em Goiânia e se esmerou nas embalagens, valorizando, ainda mais, seus doces. Eles se transformavam em verdadeiros presentes, metrificados, com formas e cores diversas, e, sob o olhar atento dos turistas, organizava-os, embrulhava as caixas com papel de presente e as amarrava com fitas: "Eu estava nos meus doces. Eu me punha nos meus doces, imprimia os tons da minha personalidade nos meus doces. O meu prazer ia desde o começo da manipulação da fruta, até a embalagem"[507]. São recorrentes as histórias sobre as embalagens: "Vendia todos, não tinha um principal tipo de doce não. Ela vendia muito todos. Ela colocava nas caixinhas. Mandava fazer as caixinhas em Goiânia, tinha uma gráfica lá que fazia para ela. Colocava papel de presente. Isso ela mesma quem fazia, não deixava que ninguém o fizesse. As caixinhas eram forradas. Era muito bonito, um presente mesmo. Os doces todos seguidos, organizados. Às vezes, as pessoas estavam com pressa, esperando, e ela ia fazer a embalagem, e se falassem: 'Dona Cora, estou com pressa, vai de qualquer jeito mesmo', aí ela dizia: 'Então você pode ir embora, meus doces você não leva. Se for para eu arrumar de qualquer jeito, eu não vendo'"[508].

---

[506] Depoimento de Antolinda Baía Borges, amiga de Cora Coralina. Goiás, fevereiro de 2009.
[507] *In:* FELÍCIO, B. Cora Coralina, dos becos de Goiás e dos caminhos do mundo, 1977.
[508] Depoimento de Benedita Pereira dos Santos, empregada de Cora Coralina. Goiás, fevereiro de 2009.

Com a venda dos doces, Cora Coralina conseguiu economizar o dinheiro para comprar as partes dos outros herdeiros e adquirir a Casa da Ponte da Lapa. Por isso, valorizava suas mãos doceiras e imprimia, em seu ofício, ações próximas ao seu fazer poético: re-encontro com o passado e com a sua memória pessoal e coletiva. Sobre os doces, afirmava com constância que "gostava mais de fazer doce de laranja da terra, laranja azeda, porque doce de laranja lembrava muito uma velha tia minha chamada 'tia Nhorita', ela era muito religiosa, na Festa do Divino ela fazia uma bandeja desse doce"[509] e que "nesta cidade que é uma cidade muito sabida demais, tem uma lenda de que o doce de laranja foi o doce do casamento de Nossa Senhora, e eu acho isso muito bonito, por isso o doce que eu mais gostei de fazer foi o doce de laranja da terra ou laranja azeda"[510]. Para ela a culinária era, assim como a poesia, uma forma de comunicação: "Já que não posso comunicar com o sentimento, através dos meus versos, comunico-me com a habilidade culinária, nos meus doces. De uma forma ou de outra, sempre proporcionarei uma sensação estética, um prazer àqueles com quem me comunico, embora lhes atinja o estômago e não o coração"[511].

Além dos doces e dos livros procurados pelos turistas, os moradores de Goiás também frequentavam a Casa da Ponte para pegar água na bica (quando faltava na cidade) e para comprar as verduras que seu Vicente cultivava: "Na Casa Velha da Ponte, sempre tivemos horta com

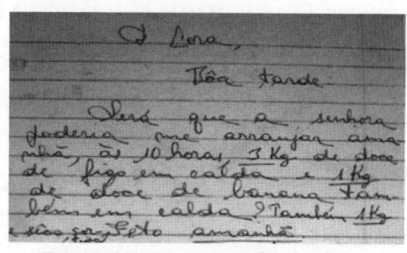

Foto 197: Encomenda de doces, Goiás-GO

verduras, legumes, leguminosas e raízes. Também, pomar com árvores frutíferas variadas e jardim com flores. Lá tem 'seu' Vicente, homem fundamentalmente da terra, que vive plantando, cultivando, colhendo"[512]. A casa era uma das mais frequentadas da cidade e, aliada ao incessante trabalho com os doces, a venda de verduras contribuiu para que Cora

---

[509] *In:* SALLES, Mariana de Almeida. *Cora Coralina:* uma análise biográfica, p. 90.
[510] Entrevista a Vicente Fonseca e Armando Lacerda, na fase de prospecção do filme *Cora Doce Coralina*, Goiás, 1982.
[511] *In:* Poetisa goiana ganha a vida como doceira, p. 5.
[512] CORALINA, Cora. *Os meninos verdes*, p. 4.

Coralina não tivesse o tempo livre para sua literatura. Entre 1968 e 1973, sempre que era questionada sobre o que faltava para a edição de novos livros, dizia: "Tempo. Poder fazer uma pausa nas minhas atividades na fabricação de doces, que afinal me são lucrativas. No fundo do meu ser a literatura é um chamado constante. (...) É eu acho que vou fechar a porta. No entanto, eles gritam de fora: 'Tem doce? Queremos comprar doces". Ou então: 'Salsa e cebolinha. Tem salsa e cebolinha?'. Ouvi tanto esta cantilena, que acabei compondo uma crônica intitulada 'Salsa e cebolinha'. A dado momento, me vejo transformada em salsa e cebolinha. Perna de cebolinha, braços e corpo de salsa. Todas as meninas da cidade desceram e se juntaram em frente da minha casa, perto da ponte. Depois me agarraram e me atiraram dentro do rio Vermelho. Dentro d'água é que tomo consciência de minha situação"[513].

Proporcionando mais tempo para Cora escrever seus poemas e contos, a Assembleia Legislativa do Estado de Goiás, em 1965, conferiu-lhe uma pensão de mercê no valor de um salário mínimo, com a seguinte justificativa: "Dispõe de pouco tempo para dedicar-se à literatura. Com 76 anos de idade, sua renda se constitui no fabrico de doces típicos de frutas goianas, que ela própria prepara diariamente nos toscos fogões à lenha. Não possui outra fonte de renda, nem percebe pensão de montepio deixada pelo marido. Tornou-se, por sua inteligência fulgurante, por sua personalidade versátil, sua habilidade na preparação de doces e na elaboração de peças literárias, a figura mais discutida da cidade de Goiás. Conhecê-la impôs-se obrigatório a todos que demandam àquela cidade. Todavia, sua potencialidade intelectual é bem mais possante do que possa parecer à primeira vista. Mas o tempo disponível é muito escasso, visto que labuta o dia todo no fogão, buscando meios de editar outro livro, que já se encontra preparado. Poderia fazer muito mais pelo ambiente cultural de nosso estado se dispusesse de melhores condições financeiras"[514].

Mesmo recebendo a pensão de mercê, Cora Coralina fabricou seus doces por mais uma década e continuou com seu ritual diário de leitura e escrita: "Todo dia ela lia. Isso era infalível. O livro sempre estava na cabeceira

---

[513] Entrevista a Miguel Jorge. In: *Folha de Goyaz*, 1968.
[514] Projeto de Lei de Pensão de Mercê. Acervo do Museu Casa de Cora Coralina.

dela. Perto da cadeirinha dela. Chegavam os jornais pelo correio, e ela lia tudo. Jornais com notícias já velhas, e ela lia tudo. Depois ela começou a receber livros do Ministério do Exército"[515]. "Eu via sempre ela escrever. Ela lia o jornal, na hora que ela acabava guardava o jornal e ia escrever, ia ler. Ali na varanda, naquela poltrona. Ela gostava muito de ler"[516].

Entre 1965 e 1970, esporadicamente participava da vida literária contando com o apoio do Grupo de Escritores Novos (GEN). Muitos membros do grupo iam à cidade de Goiás e, junto com Cora Coralina, realizavam palestras sobre arte e literatura. Miguel Jorge, Yêda Schmaltz, Marietta Telles Machado e outros genianos eram presenças amigas e constantes na Casa Velha da Ponte e promoveram a poetisa com análises sobre sua obra, publicação de seus poemas e crônicas nos suplementos literários de Goiânia:

"Goiânia, 6 de julho de 1967.
Prezada Cora Coralina.
Sei que você está bem, porque a poesia vive com você. No entanto, desejo-lhe mais e melhores dias. Gostei realmente de estar aí na lendária Vila Boa, em sua companhia, de Octo e da turma toda. Achei que foram valiosas nossas palestras. Houve uma aproximação, e isto em literatura é muito importante. Seus doces fizeram sucesso. Doce e poesia e Cora, andam juntos. (...) Espero uma palavrinha sua quanto ao meu livro 'Antes do túnel', não tivemos muito tempo para conversar. Segue junto um livro e um catálogo para você. Meu Abraço, Miguel Jorge"[517].

"Goiânia, 21 de agosto de 1967.
Prezada Cora.
Sei que você está bem. É assim que a vejo com seus tachos de doce e sua poesia. A casa, o quintal, todas essas paredes antigas marcadas pelo tempo, iluminam os textos poéticos, que são tão somente seus. Na última vez que aí estive, gostei ainda mais do que vi em sua residência, a Velha Casa da Ponte. Você é poeta, por isso suas coisas também o são. Mas foi justamente para falar de poesia que estou lhe escrevendo, ou mais precisamente do seu livro. Sexta-feira, conversando com o gerente

---

[515] Depoimento de Antolinda Baía Borges, amiga de Cora Coralina. Goiás, fevereiro de 2009.
[516] Depoimento de Benedita Pereira dos Santos, empregada de Cora Coralina. Goiás, fevereiro de 2009.
[517] Acervo do Museu Casa de Cora Coralina.

do Bazar Oió, disse-me ele que seu livro havia se esgotado: 'Vendeu-se muito o livro de Cora Coralina'. É justo que você receba sua parte. Seria uma contribuição para a edição do seu segundo livro. Venha ou autorize alguém para fazê-lo em seu lugar. Por aqui tudo em paz. A literatura sempre crescendo. Mário Chamie (iniciador da Poesia Práxis) esteve aqui, fez conferência. É um rapaz de muito valor. Para setembro teremos dois lançamentos. Um livro de estórias infantis, de autoria dos escritores mirins, Nancy Ortêncio e Ivo Metran Curado, e o novo livro de poemas de Ciro Palmerston, 'Construção do Recado'. Eu estou com um romance em fase de ir para o prelo. Nosso abraço afetuoso, Miguel Jorge"[518].

"Cora Querida,
Só de você que é toda poesia, eu poderia receber aquele belo poema [Variação]. Ninguém mais seria capaz mesmo de me situar tão bem no tempo e no espaço deste imenso amar. Quanto conheço, Cora, a sua poesia-doçura e os seus doces tão arrumadinhos, metrificados sonetos nas caixinhas! Só não sabia que você possui, além de tudo, o olhar tão longo, de ver tão fundo na minha poesia. Qualquer dia irei visitá-la com os meus Luizes. A amiga, Yêda Schmatlz, Go. 22/08/1970"[519].

Da Casa Velha da Ponte, Cora Coralina acompanhava e integrava os acontecimentos literários do estado. Tanto que, em 1969, participou da *Antologia do Conto Goiano* organizada por Anatole Ramos, Miguel Jorge e Luiz Fernando Valladares, publicando pela primeira vez a crônica "O Tesouro da Casa Velha" ao lado dos textos de alguns dos principais escritores goianos.

Com a dissolução do GEN, Cora Coralina conquistou o apoio das escritoras goianas que se articularam para em 1969 criarem a Academia Feminina de Letras e Artes de Goiás – AFLAG: "Quando se cogitava da escolha de mulheres que comporiam a Academia Feminina, que se formara em Goiânia, (1969) as fundadores desta entidade cultural, Rosarita Fleury, Ana Braga e Nelly Alves de Almeida foram à cidade de Goiás, e no casarão da ponte, recebeu-as Cora Coralina. Todas assentadas em um banco comprido, ao lado do fogão à lenha, o fogo lambendo os tachos cheios de massas várias, que seriam os doces de Coralina, ali se fez o convite a ser uma das componentes da AFLAG, que em breve se instalaria,

---

[518] *Idem.*
[519] *Idem.*

em Goiânia. Ela ouvia atenta e, lucidamente, franca e resoluta respondeu às convidantes: 'Aceito, até com certo prazer. Elogio a iniciativa de vocês, mas, vou logo lhes dizendo: Aceito, mas, não disponho de dinheiro nem para mandar confeccionar a beca, nem o distintivo. Aí está a questão'. E riu, sem se sentir inferiorizada. Embora não fosse naquela época a famosa Cora Coralina, ela era no fundo do seu ser a mulher que bem sabia ser! Foi-lhe oferecida a beca, por Nelly, Rosarita e Célia Coutinho Seixo de Brito. O distintivo foi-lhe presenteado por seu sobrinho-neto Nion Albernaz. E ela tomou posse na cadeira n. 5"[520].

Surgida a partir do esforço das escritoras Rosarita Fleury e Nelly Alves de Almeida, a Academia Feminina realizou a solenidade de abertura em 9 de novembro de 1970, com discurso proferido pela oradora Ana Braga Machado Gontijo: "Crendo no civismo que reúne anseios de espírito e os ritmos dos corações de todos os que vivem nesta dadivosa terra, deseja revolucionar também. E criou a Academia Feminina de Letras e Artes de Goiás. Ao que sabemos, é a primeira, no gênero, no Brasil. (...) A AFLAG é um empreendimento *sui generis*. Nos seus albores, tanto poderia despertar interesses como críticas. Não foi muito fácil realizá-lo. Pois é verdade, contada pela própria história, que no campo da ação e da arte, do pensamento e do trabalho, o mérito vive sempre rodeado de adversários, e que a ausência destes é a testemunha inapelável da insignificância"[521].

A Academia Feminina veio suprir o reconhecimento não dispensado pela Academia Goiana de Letras, que proibia o ingresso de mulheres[522]. A posse das acadêmicas realizou-se em 1970 com 39 integrantes e, entre essas, Cora Coralina merecia deferência especial como símbolo da mulher de força que venceu o tempo. Ela contava com o apoio das escritoras para a realização de sua obra: "Rosarita, amiga e DD Presidente da querida Academia de Letras e Artes de Goiás. Recebo sua mensagem dizendo meu interesse pelo datilógrafo (ele ou ela) que tanto preciso e apelo e mais o

---

[520] ARANTES, Célia Siqueira. A mulher na história da literatura goiana, p. 121-122.
[521] Anuário da Academia Feminina de Letras e Artes de Goiás, p. 224 e 230.
[522] O estatuto da Academia Goiana de Letras, fundado em 1939, possuía uma cláusula que proibia a candidatura de mulheres. Somente a partir de 1971 o novo estatuto aprovou que mulheres pudessem se candidatar a uma vaga, fato consolidado em 21 de setembro de 1972 com a aprovação da escritora Regina Lacerda para a cadeira n. 16.

cuidado de ampliar a minha foto e fazê-la figurar no salão nobre dessa agremiação ao lado das colegas acadêmicas. Agradeço todo carinho da nobre amiga assim manifesto. (...) Um Feliz Natal para você e sua família e que seja sempre realizadora e viva nossa Academia sob sua culta e ótima direção. Com amizade, abraço e respeito. Saúdo em você, grande Presidente, as companheiras acadêmicas. Cora Coralina"[523].

Cora seguiu dividida entre doces e poemas. Como uma alquimista das palavras e das coisas, re-escreveu Goiás, transformando em ouro o seu lixo pobre, e deu exemplos às mulheres vilaboenses de que com trabalho e criatividade é possível metamorfosear a vida. Após Cora, muitas deixaram de ser crisálida e continuam, até hoje, sobrevivendo por meio de suas mãos doceiras.

Influenciada por esse cotidiano, gestou em sua obra um mundo sinestésico e polifônico: uma gastronomia literária. Acalentou as imagens de um fogão à lenha, panelas fumegantes, um livro, um caderno e um lápis. Todas fundamentais para uma criação, para um descobrimento, filosofar, cozinhar. Cora Coralina soube saciar a fome de saber, a falta de poesia e de doçura, e chegar ao sabor das palavras. Acender um fogo, aquecer a alma, colocar as ideias para ferver, pegar a colher e o lápis, mexer, escrever. Mesclar simbólico e referencial, deixar apurar, revisar o texto, provar. Ler em voz alta, servir, publicar. E na sabedoria das falanges curtas, ocupadas na remoção de pedras, Cora Coralina semeou uma lição que tempera e acompanha o olfato de nossas memórias: ler e comer podem ser conjugados ao mesmo tempo e no mesmo espaço, sob um único olhar e com idêntica satisfação.

---

[523] Acervo do Museu Casa de Cora Coralina. Sem data.

24

CHEIRO DE CURRAIS E GOSTO DE TERRA

> "Meus versos têm relances de enxada,
> gume de foice e peso de machado.
> Cheiro de currais e gosto de terra[524]".
> *Cora Coralina*

Em Goiás, uma das facetas pouco conhecidas de Cora Coralina é o seu apego à terra. Não apenas seu amor místico e consagrado, estampado nos versos e crônicas, tecido pelo imaginário ao ponto de figurar a palavra 'terra' 114 vezes em sua obra lírica publicada, mas uma relação de fato, concreta, rotineira. Sua infância e adolescência na fazenda Paraíso, a sitiante de Andradina, foram etapas de sua vida relativas à gleba. Quando regressou a Goiás, Cora estreitou seu contato com a Grande Mãe Universal, recuperou o extenso quintal, tornando-o produtivo, cultivou hortaliças e árvores frutíferas, cuidou de suas rosas, com a ajuda de seu Vicente. Também manipulou as frutas, presentes da terra, transformando-as em doces. Além disso, estreitou o contato com os agricultores e sitiantes, os que vendiam frutas na Casa da Ponte e os que comercializavam verduras no mercado da cidade. Teve amigos sitiantes e lavradores em Goiás. Utilizou sua pena e suas palavras para dignificar a terra e o trabalho.

Em fins da década de 1960 até 1981, Cora Coralina pôde vivenciar de perto a vida rural, burilando sua verve telúrica. O contato com as águas

---

[524] CORALINA Cora. *Vintém de cobre*: meias confissões de Aninha, p. 108.

era diário, embalada pelos risos e soluços do rio Vermelho. Também possuía uma atração pelo rio Araguaia. Quando residia em São Paulo, ao se referir às belezas dos estados brasileiros e, particularmente, de Goiás, publicou em 1921: "E seriam inda mais conhecidas suas riquezas naturais inexploradas todas, seus rios navegáveis, mas ermos de vapores, suas pedreiras de mármore, suas rochas de cristais onde as cambiantes da luz dão as refrações do íris, e o seu rio Araguaia, o mais belo rio do mundo, como o adjetivou Couto de Magalhães, seus juncais nativos e sua fauna inda não classificada dos naturalistas!"[525].

Identificação também expressa no poema "Palácio dos Arcos", publicado em seu primeiro livro. O epilírico relata a história de um índio da tribo Carajá que deixou o Araguaia para se "civilizar" em Goiás. Aprendeu a ler e a contar, se tornou soldado e trabalhava no Palácio dos Arcos. Certo dia um trovão estalou e ele sentiu "um cheiro forte de terra./ Um cheiro agreste de mato./ Um cheiro de aguada distante" que acordou nele "uma grande nostalgia./ Uma dura rebeldia./ O grito da sua raça./ Chamados de sua taba./ Despertou os seus heredos./ Acordou seus atavismos" e o soldado abandonou tudo, ficou nu, e sumiu rumo ao Araguaia "atuado pelas forças cósmicas e ancestrais"[526].

Poema que pode ser concebido como uma metáfora da vida de Cora Coralina que, deixou sua cidade, viveu novas experiências em São Paulo, e que, sentindo o chamado ancestral, refez a marcha para o oeste, atraída pela força da terra. Sentimento que a fez passar temporadas às margens do Araguaia, em Aruanã-GO (na divisa com o estado do Mato Grosso), a partir de 1967, e de manifestar o desejo de ali possuir um terreno. Em 1981, adquiriu ali um pedaço de terra do senhor Miguel Giovanelli: "Lembro que ela foi dois anos no acampamento Areia, com dona Ondina Albernaz, na década de 1960. Depois ela foi com Brasilete e ficou uma noite com a gente no acampamento Sol, em 1981. Depois foi para Aruanã. Cora comprou um terreno em Aruanã, na Taboca, dizia que queria construir uma casa de pedra. Esse terreno ficou uns tempos com ela e depois ela desistiu da ideia e me vendeu o terreno. Uma vez ela estava com a gente em Aruanã e ela

---

[525] CORALINA, Cora. Idéias e comemorações, 1921.
[526] CORALINA, Cora. *Poemas dos becos de Goiás e estórias mais*, p. 123-124.

escreveu o conto 'Os meninos verdes'. Lembro que estava eu, Lizete, dra. Inan, dona Ondina, Elder e ela declamou e se emocionou muito ao ponto dra. Inan ter que dar assistência médica para ela. Eram momentos muito bons. Ela já com oitenta e tantos anos, tomava banho no rio e dizia que gostava de sentir a força das águas"[527].

Cora escreveu "Os meninos verdes" em 1968: "'A história eu a rascunhei quando fui descansar no Araguaia. Eu peguei aqui em casa sete meninos verdes', informa Cora, com as mãos indicando uma medida aproximada de uns quinze centímetros, 'deste tamainho. Escrevi a história deles, que é real, autêntica, que ainda estou burilando, depois mando para o suplemento de *O Popular* publicar. É uma promessa formal que lhe faço. Os meninos verdes estão agora em Brasília, sob os cuidados de dona Scyla, mas quem os levou para lá foi dona Iolanda Costa e Silva, que os mandara buscar aqui. Dona Scyla vai mandar construir um local próprio, no jardim do Planalto"[528]. Os meninos verdes são os filhos da terra e, como a Mãe Natureza, Cora se tornou mãe dos meninos, dos seres responsáveis pela perpetuação de uma mensagem de esperança e da crença de que o futuro será sempre melhor: "Posso adiantar que será uma estória maravilhosa de verde esperança no amanhecer do Novo Milênio, que vamos denominar 'Milênio da Paz Universal'. A terra estará verde, renovada na força contagiante do trabalho e semeada até os seus confins de Meninos Verdes. Serão eles mensageiros de bênçãos e aleluias, paióis acalculados, tulhas derramando na festa alegre das colheitas"[529].

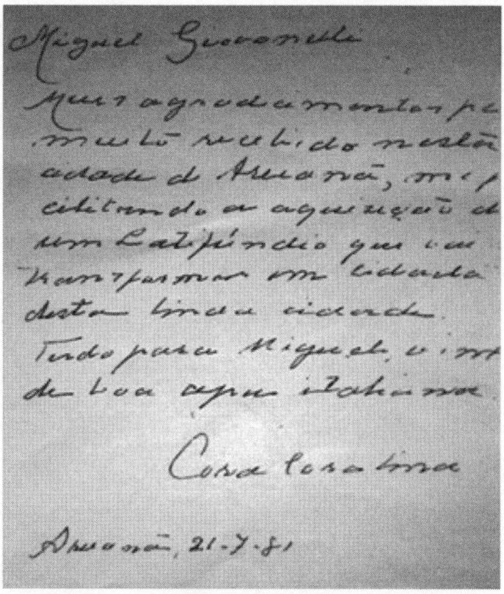
Miguel Giovanelli
Cora Coralina
Aruanã, 21-7-81

Foto 205: Autógrafo e dedicatória para Miguel Giovanelli, 1981, Aruanã-GO

527 Depoimento de Antolinda Baía Borges, amiga de Cora Coralina. Goiás, fevereiro de 2009.
528 *In:* RAMOS, Anatole. Cora Coralina: o tesouro da casa velha de Vila Boa, 1971.
529 CORALINA, Cora. *Os meninos verdes,* p. 15.

Muitas foram as idas de Cora ao Araguaia. Entre 23 e 25 de julho de 1981, a poetisa foi convidada pela prefeitura de Aruanã para ser hóspede oficial do município: "Eu, Brasilete, Olinda e Iolanda fomos com ela. Ficamos hospedadas no Hotel Araguaia, ela foi como hóspede do município; o prefeito a recebeu e ofereceu um almoço no Recanto Sonhado. Ficamos lá três dias. Lembro-me que, no segundo dia, fomos passear de lancha, a lancha do Corpo de Bombeiros. Lá ainda não tinha o porto e, quando chegamos ao barranco para descer, veio um rapaz de calção de banho e a pegou nos braços. Ela olhou para ele e disse: 'Meu rapaz, por que você chegou tão tarde?'. E lhe deu um beijo no rosto. Ela estava com aquele vestido estampado de rosa e um lenço no pescoço"[530].

Foto 206: Cora Coralina e crianças em Aruanã-GO

O contato com a terra, com o Araguaia, o cotidiano cercado pelo vasto quintal e banhado pelo rio Vermelho, reatou suas memórias dos tempos em que era transfigurada pela gleba, aguçando sua sensibilidade ecológica: "Vínhamos para cá e encontrávamos o que buscávamos. Encontrávamos afeto, um ambiente cultural rico, um espaço de liberdade para nossos filhos, um quintal, uma bica d´água, um ambiente muito parecido com o de uma fazenda, com um modo simples de viver muito próximo daquilo que acreditávamos. Me marcou muito ver uma pessoa

---

[530] Depoimento de Marlene Gomes de Vellasco, vizinha e amiga de Cora Coralina. Goiás, março de 2009.

chegar na idade que ela chegou, já idosa, de cabelos brancos, com oitenta e cinco anos, o corpo já fragilizado pela idade e nem por isso ela dava qualquer indicação de que precisasse de ajuda. Pelo contrário, ela ajudava. Ela dizia acreditar na juventude e alimentava nossa energia através dessa confiança que ela depositava. Apontava o caminho da fraternidade, da leitura, do conhecimento, da valorização das coisas simples, a importância do trabalho. Ela participou da minha vida de uma maneira muito marcante. Pela obra, pelos gestos e atitudes, pelo discurso, a forma de se colocar no mundo, o carinho que ela sempre demonstrava, a defesa da ecologia. Eu sempre digo que ela foi a primeira ambientalista que eu conheci"[531]. Preocupação que também atravessou sua lírica: "A terra dura contaminada./ Os trigais perdidos./ (...) A erva está envenenada./ As fontes poluídas./ Não há mais verdes,/ nem heróis, nem nada./ (...) Um estrondo abala a terra./ A última bomba?/ Não, a explosão demográfica"[532].

A terra se transubstancia na mulher e vice-versa e, por isso, a poetisa se confundiu com a própria terra: "A terra, para ela, não está embaixo, mas, mediante um processo de conjunção imagística, está no todo. Assim, ao firmar que é a mulher mais antiga do mundo, está afirmando que é a Terra, pois, Terra e mulher, enquanto seres capazes de gerar vidas, se identificam. (...) Se durante a vida ela se considera a voz da Terra e a própria Terra, será lógico que, após sua morte, juntamente com ela, fecunde as árvores e converta em frutos, gravetos, tronco, raiz e folhas. Ademais, essa nova metamorfose, afora confirmar o seu telurismo, representa a sua inserção no cosmos"[533]. Não por acaso escreveu, entre 1973 e 1974, o seu epitáfio, explicitando sua ligação com a Grande Mãe, e mandou confeccionar, ainda em vida, sua pedra tumular, evitando que alguém escrevesse "bobagens": "Ela dizia que escreveu o epitáfio porque ela tinha receio que quando morresse escrevessem alguma inverdade e colocassem em seu túmulo. Dizia que não queria a mesmice e decidiu fazer o epitáfio e gravou numa pedra de mármore, mandou fazer em São Paulo. E ele ficava guardado na

---

[531] Depoimento de Heloísa Maria Moreira Lima de Almeida Salles, amiga de Cora Coralina. Goiás, março de 2009.
[532] CORALINA, Cora. *Poemas dos becos de Goiás e estórias mais*, p. 222-223.
[533] FERNANDES, José. *Dimensões da literatura goiana.*, p. 175-176.

sala ali da frente, aqui na Casa da Ponte, encostado na parede. E ele ficou, graças a Deus, anos guardado aqui, percorrendo os cômodos. E ela lia, declamava o poema para os turistas, para a imprensa"[534].

Não apenas nos versos do poema "Meu Epitáfio", publicado em jornais e acomodado em livro por ocasião do lançamento de *Meu livro de cordel,* em 1976, e em outros poemas e entrevistas, Cora Coralina manifestou sua alquimia com a terra: "Morta... serei árvore/ serei tronco, serei fronde./ E minhas raízes/ enlaçadas às pedras de meu berço/ são as cordas que brotam de uma lira./ Enfeitai de folhas verdes/ a pedra de meu túmulo/ num simbolismo/ de vida vegetal./ Não morre aquele/ que deixou na terra/ a melodia de seu cântico/ na música de seus versos"[535]. Suas mãos raízes e seu corpo genesíaco se aprofundavam em ações imprevisíveis:

Foto 207: Cora Coralina com as plantas, década de 1970, Goiás-GO

"Outra vez, aqui em Goiás, teve um caso interessante. Ela mandou me chamar de madrugada, umas quatro horas da manhã. Cheguei na casa, estava dona Cora deitada no chão. Ali era chão batido. Dessa vez ela estava com muita dor, eu apliquei uma injeção nela e falei para ela ir para a cama. Muitos meses mais tarde ela me disse: 'Inan, quando você me encontrar deitada no chão, não me tire não, deixe, porque eu estou procurando a força do interior, a força da terra. Pode deixar que eu me levanto a hora que eu puder'"[536].

Relação maior por ocasião das temporadas que passava na fazenda Pedra Branca, em Caiçaras-GO, de propriedade de seus amigos Nazareno e Lica de Barros Camargo. Momentos em que re-encontrava com suas raízes sertanejas, em que convivia com a lida na gleba. Os períodos na fazenda eram dilatados, às vezes, ficava quase dois meses descansando na simbiose com a natureza e se inspirando

---

[534] Depoimento de Marlene Gomes de Vellasco, vizinha e amiga de Cora Coralina. Goiás, março de 2009.
[535] CORALINA, Cora. *Meu livro de cordel,* p. 106.
[536] Depoimento de Inan Benedita da Silva Freitas, médica de Cora Coralina. Goiás, fevereiro de 2009.

para seus escritos. Prova disso foi a carta aberta endereçada aos escritores Miguel Jorge, Hamilton Carneiro, Álvaro Catelan e Anatole Ramos, publicada na edição de 3 de agosto de 1975, no Suplemento Cultural de *O Popular*:

> "Estou aqui nas Caiçaras desde antevéspera de Santo Antônio, que tem suas festas, fogos, rezas, fogueira levantada e mastro embandeirado nestas rechãs. Sanfonas e violeiros, dançadores, dançarinos não faltando. Gente moça, gente velha, meninos, meninada. Comidas à moda de dantes. Vastas panelas cheias. Churrasco grandioso. Matou-se um boizinho, um porco, três leitoas, frangos sem conta, até um peru foi sacrificado. O forno de barro, ancestral, queimou lenha e assou biscoitos, bolos e viandas. Mesa posta, comida do tempo velho.
> Fazenda Pedra Branca, aniversário, data do Nazareno e Lica de Barros Camargo, donos de alentados alqueires goianos, campos largos e altos morros. Vales úmidos e verdejantes onde pasta o gado, gadaria. Grotas e socavões. Águas vivas nascentes e correntes do alto. Currais. Terras de antiga Sesmaria reinol, afamada gleba dos Camargo Ortiz de velhos tempos. Depois, Canastras, de Canastreiros. Serra das Canastras que supriam de um tudo o velho mercado de Goiás com suas abençoadas e largas baratezas na era do vintém de cobre e da nota de um mil réis. Carros de boi rechinantes e almocreves levavam mantimentos e fartura à cidade de Goiás. Abriam caminho e venciam a distância sem ajuda de governantes e pagavam seus impostos na coletoria do próprio mercado. Preços de arrasto. O que não se vendia, atirava-se no Rio Vermelho. Sobras fartas. Fartura e pobreza conjugadas. Muitos bens, poucos vinténs. (...) Aqui me encontro, pois, num regresso ao passado, num retorno à terra, contato com a Mãe Natureza, graças ao convite amistoso de Lica e Nazareno, grandes e generosos amigos de Goiás. Nazareno Camargo, descendente dos Camargo Ortiz, confirmado ainda no seu pedaço da gleba ancestral. Ele, Nazareno, o último, penúltimo, homem bom sobre a terra. (...) Eu, faminta desses verdes arejados. Olhos pastando estas pastagens, subindo e descendo morros, afundando nas grotas onde viçam guairobeiras. Rijos, negros troncos abatidos, levados à panela o caule tenro e saboroso, saborosamente amargo.
> Ouvindo o berro dos bezerros, bebendo pela manhã o apojo tépido dos fartos úberes, espumoso e apetecente, assim começa o meu dia na Fazenda Pedra Branca. Formosa, de formosura sem igual. Vejo, sinto e respiro os currais estercados, de onde sobe uma evaporação saudável e animal, das grandes vacas mansas e pachorrentas dando seu leite grosso, tranqüilas e ruminantes. Berram em sintonias leiteiras e terneiros, apartados no fim do dia. Minha integração bucólica, pastoril, é repousante. Perfeita.
> Aqui estou, festiva e em festas espirituais, recordando a velha Fazenda Paraíso de meus avós, também terras de Sesmaria. (...) Aqui estou, meus

amigos, difundida, esparsa nestes ares sadios e me socorrendo sedenta de boas águas nascentes que vêm dos morros, represadas aqui e acolá em conchas de pedras, onde bebe o gado que à tarde, manso, desce para os currais.

Volto a uma vida nova, me renovo em letras nestes frios de junho, quando florescem o Jaraguá e o Meloso, a pastaria toma tons de ouro velho e engrossa o leite nos úberes fartos e nas longas tetas. Ouço o berro da Jaguané apartado o seu bezerro, responde o mugido saudoso da graúna, que alcança o fundo dos meus velhos atavismos, e minha identificação com a terra e o pastoreiro é profunda, biológica e animal. Meus heredos primários alertados. Velhas heranças de um passado remoto despertas e presentes neste convívio com as terras Caiçaras, onde são reis, monarcas, soberanos da velha hospitalidade fazendeira, Lica e Nazareno, meus amigos do peito, a quem muito quero, sendo eu, deles, devedora. Cora Coralina. Terra das Caiçaras, nos dias de julho"[537] (Inédito).

Não é de se estranhar que nesses anos, Cora Coralina tenha escrito os poemas "A Enxada", "As Tranças da Maria" e "O Cântico da Terra", publicados na segunda edição de *Poemas dos becos de Goiás,* em 1978. O poema "O Cântico da Terra", subintitulado de "Hino ao Lavrador" e retoma algumas das ideias expostas na "Carta Aberta" e que, posteriormente, ganhariam força nos poemas de *Vintém de cobre*. Talvez uma resposta para sua estreita relação com a terra, esteja em uma de suas entrevistas: "Tudo que vive, desaparece, para renascer em novas formas de vida, ativa, perene. Apenas três elementos são eternos: Terra, Água, Pedra"[538].

Seu legado de amor à terra estendeu-se aos filhos, netos e bisnetos. O neto Mário Garcia Brêtas, exímio agricultor, desenvolveu com primor a produção de laranja, grãos (milho, soja, girassol, canola, sorgo, aveia...) e cana-de-açúcar. Foi fundamental

[537] CORALINA, Cora. Carta aberta. *O Popular,* Goiânia, 3 ago. 1975, p. 3.
[538] *In:* Cora Coralina, *Cidade de Santos,* Santos, 17 out. 1982, p. 24.

Foto 208: Cora Coralina no quintal da Casa Velha da Ponte, década de 1970, Goiás-GO

na formação do CAT-GPDP (Clube Amigos da Terra – Grupo de Plantio Direto de Pirassununga e Região), sendo o primeiro Presidente do Grupo. Era apaixonado pela vó Cora. "Seu Mário" sempre escreveu muito bem, talvez por consequência de sua ascendência, e assim, "graças a esse grande exemplo em minha vida, relato um pouquinho de sua pessoa, uma maneira de tentar retribuir as coisas maravilhosas que 'Seu Mário' fez pela agricultura paulista e agradecer todo o legado que deixou em nossas vidas"[539].

Por saber da importância da terra, Cora não ficou silente e, em plena ditadura militar, apoiou a reforma agrária e os posicionamentos de dom Pedro Casaldáglia e dom Tomás Balduíno a respeito do movimento dos sem-terra, que nascia à época, da relação entre Igreja e Governo, do êxodo rural e da marginalização nas grandes cidades. Várias foram as correspondências entre Cora e dom Tomás: "Cara amiga Cora Coralina. Tenho a honra de passar às suas mãos a poesia anexa que dom Pedro Casaldáglia me confiou para entregar-lhe. Guardo uma feliz lembrança daquela nossa visita à sua casa, em que você e dom Pedro, como poetas de estirpe e como cristãos autênticos dialogaram com tanta familiaridade, vivacidade e lucidez sobre suas vidas pessoais e sobre a vida do nosso povo e dos nossos jovens. Feliz Páscoa para você. Em Cristo Ressuscitado, Tomás Balduíno"[540] (Inédito).

Optaram por estar ao lado dos mais pobres: "Tem muita produção, mas não aquela que podia ter e nem a produção dos pequenos. Ainda há muita luta dos sem terra por um pedaço de terra, isto está constantemente no jornal, mas você precisa saber que no passado a população da roça era superior à população da cidade, e hoje é inferior. Eu sempre achei que os governos deveriam se juntar com os bispos, entregar essa parte agrária para os bispos. (...) Os posseiros, aqueles que quando a terra não valia nada e não tinham recurso para tirar documentação, plantavam, construíam, produziam, esses daí estão sendo expulsos. E são esses que vêm para a cidade aumentar a marginalização dos marginalizados, aumentar o número de menores abandonados e delinquência infantil. (...) [Questionada se os pensamentos de dom Tomás e dom Pedro Casaldáglia com relação à

---

[539] NETO, Orlando Pereira de Godoy. *In*. Revista Plantio Direto, edição 109, Passo Fundo, RS, 2009.
[540] Acervo do Museu Casa de Cora Coralina, sem data.

reforma agrária seriam corretos] Se não tivesse esse conflito o que seria dos sem terra? O que seria dos espoliados? O que seria dos expulsos de suas posses? De modo que eles ainda representam uma resistência para esta espoliação. Espoliação dos pequenos e dos índios, ainda representam uma barreira. (...) Se eu fosse mais moça eu seria esquerdista, não digo até quando seria revolucionária, mas que eu debateria muitos problemas, defenderia muitos pontos de vista, isso eu defenderia mesmo. Esse ponto de vista da terra seria um deles"[541].

Preocupação que acompanhou Cora Coralina por muitas décadas e a poetisa fez questão de registrá-la em versos: "As autoridades têm três deveres a cumprir: dar terra ao homem da lavoura,/ fixá-lo na gleba. Não consentir no seu desligamento do meio onde foi criado,/ ajudá-lo no possível. Ali na terra está a harmonia e integridade/ do grupo social. Tangidos para a cidade, é a desagregação familiar,/ a desilusão, a incompatibilidade urbana, o desarranjo total, a perdição"[542]. Exposta também em entrevistas: "Para Cora Coralina, o governo federal precisa tomar imediatas providências no sentido de contornar o problema fundiário, que é da maior gravidade. 'Se o governo não tomar essas providências, de natureza humana, haverá o êxodo rural, com o homem, que no campo plantava e colhia, inchando as cidades e criando problemas de ordem social'. Ela propõe, com todo o vigor de sua força espiritual, que os organismos federais encarregados de solucionar o problema da terra, que equacionem a questão para que o agricultor possa viver em paz, como sempre desejou viver. 'O pedacinho de terra para o produtor rural é praticamente tudo o que ele quer'"[543].

Outro fato marcante foi sua amizade com a família do senhor Saulo Alves de Oliveira, paulista que possuía fazenda na região de Goiás. Particularmente com o jovem Gabriel Afonso, filho do senhor Saulo e dona Luzia: "Ali daquela cidade de Goiás, daquele canto do sertão, ficou sendo para nós o centro do mundo. Nós não conseguíamos ir e voltar sem passar

---

[541] Entrevista a Vicente Fonseca e Armando Lacerda, na fase de prospecção do Filme *Cora Doce Coralina*, Goiás, 1982.
[542] CORALINA, Cora. *Vintém de cobre:* meias confissões de Aninha, p. 55.
[543] SEIXAS, Wandell. FERREIRA, Sônia. O posseiro vive num beco. *O Popular,* Goiânia, s/d.

pela casa dela [de Cora Coralina]. E, mesmo com nossa vida agitada, ela nos impunha uma ambição literária. Conhecia muito da vida, lia muito, discutia qualquer assunto. Um dia nós levamos para ela um saco de soja e dissemos: 'Olha dona Cora, isso aqui é um grão, o Brasil viverá uma grande experiência com esse grão novo'. E ela nos deu um livro em troca. Nós deixamos uns quatro litros de soja lá, num pote de barro, e ela nos deu um livro. E, chegando na fazenda, fomos correr atrás das coisas e o Saulo, meu irmão, foi o único que leu o livro. E quando nós voltamos fomos pegos de surpresa, porque ela reatou a conversa daquele ponto. Lembro-me que ela perguntou qual o poema que havíamos gostado. A sorte foi que meu irmão havia lido e falou: 'As tranças da Maria'. E ela começou a falar sobre o Izé, as tranças da mulher amada, e explodiu aquela paixão pela poesia, pela terra. A partir daquele momento eu peguei o livro e fui ler. Ela nos ensinou a amar aquele canto, aquela cidade. Fiquei até os 25 anos lá em Goiás. Depois eu saí de Goiás e vim para Franca e nós continuamos cultivando a amizade"[544].

Cora Coralina correspondia-se com amigos de Franca-SP e de Sales de Oliveira-SP. Há registros no acervo do Museu Casa de Cora Coralina que comprovam essa amizade. Relação que até hoje permanece viva na memória da família do senhor Roberto Martins Franco, fazenda "Conquista", que preserva os testemunhos e os impactos da passagem de Cora Coralina por sua vida em fotografias, mensagens e exemplos: "Sônia, Roberto, Regina, Ricardo, Júnior, Ronaldo, Renato, todos Príncipes da F. Conquista. Para os grandes amigos, soberanos da Fazenda Conquista nos foros abençoados de Sales de Oliveira. Guardem este livro com carinho, ele vale sempre um Vintém de Cobre. Cora Coralina. Ribeirão Preto – 12-9-83"[545]. Amigos que acompanharam de perto os lançamentos e homenagens que a escritora receberia no final de sua vida.

A mesma relação tecida com os proprietários da fazenda "Toca do Conde", Gabriel Afonso, sua esposa Flávia e a filha Larissa. Tanto que, em 1983, a poetisa viajou, juntamente com sua sobrinha Ondina Albernaz, para

---

[544] Depoimento de Gabriel Afonso Alves de Oliveira, amigo de Cora Coralina. Franca-SP, maio de 2009.
[545] Acervo de Roberto Martins Franco.

descansar dez dias em Franca-SP, em companhia desses amigos de longa data. Ficou próxima daqueles que conheceu no início da década de 1970 e do jovem que, um dia, deixou sua semente na Casa Velha da Ponte e no coração da velha musa goiana. Amigos que presenciaram, em 1984, as homenagens que recebeu em Jaboticabal, em Santos e na capital paulista. Amizade mediada pelo amor profundo à terra: "O ato de lavrar a terra sempre foi muito importante para mim e ela valorizava muito. Então, quando eu voltei para São Paulo e colhi a primeira safra de milho e mandei para ela de presente, foi uma atitude natural: mandar um presente, fruto do meu trabalho, para uma amiga. Eu só não esperava a atitude dela, quão significativo foi para ela ao ponto de escrever um poema. Me alegrou muito, me emocionou"[546]. As espigas da primeira safra foram acompanhadas por uma carta: "10-3-81. Querida Cora Coralina, quantas saudades. Comecei a colher o milho que eu próprio plantei na Estrela D'Oeste. É a primeira colheita. A terra é boa e deu boas espigas. Lembrei da senhora e a sua adoração ao milho. Quando eu passava pela roça recebendo o milho no caminhão, meu ser se alegrava e eu dava graças à natureza. Hoje nasceu uma eguinha na fazenda, 'Alazã', filha primeira da égua 'Paloma', nasceu um pouco miúda e fraquinha, mas vai arribar. Obrigado por tudo. Beijos e amor de Gabriel Afonso"[547].

Foto 209: Gabriel e a espiga de milho colhida em Andradina no sítio onde Cora Coralina morou, 2009, Sales de Oliveira-SP

[546] Depoimento de Gabriel Afonso Alves de Oliveira, amigo de Cora Coralina. Franca-SP, maio de 2009.
[547] Acervo do Museu Casa de Cora Coralina.

O que Gabriel não esperava era que, em retribuição, Cora Coralina escrevesse o poema "As espigas de Aninha (Meu menino)", posteriormente publicado em *Vintém de cobre*: "A estrada da vida/ pode ser longa e áspera./ Faça-a mais longa e suave./ Caminhando e cantando/ com as mãos cheias de sementes./ A um jovem distante/ o Pai deu uma gleba de terra,/ e disse: trabalha, produz./ Era no tempo e ele plantou.../ E me mandou no tempo quatro espigas de sua planta,/ enfeitadas com os selos caros do correio./ Como o leitor receberia este presente?/ Era abril na minha cidade./ Páscoa./ Sempre, abril é Páscoa./ Recebi as espigas resguardadas em meia palha dourada,/ símbolo de um trabalho fecundo./ Preparando sua terra/ plantando e produzindo,/ ele estava esquecendo angústias/ do presente/ e enchendo a tulha do futuro./ Eu o abençoei de longe/ com a ternura dos meus cabelos brancos"[548].

A terra para Cora Coralina era fonte de vida e trabalho. Em sua trajetória, desde os primeiros escritos, ela assumiu um papel central. A terra das fazendas Paraíso e Pedra Branca, dos roceiros e dos pousos de boiada atravessando o interior paulista, a região banhada pelo Araguaia, sua casa de chão, a relação com a natureza, com os animais e vegetais, a volta à Terra Mãe. Ser mulher sertaneja, afeita à terra e ao trabalho, ser cigarra cantadeira e formiga diligente, colocar sua pena a serviço dos que não possuíam uma oportunidade de trabalho na gleba, são algumas das facetas da mulher roceira, enxerto da terra, que vivia dentro de Cora Coralina. Uma das homenagens que posteriormente receberia e que aceitou de bom grado foi ser eleita Símbolo da Mulher Trabalhadora Rural pela Organização das Nações Unidas para Agricultura e Alimentação, FAO/ONU, em 1984. Entre o cheiro de currais e o gosto de terra, seu lirismo e seus exemplos extrapolaram a gleba goiana e edificaram um canto solidário com a Terra Mãe, cuja simbiose aguçou, genésica e telúrica, seus sentidos.

---

[548] CORALINA, Cora. *Vintém de cobre*: meias confissões de Aninha, p. 149-150.

25

ODE ÀS MULETAS

> "Muletas utilíssimas!...
> Pudesse a velha musa
> vos cantar melhor!... (...)
> Fidelíssimas na sua magnânima
> utilidade de ajudar a novos passos.
> Um dia as porei de parte,
> reverente e agradecida[549]."
> *Cora Coralina*

Entre frutas e livros, a poetisa-doceira embalava seus afazeres nos Reinos de Goiás. Em suas entrevistas, dizia que estava vivendo o melhor tempo de sua vida, que era um grande orgulho viver da arte culinária e que gostaria de ter mais tempo livre para escrever. Sua rotina começava cedo, ao lado dos tachos de doce acomodados no fogão à lenha, e se estendia até tarde, com intervalos para receber visitas e se dedicar à leitura: "Minha porta da rua está sempre aberta e os que entram são todos amigos, pobres e ricos. Gosto de acordar cedo e fazer meu café; depois receber quem me procura, ler meu jornal – é uma necessidade imperiosa, como o alimento. Depois, um bom livro que esteja ao alcance da mão. (...) E arremato meu dia dormindo. É uma hora feliz, a hora do sono. Agradeço a Deus pela minha cama, pela camisola macia, pelo travesseiro repousante. A cama é uma maravilha, só comparada com o levantar cedo, quando os primeiros

---

[549] CORALINA, Cora. *Poemas dos becos de Goiás e estórias mais*, p. 173.

trabalhadores estão indo para seus empregos, as crianças para as escolas, o sol despontando. É a vida que se abre para um novo dia. Uma nova etapa de trabalho"[550].

Esse era parte do dia-a-dia de Cora Coralina no início de 1970. Apesar de seu espírito jovem e incansável, que não condizia com o então esperado para uma senhora de 80 anos de idade, a poetisa convivia com alguns problemas que acometiam sua saúde. Mesmo debilitada, nunca se queixava, se esforçando para a manutenção de suas atividades. No dia 27 de março de 1970, uma Sexta-Feira da Paixão, ela sofreu um distúrbio digestivo e o médico gastroenterologista Heitor Rosa foi chamado à cidade de Goiás: "'Não conhecia Cora Coralina pessoalmente e não sabia em que estado clínico a encontraria e a gravidade do problema. Por isso pedi a meu colega, Jofre Rezende, que me acompanhasse'. Eles chegaram à velha casa da ponte por volta das 11 horas da manhã. 'A cidade estava mergulhada em um silêncio absoluto. Um silêncio de dia santo em cidade do interior. No interior da casa, ele era maior ainda'. Depois de fazer o exame e constatar que o problema da escritora não era complicado, Heitor Rosa começou a conversar com a paciente. 'A prosa já ia longe. Foi quando tive o estalo e perguntei se poderia gravar a conversa, no que ela concordou'"[551]. O médico gravou 15 minutos de conversa e, durante o diálogo, Cora declamou um poema que, segundo ela, estava esboçando e se intitulava "Vida".

Convalescente em seu quarto, a escritora, que estava de cama por recomendações médicas, fez questão de manter uma conversa animada e, além do poema declamado, conversou sobre vários temas. Inicialmente, quando indagada por que não aceitava os convites para morar em São Paulo, fez uma declaração de amor a sua cidade natal, amor que poderia ser definido em uma ou em duas palavras: "Em uma: raízes. Em duas: minhas raízes". Outra temática que abordou na conversa foi a imortalidade: Cora Coralina manifestou esse desejo e, ao ser lembrada, de que já era imortal devido a sua literatura, respondeu: "'Essa imortalidade simbólica não me interessa. O que vale é a imortalidade da carne, dos músculos, dos ossos, da massa

---

[550] *In:* GONÇALVES, Maria José. Cora Coralina, p. 24.
[551] *In:* BORGES, Rogério. Encontro inesquecível, p. 9.

cinzenta'. Ela também disse que gostaria que a perenidade chegasse à mente: 'Precisamos de equilíbrio mental, já que, depois do doutor Zerbini, o coração anda desacreditado', brincou, referindo-se ao pioneiro dos transplantes de coração no Brasil, que teria destruído o mito de que o órgão era o depositário dos sentimentos humanos: 'Os que foram à lua também desacreditaram toda a sua poesia. Ela precisa ser revista e planejada de novo'"[552].

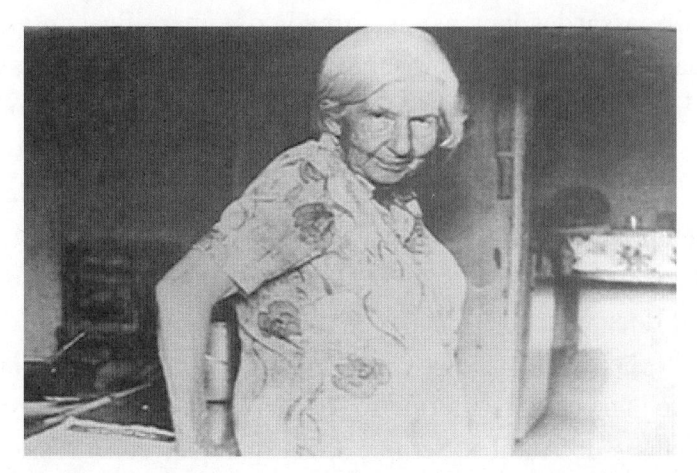

Foto 210: Cora Coralina na cozinha da Casa Velha da Ponte, Goiás-GO

A partir dessa época, eram constantes as idas da escritora ao Hospital São Pedro de Alcântara, nos fundos da Casa da Ponte, em Goiás. Muitas são as histórias protagonizadas por Cora envolvendo os médicos e enfermeiros da instituição. Histórias que extrapolaram a prestação de serviços e edificaram vínculos de afeto, a exemplo da relação com o enfermeiro Ataliba Franco e com a médica Inan Freitas: "Depois de formada, eu vim para Goiás atender no Hospital São Pedro. Um certo dia apareceu lá a dona Cora. Eu não a conhecia. Era conhecida da minha mãe. Mas eu passei onze anos fora e perdi contato com o pessoal. Ela não estava passando bem e me disse que ao meio dia ela tinha que ir na emissora fazer uma palestra e não podia nem falar"[553]. "A primeira vez que vi dona Cora foi quando eu trabalhava no hospital, isso em 1971, 1972. Ela foi tomar uma injeção. Depois disso, sempre que ela precisava de algo me procurava. Nesse tempo,

---
[552] *Idem.*
[553] Depoimento de Inan Benedita da Silva Freitas, médica de Cora Coralina. Goiás, fevereiro de 2009.

andava normalmente, não tinha ainda quebrado a perna. Ela tomava soro às vezes no hospital, às vezes na casa dela. Quando ela queria, mandava me chamar e o médico me mandava ir para lá. Ficava lá à disposição dela, dois, três dias. Nessa época, os médicos dela eram dr. Cláudio Maciel, depois dr. Ênio. Ela tomava muito Complexo B, vitamina C. Pedia para eu pegar na Farmácia do Paulo Saddi os medicamentos"[554].

Com o passar dos anos, as idas ao médico se intensificaram. Os vizinhos e empregados sempre a acompanhavam nos exames e nos tratamentos: "Eu ia à Farmácia do Paulo Saddi comprar remédio para ela, o Solvobil, remédio para o fígado, e a caixa de Melhoral. Ela não comprava cartela, comprava a caixa inteira"[555]. "Às vezes ela tomava Chofitol; Melhoral ela tomava sempre também. Comprava a caixa. Às vezes comia alguma coisa que não fazia bem; ela gostava que eu fizesse para ela abacate com açúcar, mas muito doce, com caldinha de limão, aí quando ela comia e não se sentia muito bem, ela tomava Chofitol. De vez em quando ela também tomava soro lá na casa, o enfermeiro Ataliba que ia aplicar o soro nela. Ela gostava demais do Ataliba. Sempre, para qualquer coisa assim, até para tomar injeção, ela mandava chamar o Ataliba"[556].

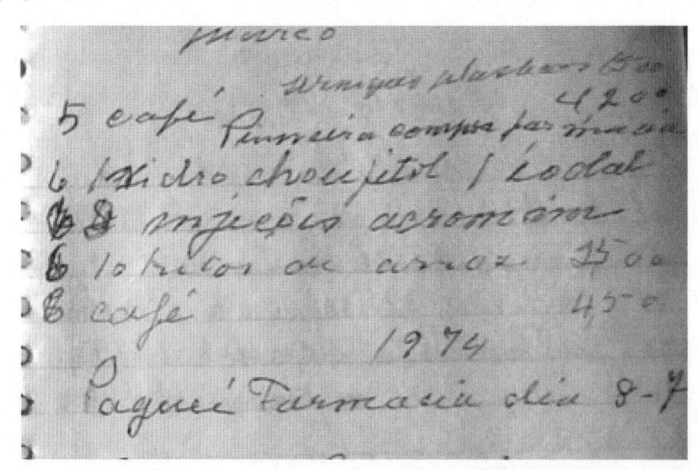

Foto 211: Lista do mês – Farmácia, 1974, Goiás-GO

[554] Depoimento de Ataliba Guimarães Franco, enfermeiro de Cora Coralina. Goiás, fevereiro de 2009.
[555] Depoimento de Marlene Gomes de Vellasco, vizinha e amiga de Cora Coralina. Goiás, março de 2009.
[556] Depoimento de Benedita Pereira dos Santos, empregada de Cora Coralina. Goiás, fevereiro de 2009.

As enfermidades eram passageiras e a escritora logo se restabelecia e voltava a sua sina de escriba e artista dos doces. Como vimos, nesse período, a imortalidade do corpo era uma preocupação da poetisa. Essa imortalidade constitui uma metáfora e significava a vontade de viver mais alguns anos para escrever e desenvolver as ações que, posteriormente, realizaria. Sabia que com 80 anos de idade ainda teria muito que edificar, até mesmo para conquistar a imortalidade poética como depois escreveu: "Quando eu morrer, não morrerei de tudo./ Estarei sempre nas páginas deste livro, criação mais viva/ da minha vida interior, em parto solitário"[557]. Mas não foram as costumeiras viroses e mal-estar que provocaram na autora uma visão antecipada da finitude. Episódio representativo foi sua queda da escada ao ponto de ter impactado, de certo modo, seu ofício poético.

Após a Semana Santa de 1973, a poetisa escorregou na escada da cozinha que dá acesso para um grande pátio na Casa da Ponte e caiu, fraturando o fêmur direito: "Andarilha que fui/ de boas tíbias e justo fêmur,/ jamais reumáticos./ Um dia, o inesperado trambolhão,/ escada abaixo./ Como sempre as vizinhas/ prestativas, maravilhosas, correm./ Um vizinho possante/ me levanta em braços/ de gigante"[558]. A empregada Ditinha, que estava na casa, relata o episódio: "A primeira vez que ela caiu eu estava com ela, foi depois da Semana Santa que ela levou uma queda muito grande. Ela quebrou o fêmur. Ela recebeu muita visita, estava descansando na rede, aí ela levantou e foi na cozinha. Tinha uma torneira e um tacho muito grande, que a gente aparava água para lavar os tachos pequenos. Ela foi lavar as mãos, se sentiu tonta e caiu. Bateu com a cabeça, fez um corte muito grande na cabeça e quebrou o fêmur. Quando eu cheguei lá foi porque eu ouvi quando ela gritou. Ela já estava caída. Aí eu fui pegar ela e não dei conta. Saí correndo e chamei seu Benício, o vizinho. Todo aperto que eu sentia eu corria na casa de seu Benício. Ele saiu na hora, pegou ela assim nos braços e pôs na cama. Aí veio os outros vizinhos, Antolinda, e levaram ela para Goiânia"[559].

---

[557] CORALINA, Cora. *Vintém de cobre: meias confissões de Aninha*, p. 52.
[558] CORALINA, Cora. *Poemas dos becos de Goiás e estórias mais*, p. 191.
[559] Depoimento de Benedita Pereira dos Santos, empregada de Cora Coralina. Goiás, fevereiro de 2009.

Fato inusitado, após os primeiros cuidados médicos e a recomendação de ir para Goiânia, foi a escritora ter pedido que a cobrissem de rosas. Episódio narrado pela própria poetisa: "Logo que fui acidentada, uma queda do alto de uma escada me causou um corte fundo na cabeça e a fratura do fêmur, fui socorrida por uma empregada e pelas vizinhas, boas amigas. O médico foi chamado e achou que deveria vir para Goiânia. Providenciaram a ambulância, o médico e Antolinda viriam comigo. Pedi então para minhas amigas me cobrirem de rosas. A roseira do meu jardim estava bonita, toda florida. Eram rosas de minha casa. Uma vizinha também me trouxe flores. Vim toda coberta de flores. Não senti a mínima dor em todo o percurso"[560]. Momento também relembrado por Antolinda Borges: "Eu estava na Casa Veiga, na loja, quando dona Altair me ligou. Era mais ou menos onze horas, meio dia: 'Vem aqui que dona Cora caiu. Não sei o que aconteceu, mas ela caiu. Ela cortou a cabeça, quebrou o fêmur e teve uns arranhões'. Aí eu vim correndo da loja. Quando eu cheguei eu lembro que estavam lá seu Luiz Sabino, dona Altair, seu Benício, dona Messias. Aí a casa ficou cheia na mesma hora. Eu fui ao hospital e chamei dr. Valim e um outro médico foi também. Costuraram a cabeça dela. Eu avisei o filho dela, seu Brêtas, avisei pelo rádio amador do Quartel. Avisamos o Governador do Estado, era Leonino Caiado, Dalva e Ondina Albernaz, e arrumamos para ir para Goiânia. Fomos arrumar a ambulância. Quando retornei ela falou assim: 'Vai no quintal, minha filha, e pegue todas as flores'. Antes, quando eu cheguei, ela estava declamando o 'Meu Epitáfio'. 'Enfeitai de folhas verdes a pedra de meu túmulo', e disse: 'Quando eu morrer me vista com o hábito franciscano. E me mandou pegar as flores. Eu pensei que ela iria dar as flores para as pessoas que estavam na casa, lá estava cheio de gente. Aí ela falou: 'me coloque na maca e me cubra com as flores'. Aí eu pensei, como que eu ia chegar em Goiânia com Cora coberta de flores e quem ia era eu mesma. Aí cobrimos com flores e fomos. Eu, ela, o médico e

---

[560] *In:* JORGE, Miguel. Cora Coralina, por tudo, literatura, p. 1.

o motorista. Tínhamos falado com Dalva e Ondina e elas já estavam nos esperando em Goiânia. Quando nós chegamos na porta da Clínica, a imprensa já estava toda lá e perguntaram se ela estava morta. Ela mesma disse: 'Estou viva'"[561].

Cora Coralina foi encaminhada para a Clínica Santa Paula, atual Hospital Traumato-Ortopédico de Goiânia. Ficou sob os cuidados do ortopedista Nelson de Azevedo Paes Barreto: "Em torno, mais ou menos, de 1973, se não me falha a memória, nós tínhamos uma Clínica na rua 70, no bairro Popular. Era uma Clínica pequena. Goiânia tinha poucos ortopedistas e eu havia chegado de um estágio na Europa. Um dia eu estava no consultório e recebi um telefonema, era um assessor do Governador e ele me disse: 'A dona Cora Coralina fraturou a perna e ela está indo para você operá-la. Essa cirurgia tem que dar certo porque o senhor vai operar um patrimônio histórico de Goiás'. Naquela época ela já era uma escritora, mas não tão famosa, e a sua maior atividade era doceira. Ela então veio, fiquei esperando, e ela chegou em uma ambulância. Um colega de Goiás que a atendeu lhe deu uma Dolatina, uma droga potente para dor. O pulso dela estava fininho e eu falei para um colega que eu não estava palpando o pulso e ela me disse assim: 'Mas eu estou viva doutor'. E ela veio com uma roupa escura e mandou jogar umas flores em cima. Eu achei aquilo muito estranho, não estava acostumado com a personalidade do escritor, com a mentalidade do artista. Nós preparamos a dona Cora, ela foi operada. Naquela época não existia UTI, a técnica cirúrgica que eu utilizei era a mais moderna e que hoje já não existe mais, já foi abandonada. O anestesista foi o doutor Watamabe. A cirurgia transcorreu muito bem. A Clínica era muito pequena e quando ela saiu da sala de cirurgia, a elite intelectual e política de Goiânia estava no pátio. Mais de cinquenta, sessenta pessoas, num local que não comportava. Fora os jornalistas, a televisão"[562].

---

[561] Depoimento de Antolinda Baía Borges, amiga de Cora Coralina. Goiás, fevereiro de 2009.
[562] Depoimento de Nelson de Azevedo Paes Barreto, médico de Cora Coralina. Goiânia, maio de 2009.

Foto 212: Cora Coralina entre as plantas, Goiás-GO

Experiência descrita em poesia: "A Clínica./ Por sinal que Santa Paula./ Médicos ortopedistas,/ dos anos de meus netos./ Gente moça. Enfermeiras, atendentes./ (...) A sala de cirurgia inapelavelmente branca./ A mesa estreita operatória./ Até o dia muito breve/ da cirurgia eletrônica./ Agora: o soro, o oxigênio./ Picadas leves./ O branco invade o submundo sensitivo./ O bloqueio nervoso./ Nada mais. A omissão total./ O inconsciente, o inerte./ (...) O cirurgião, absoluto, corta./ Pinça, acerta, ajeita, aparafusa,/ plaquetas metálicas,/ irmanando ossos fraturados"[563]. Após a cirurgia, ocorrida entre fins de março e meados de abril de 1973[564], Cora se restabeleceu durante alguns meses na casa de seu sobrinho Nion Albernaz, em Goiânia: "Nenhuma pressa em deixar a Clínica. Para dizer a verdade, considero os dias ali passados felizes. Não podia lá permanecer e vim terminar a recuperação na casa de meu sobrinho Nion, onde sou carinhosamente tratada e sou feliz"[565]. "Era muito falante, o hospital ficou por conta dela, era a estrela do hospital. No dia da alta ela me chamou e disse: 'Faço questão de ter uma fotografia com a equipe inteira, mas tem que ser todos. O senhor marca uma hora em que todos estiverem folga-

---

[563] CORALINA, Cora. *Poemas dos becos de Goiás e estórias mais*, p. 192-193.
[564] De acordo com correspondências que integram o acervo da poetisa.
[565] *In:* JORGE, Miguel. Cora Coralina, por tudo, literatura, p. 1.

dos e faremos uma fotografia'. E foi feito. O hospital parou. Passaram-se quatro meses, ela consolidou a fratura. Voltou a andar com muletas, fez fisioterapia, todo o tratamento"[566].

Foto 213: Cora Coralina com a equipe médica e enfermeiros na Clínica Santa Paula, 1973, Goiânia-GO

A escritora-doceira aproveitou o tempo que estava em Goiânia para elaborar muitos dos poemas que comporiam *Meu livro de cordel* e a segunda parte de *Poemas dos becos de Goiás*: "Eu esperava por isso, ou por algo pior ainda para deixar dos doces e voltar à literatura. Agora sei que vou dedicar-me inteiramente aos meus versos, contos e crônicas"[567]. Logo Cora voltaria a andar com uma companhia que teria até o último dia de sua vida, a muleta. "Ela gostava muito de mim, os médicos sabiam que eu cuidava dela em Goiás. Me telefonaram informando que ela seria operada e para eu assistir. Depois ela já estava andando. Quando eu a vi novamente, depois da cirurgia, ela já estava de muletas, andando na rua. Ela era muito esperta. Gostava da vida"[568].

---

[566] Depoimento de Nelson de Azevedo Paes Barreto, médico de Cora Coralina. Goiânia, maio de 2009.
[567] *Idem*.
[568] Depoimento de Inan Benedita da Silva Freitas, médica de Cora Coralina. Goiás, fevereiro de 2009.

Mesmo adiando ao máximo, quase um ano depois, em abril de 1974, Cora Coralina retornou à Goiânia para retirar os parafusos. Apesar de dizer que abandonaria os doces, continuou seu ofício de doceira ainda por cinco anos e, sempre com bom humor, aprendeu a conviver com as muletas e com as frequentes idas ao médico: "Vou ter de voltar à Clínica do dr. Peixoto, para retirar uns pinos do osso fraturado. Horrível! Uma vez na Clínica vá lá, mas duas? O dr. Peixoto e o dr. Nelson são os responsáveis pela minha falta de memória. Quando me operaram, da primeira vez, a anestesia levou um pouco dela. A outra operação, que vou ter de fazer para retirar os pinos, vai levar o resto de memória que me resta. Já pensou, meu filho, eu totalmente sem memória?"[569].

A poetisa realizou uma produção lírica considerável e escreveu um poema relatando sua experiência após a queda, "Ode às muletas". Poema-celebração que ocupa seis páginas de *Poemas dos becos* e que tem uma importância no conjunto de sua experiência literária. Suas vinte e quatro estrofes evidenciam, a princípio, e como sugere o título, um canto de amor às muletas a partir de sua experiência pessoal e recupera a história do objeto: de bastão do indigente a báculo episcopal. Nesse poema, a autora extrapola sua experiência pessoal. A visão antecipatória do fim, demonstrada pelo tombo na escada e pela anestesia geral, impactaram sobremaneira sua vida. Suas reflexões ao construir uma síntese do vivido se voltaram para a relação com o outro. Teria sido a primeira vez que esteve tão próxima da morte.

Foto 214: Cora Coralina e Antolinda no Cemitério São Miguel, Goiás-GO

[569] *In:* RAMOS, Anatole. Muito breve Cora Coralina deverá voltar a Goiânia, p. 5.

Os escritos de Cora Coralina, após a cirurgia, alcançaram um caráter social. O contexto marcado pela repressão e pelos movimentos sociais a estimularam, mas a queda também lhe deu percepções novas. Fez com que voltasse sua sensibilidade para um tema que fora dessa experiência não compareceria em suas preocupações. Além disso, a autora poderia ter poetizado apenas sua intimidade, mas, assim como fez posteriormente em *Vintém de cobre,* recriou sua vida mediante um canto solidário. Dilatou o olhar voltando seu lírico para o outro. Se na primeira edição dos *Poemas dos becos,* as peças mostraram um universo mais remoto, os poemas inseridos na segunda edição da obra, todos escritos após a cirurgia, afloraram de uma consciência mais crítica, flagrando seu duplo, no exercício de buscar o "eu" que se insinuava no outro, no desconhecido. No poema "Ode às muletas", essa consciência se revela quando a poetisa verificou que não era a única naquelas condições e que muitos se encontravam em situação mais desprivilegiada: "Colegas fraturados./ Jovens e velhos, indistintamente./ Viveiro. Cultura de acidentados,/ as estradas asfaltadas,/ as ruas alegres da cidade,/ as casas./ Desastrados meios de locomoção./ A ânsia incontida da velocidade./ A pressa da chegada – a mesa de operação. (...) Depois... a volta triunfal/ à Vida./ Vida! Como és bela na ânsia/ do retorno"[570]. Vencendo o susto inicial, sobrevivendo à queda e à cirurgia, Cora, ao elaborar sua ode, iluminou a vida daqueles cujos olhos são as bengalas, citando a Convenção Internacional de Proteção e Direito dos Cegos, em uma prova de solidariedade.

Outros poetas brasileiros também vivenciaram situações similares. Basta citarmos o caso de José Paulo Paes e o poema "À minha perna esquerda", escrito após sua amputação, e as poesias de Patativa do Assaré e de Mário Quintana, a respeito dos acidentes que sofreram e o uso da bengala. As situações adversas contribuíram para que eles pudessem refletir e dar vazão a uma série de inquietações em forma de versos. O mesmo aconteceu com Cora Coralina, sua dolorosa experiência pessoal impulsionou a poesia.

---

[570] CORALINA, Cora. *Poemas dos becos de Goiás e estórias mais,* p. 192-193.

Foto 215: Cora lendo na sala, Goiás-GO

Cinco anos depois da primeira queda, Cora Coralina caiu novamente em sua residência e passou por outra cirurgia, em 31 de dezembro de 1978: "A escritora Cora Coralina foi ontem acidentada em sua casa, na rua Moretti Foggia, na cidade de Goiás, e transportada para Goiânia, onde, depois de hospitalizada, foi colocada fora de perigo. Segundo seus familiares residentes nesta capital, a autora estava sozinha em sua residência quando caiu e sofreu a deslocação de fêmur da perna direita. Socorrida por vizinhos, foi inicialmente assistida por médicos da antiga capital que, por medida de precaução, devido principalmente à idade avançada, providenciaram sua remoção para Goiânia, onde chegou no princípio da noite, transportada numa ambulância que a levou para a Clínica Santa Paula, na rua 70. Uma sobrinha de Cora Coralina que acompanhava as providências médicas informou ter sido ela radiografada e o ortopedista Nelson Paes Barreto, embora ainda sem uma conclusão definitiva, a considera fora de perigo"[571].
"Passado um tempo, ela foi descer a escada. Para fazer doces ela estava costumada a descer aquela escada. Desceu com um tacho de doce e caiu em cima da perna e quebrou novamente o fêmur direito. A cirurgia que havia sido feita antes foi destruída, uma fratura de vários fragmentos e

[571] Hospitalizada Cora Coralina após acidente, p. 1.

ficou mais difícil recuperar. Foi uma fratura diferente. Na segunda cirurgia já foi feita outra técnica. Tiramos todo o material, a placa, os parafusos, e colocamos uma prótese, que na época era uma novidade. Usamos na época uma Prótese de Thompson. O resultado da cirurgia já não foi tão bom quanto o da primeira. Mas ela voltou a andar, que era o que ela queria, e não tinha dor, mas continuou usando muletas. A recuperação foi surpreendente. Ela já tinha mais de oitenta, próximo dos noventa anos"[572].

Na segunda queda, a escritora teve de cumprir a promessa de deixar os doces. Aposentou seus tachos e se dedicou exclusivamente à vida literária. Não admitia a designação de ex-doceira: "Saudades do tacho de cobre e de meu fogão à lenha propriamente não. Porque eu fiz uma transição entre a minha incapacidade de continuar com os tachos e a vida de escritora. Me sobrou mais tempo para o pensamento, para voltar à minha vida interior, viver a minha vida interior e encontrar as belezas e os encantos que a vida nos oferece. Mas tenho ainda dois tachos na minha casa, dois tachos antigos de Goiás, e esses tachos eu tenho por eles afeição e um grande respeito, porque devo dizer a você, todo o tempo da minha vida foi tempo bom e o tempo que eu fazia doces foi um tempo maravilhoso, um tempo em que eu me sentia vitalizada, desde pela manhã até alta noite quando eu encerrava meus afazeres. Fui muito feliz com a minha fabricação doméstica de doces"[573]. "Doces eu não faço mais porque me falta destreza para trabalhar com o tacho de cobre. Preciso de duas mãos para segurá-lo, e outra para segurar minha muleta. Mas a doceira continua tão viva quanto a literata. Não sou uma ex-doceira, sou uma doceira e considero melhores meus doces do que os meus versos. Sou poeta por acaso e doceira por convicção e necessidade"[574].

Após as duas quedas, Cora Coralina daria surpreendentes exemplos de independência e altivez. Que apesar da limitação física e da idade, tinha muito a contribuir. Além de sua ode às muletas, que nada mais é do que uma ode à vida, uma metáfora de que com gestos simples podemos ser úteis ao

---

[572] Depoimento de Nelson de Azevedo Paes Barreto, médico de Cora Coralina. Goiânia, maio de 2009.
[573] Cora Coralina. *In:* Programa Vox Populi. TV Cultura de São Paulo, 1984.
[574] *In:* Cora Coralina, 93 anos, 1981.

próximo, ela mais uma vez legou um grande exemplo: "Ao ser interrogada por uma repórter, como e por que caíra respondeu: - 'Tudo na vida tem seu tempo. Há o tempo de crescer e o de diminuir. Tempo para cair e tempo para levantar... Todos caem um dia, mas só alguns se levantam'"[575].

---

[575] TELES, José Mendonça. *No santuário de Cora Coralina.*, p. 45.

26

EM DEFESA DOS OBSCUROS

> "Todas as vidas dentro de mim:
> Na minha vida –
> a vida mera das obscuras[576]."
> *Cora Coralina*

    Em Goiânia e em seu retorno à Casa Velha da Ponte, encontrou o ócio necessário para a elaboração de poemas e crônicas, muitos dos quais compuseram sua segunda obra, *Meu livro de cordel,* e a segunda edição, ampliada, de *Poemas dos becos de Goiás e estórias mais*. Nesses livros, notadamente, Cora Coralina efetuou um canto solidário com os excluídos da história, da poesia, da vida. Engajou-se em prol dos marginalizados, abraçando-os para o centro de sua lírica. Muitos aspectos contribuíram para essa opção: a queda na escada e as cirurgias; o clima instaurado pela ditadura militar vigente no país; as campanhas em defesa das minorias e dos setores carentes (algumas explicitadas nos poemas dessa fase como a Convenção Internacional de Proteção e Direito dos Cegos, o Ano Internacional da Mulher, a preocupação com a explosão demográfica, a liberação feminina, o movimento ecológico, o Ano Internacional da Criança, entre outras). Cora teve mais tempo para dialogar com seus visitantes. Nas infindáveis conversas, sempre haviam trocas de experiências, momentos de reflexão e orientação. Eram aprendizados recíprocos. Se os jornais e os

---

[576] CORALINA, Cora. *Poemas dos becos de Goiás e estórias mais*, p. 36.

livros lhe descortinavam o mundo, os visitantes, de certo modo, também constituíam fontes inesgotáveis de descobertas.

Sentada na poltrona, enquanto lia e/ou escrevia, acompanhava a entrada dos visitantes que, muitas vezes, iam apenas para conversar com a escritora. Esse ritual, aumentava a cada dia e tornou-se importante para que Cora Coralina conhecesse os personagens que, extraídos de seu cotidiano, povoaram suas obras: "Ela via o mundo desfilar na sua frente. Sempre recebia muitas pessoas. Conversava com o diplomata, com o juiz, com a lavadeira, com os jovens. A porta sempre aberta e sempre os mais diversos tipos de interação aconteciam ali, em relação àquela oportunidade que ela abria para as pessoas"[577]. "Em 1974 eu vim para Goiás e passei uns oito meses morando com ela aqui na casa. Foi um período maravilhoso. Eu tinha muitos questionamentos e uma pessoa com quem eu podia conversar livremente. Uma pessoa que me ouvia com atenção, valorizava e me estimulava a falar. Eu aprendi muito e pude compreender melhor o universo em que ela vivia. Ela reconhecia a importância do turismo e via nele uma potencialidade para Goiás. Falava dos três empobrecimentos da cidade: quando acabou o ouro, quando acabou a escravidão e a transferência da capital para Goiânia. Possuía uma percepção muito viva daquilo que representava o turista. Deixava a porta aberta e os recebia, interagia com eles, muitos choravam, se emocionavam, saíam agradecidos. Isso me marcava muito, via como as pessoas reagiam e como ela tinha essa capacidade de mexer com as pessoas, de falar o que as pessoas precisavam ouvir. Uma capacidade de perceber, com poucas palavras, as coisas que tocavam fundo naquelas pessoas"[578].

Conviver com essa diversidade aguçou sua sensibilidade. Durante o período de recuperação da cirurgia, Cora elaborou os poemas que compuseram seu segundo livro. Antes disso, colaborava nos jornais do estado e nos anuários da Academia Feminina de Letras e Artes de Goiás. Na AFLAG, publicou pela primeira vez muitos de seus escritos, a exemplo do poema "A Flor" (Anuário de 1971). Posteriormente, alguns textos foram publicados no Suplemento Literário de *O Popular,* em Goiânia, a exemplo dos contos "A menina, as

---

[577] Depoimento de Heloísa Maria Moreira Lima de Almeida Salles, amiga de Cora Coralina. Goiás, março de 2009.
[578] Depoimento de Paulo Sérgio Brêtas de Almeida Salles, neto de Cora Coralina. Goiás, março de 2009.

formigas e o boi" (10/03/1975) e "A dívida paga" (abril de 1975), da crônica "Eu sou o milho" (22/06/1975) e do poema "Santa Luzia" (26/12/1976).

A fama da escritora que declamava poemas e vendia doces, possuidora de palestra fluente sobre os mais diversos assuntos, extrapolava os limites da cidade de Goiás. Em Goiânia, alguns eventos foram significativos nesse período, a exemplo da crítica: "O universo imaginário de Cora Coralina", de autoria de Wendel Santos, publicada em *O Popular* no dia 30 de março de 1975. O texto avaliava seu livro e, somado à análise pioneira de Oswaldino Marques, abriu caminho para um maior reconhecimento da obra coralineana. Após a publicação da análise, Cora enviou uma carta ao pesquisador:

> "Wendel Santos. Leio no suplemento cultural de 'O Popular' seu artigo crítico, análise sobre o livro P. dos Becos de Cora Coralina e venho manifestar ao escritor analista, primeiro minha admiração pelo quanto ali encontrou e dele extraiu, em linguagem elevada, e sem precisar mencionar a idade da escritora, coisa muito rara naqueles de Goiânia que têm tratado do livro, visando não só o conteúdo desse. Tanta coisa você encontrou. Tanto levantou, fuxicou e examinou que, para quem escreve, simplesmente escreve por um imperativo incontrolável, alheia à mimese e à catarse desconhecendo mesmo um e outro estado e não contando mesmo nunca com esse debulhar minucioso e esse extrair de coisas e conclusões. É uma surpresa tomar conhecimento de que nesses poemas ou que nome tenham, contenham e comportassem tanto material ignorado do autor, fosse esse tecido leve ou pesado, permeável a análise de um crítico. Fiquei surpresa, encantada, exaltada e, porque não dizer, também humilde como sempre fui. Um dia, se puder, venha a Goiás (cidade), venha à nossa casa, casa Velha da Ponte, vamos nos entender melhor, conversar e eu agradecê-lo pessoalmente sua linguagem levantada visando o conteúdo do pequeno livro e não a idade de quem o escreveu"[579].

[579] Acervo do Museu Casa de Cora Coralina. Sem data.

Foto 216: Cora declamando um poema, 1983, Goiás-GO

Em fins de junho de 1975, Cora inaugurou uma sala com seu nome no Colégio Carlos Chagas, em Goiânia, e, na ocasião, muitos escritores e artistas plásticos lhe renderam homenagens:

> "O Colégio Carlos Chagas prestou na semana passada umas das grandes homenagens a Cora Coralina, inaugurando naquele colégio uma sala composta por biblioteca, sala de exposição de artes plásticas e museu da imagem e do som, a qual recebeu o nome de 'Sala Cora Coralina' como reconhecimento ao nome e a arte da poetisa de Goiás. Sua inauguração atraiu os importantes nomes da intelectualidade goiana, amigos da homenageada e grande número de estudantes e professores. Entre os escritores e artistas plásticos destacamos a presença de Miguel Jorge, Maria Helena Chein, Yêda Schmaltz, Aldair da Silveira Aires, Hamilton Carneiro, Antônio Poteiro, Luis Moreira de Castro, além de outros intelectuais e amigos. Durante a inauguração foi apresentado à homenageada e ao público um retrato da artista num excelente trabalho do artista Siron Franco. (...) No dia da abertura da sala ao público, falou Cora Coralina que nunca recebeu em toda a sua vida uma homenagem tão certa e calorosa, sobretudo por se tratar de um local onde estudam os jovens – 'e ninguém mais do que eu sabe amar essa juventude inteligente, amiga e com fortes desejos de cada dia aprender mais"[580].

Ela começou a ser requisitada para eventos em Goiânia e na cidade de Goiás e, sempre que possível, fazia o uso da palavra surpreendendo a assistência. Participava, com frequência, da vida literária da capital, em lançamentos de livros e nos eventos promovidos pela AFLAG e demais instituições culturais. Na cidade de Goiás, também comparecia nas solenidades e não perdia a oportunidade de solicitar, aos governadores e demais autoridades, melhorias para sua cidade e solução para os problemas dos mais necessitados. Dessas falas, muitas eram as histórias que impactaram os presentes: "Estávamos, entre outros, Waldemar de Faria, Medeiros Neto, Geraldo Lessa, Goiás do Couto e as autoridades municipais na cidade de Goiás. E para saudar os jornalistas, numa noite inesquecível, Cora Coralina agradeceu o discurso que fizera Medeiros Neto em nome de todos nós, no Hotel Municipal. Nesse discurso, enaltecendo a cidade

---

[580] *In: O Popular*, Goiânia, 6 jul. 1975, p. 5.

de Goiás, personificada na própria figura de Cora Coralina, disse que se sentia um apaixonado de Vila Boa, um eterno namorado de Cora Coralina. E ela respondendo a Medeiros Neto, com seu espírito poético, para a nossa surpresa diante de sua imensa inteligência, disse: 'Eu não sei se cheguei muito cedo para a vida, ou se você cruzou muito tarde meus caminhos'"[581]. Surge a oradora, aquela que discursava de improviso e declamava para auditórios e praças lotadas: "Presença obrigatória nos acontecimentos culturais, todos queriam aproximar-se da mulher que vinha do século passado e se mostrava modernizada diante dos problemas sociais, políticos e literários. (...) Cora, mulher-contestação, desabusada, que não tinha papas na língua, que falava de todos os assuntos, criticava governos, defendia os humildes. Quando se imaginava que a solenidade ia transcorrendo em clima tranquilo, sem apartes de oposição, eis que se levanta Cora Coralina, com sua voz retórica e empostada, arrebata a plateia. Seu ponto de vista é contundente. (...) A forte personalidade que agigantava sua pequena figura humana, apoiada em muletas. Transfigurada pelo fogo sagrado do verbo, incendiada pela emoção poética, Cora Coralina dava a impressão de ser uma força vital, uma explosão da natureza, quando erguia-se trêmula, mas segura, para dizer seus versos"[582].

Entre 1973 e 1975, ela teve tempo para elaborar a maioria das crônicas e poemas que comporiam sua segunda obra. A primeira edição de *Meu livro de cordel* foi composta de 29 poemas e seis crônicas/contos[583]. Alguns foram escritos anteriormente e publicados em jornais e revistas. No acervo da poetisa observamos: "Este relógio", com a inscrição 7 de outubro de 1938; "Dolor", "O cântico de Dorva", "Búzio novo", "Minha vida", "Anhanguera" e "A procura", datadas de 7 de dezembro de 1943; e as publicações de "Búzio Novo", no jornal *O Andradina,* em 31 de março de 1946, e "Meu destino", na *Folha de Goyaz,* em 24 de junho de 1956.

---

[581] Depoimento de Antônio Ramos de Lessa. *In: Imprensa Goiana*: depoimentos para a sua história, p. 120.
[582] TELES, José Mendonça. *No santuário de Cora Coralina,* p. 32 e 45.
[583] A partir da segunda edição, organizada pela autora e publicada postumamente pela Editora Global em 1987, as crônicas e contos foram retirados do livro que passou a ser composto apenas de poemas. Além disso, a poetisa acrescentou no livro mais 15 poemas até então inéditos.

Além dessas informações, uma carta de Cesídio da Gama e Silva, datada de 22 de janeiro de 1951, endereçada à autora, confirma a existência do poema "Vida das Lavadeiras". Mas a maioria dos poemas foi escrita na proximidade do contexto de publicação. Citamos por exemplo as datas inseridas nos originais de "A flor" (1971), "Errados rumos" (1972), "Estas mãos" e "Meu pequeno oratório" (1974), "Barco sem rumo" e "O chamado das pedras" (1975). Na análise dos manuscritos, deparamos ainda com informações de que as poesias "Variação" e "A flor" foram dedicadas às escritoras goianas Yêda Schmaltz e Amália Hermano Teixeira, respectivamente, e que na poesia "Rio Vermelho" existia a epígrafe "tem um rio dentro de mim. J. M. T.", em referência ao livro *Um rio dentro de mim,* do escritor José Mendonça Teles.

Para datilografar alguns poemas do livro, Cora Coralina contou mais uma vez com o apoio dos jovens: seu neto Paulo Sérgio Brêtas de Almeida Salles e o vilaboense Raul Rizzo, à época com 22 e 12 anos de idade. Depois, o genro Rúbio Magno Tahan e a filha Vicência a auxiliaram na organização do livro: "Para Vicência e Rúbio, filha e genro que vieram de longe retirar este livro da confusão da minha mesa de trabalho"[584]. "Para o meado do ano, seu neto Paulo Sérgio vem ficar uns meses em sua casa e também passa a limpo parte de seus manuscritos. Esse segundo livro segue o ritual da indecisão, de empurra mais para frente, que antecedeu o primeiro. Mas finalmente acaba acontecendo, dez anos após os *Poemas dos becos de Goiás,* pela editora goiana de Paulo Araújo: é *Meu livro de cordel.* É Rúbio, o genro, quem, novamente em Goiás, acaba batendo a máquina o que falta e leva tudo para a editora. Noite de autógrafos, homenagens"[585]. "Meu pai, Rúbio, minha mãe, Vicência, meus três irmãos e eu passamos uma temporada com Cora nesse tempo. Meu pai datilografava os manuscritos numa antiga Olivetti. Ela, ao lado, ainda remendava os textos, processo contínuo de criação"[586].

No título do livro fica clara, mais uma vez, sua opção pelas coisas simples e, ressalvando em suas entrevistas, dizia que não havia escrito

---

[584] CORALINA, Cora. *Meu livro de cordel,* p. 9.
[585] TAHAN, Vicência Brêtas. *Cora coragem, Cora poesia,* p. 217-218.
[586] TAHAN, Ana Maria. Aventureira e libertária, p. 2.

literatura de cordel e, sim, feito uma homenagem ao pai que não conheceu, relembrando suas raízes nordestinas: "Pelo amor que tenho a todas as estórias e poesias de Cordel, que este livro assim o seja, assim o quero numa ligação profunda e obstinada com todos os menestréis nordestinos, povo da minha casta, meus irmãos do nordeste rude, de onde um dia veio meu pai para que eu nascesse e tivesse vida"[587]. A capa da primeira edição foi ilustrada pela artista plástica Maria Guilhermina, focalizando a Casa Velha da Ponte e o livro pendurado em cordel, como é de praxe no Nordeste, cobrindo a cidade de Goiás. A orelha do livro, intitulada "De pedra foi o meu berço", foi elaborada pelo escritor Álvaro Catelan e a contracapa assinada pelo poeta Paulo Bonfim.

O livro foi publicado pela Livraria e Editora Cultura Goiana, de propriedade de Paulo Dias Araújo, e lançado em junho de 1976. Na solenidade, a escritora Nelly Alves de Almeida apresentou a obra: "A Livraria e Editora Cultura Goiana, tem o prazer de convidá-lo para o lançamento em Goiânia, do livro da escritora Cora Coralina, *Meu livro de cordel,* que será no dia 22/06/76 às 20 horas na rua 7 n. 357. A sua presença nos dará imenso prazer e honrará o Editor e a Autora"[588]. A publicação pela Cultura Goiana, além de inaugurar um novo ciclo após os 13 anos sem lançar obras, contribuiu para que Cora estreitasse os laços com muitos escritores goianos e com o público em geral. Agora, não vendia seus livros apenas na Casa Velha da Ponte.

Paulo Araújo, desde o início da década de 1970, possuía o hábito de vender os livros de sua editora na Feira Hippie, à época situada na Praça Cívica, à direita do Monumento às Três Raças, em Goiânia: "todos os domingos por volta das cinco horas da manhã, Paulo Araújo estacionava a sua Kombi, armava um toldo, instalava um quadrado de madeira, em cuja face esparramava livros de autores goianos, nacionais e estrangeiros. No centro do quadrado eram colocadas mesas e cadeiras para receber os escritores goianos que ali faziam lançamentos de suas obras, autografavam seus livros já lançados ou que simplesmente batiam ponto para diálogos

---

[587] CORALINA, Cora. *Meu livro de cordel*, p. 15.
[588] Acervo do Museu Casa de Cora Coralina.

intelectuais ou mesmo para jogarem conversa fora. Durante anos o público frequentador da Feira Hippie conviveu e teve à sua disposição, ao vivo e ao mesmo tempo, o escritor e sua obra, raramente disponíveis nos encontros cotidianos de nossas vidas"[589]. Cora Coralina era presença marcante na Feira Hippie, autografando seus livros, conversando com outros escritores e com o público: "Nos velhos tempos, quando era chamada de Feira Hippie, por lá encontrávamos Cora Coralina e Bernardo Élis, entre outros escribas, autografando seus livros. Lembro-me de Cora autografando, fila grande. Entre um livro e outro, bebericava um cafezinho adoçado com garapa"[590].

No começo da década de 1970, uma das questões centrais que povoavam os pensamentos e as ações de Cora Coralina foi a situação do menor abandonado. A escritora discursava, escrevia crônicas, falava sobre o tema em suas entrevistas e, especialmente, enviava "Cartas Abertas" para autoridades do país enumerando propostas para a solução de problemas. As cartas versavam sobre a necessidade de uma política habitacional, dentre outras sugestões e críticas, e a importância da criação de escolas profissionais. No acervo da autora existem Cartas Abertas, endereçadas a diversas autoridades: ao Presidente da República Emílio Garrastazu Médici (sem data), ao Presidente da Fundação Nacional do Bem-Estar do Menor (22 de setembro de 1972), aos Governadores de Goiás e de São Paulo (sem data), aos Prefeitos de Goiânia e de Porto Alegre (sem data). Critica, desse modo, a política habitacional da época, cujos conjuntos habitacionais, segundo suas análises, não se preocupavam com as

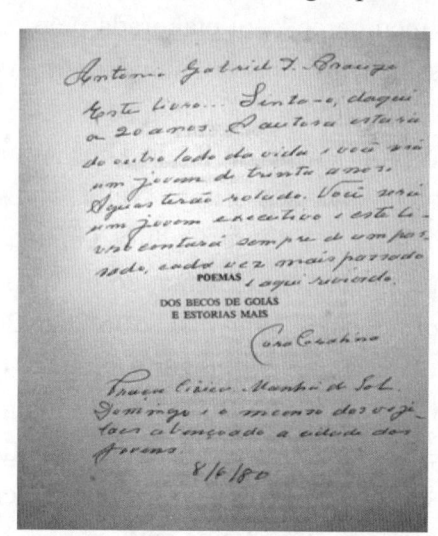

Foto 217: Autógrafo e dedicatória de Cora Coralina na Praça Cívica, 1980, Goiânia-GO

---

[589] GALLI, Ubirajara. *A história do comércio varejista em Goiás*, p. 12.
[590] DIOLIVEIRA, Sinésio. Saudade é abraçar o vento... In: *Diário da Manhã*, Goiânia, 22 ago. 2008.

famílias numerosas nem com o bem-estar das crianças: "No planejamento de seus conjuntos residenciais, destinados às famílias de menores recursos, foi esquecida criminosamente a presença da criança que, sem espaço vital, vai para a rua e junta-se a outros maiores para conhecer a cidade, avaliar as possibilidades do ilícito. (...) [Solicitando] Uma revisão e melhor concepção urbanística e sociológica desses conjuntos destinados sobretudo aos que menos podem. Pensando um pouco na criança que vai lá viver e se desenvolver, (...) que possa ter ao mesmo tempo parque de recreação infantil e área verde indispensável a todos, mais um campo de esportes anexo ao conjunto para os maiores e, ao lado, uma Escola Profissional que atendesse a juventude"[591].

No natal de 1973, publicou e distribuiu um folheto com o poema "Menor Abandonado". Poema amplamente divulgado no Ano Internacional da Criança (1979) e publicado na segunda edição de *Poemas dos Becos*, juntamente com outro poema sobre a mesma temática: "Oração do pequeno delinquente": "Senhor, dai idealismo às autoridades/ para que elas criem em cada bairro/ pobre de Goiânia/ uma Escola conjugada Profissional/ e Alfabetização para os meninos pobres,/ antes que eles se percam pelo abandono/ e por medidas inoperantes e superadas dos que tudo podem./ Mobral... Dai um Mobral/ à criança que não teve lugar/ na Escola Primária ou deixou/ de a frequentar por falta de uniforme,/ de livros e de cadernos e taxas escolares./ Enquanto houver no meu País/ uma criança sem escola/ haverá sempre um adulto se evadindo/ de um Mobral. Aumenta o número/ de adultos analfabetos em razão/ direta da criança sem escola,/ aumenta a criminalidade jovem/ na razão direta do Menor Abandonado,/ infrator, corrompido, delinqüente,/ a caminho da criminalidade do adulto/ pela falta de escolas profissionais,/ escolas de salvação social"[592].

Pedido que, em 2 de dezembro de 1983, seria atendido pelo Serviço Nacional de Aprendizagem Comercial (SENAC/Goiás), quando a poetisa inaugurou em Goiânia o "Centro de Formação Profissional Cora Coralina":

---

[591] Acervo do Museu Casa de Cora Coralina.
[592] CORALINA, Cora. *Poemas dos becos de Goiás e estórias mais*, p. 232-233.

"Idosa, aleijada, surda, mas ainda cheia de coragem para a palavra válida, a palavra maior, a palavra acima de todas as palavras. A palavra que enche esta casa, que enche estas salas, palavra que é ouvida por todos os presentes e por todos os ausentes também. A palavra 'trabalho', a grande palavra universal. É uma palavra que enche o universo, abrange o mundo, indica a civilização, desde os remotos tempos. (...) O trabalho é a dignidade de uma nação, é o poderio, a força, a grandeza e o progresso de um país. E esta casa feita para o trabalho, para ensinar a trabalhar, é uma casa abençoada por Deus. (...) Hoje, nesta hora, eu, a mulher anciã, entrada em anos, tenho comigo todas as idades, venho do século passado e venho de um tempo onde o trabalho era sobrevivência. (...) Um dia, no tarde da minha vida, aos 76 anos de idade, quando eu precisei ganhar dinheiro para saldar compromissos que me foram atribuídos e que eu aceitei, eu não bati na porta dos chefes políticos pedindo emprego, procurei trabalho como forma de ganhar o dinheiro necessário, me fiz doceira. (...) Procurar trabalho e não emprego e, quando conjugar o trabalho com o emprego, dignificai o emprego pelo trabalho. E, dentro desta casa, nesta hora escolhido meu nome para marcar a força do trabalho que vai representá-la, eu não quero apenas ser um nome numa placa decorativa. Quero, às vezes, quando me for possível, conversar com os jovens e dar a eles a minha grande experiência de vida e dizer a eles o quanto vale o trabalho bem feito"[593].

Foto 218: Cora inaugurando o SENAC, 1983, Goiânia-GO

---

[593] CORALINA, Cora. Ode ao trabalho, p. 225.

Na década de 1970, além da situação do menor e das escolas de ofício, outra preocupação de Cora Coralina era com o sistema penitenciário brasileiro. No natal de 1977, escreveu e publicou um folheto com a "Oração do Presidiário", enviando-o para vários presídios como um apelo de regeneração e fraternidade humana: "Meu Deus, viestes ao mundo para a salvação de muitos./ Fazei de mim, não um número suspeito dentro de um presídio e sim que eu possa reconquistar a dignidade do nome que no Batismo me foi dado./ Meu Jesus, viestes ao mundo para os doentes. É a letra e o espírito do Evangelho. Eu sou esse doente. Curai-me de minhas culpas. Dai-me o remédio da Regeneração./ (...) Clamo pela Vossa voz: Levanta, lava-te de tuas culpas, vai e mostra-te aos Juízes"[594].

A partir dessa data, a questão penitenciária e a criminalidade tornaram-se temáticas constantes nas entrevistas e discursos de Cora Coralina, reivindicando das autoridades competentes, medidas para facultar uma vida digna aos detentos e sua regeneração por meio do trabalho: "Devemos ser pedra de construção, além de darmos um voto de confiança aos que nos governam. Se duvidarmos, o que nos resta? Há muita coisa para todos os governos fazerem, mas, infelizmente, eles deixam para os seus sucessores, mesmo podendo ser feito. Em nosso País, vejo dois pontos a que o governo deve voltar sua atenção: criação de escolas profissionais para a criança pobre, antes que ela se torne um menor infrator a caminho da criminalidade. (...) O segundo ponto é o trabalho nas prisões. Todos os presídios deveriam se reestruturar no sentido de possibilitar ao detento um trabalho contínuo e organizado, única forma de regenerar o caráter. A ociosidade nas prisões é uma falta e um débito que os governos têm passado um para o outro, sem solucionar o problema"[595].

A identificação com os obscuros contribuiu para que fosse leitora e admiradora de Jorge Amado, que também efetuava, em sua ficção, um canto solidário com os excluídos: "Para refletirmos sobre o problema, vamos nos deter num dos pontos mais polêmicos de sua obra, a representação do outro. Em sete décadas de presença na literatura brasileira, o escritor foi-se tornando

---

[594] CORALINA, Cora. *Poemas dos becos de Goiás e estórias mais*, p. 236.
[595] *In:* GONÇALVES, Maria José. *Cora Coralina*, p. 24.

uma verdadeira instituição, à medida que seus livros se propunham ocupar o lugar das grandes narrativas voltadas para a construção da nação e, no caso específico de Amado, para a figuração do Brasil periférico – tanto urbano quanto rural. O autor atravessou o século construindo uma Bahia textual múltipla e heterogênea. A cidade e a terra que emergem de seus romances e, mais do que elas, as próprias tramas e conflitos neles presentes, nutrem-se da diferença. Num primeiro momento, essa diferença surge antes de tudo como social, representada enquanto antagonismo econômico, segundo o paradigma da luta de classes. Mais tarde, o horizonte dramático se amplia e passa a privilegiar as relações de gênero e de raça/etnia, já presentes, porém num plano secundário, nos escritos dos anos 30 e 40. No entanto, se verificarmos o conjunto dessa ficção, veremos que nela vigora o projeto de 'contar a vida do povo', num esforço de representação que transforma a Bahia em metonímia do Brasil"[596].

O primeiro contato entre os escritores se efetivou através de um bilhete de Jorge Amado e de uma carta de Cora Coralina em resposta: "Quero crer que Cora Brêtas, de Goiânia, e Cora Coralina de Jesùs, de Goyaz Velho, sejam a mesma pessoa. É certo ou estou em erro? Mande-me dizer. Jorge Amado". "Jorge Amado. Em hora aprazível tem chegado a Goiás suas mensagens, Zélia presente e eu os agradeço de cór. Cora Coralina de Jesus, do Coração de Jesus, de Jesus Maria e José, de São Paulo e de São Pedro, do Menino Jesus de Praga ou não, de todos os santos milagrosos. (...) E Amado, filho muito nobre de Pirangi, da boa terra de São Jorge. (...) Para o endereço apenas Cora Coralina que a cidade é mesmo uma coisinha e eu não tenho xará. (...) Vai esta com um volume de meus escritinhos. É o que posso oferecer, e o faço com singeleza e algum acanhamento. Você que é escritor, revestido, condecorado e urbano, passe os olhos e releve. (...) Jorge, meu irmão rico, saibam você e a Zélia de que têm nesta Cidade de Goiás uma contadeira de verdades e mentiras que os quer bem de todo o coração. Cora Coralina"[597].

---

[596] DUARTE, Eduardo de Assis. Morte e vida de Jorge Amado. *Revista Brasil de literatura*. Disponível em: http://members.tripod.com/~lfilipe/jorgeamado.html.
[597] As correspondências estão sob a guarda do Museu Casa de Cora Coralina.

Após esse contato, a poetisa, que era admiradora de Jorge Amado[598], havia lhe enviado seus doces, passou a se corresponder com o escritor, mesclando intimidades e comentários literários:

> "Bahia, janeiro de 1977. Cara amiga. Cora Coralina, muito obrigado por *Meu Livro de Cordel*, uma beleza. Comoveram-me os poemas sobre Neruda, de quem fui grande amigo e gostei demais de 'A casa do berço azul', admirável poema. (...) Uma hora destas, apareço aí com Zélia, para visitar a Casa Velha da Ponte e a fada que nela habita. Com muita amizade e admiração. Jorge Amado. 33, Rua Alagoinha, Salvador, Bahia".

> "Jorge Amado, meu irmão. Venho agradecer a você a chegada de Tereza Batista. Ela está aqui em nossa casa com seus dengues e seu xale florado e com muito agrado a todos. Ninguém se cansa do convívio com moça tão [...] simples e bonita. Mais do que Dona Flor, mais do que Gabriela toda cravo e canela, mais do que a mal vislumbrada Ofenísia, essa incorporou e virou coisa viva para valer. (...) Jorge dos Ilhéus?... Você tem prestígio, irmão. Manda fazer um São Jorge grande de jacarandá com cavalo, dragão e espada, mande por na igreja. (...) Sua cidade cheira a cacau. (...) Filmei tudo dentro de mim e trouxe mais comigo visão dos cacaueiros e o cheiro do cacau. (...) Agora, cá entre nós, como foi que aquela faca apareceu no quarto do capitão? (...) Obrigada por Lulu Santos, obrigada pelo Juiz, pelos terreiros, pelos Ialorixás e Tietas. (...) Obrigada por ter dado as letras, a nossa terra, esse livro poderoso, tamanhão da Bahia, Goiás junto, partes de menor para Mato Grosso, Amazonas e mais territórios. (...) Obrigada a Deus por você existir e existir Zélia a seu lado, que homem sozinho não dá. (...) Tendo meu curso do Mobral levo meu diploma aí. Quero ver terreiro, fazer iniciação e depois bater na sua porta, saber se Jorge Amado existe ou é ficção, mito, duende ou gente de verdade. Cora Coralina".

---

[598] Em entrevistas, Cora se dizia admiradora de Jorge Amado pela identificação com suas raízes nordestinas. Integram o acervo inúmeros bilhetes, cartões de natal e cartas, além dos livros *Terras do sem fim* (1942), *Seara Vermelha* (1954), *Os pastores da noite* (s/d), *Tereza Batista – cansada de guerra* (1972) e *Os velhos marinheiros ou o Capitão de longo curso* (1977).

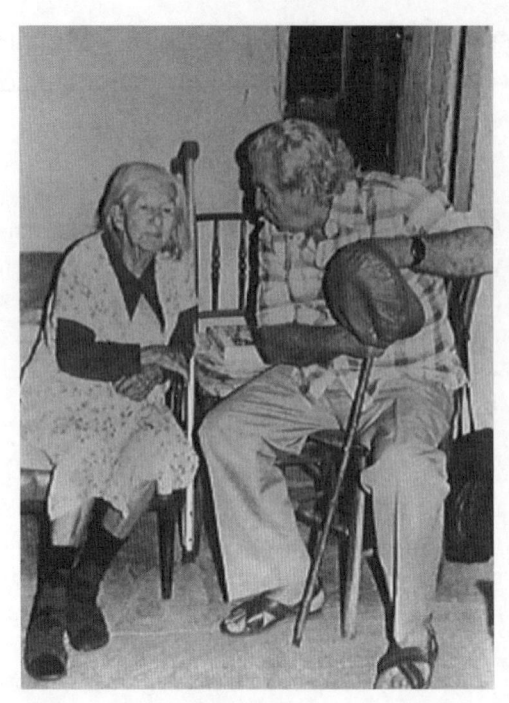

Foto 219: Cora Coralina e Jorge Amado na Casa Velha da Ponte,
1977, Goiás-GO

A amizade instituída pelas afinidades literárias se fortaleceu com a visita de Jorge Amado e Zélia Gattai a Casa Velha da Ponte. Em 20 agosto de 1977, Jorge e Zélia foram a Goiânia e manifestaram o desejo de ir à cidade de Goiás e conhecer pessoalmente a amiga Cora Coralina. Presenciaram o encontro Maximiano da Matta Teixeira, a escritora Amália Hermano, Luiz Carlos, Nado Figueiredo e Luiz Antônio Gravatá. Momento registrado nas fotografias tiradas por Zélia Gattai. Nessa época, Cora Coralina era mais conhecida como doceira e preparava a segunda edição de *Poemas dos becos de Goiás* que a tornaria conhecida nacionalmente: "Foi com grande emoção que vi Cora Coralina, minha velha e querida amiga. Foi com grande alegria que a encontrei no quadro maravilhoso da cidade de Goiás, cidade de beleza incomparável. Tudo isso vou levando de Goiás, com muita emoção"[599].

---

[599] Entrevista de Jorge Amado. *In:* JORGE, Miguel. Jorge Amado, 1977.

Nesse ano, a Editora da Universidade Federal de Goiás manifestou interesse em re-editar seu primeiro livro. Eis alguns trechos da correspondência entre a poetisa e a professora Sílvia Alessandri Monteiro de Castro, datada de 30 de setembro de 1977, quando a segunda edição do livro estava no prelo: "Aguardo, pois, com a maior urgência, os poemas a serem acrescentados. Se os originais estiverem manuscritos, pode remetê-los sem preocupação. Providenciarei para que sejam datilografados aqui. Poderá vir pela portadora deste"[600]. Apesar do pedido de urgência no envio dos poemas e na definição das ilustrações, da capa, da orelha e do prefácio, o livro só foi publicado no ano seguinte, devido a imprensa da Universidade estar envolvida com o vestibular.

A segunda edição de *Poemas dos Becos* foi acrescida de uma parte com 11 poemas: "As tranças da Maria", "Ode às muletas", "Ode a Londrina", "Mulher da vida", "A lavadeira", "O cântico da terra", "A enxada", "A outra face", "Menor abandonado", "Oração do pequeno delinqüente" e "Oração do presidiário": "O Departamento de Práticas Educacionais e a ilustre Diretora da Faculdade de Educação, Prof.ª Nancy Ribeiro de Araújo e Silva, percebendo a significativa mensagem contida nas obras da consagrada escritora Cora Coralina, houveram por bem solicitar ao então Magnífico Reitor Prof. Paulo de Bastos Perillo, a reedição de um de seus livros – *Poemas dos becos de Goiás e estórias mais*. A iniciativa, prontamente atendida pela compreensão do Prof. Paulo de Bastos Perillo e do atual Reitor Prof. José Cruciano de Araújo, culmina com a solenidade do momento presente: o público recebe a 2ª edição ilustrada pelo engenho artístico de Maria Guilhermina"[601].

Ilustrada por Maria Guilhermina e com o prefácio "Cora Coralina, professora de existência" de Oswaldino Marques, a segunda edição de *Poemas dos becos* foi lançada no dia 16 de maio de 1978: "Ministério da Educação e Cultura. Universidade Federal de Goiás. Gabinete do Reitor. A Universidade Federal de Goiás, pelo seu Reitor, tem o prazer de convidar V. Exa. e Exma. Família para o lançamento do livro *Poemas dos becos de Goiás e estórias*

---

[600] Acervo do Museu Casa de Cora Coralina.
[601] CASTRO, Sílvia Alessandri Monteiro de. Um privilégio e uma oportunidade. In: CORALINA, Cora. *Poemas dos becos de Goiás e estórias mais*, p. 17.

mais, 2ª edição, da Poetisa Cora Coralina. Prof. José Cruciano de Araújo – Reitor. Data: 16/05/78. Horário: 20 h. Local: Faculdade de Educação"[602].

A re-edição de *Poemas dos Becos* ocorreu dois anos após a publicação de *Meu livro de cordel*, fator que lhe possibilitou uma maior interação na vida literária de Goiás. A partir da década de 1970, e após a edição dos livros, além das homenagens promovidas pela Academia Feminina de Letras e Artes de Goiás, Cora começou a receber algumas homenagens[603].

A opção por poetizar o cotidiano conectou sua poesia com a tradição lírica do século XX. Cora Coralina se espraiou no "outro", tornou-se a voz dos silenciados. A lida de homens e mulheres nas cidades e nas roças, a vida das prostitutas e seu fardo triste, as lavadeiras enrodilhadas em seu mundo pobre, o menor abandonado, são algumas das diversas *personas* que bailam em seu rendilhado poético. Talvez por observá-los da janela da Casa da Ponte, emergindo das águas do rio Vermelho ou dos coronários becos da cidade; por acompanhar de perto a vida de seus amigos e conhecidos; receber cotidianamente muitas dessas pessoas e estar sempre disposta a ouvi-las e a dar uma palavra de otimismo. Era uma emoção compartilhada. Os desconhecidos nos becos e os anônimos menestréis nordestinos, ambos unidos pelo varal de sentimentos tecido pela poetisa de Goiás. Dos folhetos de cordel às roupas estendidas ao sol, do dia-a-dia aos versos de um poema, dos silêncios da história às obras da menina feia da Ponte da Lapa, que se tornou porta-voz dos obscuros: a fortaleza de Cora Coralina.

Foto 220: Cora Coralina com a Medalha da Ordem do Mérito Anhanguera, 1978, Goiás-GO

---

[602] Acervo do Museu Casa de Cora Coralina.
[603] "Contribuição à cultura goiana" – Literatura – União Brasileira dos Escritores, Goiânia-GO (1/3/1973); "Intelectual do Ano" - Grêmio Lítero-Teatral Carlos Gomes, Goiânia-GO (5/10/1976); Membro da Arcádia Goiana de Cultura, Goiânia-GO (25/7/1977); "Medalha Ana Néri" – Sociedade Brasileira de Educação e Integração – São Paulo-SP (24/7/1977); e "Ordem do Mérito Anhanguera" – Governo do Estado de Goiás, Goiânia-GO (9/5/1978).

27

NASCI ANTES DO TEMPO

"Nasci antes do tempo.
Alguém me retrucou.
Você nasceria sempre
antes do seu tempo.
Não entendi e disse Amém[604]."
Cora Coralina

Cora Coralina foi uma mulher diferenciada. Além de grande doceira e poetisa, com uma lírica personalíssima, foi uma cidadã consciente de seus direitos e deveres. Seu pensamento independente culminou com o isolamento na Casa da Ponte. Conheceu de perto a situação dos mais humildes e, sua vida de quase um século atravessando diferentes Brasis, resultou em ações concretas de amor ao próximo. Ela deixou inúmeros exemplos de fraternidade e de altivez. Era difícil para alguns de seus conterrâneos conviver com uma personalidade complexa e instigante que teria "nascido antes do tempo". A palavra certa nas horas incertas, a avassaladora franqueza, os exemplos e atitudes inesperadas, os pensamentos que, para muitos, não se enquadravam na moldura dos anos que acumulava. Cora Coralina foi uma das precursoras de um modo peculiar de envelhecimento na modernidade. Quando questionada sobre sua reação ao receber o título de "Idoso do Ano", em setembro de 1982, conferido no Encontro Nacional de Idosos e promovido pelo SESC-SENAI

---

[604] CORALINA, Cora. *Vintém de cobre*: meias confissões de Aninha, p. 47.

de São Paulo, afirmou: "Recebi este título que me foi ofertado e eu não teria razão nenhuma para recusar. Sei que sou uma anciã, sei que já passei pela juventude e tenho comigo todas as idades. E quanto a eu não gostar de velhos, acontece que eles também não gostam de mim. É apenas uma réplica. Não temos nenhuma afinidade. Eu não sou uma anciã padrão, sei disso. Porque enquanto os outros fazem queixas e más incompreensões desses tempos novos e dessa juventude que eles, muitas vezes, na sua linguagem ultrapassada, dizem que é 'uma juventude perdida', eu creio nessa juventude. E ai de nós, velhos e moços, adultos ou idosos, ai de nós se não acreditássemos nos jovens. No que poderíamos acreditar? Como seria possível a renovação do mundo se não fosse a juventude com o seu idealismo e as suas correções sempre para os erros do passado? Assim, aceito a minha condição de idosa, participo de qualquer convite que me façam para representar o idoso. Mas dizer que eu tenho afinidade com eles, seria eu mentir. Porque eles têm um pensamento e eu tenho outro. Eu acompanho a vida, enquanto que me parece eles um tanto quanto parados no tempo, estáticos e voltados mais do que deviam para o passado"[605].

Isso explica sua estreita relação com os jovens, suas ações de incentivo e amizade. A Casa Velha da Ponte era constantemente procurada por crianças e jovens que se encantavam pelas estórias e conselhos de uma mulher que deteve a lucidez e a perspicácia ao longo do tempo: "O tempo passa, ninguém detém a passagem do tempo. Agora saiba viver para melhor envelhecer. [O que é viver bem?] Produzir. Não ser uma criatura inerte, parada. Não dormir de dia, sobretudo. Ler. Estar atualizada com os fatos. [Quer dizer que não é para ter medo da velhice?] Não. Não tenha medo. Não tenha medo dos anos e não pense em velhice. Não pense. E nunca diga estou envelhecendo, estou ficando velha. Eu não digo. Eu não digo estou velha, eu não digo estou ouvindo pouco – só quando preciso. Eu não digo nunca a palavra estou cansada. Nada disso, nada de palavra negativa. Quanto mais você diz estar ficando esquecida, mais esquecida fica. Você vai se convencendo daquilo e convence os outros também. Então, silêncio! Fique quieta! E não queixe doença também. Nunca diga

---

[605] In: Programa *Vox Populi*, TV Cultura de São Paulo, 1984.

para uma visitante: 'Como vai passando? Ah... ando com uma dor agora, não ando muito bem...' Nada disso. Diga: 'Muito bem, otimamente!' Não me queixo de nada. E quando tiver você uma queixa física, vá ao médico, ele é o único que tem que ouvir, ninguém mais. (...) Sei que tenho muitos anos. Sei que venho do século passado. Mas não sei se eu sou velha não. Você acha que eu sou velha?"[606].

A inovação dos jovens, as transgressões, os choques de ideias, eram questões caras à Cora Coralina. Em seus depoimentos dizia acreditar na juventude, se identificar com os jovens, que escrevia para a gente moça e para as gerações que ainda não haviam nascido: "Acredito piamente na juventude de hoje, esses moços barbados e cabeludos, essas moças alegres, de saias curtas, que beijam os namorados de dia, no meio da rua, sem hipocrisia e sem se preocupar com o que os outros possam dizer. Eles me contagiam, me emocionam"[607]. Fato que pode ser exemplificado com sua relação com o jovem Gabriel Afonso, que a conheceu na Casa da Ponte e construiu uma amizade que desafiou o tempo e o espaço: "Eu conheci a Cora quando eu tinha quinze anos. Fiquei até os 25 anos lá em Goiás. A minha paixão por Cora, eu acredito que não foi diferente da de qualquer jovem daquela época que a conhecesse. A década de 1970 foi importantíssima para os jovens brasileiros, nós rompemos com padrões muito rígidos, com uma educação muito rígida. Desafiávamos de muitas maneiras o *status quo*. E a Cora abraçava as nossas causas, nos incentivava a seguir avante, a construir alguma coisa. De uma maneira simples, essa aceitação que ela tinha pela gente, essa tolerância com a nossa pouca experiência, isso nos conquistava, ficávamos à vontade perto dela. Era uma pessoa apaixonante. (...) Depois de certa época, ela me ajudou muito a ver meu pai, a compreendê-lo, olhar para o trabalho dele. Quem me apresentou Cora foi meu pai. Ele já a conhecia e acho que o que ele não esperava era a imparcialidade dela. Existem pessoas que têm muito a oferecer. Ela era uma dessas pessoas"[608].

---

[606] *In: CEDOC,* Rede Globo, 1984.
[607] *In: Revista Manchete,* São Paulo, 1977, p. 55.
[608] Depoimento de Gabriel Afonso Alves de Oliveira, amigo de Cora Coralina. Franca-SP, maio de 2009.

Foto 221: Cora Coralina com crianças, 1981, Goiás-GO

Além dos turistas, amigos e vizinhos com quem interagia na Casa da Ponte, outros jovens com quem Cora Coralina tinha contato eram seus netos. No início dos anos de 1970, seu neto Paulo Sérgio Brêtas de Almeida Salles frequentou com maior assiduidade a cidade de Goiás, já que cursava graduação em Brasília. Em 1974, trancou a faculdade e decidiu passar oito meses residindo com a avó. Posteriormente, já casado, Paulo continuou frequentando a Casa da Ponte com sua esposa Heloisa e seus filhos: "Eu via pela forma com que ele se referia a avó que ela era uma pessoa importante na vida dele. E foi uma identificação imediata. Logo depois, casei com o Paulo e ela foi de uma abertura e de um carinho muito grande com aquela cena familiar, com as crianças. O primeiro impacto foi ver Cora Coralina nesta casa, morando sozinha. Uma coisa que me chamava atenção foi a sua independência. Ela era uma mulher independente, embora usasse uma muleta. (...) Ela dizia acreditar na juventude. Isso para nós, que éramos jovens, ouvir de uma pessoa mais velha, era muito bom. Não era aquele discurso de que o mais velho é o experiente e de que o jovem não sabe nada. Ela alimentava nossa emoção através dessa confiança que depositava. Aprendi com ela que não devemos ter medo de vivenciar com intensidade e plenitude a experiência de ser mãe. Ela é uma das referências na minha vida. Teve grande importância na minha formação. Eu era uma jovem de 18 anos quando tive o primeiro contato com ela e de lá para cá sempre esteve presente e vai continuar. Eu vou transmitir para meus netos quem foi Cora

Coralina e como conhecê-la pode contribuir para que nos tornemos seres humanos melhores. A maior lição que Cora nos deixou foi como fazer a diferença no mundo e construir uma obra em nossas trajetórias. Não apenas uma obra literária, mas a obra da vida"[609].

Ela destinava uma atenção especial às crianças. Escreveu os contos "A moeda de ouro que um pato engoliu" – em 14 de abril de 1965, para o neto Carlos Magno – e "Os meninos verdes", e sempre tinha histórias para contar para seus netos, seus bisnetos e crianças da vizinhança: "Sou neta de Cora, cresci escavando o porão da casa velha da ponte atrás do ouro do capitão-mor – que ela contava ter sido escondido por um escravo de confiança do inconfidente. Cheguei à adolescência ouvindo-a declamar, com cativante êxtase, poemas recém-terminados. Acreditei em histórias inventadas"[610]. Histórias também contadas para a neta Célia Brêtas Tahan, conforme relatou no poema "Cigarra cantadeira e formiga diligente": "Aonde anda a menina Célia, minha neta, que gostava de ouvir contar estórias/ repetidas em repetição sem fim?/ Célia, a vida, você no passado, no presente e no futuro,/ será sempre para mim aquela que um dia me ofereceu/ suas economias de criança/ para me ajudar na publicação de um livro..."[611].

Apesar de residir longe da família, Cora sempre se manteve informada de tudo o que acontecia com seus filhos, netos e bisnetos, os aconselhava e tinha uma palavra de carinho para com eles. Prova disso é a correspondência enviada ao neto Paulo Sérgio Salles:

> "Paulo e Heloísa e toda a riqueza da Cora. Vai este meu bilhete para dizer que estou em Goiânia desde o dia 6 deste março e na intenção de voltar dentro desta semana, de modo que estarei em Goiás na Semana Santa. Espero contar com a presença da querida turma e turminha nos dias santos que se avizinham, se não tiverem melhor programa. (...) Tive notícias de que seus pais foram roubados pela segunda vez (...) e isso me amargurou bastante. Imagino o desassossego de ambos, a inquietação não tanto pelo valor dos objetos levados, mas pela repetição, durante o dia com eles ausentes. Uma lástima. Tanto conforto, tanto carinho posto

---

[609] Depoimento de Heloísa Maria Moreira Lima de Almeida Salles, amiga de Cora Coralina. Goiás, março de 2009.
[610] TAHAN, Ana Maria. Aventureira e libertária, p. 2.
[611] CORALINA, Cora. Vintém de cobre: meias confissões de Aninha, p. 48.

ali e agora o medo, a ameaça e a incerteza obrigando-os a uma mudança, certamente determinada como melhor medida de prudência e prevenção. Demos graças a Deus de que eles estavam fora, pensa bem. Com isto me vem um certo receio da minha casa tão francamente aberta em Goiás. Não só. Penso nos meus netinhos aí, brincando nesse gramado da frente da casa. Espero que não os deixem sozinhos e tenham dado aviso a professora do Pedrinho para jamais entregá-lo a pessoa estranha que por acaso o procure em nome da família. Pensa bem e tenha cuidados em dobro. (...) Espero encontrar carta sua em Goiás. Espero lá estar no sábado dia 26. Grande abraço e beijos para os bisnetos incluindo Ana. Vovó. Goiânia, 22-3-83"[612] (Inédito).

Foto 222: Cora Coralina, Heloisa Salles e os bisnetos:
Pedro, Gabriel e Mariana, 1982, Goiás-GO

Cora Coralina fez grandes amizades com os jovens da cidade de Goiás e, muitas delas, desafiaram o tempo. Exemplo foi a relação com Paula Santana, à época, com 15 anos de idade: "dona Cora foi uma grande amiga minha. Sei que é uma grande poetisa. Mas a importância que ela tem para mim é como minha amiga. Uma pessoa que ajudou na minha formação. Que muito do que eu sou hoje eu devo a ela. Com o exemplo, com as palavras, com a confiança que ela tinha em mim como

[612] Acervo de Paulo Sérgio Brêtas de Almeida Salles.

adolescente, como pessoa e foi uma das pessoas que me conheceram realmente. Ela é uma grande paixão da minha vida, talvez a maior paixão da minha vida tenha sido ela. (...) Convivi muito com ela. Ela me abraçava, ficava me esperando. Ela tinha uma vida muito singela, muito humilde. Mas era muito feliz. Eu tenho certeza, ela tinha grande amor por mim e eu por ela. Naquela época, ela para mim era tudo: minha confidente, minha amiga. Eu não via defeitos, só as qualidades que eu vejo até hoje. Muito sincera, era o encanto da minha vida. (...) Eu acredito que a grande formadora do meu caráter, da minha vida, foi dona Cora. Ela representou muito para mim"[613].

Mesmo quando Paula se mudou para Goiânia a amizade entre as duas continuou: "Eu tenho cartas que ela escreveu para mim, poemas... Nós nos correspondíamos através de cartas. Além disso, eu vinha todo fim de semana. Já descia ali na ponte, era a primeira casa que eu ia. Meu pai, minha mãe, ficavam com ciúmes. É um relacionamento que transcende essa vida"[614]. Sentimentos fiéis aos expressos nas cartas da época: "Goiânia, 13 de março de 1980. Querida D. Cora, como tens passado? E o sr. Vicente,

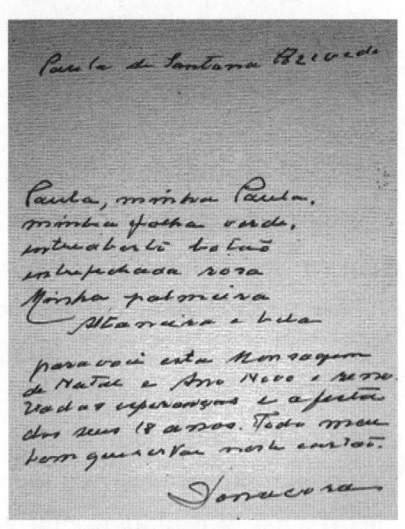

Foto 223: Cartão de Cora Coralina para Paula Santana, Goiás-GO

está bem? Eu estou bem, só a saudade, a falta da boa amiga. (...) D. Cora a sra. nem imagina o espaço que a sra. ocupa no meu coração. Mas uma coisa eu garanto: É bem grande. ('Tu te tornas eternamente responsável por aquilo que cativas', O pequeno príncipe). Gosto da sra. como gosto das belezas da vida. Te adoro. Beijos, Paula"[615].

---

[613] Depoimento de Paula Santana, amiga de Cora Coralina. Goiás, fevereiro de 2009.
[614] Depoimento de Paula Santana, amiga de Cora Coralina. Goiás, fevereiro de 2009.
[615] Acervo do Museu Casa de Cora Coralina.

Foto 224: Cora Coralina com Paula Santana e
Norma Jeane Castro na Casa Velha da Ponte, 1985, Goiás-GO

Cora incentivava os jovens a participar da vida cultural e política, a expressar suas ideias, a escrever. Tanto que apoiou a criação do jornal *Papyrus*, na cidade de Goiás. Lançado em setembro de 1980, era dirigido por Abner Curado e Jecirene de Alencastro, e tinha como colaboradores Afonso Celso Fernandes, Eduardo Távora, Heber da Rocha Rezende Júnior, Jane de Alencastro, Marlene Vellasco e Cora Coralina: "A minha casa fica do outro lado da Casa de Cora Coralina, só atravessar a rua. Como eu morei aqui a vida toda, essa casa sempre teve um fascínio. Uma bica d'água, um quintal enorme, isso fazia com que as crianças da rua viessem muito aqui. Eu também fui uma dessas crianças e, nessas vindas, fiz uma amizade com a Cora. Ela gostava muito de crianças, de jovens. Eu fui crescendo, vindo sempre aqui. (...) Cora me mostrava os cadernos. Quando ela já não podia mais datilografar, ela me chamava. Datilografei alguns manuscritos, alguns poemas para ela mandar para os jornais e foi crescendo o nosso relacionamento. (...) A ligação dela com os jovens era muito forte. Ela gostava muito de segurar nossa mão, dizia que as mãos dos jovens passavam energia para ela. E nós, com muita vontade de fazer as coisas, eu, a Jane e a Jecirene Alencastro, o Abner Curado, o Túlio, o Eduardo Távora, resolvemos criar um jornal na cidade. Cora nos deu muito apoio e decidimos criar o *Papyrus*, simbolizando a planta que nasce na Serra Dourada. E Cora ficou muito entusiasmada e se responsabilizou por uma coluna fixa no nosso jornal intitulada 'Fala Papyrus'. Aí criamos alma nova e fizemos uma grande festa de lançamento no Hotel Vila Boa e Cora foi e falou, pediu apoio aos jovens. Todo mês recebíamos um texto de Cora Coralina para o jornal"[616].

Foto 225: Cora Coralina entre jovens, AFLAG, década de 1970, Goiânia-GO

A preocupação com o futuro dos jovens era uma constante na vida da mulher Cora Coralina. Muitas vezes utilizou sua fala e seus escritos em prol de ações contra o abandono do menor e a criminalidade juvenil, criticando programas governamentais e sugerindo propostas que, segundo acreditava, poderiam, mediante o trabalho, salvar a juventude dos erros e das violências presentes. Na cidade de Goiás, incentivou também a educação dos jovens e apoiou seus amigos frei Simão Dorvi e Brasilete Ramos Caiado na criação e consolidação da Faculdade de Filosofia que atualmente leva seu nome - "Unidade Universitária Cora Coralina", da Universidade Estadual de Goiás: "Ninguém pode contestar, a Cora é o nosso ícone. Depois do falecimento dela, dois meses, [disseram] (...) essa Faculdade tem que ter o nome de Cora, ela nos ajudou muito. (...) Nós na direção da Faculdade, Cora era uma esteio para nós. Ali nós tivemos várias reuniões, no fim do ano ela lançava os livros conosco, na Faculdade. Dentro da Faculdade, nós criávamos vários concursos literários, de versos e música e era ela sempre quem entregava o troféu mais importante. A gente tinha

---

[616] Depoimento de Marlene Gomes de Vellasco, vizinha e amiga de Cora Coralina. Goiás, março de 2009.

uma consideração especial com a Cora. (...) Ela ia muito a Goiânia naquela época que nós estávamos na direção. Lutamos para o 'Dia do Vizinho', que fosse comemorado da maneira que até hoje é comemorado. Ela foi a nossa grande bandeira"[617]. Muitas foram as participações da escritora nas atividades da universidade: "Minha primeira premiação literária aconteceu em dezembro de 1980, quando obtive o primeiro lugar num concurso de poesia da Fundação Faculdade de Filosofia da Cidade de Goiás, organizado pela saudosa Brasilete de Ramos Caiado. Chegamos à tarde em Vila Boa. Eu, Lena, minha esposa, Omar Abrão, colega de infância da nossa Pires do Rio, e ainda Goiamérico Felício, hoje conceituado professor da Universidade Federal de Goiás. (...) Acabamos chegando atrasados à solenidade. O escritor Carlos Fernando Magalhães havia me representado no ato solene. Porém, para minha sorte, Aidenor Aires, que era presidente da União Brasileira de Escritores-Seção de Goiás, sugeriu e Brasilete concordou em reconstituir a solenidade e eu acabei recebendo o Troféu Ipê, esculpido pela artista plástica Maria Guilhermina, das mãos da poeta Cora Coralina"[618].

Incentivo demonstrado no discurso que Cora Coralina proferiu na noite de 16 de junho de 1979, por ocasião da instalação da Faculdade:

> "Senhores secretários, dignos representantes do Governador, autoridades militares, professores, diretora Brasilete Ramos Caiado, Senhoras e Senhores. A história se escreve no cotidiano de todos os dias e só o tempo dá justa dimensão à singularidade dos acontecimentos, fazendo a história, da qual os contemporâneos dão testemunho, sem sentir no momento, a grandeza de seu valor. Fazemos história e testemunhais com vossas presenças e contareis para os vossos netos, com justificado orgulho, as ocorrências desta noite cerimonial. Lugar de honra para a professora Brasilete Ramos Caiado, ela é, sem contestação, a dona e senhora desta comemoração maravilhosa. Ela trabalhou incansável, inteligente, dominada pelo culto do bem-servir à sua cidade de Goiás. Audácia, valor e comando. Marca de seus ancestrais – ela desceu ao recesso da mina, venceu a torrente das dificuldades, levou a ganga,

---

[617] Entrevista de Brasilete Ramos Caiado. *In:* GOMES, Melissa Carvalho. *No rastro de Cora:* da literatura ao desenvolvimento local, identidade e cultura com açúcar e literatura, p. 62-63.
[618] GALLI, Ubirajara. *A história da hotelaria em Goiás,* p. 15.

separou o cascalho rude e trouxe nas mãos, para a glória de sua terra, o Ouro Novo de Goiás representado por esta Fundação Faculdade. Ouro puro, de alto quilate, de que vão participar as gerações presentes e as gerações que vão nascer. Ouro que vai enriquecer esta cidade de novos valores, que os ladrões não roubam nem o tempo consome. Lugar de honra para esta jovem lutadora e intrépida. Personalidade magnética, sua áurea de magnetismo pessoal venceu dificuldades e conquistou apoio incondicional. Tomou para si uma bandeira, defendeu com valor, desfraldou vitoriosa no coração desta velha cidade. Falo em nome da família goiana, da sociedade jubilosa. Falo em nome desta cidade e falo com a autoridade de meus cabelos brancos e com o direito que me concedem 70 anos de literatura, ofertados ao meu Estado. Neste recinto, com o consenso de todos os presentes, nesta hora marcada e solene, proclamo Brasilete Ramos Caiado, junto a Frei Simão, distante nas terras da Itália, líderes da cultura goiana. Brasilete Ramos Caiado, aceite o investimento de mulher líder da nova cultura goiana. Cultura viva e abrangente, que vem revitalizar Vila Boa e afirmar a maioridade do berço da cultura goiana. Senhores, uma salva de palmas para a Diretora Brasilete Ramos Caiado, confirmando sua liderança pelo valor desta Faculdade"[619].

Outra questão que a preocupava era a gestão carcerária nacional, as condições oferecidas aos detentos e as medidas de reinserção social. Certamente eram notícias que forçavam passagem nos jornais da década de 1970. As relações humanas atravessam seus escritos, revelando lições, erros, acertos, aprendizados. Ela advogava a fraternidade entre os homens e as mulheres, a proteção do ambiente natural, a paz entre as nações. Cora Coralina recebia dezenas de cartas, que compõem os quase 10 mil documentos de seu acervo pessoal sob a guarda do Museu Casa de Cora Coralina, em Goiás. Quando não ouvia e aconselhava pessoalmente os turistas que a procuravam, destinava parte de seu tempo para ler e transmitir lições por meio das cartas que enviava para quase todos os estados do país. Na solidão dos cômodos da velha Casa da Ponte, quando fechava as portas, escrevia mensagens de otimismo.

No dia 1º de março de 1977, Cora enviou uma dessas cartas a um desconhecido que estava preso na Casa de Detenção de São Paulo e não possuía

---

[619] *In: O Vilaboense*, Cidade de Goiás, jul. 2004, p. 10.

meios de provar sua inocência ante as acusações que lhe foram imputadas e divulgadas nos jornais. E foi nos jornais que Cora tomou conhecimento dos fatos e enviou uma carta para o então diretor do Presídio Militar Romão Gomes, na capital paulista que, em seguida, encaminhou a correspondência ao destinatário: "D. Cora, com sinceridade, os termos da sua inesperada cartinha tocaram-me profundamente, não encontrando, pelo menos no momento, palavras adequadas para registrar o meu contentamento em saber que alguém ainda se preocupa com a desgraça alheia. (...) Fique certa de que a sua carta me trouxe um grande benefício espiritual, em saber que ainda existe neste mundo pessoas 'humanas' e que se preocupam com o seu semelhante, ainda que totalmente desconhecido e a distância, se propondo para tal fim, ajudar e colaborar na recuperação e orientação de um desconhecido presidiário"[620]. A partir dali surgiu uma amizade que atravessou o tempo e a distância. As cartas, compostas de muitas laudas datilografadas, traduziam o dia-a-dia da vida carcerária evidenciando, em detalhes, os desrespeitos e agressões vivenciadas por muitos dos presos, isso em plena repressão imposta pela ditadura militar. A primeira correspondência enviada à poetisa, trouxe uma explicação: "As cartas que entram são 'censuradas', igualmente as que saem por intermédio do Serviço Postal deste estabelecimento. Todavia, as minhas cartas costumo somente mandar através de visitas, assim saindo fora da 'censura', pois, por certo, se tivesse de mandar pela casa, esta carta não teria condições de sair em decorrência dos termos relatados que, embora verdadeiros, seriam considerados como críticas, o que estaria vedado"[621].

As cartas atravessaram o ano de 1977 e Cora Coralina conheceu os bastidores de uma das maiores prisões da América Latina, descritos por uma pessoa que estava reclusa em seus muros. O olhar crítico do presidiário, certamente estimulado pelas missivas da autora goiana, resultou em um testemunho de fraternidade. As cartas regaram poesia e alento dentro da prisão. Nelas, Cora assumiu a máscara poética de "Sombra mal definida" e o preso a de "Semeador". O detento também começou a rascunhar poemas: "A vida continua... E continua./ O mesmo frio e o mesmo tédio... Os galhos/

---

[620] Acervo do Museu Casa de Cora Coralina.
[621] *Idem*.

vão ficando tão nus, a alma tão nua,/ e os meus cabelos tão grisalhos./ Vem aí bom Inverno.../ Uns últimos retalhos/ de folhas mortas passam pela rua:/ e passa o bando de meus sonhos falhos.../ Triste inutilidade desta vida./ Uma árvore ainda espera, aborrecida,/ uma impossível primavera. E ao ver.../ Sua silhueta rendilhando o poente,/ penso em algo que espero inutilmente,/ numa inútil vontade de viver, somente. O 'Semeador'"[622] (Inédito).

Os sentimentos metamorfoseados em palavras tocaram fundo na alma da mulher de Goiás. E, após meses acompanhando nas cartas o meticuloso relato do dia-a-dia nas prisões, escreveu e publicou em folhetos a "Oração do Presidiário", pagando-os com o dinheiro de seus doces. Esses folhetos foram distribuídos para as prisões brasileiras no natal de 1977. Poesia-oração que publicou na segunda edição de *Poemas dos becos de Goiás* e que continua integrando as novas edições da obra. Preocupação que acompanhou Cora Coralina por toda a vida, ao ponto de publicar "Os apelos de Aninha" e "Premunições de Aninha", poemas sobre a temática, em *Vintém de cobre*.

Cora Coralina manteve os princípios franciscanos. Recebia várias cartas e bilhetes com pedidos de auxílio. Para enterrar alguém sem condições, conseguir oportunidades de trabalho ou para saciar necessidades imediatas, suas mãos, sempre que podiam, estavam estendidas para ajudar. Por opção, prestava um auxílio silencioso que, algumas vezes, escapava do domínio público: "Ela fazia muita caridade para os outros. Quando era ocasião de Natal, ela mandava preparar cestas, guardava na casa e dava para os pobres. Tinha umas pessoas que trabalhavam lá perto que ela ajudava demais também. Ela também dava muita ajuda ao asilo"[623]. "Ela foi na dona Célia e no dr. Hélio porque o filho deles ia ser gerente ou inspetor, daí da Caixego. Daí ela pediu pra ele arrumar pra mim ser faxineira lá, né? Dona Cora foi boa demais. Disse assim: 'Amanhã você se arruma que nós vamos ter uma reunião, eu vou lá com você'. Daí ela falou que eu era muito cuidadosa. (...) Trabalhei na Caixego até fechar, né?"[624]. "Dona Cora era boa demais. Eu me

---

[622] *Idem.*
[623] Depoimento de Benedita Pereira dos Santos, empregada de Cora Coralina. Goiás, fevereiro de 2009.
[624] Depoimento de Lúcia Benedita Pereira dos Santos, empregada de Cora Coralina. Goiás, fevereiro de 2009.

lembro de chegar uma senhora lá: 'Ô dona Cora, eu preciso que a senhora me dê uma ajuda, tô precisando disso e de outro'. Umas coisera que ela estava precisando. Daí dona Cora ficou quieta. A mulher ficou contando os problema dela e dona Cora fazendo pergunta: 'Que você sabe fazer minha filha?'. 'Oia dona Cora eu sô costureira, mas cume que eu vou trabalhar se não tenho máquina?'. Aí dona Cora deu uns trens pra ela. Umas coisera que arrumou por lá e falou pra ela dispois voltar lá. Daí dona Cora revirou essa cidade catando máquina pra comprar. Meu Deus!!!... Tinha um velhinho que tinha uma charretinha e tinha muita amizade com dona Cora, e daí foi na casa dele e comprou a máquina. Comprou linha e comprou agulha. Foi lá na mala que ela tinha uns panaiada que ela guardava muito tempo e deu pra mulher costurar. A mulher chegou a fazer uns paninhos e trazer pra dona Cora. Mas dona Cora disse: 'Não minha filha, num precisa trazer pra mim, não. É pra você vender'"[625].

Um de seus mais evidentes gestos de amor ao próximo foi permitir que Maria da Purificação dormisse na Casa Velha da Ponte durante 29 anos e, aqui, representa as tantas outras Marias amparadas por Cora Coralina. Maria era uma andarilha, negra, pobre e que encontrou apoio na caridade de algumas famílias da cidade de Goiás, como os Samahá e os Saddi. Quando Cora regressou para Goiás, em 1956, Maria já dormia todas as noites no quintal da Casa da Ponte.

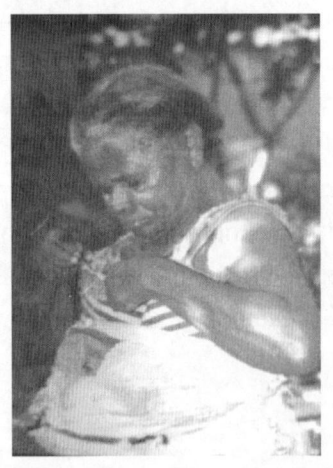

Foto 226: Maria Grampinho, 1980, Goiás-GO

[625] *Idem.*

Durante o dia caminhava pelas ruas e becos da cidade carregando sua trouxa, às 18 horas regressava para a Casa da Ponte para dormir ao lado da saída que dá acesso à bica d' água e, posteriormente, na entrada do porão da casa: "Desde pequena fui criada com Maria, ela era uma pessoa extremamente silenciosa e carinhosa, através de pequenos atos ela demonstrava carinho. Às vezes pedia a ela um abraço, ela não sabia abraçar, mas não recusava receber o abraço, ela ficava durinha e dos seus lábios saía um som incompreensível. Gostava de vestido novo, ia à missa todo domingo e ficava no final da igreja, sempre solitária. No fundo da igreja havia uma pedra grande, parte da cantaria dos portais, ali era o canto de Mariinha. Mariinha sabia fazer crochê, certa feita me deu um forro cor de rosa. (...) Quando meus filhos eram bebezinhos eu pegava e colocava no colo de Mariinha, ou pedia para ela me ajudar a olhá-los, percebia a alegria nos olhos dela, e como ela gostava daquela situação. Ela freqüentava algumas poucas casas, Dona Fina Pelles, a nossa casa e a de Cora Coralina, onde tinha o seu cantinho, onde guardava seus pertences e dormia. Sei que dessas três famílias ela recebia alguma forma de ajuda, tudo muito simples"[626].

Maria nasceu na cidade de Goiás, em 2 de fevereiro de 1904, e faleceu na mesma cidade, em 24 de setembro de 1985. Era filha de Ângelo de Faria e Norberta Ribeiro Abreu. Mais não se sabe sobre seu passado e os motivos que ocasionaram suas excentricidades. Pelo costume de vestir várias saias e colocar muitos grampos no cabelo foi alcunhada de Maria Sete Saias e de Maria Grampinho: "Maria, das muitas que rolam pelo mundo./ Maria pobre. Não tem casa nem morada./ Vive como quer./ Tem seu mundo e suas vaidades. Suas trouxas e seus botões./ Seus haveres. Trouxa de pano na cabeça./ Pedaços, sobras, retalhada./ (...) Maria grampinho, diz a gente da cidade./ Maria sete saias, diz a gente impiedosa da cidade./ Maria. Companheira certa e compulsada./ Inquilina da Casa Velha da Ponte./ (...) Tão grande a Casa Velha da Ponte.../ Tão vazia de gente, tão cheia de sonhos, fantasmas e

---

[626] Entrevista de Salma Saddi Waress de Paiva. In: BRITTO, Clovis Carvalho; REZENDE, Maria José da Silva. Coisas de Goiás, Maria: desvendando novas tendências da preservação do patrimônio cultural no Brasil, p. 76-77.

papelada./ (...) Cabem todas as Marias desvalidas do mundo e da minha cidade./ (...) Entre, Maria, a casa é sua./ Nem precisa mandar. Seus direitos sem deveres,/ vai pela manhã e volta pela tarde./ Suas saias, seus botões, seus grampinhos, seu sério, muda e certa./ Maria é feliz. Não sabe dessas coisas sutis e tem quem a ame"[627].

Outro exemplo de fraternidade que Cora deixou semeado foi a celebração do Dia do Vizinho. Desde que regressou a Goiás, Cora Coralina pôde contar com a presença de seus vizinhos. Seja para socorrê-la em um momento de dificuldade, seja para compartilhar alegrias, valorizou o morador ao lado. Insistiu na comemoração desse dia, porque contou sempre com bons exemplos de vizinhança: "Qualquer coisa que dona Cora queria ela vinha nos pedir aqui. Ir ao correio colocar correspondências, ela pedia meus meninos. Quando eu fazia algo que ela gostava, bolos, empadão, eu mandava para ela. Quando meus meninos nasciam ela sugeria os nomes. Como Benicinho foi o primeiro, ela falou: 'Olha, tem que manter a tradição familiar: o avô e o pai se chamam Benício, então coloque no filho o nome Benício'. Minha filha Messias saía muito com ela, arrumava o cabelo e fazia as unhas de dona Cora. Quando meus filhos e netos nasciam ela abria uma conta bancária e depositava um dinheiro como presente. Nós tínhamos uma grande relação com dona Cora. Nós quem dávamos notícias para a família dela. Para seu Brêtas, dona Nize, Paulinho, eles ligavam constantemente aqui em casa pedindo notícias. Nós convivíamos no dia-a-dia. Meus filhos cresceram em contato com dona Cora, uma convivência muito próxima. Dona Cora gostava muito de dona Valdéia, de seu Luís, de dona Altair Camargo, de Benício, de todos os vizinhos. Sempre se preocupava em ajudar, ser amiga de todos nós. Dava rosas, frutas, assim como ela pregou: 'o vizinho é o parente mais próximo'. E nós continuamos. Aqui na rua é como se fossemos uma só família"[628].

---

[627] CORALINA, Cora. *Vintém de cobre:* meias confissões de Aninha, p. 39-40.
[628] Depoimento de Messias Ribeiro Silva, vizinha e amiga de Cora Coralina. Goiás, março de 2009.

Para os vizinhos, Cora Coralina sempre tinha um gesto de carinho. Às vezes enviava doces e rosas; outras, escrevia mensagens expressando sua gratidão. Para a família de seu Benício e dona Messias Ribeiro Silva, seus vizinhos de parede e meia e que conviveram com a escritora durante 29 anos, deu várias provas de amizade. Sugeriu que o primogênito do casal, Benício, nascido em 2 de agosto de 1958, tivesse o nome do pai; foi madrinha de casamento de Maria Sofia, uma das filhas do casal, e Alfredo Borrás em 21 de novembro de 1981; abriu contas na Caixego e na Caixa Econômica Federal e depositou uma quantia de presente por ocasião dos nascimentos de Cássia, a filha caçula do casal, em 12 de junho de 1979, e do neto Benício Emmanuel, em 28 de abril de 1983; e, quase dois meses antes de falecer, deixou registrada uma mensagem no verso da certidão de nascimento de outro neto dos vizinhos, em 15 de janeiro de 1985, com os seguintes dizeres: "Rômulo Néri Ferreira, criança que vem ao mundo numa data de mudanças para o nosso país e nos dias de um Ano Internacional da Juventude, estas circunstâncias prevêem para você felicidades e valores. Você vem num ambiente de amor e carinho, num dia de muita chuva e muita esperança para os seus pais: tudo isso formando um ambiente feliz para a sua vida que começa com alegria e bênçãos. Que Deus o abençoe, meu menino, esperado e aceito com amor e carinho. Eu o abençôo com a ternura de meus cabelos brancos e 95 anos de vida, assim como um dia, abençoei seu pai, tão pequeno quanto você. Cora Coralina"[629] (Inédito). Relação que ganhou forma em "Coisas do reino da minha cidade", de *Vintém de Cobre*. A boa

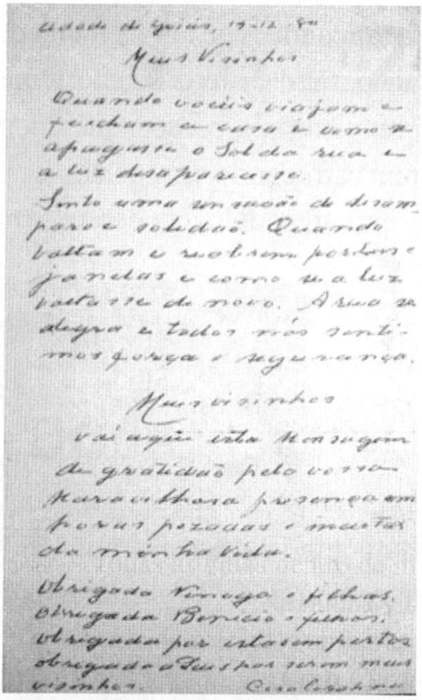

Foto 227: Mensagem escrita por Cora para os vizinhos Benício e Messias, Goiás-GO

---

[629] Acervo pessoal da Família Ferreira da Silva.

vizinhança foi evocada na imagem da roseira de dona Messias que, até hoje, escala o muro e oferta seu perfume e cor: "Rosas brancas a lembrar grinalda das meninas/ de branco que acompanhavam antigas procissões,/ de onde vieram carregando seus perfumes?.../ Tão fácil. Por cima do muro da vizinha/ a roseira, trepadeira, se debruça/ numa oferta floral de boa vizinhança"[630].

Foto 228: Da janela da Casa Velha da Ponte vê-se a roseira da vizinha, 2009, Goiás-GO

Para os moradores da casa em frente, dona Altair Camargo de Passos e seu Luiz Sabino de Passos, a escriba da Casa da Ponte deixou o seguinte testemunho: "Altair e sr. Luiz. Neste Natal feliz, todo meu reconhecimento de quanto devo aos bons vizinhos. Meus agradecimentos pelo quanto tenho recebido em assistência e favores. Minha dívida de gratidão. Pela segurança que me dão, certeza de poder contar com eles, e que nunca faltaram. O vizinho é a luz da rua, quando eles estão com sua casa aberta tudo está iluminado e certo. Quando os vizinhos viajam e cerram portas e janelas... É a gente a perguntar quando voltam? Quando voltam e reabrem as portas e janelas é a rua que se alegra e nós todos nos sentimos em segurança. Homenagem da dona Cora"[631] (Inédito). Do lado da Casa Velha da Ponte, o rio Vermelho era seu eterno vizinho, talvez por isso sua reverência ao líquido amniótico de sua poesia ao ponto de todo dia de manhã lhe pedir a bênção.

---

[630] CORALINA, Cora. *Vintém de cobre*: meias confissões de Aninha, p. 205-206.
[631] Acervo do Museu Casa de Cora Coralina.

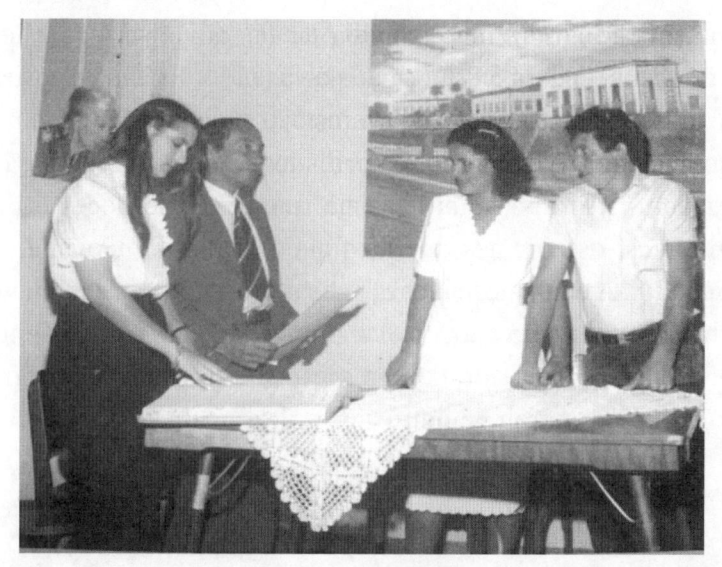

Foto 229: Casamento de Maria Sofia e Alfredo Borrás, 1981, Goiás-GO

Da relação de vizinhança, muitas são as histórias envolvendo Cora Coralina. A entrega de presentes, sua queda na escada, o envolvimento dos moradores da rua em seus projetos. Um dos episódios sempre lembrados foi a reforma do telhado da Casa da Ponte: "A diretora do IPHAN, que na época se chamava Pró-Memória, era a dra. Belmira Finageiv e ela se encantou com Cora e se preocupou com a situação da casa, propondo arrumar o telhado que estava em estado de decadência. Seu Brêtas estava aqui, conversaram com ele e decidiram arrumar o telhado. A casa vizinha da minha estava vazia, casa de dona Altair, e seu Brêtas combinou para que Cora ficasse nesta casa enquanto o telhado fosse recuperado. E nós, os vizinhos, fizemos a mudança. Dona Messias ajudou, os vizinhos e amigos se envolveram e ajudaram a levar os móveis para a casa da frente. Só que ela não falou para a gente que ela não iria mudar. As coisas mudaram, mas ela não mudou. Ela continuou na casa com a cama dela e foi uma dificuldade. Ela não foi. E quando o telhado ficou pronto nós trouxemos os móveis de volta. Ela ficou aqui, acompanhando a obra"[632].

---

[632] Depoimento de Marlene Gomes de Vellasco, vizinha e amiga de Cora Coralina. Goiás, março de 2009.

Em gratidão aos vizinhos, no dia de seu aniversário, 20 de agosto, a poetisa criou o Dia do Vizinho: "Está fazendo 90 anos e a sua cidade promove uma festa comunitária para festejar a data. Acorda com a banda de música à sua porta, soldados perfilados, aclamações, missa e, para encerrar, uma mesa imensa armada na rua, cheia de doces e bolos. Os filhos presentes, os parentes queridos que chegam de Goiânia, todos os seus amigos"[633]. A celebração de natalício se transformou em um momento de partilha e de saudação a todos os moradores da cidade. Seu aniversário se tornou uma oportunidade de congraçamento com o próximo e, mais uma vez, ela se encontrou no outro.

Foto 230: Cora Coralina comemorando o Dia do Vizinho com familiares e amigos, 20 de agosto de 1980, Goiás-GO

Desde fins da década de 1960, Cora já havia manifestado seu desejo de criar essa data. Em 1968, a Prefeitura de Andradina acolheu a ideia e patrocinou a impressão de folhetos com uma mensagem da escritora sobre o Dia do Vizinho. Na cidade de Goiás, desde 1976, tentou implantar a comemoração: "Na poeta vive de fazer poemas (e a criação do Dia do Vizinho é um poema de concórdia e paz) e de gerar idéias. Pois que lhe comprem essa idéia, ponham a sua autora a falar dela, no rádio, na televisão,

---

[633] TAHAN, Vicência Brêtas. *Cora coragem, Cora poesia*, p. 227.

em seus poemas. Aí, sim, lavrarão um tento, garanto. E a idéia vingará"[634] (Inédito). Em 20 de agosto de 1980, o Dia do Vizinho foi celebrado pela primeira vez em Goiás e se incorporou ao calendário de eventos da cidade. Cora Coralina comemorava 90 anos e solicitou que fosse realizada uma missa em ação de graças na igreja do Rosário, na qual falou sobre a data, e, após a celebração, no largo em frente à igreja, a banda da polícia militar tocou parabéns e foi realizada a partilha dos bolos em sinal de fraternidade e comunhão: "Me lembro que na missa, durante o ofertório, ela falou, ofereceu o Dia do Vizinho. Que era uma oferta simples, mas que iria atingir o coração de todos. Que a semente havia sido lançada. E explicou que ela contou sempre com os vizinhos em todas as cidades onde ela morou. O primeiro que chega é o vizinho. Quando ela quebrou a perna, o primeiro vizinho que chegou foi seu Benício, depois dona Altair, os demais vizinhos. É uma mensagem de fraternidade, amizade, união. E ela queria que não fosse apenas entre vizinhos, mas entre municípios, estados e países. A mensagem é muito maior. Que todas as nações se unissem"[635]. No dia 8 de setembro de 1980, o então prefeito Djalma de Paiva sancionou a Lei n. 14 que, a pedido de Cora e com apoio dos jovens do jornal *Papyrus*, oficializou o Dia do Vizinho contribuindo para que a mensagem, até hoje, continue sendo semeada em Goiás. Celebração que vem contagiando os moradores de inúmeras outras cidades brasileiras.

Além do Dia do Vizinho, Cora Coralina sugeriu que, na mesma data, fosse comemorado o Dia do Cozinheiro. Em 28 de dezembro de 1984, o Clube dos Diretores Lojistas de Goiânia ofereceu um jantar em homenagem à escritora, no Clube de Regatas Jaó, em reconhecimento a seus préstimos à cultura nacional e, em seu discurso, pediu para chamar o "personagem principal da festa": o cozinheiro. E, diante dele, continuou seu discurso. A mulher operária, cozinheira, doceira, não se esqueceu de suas origens: "Tratando-se de cozinha, todos os tratados a propósito falam em arte culinária. Digo eu, a mais nobre de todas as artes, a que está ligada à vida e à saúde humana. O homem, desde que nasce, até o

---

[634] RAMOS, Anatole. A Cora o que é de Cora, p. 17.
[635] Depoimento de Marlene Gomes de Vellasco, vizinha e amiga de Cora Coralina, Goiás, março de 2009.

derradeiro alento, está biologicamente ligado à cozinha e dependente do cozinheiro que pode ser cozinheira, tanto vale. E por todos esses valores enumerados, eu proponho a esta casa, neste dia e nesta hora, a criação do Dia do Cozinheiro, abrangendo a cozinheira. É a minha reivindicação que se faça justiça a tão indispensável profissional. Que ele seja um brado e preencha o espaço vazio que de justiça lhe pertence"[636].

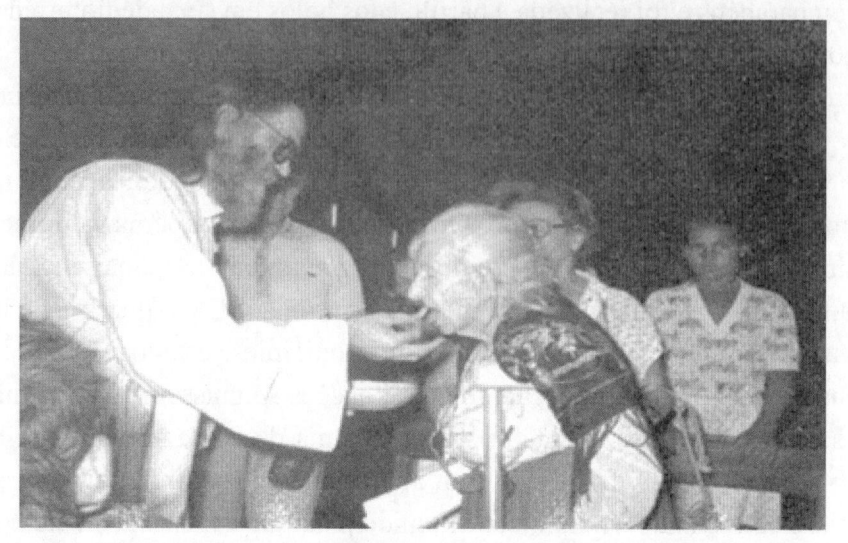

Foto 231: Cora Coralina recebendo comunhão de frei Marcos Lacerda, 20 de agosto de 1981, Goiás-GO

Embora irmã da Ordem Terceira de São Francisco, desenvolveu um pensamento independente em que vigorava o ecumenismo e o respeito a todas as religiões. "Ela tinha uma grande religiosidade. Tinha também uma tendência espírita, gostava muito do espiritismo. Ela lia a Bíblia todos os dias, era, junto com o dicionário, seu livro de cabeceira. Tinha muita amizade com os bispos da cidade, dom Cândido, dom Abel e dom Tomás. Ia à missa no Rosário, tanto que ela escreveu aquele poema 'A jaó do Rosário' em homenagem a jaó do frei José Maria e que cantava durante as missas"[637]. Amiga íntima de Chico Xavier, acreditava na re-encarnação

---

[636] Acervo do Museu Casa de Cora Coralina.
[637] Depoimento de Antolinda Baia Borges, amiga de Cora Coralina. Goiás, fevereiro de 2009.

e era leitora de suas psicografias como atestam suas entrevistas, sua biblioteca pessoal e sua obra poética: "Francisco Xavier é aquele homem que, feito à imagem e semelhança do Criador (Gênesis) honra essa imagem e dignifica essa semelhança. Na aridez da terra ele planta a certeza da volta e a da salvação. Semeador da Boa Nova semeia sempre na terra agreste do coração de todos os esmorecidos e tristes que o procuram. Senhor, que este homem predestinado se encontre sempre no caminho de todos os vencidos que se estendem na humildade de um pedido. Sua bandeira é de luta, paz e caridade. À sombra desta bandeira se alegram os tristes"[638].

Foto 232: Cora Coralina orando, 1983, Goiás-GO

Frequentava as missas ou, quando não era possível, uma amiga lhe levava a comunhão em sua residência. Lia sobre diferentes práticas de culto e oração. Sua lírica exemplifica esse conhecimento e revela princípios do catolicismo, do kardecismo, do judaísmo e das religões afro-brasileiras. Em seu cotidiano, também conheceu e respeitou a religiosidade nascida no Oriente, a exemplo dos princípios messiânicos legados por Meishu-Sama. Tanto que, algumas vezes, recebeu o Johrei (palavra criada a partir da junção de dois ideogramas japoneses – "Joh", purificar, e "Rei", espírito), método de canalizar com as mãos a Luz Divina visando a purificação e a elevação

---

[638] CORALINA, Cora. Francisco Xavier, p. 8.

espiritual. A poetisa recebia em sua residência visitantes de diferentes religiões e os tratava com o mesmo respeito: "Era católica, pertencente à Ordem Terceira de São Francisco, mas sua obra revela que a doutrina não a tornou míope. Era ecumênica e seu espírito só se sentiu apaziguado, quando João XXIII fez gestões no sentido de aproximar as religiões. Disse: 'Acredito que todas sejam boas, desde que tendam para o alto'"[639].

Cora era diferenciada. Fruto de seu dilatado amor franciscano, praticou a máxima evangélica de que a fé necessita de obras e de que fora da caridade não há salvação. Em carta a seu neto Flávio de Almeida Salles Júnior: afirmou: "Flavinho, querido, como são sempre os netos. (...) Ajuda teu semelhante. Reparte o teu Pão e nunca deixe cair vazia a mão humilde que se estende para você. Dê sempre. Você tem sempre o que dar. Dê a boa palavra. Dê da sua carteira, dê, sobretudo, da bolsa aberta de um coração compassivo. Pense um momento naquele que faz e naquele que recebe o pedido. Você tem sempre o que dar. Não esqueça nunca, no Natal e no dia do Espírito Santo, dê uma oferta muito fraterna ao lixeiro da sua rua. É o trabalhador mais humilde e mais indispensável de uma cidade. Tão humilde, tão perdido no anonimato que perdeu o nome. Será João, José, Pedro? Não, é o lixeiro da rua. Faça dele seu irmão. (...) Vovó Cora Coralina com uma grande bênção para você, Alcina e filhos. Escrita aos 93 anos de idade nos reinos da cidade de Goiás aos 27-4-83. Aqui, somos todos amigos do Rei, temos o que queremos"[640] (Inédito).

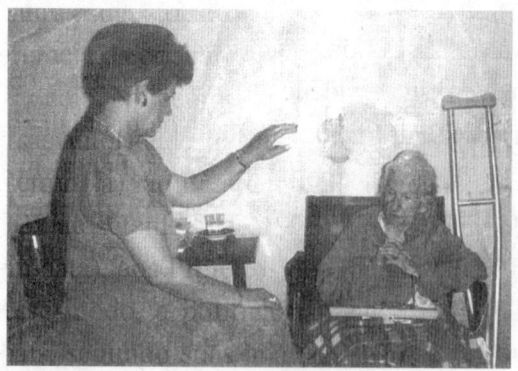

Foto 233: Recebendo oração de Johrei de Dalila Alcântara Fernandes, Goiás-GO

[639] DENÓFRIO, Darcy França (Org.). *Cora Coralina*: melhores poemas, p. 346.
[640] Acervo do Museu Casa de Cora Coralina.

Em sua lírica, observamos que o espiritual e o carnal dialogavam sem conflitos: "Seu corpo não foi tão manietado nem tão dócil quanto desejava a moral cristã de sua época. Basta ver a fina ironia que brota de certos poemas seus que registram o hábito do confessionário cristiano-católico e as pulsões da carne. Sem nos esquecer de que, em seus poemas, tratou a questão sexual ora com rara pureza, ora, até mesmo, com muito realismo. Neste caso, leia-se 'O cântico de Dorva', incluído a partir da segunda edição de *Meu livro de cordel*, da Global Editora. Pode-se dizer que foi uma das primeiras mulheres, entre nós, a tratar do tema. (...) Falamos de um vetor erótico que atravessa a obra poética de Cora Coralina e demonstramos como Eros é uma força onipresente em seu lírico. (...) Considerando-se a época em que ela nasceu e viveu, isto já faz dela uma mulher bastante diferenciada. (...) Se, no entanto, Cora não foi uma feminista, é preciso admitir que foi, sem dúvida, uma mulher diferenciada, uma voz feminina diferenciada"[641].

Por acreditar que o futuro era sempre melhor do que o passado, Cora Coralina afirmou que nascera antes do tempo. Visionária, foi incompreendida por muitos, soube reunir as pedras jogadas contra ela e construir uma escada e, no alto, subiu. Ousou expressar suas convicções para muito além dos limites impostos pelas páginas dos livros e legou inúmeros exemplos de que veio no momento certo. Dentro de si trazia todas as vidas e idades, por isso, deixou mensagens e exemplos de fraternidade e se portou como uma mulher à frente de seu tempo. Não por acaso, o poema que encerra o último livro que publicou em vida sintetiza sua crença nos valores humanos e encharca a terra de otimismo: "Acredito numa energia imanente/ que virá um dia ligar a família humana/ numa corrente de fraternidade universal./ Creio na salvação dos abandonados/ e na regeneração dos encarcerados,/ pela exaltação e dignidade do trabalho./ (...) Acredito nos jovens à procura de caminhos novos/ abrindo espaços largos na vida./ Creio na superação das incertezas/ deste fim de século"[642].

---

[641] DENÓFRIO, Darcy França. Retirando o véu de Ísis: contribuição às pesquisas sobre Cora Coralina, p. 201-202.
[642] CORALINA, Cora. *Vintém de cobre*: meias confissões de Aninha, p. 236.

28

BRASÍLIA: ESBOÇO DO FUTURO

> "Aqueles que acreditam
> caminham para frente
> e podem ser chamados
> Ludovico, Kubitschek.
> Aqueles que duvidam
> põem pedras e tropeços
> nos caminhos dos primeiros.
> Jamais construtores[643]."
> Cora Coralina

Mulher à frente de seu tempo e sensível às transformações e evoluções da vida, Cora Coralina não se manteve indiferente à atuação de Juscelino Kubitschek e à construção de Brasília. Visionária e otimista, a poetisa se identificou com o projeto modernista no centro-oeste brasileiro. Brasília representava um sonho corporificado, era a concretização de uma ideia e trazia consigo uma dimensão mítica: uma cidade utópica e uma terra prometida. Cidade planejada e construída sobre um espaço vazio, a terceira capital do país trouxe uma carga simbólica: nacionalismo, integração, democracia, desenvolvimento, modernidade. Do sonho de dom Bosco às discussões políticas travadas no início do século XIX, do quadrilátero traçado pela Missão Cruls, em 1892, à ousadia de Juscelino: um canteiro de obras surgia no centro do país, centro divisor das águas brasileiras, envolvido pelo

[643] CORALINA, Cora. *Vintém de cobra*: meias confissões de Aninha, p. 141.

estado de Goiás. Brasília culminou o processo da Marcha para o Oeste, iniciado 200 anos antes pelos bandeirantes. Cora Coralina trazia em sua história essa herança bandeirante e, por coincidência, regressou a Goiás no mesmo ano em que se iniciaram as obras da nova capital brasileira. Afirmou no poema-prosa "O Cântico da Volta", escrito sob a emoção do re-encontro, que uma nova esperança acenava no horizonte com "a possibilidade da mudança da Capital Federal para o planalto"[644].

Brasília representava para Cora Coralina a concretização de um ideal, a esperança, o futuro. A cidade que surgia da união dos brasileiros. Fruto de um impulso de modernização e de progresso que instigava seu emocional. A nova capital, inaugurada em 21 de abril de 1960, simbolizava a força das ideias e o poder que o ser humano traz consigo: "Hoje o mundo está maravilhoso. Vocês têm uma cidade nova um pouquinho distante daqui chamada Brasília, onde estava Brasília no começo do século? Vocês têm estrada de asfalto, vocês têm carro, coletivo para viagem, têm avião, têm tudo o que as gerações passadas não tiveram. Vocês têm na vida oportunidades que os jovens do passado nunca tiveram"[645]. "Jovens, acreditai, pois, nesse milagre brasileiro, tão presente, e de que sois pedra de construção, hoje, amanhã e sempre, através das gerações. Que dizer de Brasília, outro milagre brasileiro, condicionando o desenvolvimento, não de uma zona, senão do Brasil inteiro, interpenetrando seus imensos vazios como uma rede, uma trama de estradas asfaltadas, ligando estados e cidades, e onde correm num caudal humano a vida e o trabalho de um País em ânsias de expansão"[646].

A construção da nova capital foi um feito que mobilizou o Brasil. Residindo em Goiás, era previsível que os acontecimentos invadissem com maior intensidade a rotina de Cora Coralina, seja recepcionando turistas e alguns dos primeiros moradores da cidade nascente, seja acompanhando os fatos pelos jornais. Apesar disso, seu trabalho com os doces fez com que sua visita a Brasília fosse adiada: "Brasília termina, aliás, o principal somente.

---

[644] CORALINA, Cora. *Villa Boa de Goyaz*, p. 109.
[645] Entrevista a Vicente Fonseca e Armando Lacerda, na fase de prospecção do Filme *Cora Doce Coralina*, Goiás, 1982.
[646] CORALINA, Cora. Discurso de agradecimento – *Doutor Honoris Causa*, p. 213.

As festividades de inauguração são as principais notícias dos meios de comunicação. O povo vibra! Cora tem muita vontade de comparecer ao evento, mas envolvida com seus doces e com seus escritos, posterga a visita"[647]. Com a inauguração de Brasília se intensificou o número de visitantes a sua casa e, mesmo sem tempo para viajar, Cora se informava sobre os acontecimentos e sobre a vida de seu fundador, se tornando uma de suas admiradoras. Admiração que se estendeu ao longo de sua vida: Cora fazia questão de conversar com os turistas e amigos sobre sua importância, idealismo e coragem: "Ai de quem tiver uma conversa mais ampliada com Cora Coralina, especialmente nós, moradores de Brasília, e não conhecer os livros de Juscelino Kubitschek. E foi assim que tive uma aula com a 'Cora Mestra Coralina' sobre Juscelino, que ela considera um estadista, um verdadeiro líder, 'o líder dos candangos'"[648]. Histórias como essas eram comuns, e os livros do fundador da nova capital permaneciam ao lado da poltrona em que se sentava para receber os visitantes:

> "'Você conhece os livros do Juscelino Kubitschek?'. Alguns trechos, algumas causalidades. Pois eu digo a você, meu jovem, você está em falha. Leia os livros de Juscelino Kubitschek, principalmente você que vive, mora e trabalha em Brasília. Conhecer principalmente o livro do fundador de Brasília, escrito por ele, a história da fundação daquela cidade escrita pelo próprio que a fundou. Isso é muito importante. E os livros dele são muito bem escritos. Ele deixou, me parece que, quatro. E eu dos quatro tenho três. Primeiro: 'Meu Caminho para Brasília'. Ele começa contando a infância dele em Diamantina. Depois 'Porque Construí Brasília'. Depois 'Cinqüenta Anos em Cinco'. E ele ainda tem um quarto livro. (...) Documentado. Têm passagens lá verdadeiramente inesquecíveis. O livro de Juscelino é uma maravilha. Leia, é seu dever de jovem. E ainda mais para você tomar conhecimento daquela grande cidade criada pelo espírito e criação de Niemeyer e de outros que ajudaram ele. Lúcio Costa e outros. Ele não fez um empréstimo estrangeiro para a fundação de Brasília. O livro tem coisas pitorescas ocorridas na fundação de Brasília. Lá em minha casa, em Goiás, vai muita gente de Brasília, pois a cidade está na linha de turismo. Sempre que entram lá na minha casa a conversa vai girando e, afinal, eu pergunto: 'Você conhece os livros de JK?'. Olha, de tantos que venho tendo contato, alguns dizem: 'É, eu li esparso em jornal'. Porque os jornais publicaram

---

[647] TAHAN, Vicência Brêtas. *Cora coragem, Cora poesia*, p. 209.
[648] TURIBA, Luis. Cora professora Coralina, p. 15.

partes do livro. E eu aconselho sempre a ler o livro. Outros dizem: 'Sim, eu já li'. Muito bem, eu quero tirar a limpo isto. O que você tem a contar de mais interessante que tenha ocorrido com ele. A pessoa fica logo embaraçada. (...) Amigo, quando a gente lê um bom livro nunca tem o direito de dizer que leu e esqueceu. Se você lê e esquece, então de que vale a sua leitura"[649].

No acervo da poetisa não há a data em que conheceu Brasília pela primeira vez. O que se sabe é que essa ida ocorreu entre 15 de abril de 1964 e 15 de março de 1967, período em que o Marechal Humberto de Alencar Castelo Branco foi Presidente da República. A informação se deve a um discurso, sem data, endereçado ao então Presidente, que Cora Coralina proferiu solicitando a criação do Dia do Vizinho: "Excelência. Esta carta mensagem, que eu, a velha musa goiana, trago e leio aqui nesta Televisão de Brasília dentro desta linda e caprichosa bruaquinha feita com arte e com primor por um artista do couro cru na minha velha cidade e que será posteriormente entregue a seu destinatário, é para pedir algo, não para mim e sim para todos nós, hoje, amanhã e quem sabe para todo o mundo, com o correr do tempo tornado a idéia vitoriosa que passará de nacional a internacional, ligando melhor as pessoas entre si, e estreitando os laços desatados de solidariedade humana. Venho pedir, lembrar e sugerir à sua inspirada clarividência de homem altamente público e fraternalmente humano, seja oficiado um Decreto-Lei, emanado dessa Presidência, o Dia do Vizinho"[650] (Inédito).

Foto 242: Livro *Por que construí Brasília?*

[649] *Idem.*
[650] Acervo do Museu Casa de Cora Coralina.

Muitos embaixadores e autoridades a visitaram em Goiás. Durante o governo do marechal Artur da Costa e Silva, por exemplo, Cora Coralina recebeu visitas da Primeira Dama da Nação, dona Yolanda da Costa e Silva, e manteve correspondência com a mesma.

A publicação do poema "Todas as Vidas", de Cora Coralina, no *Correio Brasiliense,* possibilitou que alguns intelectuais, como Oswaldino Marques, conhecessem pela primeira vez seu trabalho: "Até então, só conhecia de sua lavra o desabusado e tocante 'Todas as Vidas', que a romancista Maria Ramos em boa hora fez publicar no 'Caderno Cultural' do *Correio Brasiliense* de 17/5/1969, com um retrato de bico-de-pena de Uragami. Essa mostra, seja dito, aguçou-me o desejo de familiarizar-me com outras produções"[651]. Após a leitura de *Poemas dos becos de Goiás,* o crítico literário e poeta da Geração de 45 escreveu o ensaio "Cora Coralina, professora de existência", publicado inicialmente em 26 de junho de 1970 no *Correio Brasiliense* e reproduzido em vários jornais. Oswaldino tornou-se o primeiro crítico de renome nacional a avaliar a obra da poetisa goiana e escreveu seu texto antes mesmo de conhecê-la pessoalmente: "Brasília 3/7/1971. Mestra Cora Coralina. Devo a minha querida amiga Dulce Burlamáqui o conhecimento da sua grande obra poética. A senhora era figura quase legendária para mim, mas agora acha-se encarnada na substância de sua poesia. Faço votos que esse a encontre numa fase de grande fecundidade lírica. Gostaria de conhecê-la pessoalmente. Sou capaz de ir especialmente a Goiás, para desfrutar desse privilégio. Com a viva admiração e os votos de muita saúde, de Oswaldino Marques"[652]. Além da análise, o crítico concluiu seu ensaio conclamando os goianos residentes em Brasília para que a homenageassem na Capital Federal: "Por que a colônia goiana do Distrito Federal, que congrega artistas, poetas, jornalistas, professores, tanta gente de sensibilidade, não vai em caravana convidar a admirável poetisa para receber as homenagens da Capital do País? É um alvitre que endereço daqui aos naturais do grande estado planaltino"[653].

---

[651] MARQUES, Oswaldino. Cora Coralina, professora de existência. *In:* CORALINA, Cora. *Poemas dos becos de Goiás e estórias mais,* p. 14.
[652] *In*: RAMOS, Anatole. Cora Coralina, o tesouro da casa velha de Vila Boa, 1971.
[653] MARQUES, Oswaldino. Cora Coralina, professora de existência. *In:* CORALINA, Cora. *Poemas dos becos de Goiás e estórias mais,* p. 19.

As palavras do crítico, até pela posição que ocupava no campo literário brasileiro, conquistaram ressonância na imprensa e no meio acadêmico. Elas motivaram, dentre outras coisas, a Universidade Federal de Goiás – Editora da UFG, publicar a segunda edição de *Poemas dos becos* que estava esgotada. Ensaio que serviu de prefácio à obra. A própria poetisa indicava a leitura do texto: "'Você quer me conhecer?' E começa a ler o artigo de jornal: 'Livre, turbulenta, receptiva, cultivadamente rude'. Cultivadamente rude – acentua a poetisa – cultivadamente rude. É isso mesmo, cultivadamente rude. A vida me fez rude e a minha formação me fez cultivada"[654]. A importância que Oswaldino Marques teve na trajetória de Cora pode ser comparada, sem exageros, a assumida por Carlos Drummond de Andrade. Ambos, em momentos diferentes, contribuíram para que sua obra fosse conhecida e valorizada: "Na minha terra, quando eu lancei meu livro, a cidade de Goiânia preferia bem que eu não o tivesse lançado. Não preciso dizer por que, você mesmo pode dizer o que quiser. A melhor referência que eles fizeram foi esta: 'Parabéns à velhinha de Goiás'. De modo que, durante muito tempo, visaram muito mais a idade de quem escreveu o livro do que o conteúdo. Já esse Oswaldino Marques, com este artigo, ele modificou o conceito de quem era Cora Coralina, porque há 20 anos atrás eu era a mesma Cora Coralina"[655].

Em virtude do ensaio de Oswaldino ou por outras motivações, em 8 de setembro de 1971, o então deputado federal por Goiás, Juarez Bernardes, proferiu na Câmara dos Deputados o discurso "Cora Coralina, orgulho da cultura goiana", comentando sobre os méritos de sua obra e sobre a necessidade de instituírem uma pensão de mercê ou outro auxílio: "Sabemos que já houve promessa do Governo do Estado no sentido de conceder amparo condigno à veneranda poetisa, mas isto ainda não se concretizou. Acham-se tombadas várias ruas e monumentos da tradicional Vila Boa, para perpetuar sua história. Resta-nos fazer outro 'tombamento', o de Cora Coralina, propiciando-lhe condições financeiras compatíveis com a dignidade da pessoa"[656] (Inédito).

Na década de 1970, suas visitas à Capital Federal se intensificaram devido à presença de seus netos Flávio de Almeida Salles Júnior e Paulo

---

[654] *In:* Cora Coralina: sou uma poetisa muito autêntica, s/d.
[655] *In:* SALLES, Mariana de Almeida. *Cora* Coralina: uma análise biográfica, p. 12.
[656] Acervo do Museu Casa de Cora Coralina.

Sérgio Brêtas de Almeida Salles: "Eu só sinto o que me procura. Sempre que vou lá [Em Brasília] sou procurada. Tenho lá o meu neto, o Flávio de Almeida Salles, e tem o irmão dele, o Paulo de Almeida Salles, que é professor do Marista. É um professor muito recomendado, de bom nome em Brasília. Ele está fazendo cursos de aperfeiçoamento na Universidade. De modo que eles têm uma roda grande de amigos e conhecidos e esses me procuram. Fora disso, também demoro lá pouco tempo"[657].

Em 1976, Cora Coralina esteve em Brasília para assistir a colação de grau do neto Paulo Sérgio, que se graduava em ciências biológicas pela Universidade de Brasília: "Já faz mais de trinta anos que eu tive o primeiro contato com Cora Coralina. Logo que eu conheci o Paulo eu soube que ele era neto de uma poetisa e que essa poetisa era Cora. Isso foi nos idos de 1976. Pude conhecê-la logo em seguida, pouco tempo depois do meu relacionamento com o Paulo iniciar, porque ela foi a Brasília para a solenidade de formatura do Paulo e nessa oportunidade eu a conheci"[658]. No mesmo ano, elaborou o poema "Cora Coralina, quem é você?", que integrou *Meu livro de cordel*: "Um dia uma moça, uma apresentadora de televisão em Brasília, me fez uma pergunta maravilhosa. Gostei tanto dessa pergunta que guardei até hoje. Ela só me perguntou na televisão: 'Cora Coralina, quem é você?'. Só isso, mas me abriu um campo. Que pergunta! Achei essa pergunta sumamente inteligente. Achei aquilo fundamental e inteligente"[659].

Foto 243: Cora Coralina na formatura de seu neto Paulo Sérgio Brêtas de Almeida Salles, 1976, Brasília-DF

---

[657] TURIBA, Luis. Cora professora Coralina, p. 15.
[658] Depoimento de Heloísa Maria Moreira Lima de Almeida Salles, amiga de Cora Coralina. Goiás, março de 2009.
[659] Entrevista a Vicente Fonseca e Armando Lacerda, na fase de prospecção do Filme *Cora Doce Coralina*, Goiás, 1982.

Na primeira quinzena de agosto de 1977, ela foi mais uma vez a Brasília para descansar na casa dos netos. Nessa ocasião recebeu visitas, autografou livros e concedeu entrevistas: "Ela visitou Brasília várias vezes e ela ia com muita alegria e via em Brasília o futuro. Ele me dizia: 'Goiás é para mim que nasci aqui. Você vai é para Brasília que é o futuro, é para lá que você tem que ir, lá que é o seu lugar'. E ela ia a Brasília e demonstrava toda essa paixão por Brasília, pelo trabalho de Juscelino. Leu todos os livros dele, falava das obras, do significado de Brasília para o país. Outra vez uma diferença muito marcante, porque ela falava com muita propriedade do que foi Brasília, do que Brasília representou para o país, e a maioria das pessoas não tinha essa percepção. E isso ainda é uma referência para mim. A maneira com que ela falava de Brasília no começo, abrindo meus olhos para o significado de uma obra nacional, que congregou o país inteiro, isso é marcante até hoje e eu sinto que isso me influenciou muito"[660]. No mesmo ano, entrevistada se teve a oportunidade de conhecer a cidade, respondeu: "Já fui quatro vezes. É uma cidade da minha admiração, ligada à pessoa de Juscelino Kubitschek. É uma cidade para orgulho de todo brasileiro, principalmente do jeito que foi feita por um homem que tinha tudo contra ele. O Rio de Janeiro era em peso contra a construção de Brasília. O Brasil não tinha recursos para fazer uma capital nova, mas quando a pessoa vem determinada para certos destinos, ela rompe todas as dificuldades e vai à frente"[661].

Outro fato significativo foi sua conversa ao telefone com o então Ministro das Comunicações Quandt de Oliveira, em novembro de 1978, inaugurando o interurbano para a cidade de Goiás: "Quando veio o DDD para Goiás, foi Cora quem inaugurou. Ela foi à Telegoiás e falou com o Ministro das Comunicações, o Quandt de Oliveira. Ela fez um poema dizendo que foi a pombinha com o ramo da oliveira que anunciou o fim do dilúvio, que a primeira comunicação foi a folha de oliveira, e ela falou que ele estava trazendo a comunicação para Goiás. Todos ouvindo a conversa dos dois ao telefone. Ela, a partir do sobrenome dele, fez um poema"[662].

---

[660] Depoimento de Paulo Sérgio Brêtas de Almeida Salles, neto de Cora Coralina. Goiás, março de 2009.
[661] *In:* Cora Coralina confessa que viveu, p. 19.
[662] Depoimento de Marlene Gomes de Vellasco, vizinha e amiga de Cora Coralina. Goiás, março de 2009.

O jornal *O Popular*, em matéria publicada no dia 2 de dezembro de 1978, transcreveu a mensagem da poetisa:

> "Aqui fala a velha musa goiana. Cora Coralina. Traz a sua pequenina mensagem da cidade e dela própria. Estamos aqui, na sede destas ligações à distância, e nós agradecemos ao senhor Ministro a sua parte neste grande progresso trazido a esta velha cidade, que sempre viveu longe de todos os lugares e que, por esta nova forma de comunicação inaugurada nesta hora e com a presença do senhor Ministro, se integra no conjunto das cidades grandes e pequenas deste vasto Brasil. Excede às lindes da nossa Pátria e procura a comunicação também com o estrangeiro. Que estas ligações à distância possam trazer para esta cidade, para o nosso país e para todo o mundo, mensagens de paz, de harmonia, de concórdia e de certezas de pão. Senhor Ministro, o vosso nome faz lembrar a primeira mensagem à distância de que a humanidade tem notícia: quando Noé soltou a pomba da Arca e ela voltou trazendo um ramo de oliveira como a dizer que as águas tinham baixado e que a terra estava novamente cheia de vida. Senhor Ministro, que este Oliveira do vosso nome seja um ramo desta árvore simbólica que, naqueles tempos remotos, contados por milênio, deu esta notícia da vida sobre a terra; que este Oliveira do vosso nome seja um ramo de paz implantado no coração do Brasil e que possa trazer sempre notícias de paz, de harmonia, de concórdia e, sobretudo, de harmonia na ordem e no progresso de nosso país. Senhor Ministro, esta é a pequena mensagem da cidade de Goiás, nesta hora da inauguração desta discagem direta à distância promovida por Vossa Excelência. É a mensagem da cidade e a mensagem da velha escriba goiana. Cora Coralina"[663]

Por ocasião do lançamento da terceira edição de *Poemas dos becos*, Cora Coralina recebeu um convite da então coordenadora do escritório da FUNARTE em Brasília, Henriqueta Borba, para que lançasse a obra e gravasse um depoimento para integrar o projeto de registros e homenagens daquela instituição. Na mesma noite, haveria o lançamento do livro *Os enigmas de Bartolomeu Antônio Cordovil*, de Bernardo Elis, e o imortal goiano faria uma palestra sobre a obra da poetisa. O lançamento ocorreu no dia 14 de dezembro, às 21 horas, na Sala Funarte, Setor de Divulgação Cultural. Cora Coralina foi de carro, acompanhada pela artista plástica e amiga Maria

---

[663] Quandt conversa com Coralina ao telefone, p. 6.

Guilhermina e se hospedou na residência de seu neto Paulo Sérgio Brêtas de Almeida Salles. Conforme estava previsto, após o lançamento e as palavras de Bernardo Élis, gravou um depoimento humano e poético, respondendo a perguntas e comentários de Henriqueta Borba, José Asmar, José Mendonça Teles, Lina Del Peloso, Marly de Oliveira, Maria Guilhermina, Oswaldino Marques, Cassiano Nunes e Paulo Sérgio Brêtas de Almeida Salles.

Além das homenagens e lançamentos, Cora Coralina fazia questão de conversar com os jovens em Brasília, estar próxima da juventude, saber de suas ideias. Entre 1981 e 1984, em diversas oportunidades proferiu palestras em colégios e na universidade da capital do País. Por intermédio de seu neto Paulo Sérgio, em 1981, conversou com os alunos do Centro Educacional Católico de Brasília – ocasião em que também lançou *Poemas dos becos,* e, em 1983, com os do Colégio Marista, encontros recordados por Ceissa Amorim e Divino Silva Miranda, ex-alunos destas escolas.

Em outros momentos também falou aos alunos da Universidade de Brasília e do Centro de Ensino Unificado de Brasília. Experiências marcantes ao ponto de destinar o poema "Recados de Aninha – II" de *Vintém de cobre* e parte de seu discurso de Dra. *Honoris Causa:* "Você é um jovem universitário./ Sinta a grandeza de o ser./ As universidades são feitas para ultrapassar milênios./ A sua universidade, UNB, é mais nova do que você./ Isto tem seqüência e conseqüência"[664]. "E a UNB é outro milagre, mais jovem esta, e o CEUB, sua congênere, abrangendo uma legião de estudantes de todos os quadrantes do nosso país, ávidos de saber e que, no amanhecer de um novo milênio, serão condutores e darão melhor solução aos problemas do seu progresso"[665].

No dia 27 de agosto de 1983, Cora participou da solenidade de formatura das turmas de Pedagogia, Letras, Ciências, História e Geografia do Centro Universitário de Brasília. A poetisa foi escolhida como Patronesse das turmas, ao lado do educador Paulo Freire, convidado para ser Paraninfo: "Brasília, 3 de agosto de 1983. Prezada Poeta. Com o presente, formalizamos o convite dos alunos formandos da Faculdade de Filosofia, Ciências e Letras

---

[664] CORALINA, Cora. *Vintém de cobre:* meias confissões de Aninha, p. 167.
[665] CORALINA, Cora. Discurso de agradecimento – *Doutor Honoris Causa,* p. 213.

e de Educação do Distrito Federal – FAFE, do Centro de Ensino Unificado de Brasília – CEUB que, após procederem uma eleição com livre indicativo de nomes, elegeram-na, por unanimidade, Patronesse da Turma de 1983, ao lado do Professor Paulo Freire, eleito Paraninfo"[666] (Inédito).

No dia 29 de agosto, lançou *Vintém de cobre* na Sala Funarte: "Ela ia, fazia os lançamentos de livros em Brasília, ficava na minha casa e aquilo me enchia de alegria. Eu me lembro particularmente de uma vez em que ela recebeu uma homenagem junto com Paulo Freire. Isso para mim foi uma glória. Um auditório cheio, imenso, e ela e o Paulo Freire juntos"[667].

Depois dessa homenagem, Cora Coralina seguiria para quase três meses de viagens, promovendo lançamentos e palestras em várias cidades de Goiás, de São Paulo, do Mato Grosso do Sul e do Paraná. Mas voltou a Brasília no mesmo ano para receber, em 30 de novembro, a reverência do Senado Federal, conjuntamente com a Secretaria de Cultura e Desportos do Estado de Goiás, a Fundação Pedroso Horta e a Fundação Cultural de Goiás, se hospedando na casa do neto Flávio de Almeida Salles Júnior. O auditório Petrônio Portella ficou lotado para receber a poetisa goiana: "Homenagem a obra de Cora Coralina. O programa prevê uma palestra do Senador Henrique Santillo, abrindo a homenagem; apresentação da obra de Cora Coralina pelo professor Álvaro Catelan; números a cargo da Orquestra Sinfônica de Goiás; um recital de obras de Cora Coralina, com Clarice Dias; e um coquetel de encerramento. Paralelamente a homenagem, haverá exposição de fotografias de Goiás, tomadas por Álvaro Catelan e Cidinha Coutinho. A artista participará interpretando em dueto com Clarice Dias sua 'Oração do Milho'"[668]. A homenagem ocorreu conforme programado, sendo encerrada com o recital de poemas. Recital que já havia sido apresentado duas vezes pela atriz goiana e contou com a participação de Cora Coralina: em 26 de maio de 1982, no Palácio das Esmeraldas, em Goiânia, e em 20 de junho de 1983 na Assembleia Legislativa do Estado de Goiás. Eram declamados os poemas "Do Beco da Vila Rica", "Becos

---

[666] Ofício de José Ribamar Lima Filho – Presidente da Comissão de Formatura. Acervo do Museu Casa de Cora Coralina.
[667] Depoimento de Paulo Sérgio Brêtas de Almeida Salles, neto de Cora Coralina. Goiás, março de 2009.
[668] Homenagem a Dona Cora. Jornal não identificado, Brasília, 29 nov. 1983.

de Goiás", "Mulher da vida", "Evém boiada", "O chamado das pedras", "Apelos de Aninha", "O Ipê Florido" e, ao final, Cora Coralina declamava sozinha um de seus poemas e encerrava recitando, com Clarice Dias, sua "Oração do Milho".

Foto 244: Cora Coralina com Paulo Sérgio Brêtas de Almeida Salles e Clarice Dias, 1983, Brasília-DF

Essa não seria a última homenagem que receberia da cidade que tanto admirava. Cora foi a grande homenageada da III Feira do Livro de Brasília, ocorrida de 23 a 25 de outubro de 1984 no Centro de Convenções. Entre palestras, promoções e sessões de autógrafos com inúmeros escritores, o stand da Livraria Presença projetou slides sobre o Prêmio Juca Pato e outras homenagens atribuídas à poetisa goiana naquele ano. Após sua morte, várias foram as homenagens prestadas em Brasília. Entre elas, destacamos o título de Cidadã Brasiliense *pós mortem,* Câmara Legislativa do Distrito Federal (2006); a Ordem do Mérito da Cultura *in memoriam,* Ministério da Cultura (2006); e o nome do Arquivo do Senado Federal, que passou a se chamar "Arquivo Cora Coralina" (2008).

Cora Coralina conheceu Brasília e teve a oportunidade de conhecer Juscelino, não na Capital que ele idealizou, mas na cidade de Goiás. Em 1961, quando foi candidato a senador, esteve na cidade de Goiás em campanha, ocasião em que dançou num baile organizado para ele no Liceu de Goyaz, e se hospedou na residência do casal Guilherme Silva e Maria José Alencastro Veiga Silva. Depois, em 1975, o ex-presidente novamente esteve na cidade para ser padrinho de casamento do então suplente de senador, Dário de Paiva: "Mais tarde, estávamos sob o coreto na praça do antigo Palácio do Governo. O povo, mal acreditando ser verdade estar diante de Juscelino Kubitschek, de poder cumprimentá-lo, ia chegando timidamente. Procurei apresentar todos ao presidente. A cada apresentação, Juscelino se levantava. Uma, dez, talvez mais de uma centena de vezes. (...) No dia seguinte, enquanto aguardávamos a chegada do avião que o levaria de volta a Brasília e Luziânia, levei o presidente a conhecer a velha cidade. Mostrou-se interessado em conhecer tudo, salientando a semelhança da antiga Capital goiana com Ouro Preto. A última vez que o vi, acenava do avião, alçando vôo, como que numa última despedida da cidade, berço do Estado que o havia adotado com honra"[669]. Visitas presenciadas por Cora Coralina: "O político brasileiro mais competente, mais humano e mais realizador foi, inegavelmente, Juscelino Kubistchek, que eu tive o prazer de ver por duas vezes em minha cidade"[670].

Seu amor ao ex-presidente se estendeu à cidade concebida por Lúcio Costa e projetada por Oscar Niemeyer. Bem antes de ser reconhecida nacionalmente, quando sobrevivia da venda de seus doces, Cora escreveu um conto em que revelou toda a sua crença na Capital Federal, como se, no futuro, se transformasse em cidade da esperança. Por isso, enviou seus Meninos Verdes para o Planalto. Não por acaso, Brasília foi escolhida para abrigá-los e ser o centro irradiador de sua mensagem. Brasília se tornou um esboço do futuro, um futuro de paz e esperança previsto para as novas gerações. Na arquitetura de um sonho, assim com um dia acreditou Juscelino, Cora Coralina acreditou que surgiria uma solução para os erros e violências do presente e que a vida era boa, a grande sabedoria era saber viver.

[669] CUNHA, Fernando. Homenagem a Juscelino, 2009.
[670] Acervo de Mariana de Almeida Salles.

NO FIM DO CAMINHO TINHA UM POETA

> "O que vale na vida não é o ponto de partida
> e sim a caminhada.
> Caminhando e semeando, no fim,
> terás o que colher[671]."
> *Cora Coralina*

É consenso entre os estudiosos da vida e da obra de Cora Coralina que o principal responsável por seu reconhecimento nacional foi o escritor Carlos Drummond de Andrade. A mídia e a crítica literária dedicaram uma atenção especial aos versos da poetisa goiana após as missivas e a crônica drummondiana. Apesar das inúmeras pedras encontradas em sua caminhada, no fim do caminho, Cora se deparou com as sensíveis palavras de um dos maiores poetas da língua portuguesa e da literatura latino-americana, aquele que, na *Revista de Antropofagia* de 1928, publicou o poema "No meio do caminho" e se tornou um de nossos mais brilhantes literatos. Drummond abençoou uma pedra bruta, ou melhor, como ele mesmo escreveu: "um diamante goiano cintilado na solidão".

Um exemplar da segunda edição de *Poemas dos becos de Goiás*, publicado pela Editora da Universidade Federal de Goiás em 1978, chegou, um ano depois, às mãos do itabirano que, impressionado com o lirismo da

---

[671] CORALINA, Cora. *Vintém de cobre*: meias confissões de Aninha, p. 55.

poetisa dos becos, enviou, em 14 de julho de 1979, uma carta à Editora Universitária, já que não possuía o endereço da autora:

> Rio de Janeiro, 14 de julho de 1979. Cora Coralina. Não tenho o seu endereço, lanço estas palavras ao vento, na esperança de que ele as deposite em suas mãos. Admiro e amo você como alguém que vive em estado de graça com a poesia. Seu livro é um encanto, seu verso é água corrente, seu lirismo tem a força e a delicadeza das coisas naturais. Ah, você me dá saudades de Minas, tão irmã do teu Goiás! Dá alegria na gente saber que existe bem no coração do Brasil um ser chamado Cora Coralina. Todo o carinho, toda a admiração do seu Carlos Drummond de Andrade[672].

F.: 245

Depois de seus comentários, foi difícil ignorar a existência de uma lírica coirmã no sertão dos Goiases: "Veio o nosso Carlos Drummond de Andrade – como ele diz aqui: 'não tenho o seu endereço' – significa que eu nada pedi a ele. Significa que eu não mandei o livro a ele. Portanto, se eu tivesse pedido a ele uma referência, ou mandado o livro, ele teria o meu endereço – e isto para mim valeu muito. Eu sei, hoje, quantas referências aparecem no jornal a pedido de amigos, ou com o nome do próprio autor, do próprio escritor. E eu fui formada num tempo em que o princípio, a norma de educação, era essa: 'moça não deve ser oferecida, deve ser solicitada'. Eu, toda a vida, esperei ser solicitada e afinal que fui. Um pouco tarde, mas fui"[673]. Até a carta de Drummond, poucas eram as referências à poetisa nos jornais e na mídia regional e nacional. Com exceção das análises de Oswaldino Marques e Wendel Santos e das matérias publicadas pelos escritores goianos Aidenor Aires, Álvaro Catelan, Anatole Ramos, Bernardo Élis, Brasigóis Felício e Miguel Jorge, que se detinham nos méritos da obra coralineana, a maioria das reportagens

---

[672] Acervo do Museu Casa de Cora Coralina.
[673] *In:* SALLES, Mariana de Almeida. *Cora* Coralina: uma análise biográfica, p. 12-13.

e análises focalizavam a figura mítica da "velhinha de Goiás". A partir da carta de Drummond, a indiferença e o menosprezo dos que lhe atiravam pedras tiveram de ser reavaliados.

Em resposta à primeira carta de Drummond – que até hoje tem sido a mais divulgada e consta nas re-edições dos livros da escritora – Cora enviou as seguintes missivas[674] (a segunda acompanhada pelo bilhete de Nize Brêtas, nora de Cora, que justifica a duplicidade do documento), de conteúdos praticamente idênticos:

> "Carlos Drummond de Andrade. Meu amigo, meu Mestre. Com alguma demora no recebimento de sua Mensagem e maior da minha parte, vai aqui na pobreza deste papel de que só vale o branco, meu agradecimento àquele que de longe e do alto atentou para a pequena escriba, sem lauréis e sem louros, sem referências a mencionar. Sua palavra, espontânea e amiga, fraterna veio como uma vertente de água cristalina e azul para a sede de quem fez longa e dura caminhada ao longo da vida. Abençoado seja o homem culto que entrega ao vento palavras novas que tão bem ressoam no coração de quem tão pouco as tem ouvido. Despojada de prêmios e de láureas, caminho na vida como o trabalhador que bem fez rude tarefa, sozinho, sem estímulos e no fim contempla tranqüilo e ainda confiante a tulha vazia. Meu Mestre. Meu Irmão. Que mais acrescentar? Eu sou aquela menina despenteada e descalça da Ponte da Lapa. Eu sou Aninha. Cora Coralina. Cidade de Goiás, 2/9/79".

> "Carlos Drummond de Andrade. Meu amigo, meu Mestre. Com alguma demora no recebimento de sua Mensagem e maior da minha parte vai, na pobreza deste papel, de que só vale mesmo o branco, meu agradecimento àquele que de longe e do alto atentou para alguém, dona de perdidos versos, neste tempo de poetas novos e audazes. Sua palavra, espontânea e amiga veio como um copo de água cristalina para a sede de quem faz dura caminhada ao longo da vida. Abençoado seja o homem culto e alto que entrega ao vento palavras novas que tão bem caíram no coração de quem tão pouco as tem ouvido. Meu Mestre, meu Irmão, que mais acrescentar? Despojada de louros e de láureas, caminho na vida como o trabalhador que sempre fez rude tarefa, sozinho, sem estímulos e no fim contempla tranqüilo a tulha vazia. Seu cartão me atentou e compreendi que nem tudo passa desapercebido na vida. Aqui fica o coração mesmo

---

[674] Cópias sob a guarda do Museu Casa de Cora Coralina.

da velha escriba. Cora Coralina. Cidade de Goiás-GO, 19/9/79."

"Revendo os papéis de dona Cora, que se acha adoentada, encontrei essa carta dentro do envelope de seu cartão, na dúvida de que tenha seguido o original ou não, faço segui-la no seu 'devido endereço', pois seria uma pena que não chegasse ao seu destinatário, ou melhor, àquela ilustre pessoa a quem é endereçado. Amei o seu cartão, tirei para mim uma xerox do mesmo, e peço sua licença. Para falar a verdade mesmo, dona Cora passou muito mal, mas graças a Deus está se recuperando e sei que ficará feliz se o senhor acusasse o recebimento desta. Nize Brêtas (sua nora)."

As cartas de 1979 demonstram a satisfação pelas palavras de Drummond e relatam a ausência de "lauréis e louros" a uma pequena escriba "despojada de prêmios e de láureas" em sua "longa e dura caminhada", "sem estímulos". Consequência desses escritos foi a crônica "Cora Coralina, de Goiás", que o poeta publicou em 27 de dezembro de 1980, no Caderno B do *Jornal do Brasil*, e que propiciou um maior reconhecimento da obra de Cora perante a crítica, o público e demais agentes. O poeta no afamado texto, que atualmente integra as edições de *Vintém de cobre*, apresentou a escritora, destacou trechos de poemas e apontou algumas de suas características: os versos que abrangem uma diversidade de *personas*; sua percepção solidária das dores humanas, sua consciência telúrica, seu sortido depósito de memórias, e sua identificação com Manuel Bandeira. E sublinhou: "Cora Coralina, para mim a pessoa mais importante de Goiás. Mais do que o Governador, as excelências parlamentares, os homens ricos e influentes do Estado. (...) Cora Coralina, pouco conhecida nos meios literários fora de sua terra, passou recentemente pelo Rio de Janeiro, onde foi homenageada pelo Conselho Nacional de Mulheres do Brasil, como uma das dez mulheres que se destacaram durante o ano. Eu gostaria que a homenagem fosse também dos homens. Já é tempo de nos conhecermos uns aos outros sem estabelecer critérios discriminativos ou simplesmente classificatórios. Cora Coralina, um admirável brasileiro"[675]. Em uma das fotocópias

---

[675] *In:* CORALINA, Cora. *Vintém de cobre:* meias confissões de Aninha, p. 8-11.

da crônica, sob a guarda do Museu Casa de Cora Coralina, existe uma mensagem manuscrita de Drummond: "Entre as brasileiras de hoje, merecedoras da mais viva admiração, peço licença para destacar Cora Coralina – aquela que, pela tocante criação poética e ainda pela corajosa atuação humana, trouxe alta contribuição para o reconhecimento da dignidade da condição da mulher, em meio ainda tão cheio de preconceitos como o do nosso país".

Os escritos de um autor canônico sobre a poetisa goiana se tornaram discursos fundadores na crença em Cora Coralina. Jornais, revistas, programas de televisão, os repetiram exaustivamente. A opinião de Drummond foi a chancela que faltava para o reconhecimento nacional, tanto que a partir da terceira edição[676] de *Poemas dos becos de Goiás*, publicada em 1980 pela Editora da UFG, e na re-edição de toda a sua obra, a primeira carta do poeta mineiro foi publicada integralmente: "Editora da UFG, Goiânia, 27 de fevereiro de 1981. Prezada amiga Cora. Só agora respondo sua carta, depois de ter acertado algumas providências a respeito de seu livro. Embora a sua poesia dispense qualquer promoção, é evidente que a crônica de Carlos Drummond de Andrade veio tornar mais fácil o nosso trabalho de difusão e venda do seu livro fora de Goiás. (...) Já nos dirigimos a três das melhores distribuidoras de livros do país visando, especialmente, à colocação do seu livro nas cidades do Rio de Janeiro, São Paulo e Belo Horizonte. (...) Joffre M. Rezende"[677].

Cora Coralina e Drummond, a partir da primeira carta, se corresponderam. A poetisa o mantinha informado sobre sua produção e sobre as homenagens recebidas. Todavia, nunca se encontraram, embora tivessem tentado: "O Carlos Drummond de Andrade pelo que está na capa do meu livro, vocês vêem perfeitamente que ele não

---

[676] A terceira edição de *Poemas dos becos* integrou a coleção Documentos Goianos da Editora da Universidade Federal de Goiás e foi lançada inicialmente no dia 15 de dezembro de 1980, no Teatro Goiânia, em Goiânia; no dia 20 de dezembro, na Faculdade de Filosofia da Cidade de Goiás; e no dia 17 de março de 1981, no Clube Anapolino, em Anápolis-GO.
[677] Acervo do Museu Casa de Cora Coralina.

tinha nem meu endereço, nunca escrevi para ele, nunca cogitei no nome dele, nunca ofereci um livro a ele. Sempre vivi muito isolada literariamente falando. E em 80 eu estive no Rio, num Conselho de Mulheres, fui representar a autêntica poesia nacional. Era um grupo de dez mulheres. Muito interessante, muito bonito. Isso tudo no salão nobre da Manchete, e eu tentei uma ligação telefônica para a residência dele, pedindo para que marcassem uma hora para eu poder visitá-lo e fazer o nosso conhecimento e, pessoalmente, meus agradecimentos. E a casa informou que na época tinha morrido Davi Nasser, ele tinha comparecido no velório e se sentiu mal, estava internado numa casa de repouso e não recebia visitas. De modo que perdi essa oportunidade maravilhosa de estar com ele"[678].

Drummond divulgava a obra da poetisa. Em seu acervo pessoal, sob a guarda da Fundação Casa de Rui Barbosa, no Rio de Janeiro, algumas cartas informam, por exemplo, que ele havia enviado o livro de Cora para dois de seus amigos. Além disso, várias são as informações sobre seu interesse na obra coralineana: "Livraria José Olympio Editora. Rio 27/2/1982. D. Cora. Foi com alegria que vi e li esta crônica do grande Drummond. Acabo de falar com ele (é muito amigo meu), e ele renovou o que disse na crônica: 'que tem a maior admiração pela senhora e que, de fato, gostou muito de sua poesia'. Ele não sabia que há muitos anos tínhamos publicado os *Poemas dos becos de Goiás*, 1965, que já vai longe! – e que, desde então, a senhora tinha entrado – com todos os méritos – na literatura brasileira. O Drummond me disse que viu a senhora, há dias, na televisão. Não tive essa sorte, não a vejo desde aquela visita que lhe fiz, há mais de dez anos, com o Hortêncio Bariane e o grande Bernardo Élis. Não deu para irmos à sua festa na *Manchette*. Viu essa foto da festa? O meu saudoso abraço para a senhora e outro do José. Daniel"[679].

---

[678] Entrevista a Vicente Fonseca e Armando Lacerda, na fase de prospecção do Filme *Cora Doce Coralina*, Goiás, 1982.
[679] Carta de Daniel, irmão de José Olympio, responsável pela produção na Editora José Olympio. Acervo do Museu Casa de Cora Coralina.

Além da primeira carta, da crônica e de divulgar a obra da poetisa em conversas informais, Carlos Drummond escreveu à moradora da Ponte da Lapa comentando sobre *Meu livro de cordel*: "Rio de Janeiro, 28 de janeiro de 1981. Querida Cora Coralina. Você me deu grande alegria oferecendo-me o 'Meu Livro de Cordel': Poesia tão pura, tão humana, tão comunicativa! Você tem o dom de cativar os leitores com os seus versos cheios de alma, de sentimento da terra e de comunhão fraterna com os humildes. O abraço comovido e grato, e a profunda admiração de seu amigo Carlos Drummond de Andrade"[680].

As cartas escritas por Cora Coralina revelam sua gratidão e admiração ao celebrado poeta e os impactos da presença de Drummond em seu processo de distinção no campo literário brasileiro:

"Cidade de Goiás 28-1-81. Carlos Drummond de Andrade. Meu amigo Maior. Maior sim, aquele que atenta para o tamainho daquela que sempre foi pequena, incompreendida, mixuruca entre os seus na sua terra, nada a reparar que o tempo é dos jovens, ávidos, famintos de se verem em brochura, capa assinada, sempre encontram um desenhista amigo com a mesma avidez faminta – a noite de autógrafos... Por aí vão eles e eu de fora, na clausura da minha velha cidade. Meu irmão, você me descobriu para Goiás e para o Brasil. De todos os lados me vêm mensagens, recortes e xerox, é a minha láurea, promoção, o triunfo me fez grande demais, coroada, você descobriu ouro onde só viam cascalheiras e velhices. A lição e a visão do Mestre dando dimensão maior a quem sempre viram velha com suas velhices. Os *Poemas* lançados em 65 – só agora o seu julgamento, feito por uma geração que fazia ginásio no tempo. Assim a vida. Foi bonito demais, altíssimamente demais o que escreveu e eu me achei rainha coroada. Meu Deus... Como pode ser, eu? Você através de um livro mal revisado, truncado... Minha glória maior. Meu amigo, mestre maior, aqui vai parando com o coração cheio e ofertante a velha escriba. Cora Coralina".

"Cidade de Goiás, 14-4-81. Carlos Drummond de Andrade. Meu amigo, meu irmão, poeta maior. É Páscoa e os corações se abrem e a vida transborda e refloresce e o trabalho, mesmo rude se faz como um lazer. Com sua crônica de dezembro você me levantou de um velho e

---

[680] Acervo do Museu Casa de Cora Coralina.

cômodo apagamento e me descobriu para cegos e mudos. Deu-me de mão beijada uma moeda de ouro que tantas sobram na escarcela do consagrado dos Deuses e festejado das musas. Sabe, grande amigo, foi só você ver a Pedra no caminho e toda gente passou a ter e haver sua pedrinha bem contada, Vida... eu tenho tido um monte delas, em verso e prosa, e ninguém disse nada, ninguém me promoveu... Em compensação o Conselho de Cultura de meu Estado vai me consagrar com a oferta de um Troféu Jaburu, de 10 k de peso, todo em bronze, isso, agora, depois que você descobriu a velha escriba. Cora Coralina."

"Telegrama. Drummond Andrade.
Rua Conselheiro Laffaiete nr. 38 Rio de Janeiro/RJ.
Menina nascida em 1889 cumprimenta menino nascido em 1902.
A distância nos separa, a poesia nos aproxima.
Cora Coralina. 23-8-81."

Cora tinha consciência da importância que o poeta teve em sua trajetória. Sua poesia, até então considerada menor, enfrentou o moinho do tempo e, no final do caminho, foi recitada para os metaforicamente cegos, surdos e mudos, aqueles que, um dia, lhe atiraram pedras. Irmanados na poesia, ambos desenvolveram estratégias próximas: a tematização do apoético, o culto à infância, a valorização do cotidiano, uma poesia que transita pelo memorialismo, o engajamento e a metafísica, o apego à cidade natal como um espaço de inquietação, morada e exílio, a pedra como símbolo da atitude reflexiva, dentre outras. Nonagenária, a escriba goiana ainda alcançou as dezenas de homenagens[681] que lhe foram ofertadas em

---

[681] Entre 1980 e 1982, a poetisa recebeu as homenagens: "Dez Mulheres do Ano", Conselho Nacional de Mulheres do Brasil, Rio de Janeiro-RJ (11/12/1980); Inaugurou a Agência da Caixa Econômica Federal na cidade de Goiás – "Agência Vila Boa" (26/07/1981); "Expressão da Cultura", Academia Goiana de Letras e Fundação Projeto Rondon, Goiânia-GO (11/07/1981); "Troféu Jaburu", Conselho de Cultura do Estado de Goiás, Goiânia-GO (23/10/1981); "Medalha Veiga Valle", Organização Vilaboense de Artes e Tradições, Cidade de Goiás-GO (25/10/1981); "Medalha Tiradentes", Governo do Estado de Goiás, Goiânia-GO (21/04/1982); Homenagem no I Festival de Mulheres nas Artes, Teatro Ruth Escobar e Revista Nova, São Paulo-SP (6/09/1982); "Medalha Antônio Joaquim de Moura Andrade", Câmara Municipal de Andradina, Andradina-SP (28/09/1982); "Trabalho Social", Serviço Social do Comércio, São Paulo-SP (22/09/1982); "Sócio Honorário da Casa do Poeta Brasileiro", Santos-SP (5/10/1982); "Ano Nacional do Idoso em Ação", Governo do Rio de Janeiro-RJ (10/10/1982); e "Prêmio Fernando Chinaglia" – União Brasileira dos Escritores, Rio de Janeiro-RJ (15/10/1982). Além dessas e de outras homenagens, Cora foi destaque na Revista Veja, em 26 de abril de 1982; e na Rede Globo nos programas "Jornal Hoje", em março de 1981, e "Fantástico", em abril de 1982.

seus quatro últimos anos de vida, o processo de superexposição na mídia impressa e televisiva, o aumento das visitas em sua residência, as novas edições de sua obra, os convites para lançamentos e palestras em diversas cidades brasileiras.

Foto 246: Cora Coralina na inauguração da Caixa Econômica Federal, 1981, Goiás-GO

Foto 247: Cora Coralina recebendo o troféu Jaburu
das mãos de Regina Lacerda, junto Marlene Vellasco, 1981, Goiás-GO

Em 23 de outubro de 1981, na cidade de Goiás, a poetisa se tornou a primeira personalidade a ser agraciada com recém-criado "Troféu Jaburu", a maior comenda na área cultural goiana, pelo Conselho de Cultura do Estado de Goiás. A honraria continua sendo concedida anualmente a uma pessoa, física ou jurídica, que mais se destacou em Goiás no campo da cultura ou de sua promoção, mediante eleição dos conselheiros: "Mas se de todo lado chegavam elogios, deferências e aplausos, não chegava, nunca, a homenagem oficial, de reconhecimento do Governo do Estado de Goiás, se não por tê-la, ao menos pela divulgação intensa da cultura de Goiás e do próprio Estado. Ainda desta vez, como Presidente do Conselho Estadual de Cultura, via na minha administração instituído o Troféu Jaburu: Jaburu, ave em extinção pela força predatória do homem; ave símbolo dos vales do Araguaia; mas que também era encontrada em toda a América. Troféu que simboliza o brado contrário às dilapidações de nosso patrimônio histórico, de nossa fauna e flora, de passado e tradições. Troféu destinado a premiar e a reconhecer as pessoas que entre nós mais se destacassem pela cultura, pela sua divulgação e na valorização. E disse Cora, unanimemente eleita pelo Egrégio Colegiado, a primeira pessoa a recebê-lo em Goiás, muito emocionada que 'nunca uma homenagem havia tardado tanto, mas que nenhuma houvera chegado em melhor hora'"[682].

Menos de um ano depois, Cora Coralina foi homenageada no I Festival Nacional de Mulheres nas Artes, realizado em São Paulo pelo Teatro Ruth Escobar e pela revista *Nova*, com a presença de várias artistas nacionais e internacionais, entre os dias 3 e 12 de setembro de 1982. O Festival, visando mapear as inquietações femininas mediante a manifestação artística, contemplou as áreas de Música, Literatura, Dança, Artes Plásticas, Teatro e Cinema. Cursos, recitais, palestras, exposições, integraram o evento: "A área

[682] BORGES, Luis Fernando Valadares. *Doutor Honoris Causa*, p. 207.

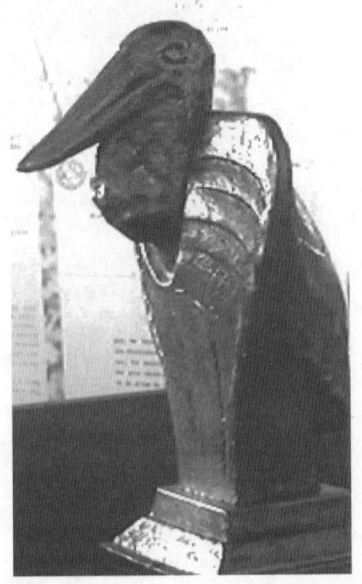

Foto 248: Troféu Jaburu recebido por Cora Coralina, Goiás-GO

da Literatura foi excelente. Além dos seminários, onde houve exposições e debates de alto nível, as estrelas da literatura brasileira, como Nélida Piñon, Lígia Fagundes Teles, Adélia Prado, Nelly Novaes Coelho, Olga Savary, Astrid Cabral, dentre outras, puderam falar e circular, dando uma 'colherzinha de chá' e um dedo de prosa às tímidas irmãs provincianas, isto é, as que estão à margem do eixo Rio-São Paulo-Minas. Na área da literatura, houve uma noite particularmente bela. E inesquecível para nós, mulheres goianas. Foi a noite de segunda-feira, 6 de setembro. A partir das 18 horas, 30 mulheres, aproximadamente, escritoras e poetas, assentaram-se em mesinhas enfileiradas ao longo da entrada do Clube Homs, na Avenida Paulista (esse clube foi, ao lado do Teatro Ruth Escobar, um dos centros do Festival). (...) De repente ouve-se um burburinho e um corre-corre de fotógrafos e homens da TV. Algumas escritoras levantaram-se rapidamente e deixaram suas mesas. Era Cora Coralina que entrava. (...) Cora Coralina demorou um pouco a entrar no salão. Não queriam soltá-la: autografava sem descanso. Quando entrou, a assistência se pôs de pé e aplaudiu. Começaram as homenagens com flores. Três grupos musicais de São Paulo musicaram poemas dela ['Cidade de Santos', 'Menor abandonado' e 'O cântico da terra']. (...) Cora Coralina ficou de pé, estendeu suas mãos trêmulas, num gesto de benção e luz e declamou 'Estas mãos'. Sua voz era firme, a ênfase comedida, as palavras bem pronunciadas, poesia jorrando. Terminou. Um momento de intenso silêncio. O salão prorrompeu de aplausos. De pé. Veio outro poema e mais outro. Agora, quem não conseguia conter a emoção era a platéia. Após os poemas, Cora se dispôs a responder perguntas"[683].

Detentora de uma lucidez e personalidade impressionante, consolidou uma amizade epistolar com Carlos Drummond de Andrade e, nem por isso, deixou de contestá-lo em suas tentativas de interpretação de seu pseudônimo: "E quem foi que disse que Cora Coralina é marinho? Em primeiro lugar, Cora vem de coração. Coralina é a cor vermelha. Cora Coralina é um coração vermelho. Minha única intenção era não ter xará na cidade. Santa Ana é padroeira de Goiás e, naqueles tempos religiosos, muitas moças se chamavam

---

[683] MACHADO, Marietta Telles. Cora Coralina no I Festival Nacional de Mulheres nas Artes, p. 149-151.

Ana. E eu não queria que meus escritos fossem atribuídos a alguma Ana goiana mais bonita que eu"[684]. E retrucou: "Cora Coralina está aqui, numa reportagem do *Correio Brasiliense*, de domingo, retrucando o poeta Carlos Drummond de Andrade, que a considerou como a pessoa mais importante de Goiás: 'Ora, meu amigo! Eu sou a maior doceira de Goiás, isto eu aceito. Mas figura mais importante de Goiás é expressão poética do Carlos Drummond. Só podia partir dele'"[685]. E as correspondências continuaram.

"SP, 10-9-82. Carlos Drummond de Andrade. Amigo e Mestre. Você tem escrito coisas sobre Cora Coralina. Pois foi que a gente da banda de cá do Paranaíba se achou confusa e lançou esta que aí vai em recorte de jornal da terra. Aceite sua parte de responsabilidade, essas coisas... Sempre, sempre, a velha escriba. Cora Coralina[686]."

"Drummond, Neste ano de eleições e comícios foi feita uma parada bonita, para comemorar seus louvados, e bem escritos, e bem assentados oitenta anos (80). A imprensa toda, mais rádio e televisão, deram pausa à política e cuidaram bem do poeta. Coisa mais linda nestes tempos de debates agressivos. Parece que somos dois de vida longa e fértil em letras. Eu já menina, mocinha, quando você foi batizado nas terras ferrosas de Minas. Treze anos antes, tinha nascido Aninha, entre morros e pedras, nos reinos da Cidade de Goyaz, então Capital do Estado. Contemporâneos, pois, irmanados num destino poético. O menino, Carlos, foi levado a estudos. Teve Pai que cuidou dele. À menina Aninha, órfã de Pai, lhe foi dado um pilão, e por favor de Deus uma escola primária muito pobre. Drummond estudou, fez cursos, cresceu em nome e fama, descobriu a forma simples de fazer a melhor e mais bela poesia. A menina de Goyaz, também cresceu, agarrada à mão de pilão, mão redonda, aleijada, sem dedos, pesada. Drummond encheu as letras, entrevistas, a imprensa do nosso país. Foi tido e aprovado como o melhor, o grande. Aninha, tinha seus sonhos e pouca leitura. Foi tida e havida como *détraqué*. O tempo passou, o que não conseguiu de moça, fez de cabelos brancos – escreveu um livro. Esse chegou às mãos do poeta pelas mãos do acaso. Certo foi que ele sentiu naqueles poemas gosto de terra e cheiro de currais, mandou seu recado e desencantou Cora Coralina. Dizem por aí que a poesia está morrendo. Não. Está viva com Drummond, e eu fazendo o que posso. Drummond, amigo, junto às vozes todas que ainda se ouvem

---

[684] *In*: ANTONELLI, R. Cora, uma poesia entre o coração e o mundo, p. 34.
[685] Brasília se rende a Cora Coralina, p. 19.
[686] Acervo do Museu Casa de Cora Coralina.

no espaço, minha voz de confraternização e mais, um abraço, e porque não, um beijo pela data feliz. Cora Coralina. Escrito para ser publicado num jornal de Goiânia. Não foi, e 'o seu dono', para quem o escrevi, dono, portanto, destinatário, perdoando a tardança. Cora Coralina. Goiânia, 20-8-83[687]."

Cora Coralina se tornou um nome nacional. Mas, independente do assédio, continuou sua rotina na Casa Velha da Ponte, recebendo turistas, autografando livros, interagindo em sua cidade e, principalmente, envolvida com a elaboração de mais dois livros: *Vintém de cobre: meias confissões de Aninha* (que seria seu último livro publicado em vida) e *Estórias da casa velha da ponte* (livro de contos e crônicas que deixou organizado, mas não viu publicado): "Eu datilografei o *Estórias da casa velha da ponte* inteiro. Ela não tinha muita ordem para escrever. Às vezes virava, escrevia em volta, nas bordas dos cadernos. Depois, ela começou a escrever o *Vintém de cobre*, começou os contatos com a Universidade Federal de Goiás e vinha muito aqui a Professora Marietta Telles, eram amigas. As duas discutiram muito o livro"[688].

O título do livro, *Vintém de cobre,* remete à moeda de seu tempo de menina que um dia lhe faltou. Simboliza os caminhos ásperos, a ausência, a falta que necessita ser preenchida. Por isso, a escritora voltou para sua infância para realizar a proustiana busca de reencontrar com esse tempo perdido. Cora inseriu na obra o subtítulo "Meias confissões de Aninha" e, constantemente, explicava: "De repente me ocorreu a idéia de escrever um livro de memórias: 'Vintém de cobre'. E que tem um subtítulo: 'Meias confissões de Aninha'. 'Meias confissões' porque ninguém faz confissões completas"[689].

Foto 249: Cora Coralina, Goiás-GO

---
[687] *Idem.*
[688] Depoimento de Marlene Gomes de Vellasco, vizinha e amiga de Cora Coralina. Goiás, março de 2009.
[689] *In:* SALLES, Mariana de Almeida. *Cora* Coralina: uma análise biográfica, p. 51.

Livro declaradamente de memórias, trouxe uma ressalva afirmando que a autora procurou recriar e poetizar caminhos de sua vida nos reinos da cidade de Goiás: "A Poesia andava procurando uma menina que só tivesse o curso primário e então me perguntou: Você é a Aninha, a menina feia de Goiás? Sou, respondi. Ao que ela retrucou: Então nosso encontro será definitivo. Eu não procurei a poesia, ela é que me achou..."[690]. O eu poético da infância, "Aninha", somente nasceu após seu retorno a Goiás. Foi em *Vintém de cobre*, coerentemente com sua proposta, que ele ganhou centralidade. Aninha, como máscara lírica da infância, havia comparecido explicitamente apenas cinco vezes em sua obra: nos poemas "Minha cidade", "A escola da Mestra Silvina" e "Rio Vermelho" de *Poemas dos becos de Goiás* e em "Rio Vermelho" e "Mãe Didi" de *Meu livro de cordel*. Todavia, as passagens confessionais entreabertas nesses e em outros poemas, são escancaradas no último livro e, em suas duas primeiras partes, Aninha é a principal *persona*. Do subtítulo do livro, aos títulos dos poemas e partes, aos versos que se espraiaram de seu punho lírico, a palavra "Aninha" compareceu 42 vezes em *Vintém de cobre*. A menina feia da Ponte da Lapa, apresentada pela primeira vez no antológico "Minha cidade", brincou de esconder e revelar verdades e mentiras, sob o olhar atento da experiente Cora Coralina.

A maioria dos poemas de *Vintém de cobre* foi escrita na proximidade do contexto de sua publicação: "Bem-te-vi... Bem-te-vi..." e "O Quartel de Polícia de Goiás" (1978), "Segue-me" (1980), "Aninha e suas pedras" (outubro de 1981) e os cadernos com grande número de poemas datados de 1982. Mesmo com a agenda repleta de palestras, lançamentos, viagens e homenagens, nele agasalhou 77 poemas, tornando-o sua obra com o maior número de trabalhos: "Em 1983, no primeiro semestre, ela me convidou para ajudá-la a organizar o *Vintém de cobre* e que fizesse a orelha do livro. Vibrei. Trabalhei com ela dias e dias seguidos, em Goiânia, revendo os poemas, dando-lhe títulos, dividindo o livro em partes, fazendo o índice. Foi um tempo gratificante e de muita satisfação para mim"[691]. Além da orelha escrita por Marietta Telles Machado, o livro, ilustrado por Maria

---

[690] *In:* ANTONELLI, R. Cora, uma poesia entre o coração e o mundo, p. 34.
[691] MACHADO, Marietta Telles. Depoimento sobre Cora Coralina, p. 166.

Guilhermina, trouxe prefácio de Lena Castello Branco e reprodução da crônica e da primeira carta de Drummond.

A primeira edição da obra foi lançada em Goiânia, no dia 15 de agosto de 1983: "A Universidade Federal de Goiás tem a honra de convidar Vossa Exa. e Exma. Família para a II Semana de Lançamentos da Editora da UFG – Homenagem a Cora Coralina – de 15 a 19 de agosto de 1983. Maria do Rosário Casimiro – Reitora. Programação: Dia 15 (segunda feira) – Abertura da Semana. Horário: 20 horas – Local: Palácio da Cultura (Praça Universitária) – Lançamento do Livro: *Vintém de cobre – Meias confissões de Aninha*. Autora: Cora Coralina"[692]. Homenagens e obras acompanhadas pelo poeta e amigo itabirano:

> "Rio, 18 de abril, 1983. Cora, minha querida amiga. Soube da homenagem que a Universidade vai prestar a você. Coisa tão bonita e justa só podia me alegrar. Estou feliz por ver o reconhecimento público ao grande valor humano e cultural que se chama Cora Coralina. Um beijo e o carinho do seu Carlos Drummond de Andrade"[693].

> "Rio de Janeiro, 7 de outubro, 1983. Minha querida amiga Cora Coralina. Seu 'Vintém de Cobre' é, para mim, moeda de ouro, e de um ouro que não sofre as oscilações do mercado. É poesia das mais diretas e comunicativas que já tenho lido e amado. Que riqueza de experiência humana, que sensibilidade especial, e que lirismo identificado com as fontes da vida! Aninha hoje não se pertence. É patrimônio de nós todos que nascemos no Brasil e amamos a poesia. Não lhe escrevi antes, agradecendo a dádiva, porque andei malacafento, e me submeti a uma cirurgia. Mas agora, já recuperado, estou em condições de dizer, com alegria justa: Obrigado, minha amiga! Obrigado, também, pelas lindas, tocantes, palavras que escreveu para mim, e que guardarei na memória do coração. O beijo e o carinho do seu Drummond"[694].

A homenagem a que Drummond se referiu foi a semana que a Universidade Federal de Goiás dedicou a Cora Coralina. Além do lançamento de *Vintém de cobre*, a grande celebração foi a outorga do título de Dra. *Honoris Causa*, em reconhecimento por seus ensinamentos e méritos

---
[692] Acervo do Museu Casa de Cora Coralina.
[693] *Idem.*
[694] *Idem.*

no terreno da literatura. Título entregue pela então Magnífica Reitora Dra. Maria do Rosário Cassimiro, em 18 de agosto de 1983, respaldado pela justificativa aprovada unanimemente pelo Egrégio Conselho Universitário: "A poetisa Cora Coralina, aos 93 anos de idade com a lucidez de espírito que lhe é peculiar, tornou-se o padrão de toda uma geração. Sua personalidade forte simboliza para as novas gerações de Goiás, quiçá de todo o Brasil, os valores morais, intelectuais, artísticos e culturais de que se vangloria a tradição de nossa Terra e de nossa Gente. Sua mensagem de fé no homem e de confiança no potencial humano se constitui em verdadeira vanguarda de defesa dos costumes, das instituições e da própria família, que integram a estabilidade da sociedade e lhe propiciam condições de aprimoramento no decurso de sua evolução histórica. (...) Em Cora Coralina almejamos sejam homenageados o Saber e a Cultura, as Artes e as Letras, os Padrões Morais e Culturais da nossa Terra e da nossa Gente. Prof.ª Maria do Rosário Cassimiro. Reitora"[695].

Foto 250: Cora discursando quando recebeu o título de Doutora Honoris Causa, 1983, Goiânia-GO

[695] *In*: Doutor *Honoris Causa:* Cora Coralina, p. 16.

Em seu discurso, Cora relembrou que a Universidade Federal de Goiás foi a responsável pela publicação da segunda edição de *Poemas dos becos*, possibilitando seu encontro casual com críticos e mestres da literatura brasileira; destacou a importância da juventude e sua gratidão à cidade de Goiás: "Volto minha sensibilidade à minha cidade de Goiás e termino com uma lição de vida, cujo valor longamente procurado me foi oferecido hoje, por esta Universidade. Um dia entrou pela porta aberta da nossa casa uma lavadeira do Rio Vermelho. Alijou de um lado, cansada, a pesada trouxa de roupa que trazia para lavar. Sentou-se e ali, numa conversa mansa e rotineira, ela me lecionou nesta expressão: 'Dona Cora, graças a Deus que Deus ajuda muito os pobres'. Beleza maior de expressão, durante muito tempo fiquei sem entender o alcance, a profundidade da sentença. Tinha esta uma intimidade religiosa para um entendimento, uma compreensão superficial. O tempo passou e repassou aquela lição proferida profunda para meu curto entendimento. Hoje, foi o clarão, o toque, o estalo, a chave, a compreensão. (...) Neste memorial solene, faço minhas as palavras da lavadeira de Goiás, Graças a Deus por aquela que levantou a proposição de exaltar a humilde e elevou-a acima do seu apagamento"[696]. Cora, assim como a lavadeira do Rio Vermelho, manteve o otimismo e a crença em que os dias vindouros seriam sempre melhores. A artesã das palavras e doutora feita pela vida, em um dos momentos de plena emoção, não se esqueceu de irmanar-se com sua conterrânea que, naquela mesma manhã, apesar de estar enrodilhada em seu mundo pobre, certamente tinha um tesouro de experiências a compartilhar.

No dia 27 de agosto, Cora viajou para Brasília e foi patronesse, juntamente com Paulo Freire, da turma de formandos do Centro de Ensino Universitário de Brasília. Dois dias depois, lançou seu livro na Sala Funarte de Brasília e seguiu para uma temporada em São Paulo, visando, promover a obra e receber homenagens. Entre setembro e novembro de 1983, a poetisa cumpriu uma agenda intensa. Fez uma noite de autógrafos de *Vintém de cobre* em Ribeirão Preto e, em 15 de setembro, na cidade de Garça, permanecendo alguns dias na casa de sua filha Jacyntha. No dia 3

---

[696] CORALINA, Cora. Discurso de agradecimento – *Doutor Honoris Causa*, p. 213-214

de outubro, foi homenageada na cidade de Três Lagoas, no Mato Grosso do Sul: "Com a presença de autoridades, munícipes, professores e extenso número de estudantes de várias escolas, a poetisa Cora Coralina concedeu duas horas de bate papo informal àquele público. (...) D. Cora foi recebida pelo diretor do Centro Universitário de Três Lagoas, no recinto do Salão Nobre do CEUL. (...) 'Agradeço comovida esta reunião nesta casa de ensino como homenagem à musa goiana, trago em minhas idades os livros que vou lançando'. (...) Em seguida saudou Três Lagoas e 'a todos que aqui vivem e trabalham para o progresso do Estado-irmão e vizinho de Goiás'. O público dirigiu perguntas a D. Cora que, durante certo tempo respondeu, criticou e elucidou questões atuais da sua e da nossa realidade"[697].

Do Mato Grosso do Sul viajou para Andradina, inaugurando, no dia 5, a "Biblioteca Escolar Cora Coralina" do Colégio Estadual Teodoro de Andrade, dentre outras homenagens. Em Andradina, ficou alguns dias na casa dos amigos Elza e Miguel Recco e, de lá, foi para a capital paulista onde lançou seu livro, em 11 de outubro de 1983, na Livraria Pagu, com o apoio do Conselho da Condição Feminina. Depois do lançamento em São Paulo, Cora foi para a cidade de Taubaté onde recebeu uma homenagem no dia 14 de outubro: "Naquele ano (1983), Cora esteve presente na Câmara de Taubaté, durante a Semana Monteiro Lobato, para receber o título de 'Mulher Destaque', ofertado pelos vereadores da cidade. A homenagem foi devido aos poemas, que impressionavam a todos pela força de uma mulher que caminhava apoiada numa muleta, porém, jamais deixou de comparecer quando solicitada"[698].

Cora Coralina percorreu cidades de cinco estados da Federação em poucos meses. Depois de Goiás, do Distrito Federal, de São Paulo e do Mato Grosso do Sul, foi a vez de visitar o Paraná. Anteriormente, já havia manifestado sua admiração por duas cidades paranaenses. Em 1978, publicou na segunda edição de *Poemas dos becos de Goiás* o poema "Ode a Londrina" e, em *Vintém de cobre*, escreveu no início de "Os apelos de Aninha" que a barragem de Itaipu Binacional era uma "construção

---

[697] LUIZA, Maria. Três Lagoas recebe Cora Coralina, 1983.
[698] NOVAES, Vinícius. Memória: Cora Coralina – Mulher Destaque, 2007.

ciclópica de que se orgulha um país e seu povo./ (...) Repto maior, lançado pelos homens do presente às gerações futuras"[699].

Em 1983, viajou de carro até Foz do Iguaçu-PR. Acompanhada pelo casal Elza e Miguel Recco, de Andradina, passeou por várias cidades até chegar a Foz, se hospedando alguns dias na casa do advogado Gildo Recco, filho de seus amigos de longa data. Cora conheceu o marco das três fronteiras entre Brasil, Paraguai e Argentina, as cataratas e a barragem da hidrelétrica. O encontro da escriba goiana com a terra das grandes águas ficou registrado no livro de ouro da Binacional: "Não consigo compreender como as pessoas podem parecer frias diante de tanta beleza"[700].

Foto 251: Cora Coralina em Foz do Iguaçu-PR, 1983

Em 4 de novembro, lançou *Vintém de cobre* em Piracicaba-SP e, após a temporada de viagens e eventos, regressou para a casa da neta Maria Luiza Cartaxo, na capital paulista. Cora já estava acostumada a fazer várias viagens para estar com seus filhos. Cantídio Brêtas residia em Bauru, Vicência em São Paulo, Paraguassu em Santos e Jacyntha em Garça: "Cora sempre ia para Bauru e ficava em nossa residência"[701]; "Essa é Cora Coralina, a poetisa que há cinco anos não vinha a Santos

---

[699] CORALINA, Cora. *Vintém de cobre:* meias confissões de Aninha, p. 192.
[700] Cora Coralina. *In*: Livro de Ouro da Itaipu Binacional. Disponível no Portal H2FOZ.
[701] Depoimento de Nize Brêtas, nora de Cora Coralina. Balneário de Camboriú-SC, 2009.

e aqui esteve quase duas semanas na casa da filha Paraguassu e das netas: 'Queria rever todos aqueles que amo, além de descer a serra e ver o mar'"[702]; "Aqui em Garça ela veio muitas vezes, passava sempre o Dia das Mães conosco. Foi homenageada pela Câmara Municipal, Prefeitura, Lions, Rotary e Casa da Amizade. Seu passeio predileto era o Bosque, onde ia diariamente"[703]. Nessa temporada, entre setembro e novembro de 1983, não foi diferente. Para os compromissos assumidos se hospedou em Garça na casa da filha Jacyntha, em Andradina na casa dos amigos Elza e Miguel Recco, e em São Paulo, na casa da neta Maria Luiza Cartaxo.

Intensificavam-se os lançamentos de livros, as homenagens e os encontros com estudantes secundaristas e universitários. No ano anterior havia sido hóspede oficial das cidades de Andradina e Bauru, e recebido homenagens em Santos e em São Carlos: "Cora Coralina, 93 anos, vários dedicados à literatura, com projetos para novos trabalhos, não recusa nenhum convite para debater com jovens nas universidades de todo o País, viajando até mesmo, se preciso, em aviões bimotores em dia de chuva. (...) Lucidez e memória fantásticas, capaz de driblar a inteligência de muitos jovens, continua a publicar seus livros, viajar de carro, trem ou avião de qualquer tipo, para as cidades mais longínquas de todo o País. Espírito inquieto que lhe faz assumir vários compromissos numa única semana, obrigando-a a realizar longas viagens"[704].

Em 30 de novembro, Cora viajou para Brasília e recebeu as homenagens prestadas conjuntamente pelo Senado Federal, pela Secretaria de Cultura e Desportos de Goiás, a Fundação Cultural de Goiás e a Fundação Pedroso Horta. Após curta estadia na Capital Federal, se hospedando na casa do neto Flávio de Almeida Salles Júnior, a escritora viajou para Goiânia para inaugurar, em 2 de dezembro, o "Centro de Formação Profissional Cora Coralina", do SENAC em Goiás. Em Goiânia, como era de costume, hospedou-se por algumas semanas na casa da sobrinha Ondina Albernaz, até o dia 15, quando foi agraciada com a Ordem do Mérito do Trabalho no

---

[702] GONÇALVES, Maria José. Cora Coralina, p. 24.
[703] Jacyntha Filomena Brêtas Salles *In*: Cora Coralina: sua filha vive aqui, p. 4.
[704] *In:* Velhos? Terceira idade, com muita honra, 1982.

grau de Comendador, de acordo com Decreto do Presidente da República, general João Batista de Figueiredo.

Após quase quatro meses de viagens, Cora Coralina regressou para a sua Casa Velha da Ponte. Ficou em Goiás até março de 1984, quando nova e mais extensa temporada de homenagens a aguardavam fora de seu berço natal. Em entrevistas, dizia-se realizada e que possuía dois grandes desejos: "Um deles é poder dizer seus poemas nos presídios, em frente das celas solitárias. Outro é conhecer pessoalmente o poeta Carlos Drummond de Andrade, do qual já mereceu várias crônicas e um bilhete onde ele diz: 'Dá alegria na gente saber que existe bem no coração do Brasil um ser chamado Cora Coralina'"[705]. A Cora Coralina escritora, enfim, foi reconhecida. Se no meio do caminho a poetisa de Goiás encontrou várias pedras, no fim, se deparou com um grande poeta que, ao longe, a abençoou ao se emocionar com os mistérios de sua poesia.

---

[705] FRANCIATTO, Claudir. Cora Coralina, 94 anos de otimismo, p. 17.

30

OFERTAS DE ANINHA

> "Eu sou aquela mulher
> a quem o tempo
> muito ensinou.
> Ensinou a amar a vida.
> Não desistir da luta.
> Recomeçar na derrota.
> Renunciar a palavras e pensamentos negativos.
> Acreditar nos valores humanos.
> Ser otimista[706]."
> *Cora Coralina*

Cora Coralina regressou para a Casa da Ponte em dezembro de 1983, após quase quatro meses de viagens por cinco estados brasileiros. A cidade de Goiás recebia nos braços sua poetisa, e a Ponte da Lapa retomou sua rotina de interligar memórias. Conversas infindáveis, dedicatórias em livros, entrevistas para jornais, revistas e televisão, convites, novas homenagens e palestras. Quando chegou a Goiás, encontrou uma pilha de correspondências e, pacientemente, fez questão de respondê-las. Reviu amigos, descansou da agitação de outros tempos e programou os últimos detalhes do livro *Estórias da casa velha da ponte*. O que a incomodava eram as insistentes gripes que, desde 1982, se insinuavam: "Aqui estou do jeito que sabem, lendo, escrevendo e a porta sempre aberta aos que me procuram. Algumas gripes de permeio que vou vencendo com

---

[706] CORALINA, Cora. *Vintém de cobre*: meias confissões de Aninha, p. 145.

ajuda médica e comprimidos e xaropes"[707]. Cora Coralina mantinha o otimismo costumeiro, com exemplos e lições a oferecer. Sempre que discursava dizia que tudo que fez era para iluminar o estado de Goiás e que era portadora da tocha olímpica da literatura goiana. Atravessou a linha de chegada da maratona das letras numa corrida em que muitos dos companheiros de partida se perderam no caminho. Afinal, foram quase 80 anos de vida literária, acompanhando diferentes gerações de escritores. Da geração de Leodegária de Jesus, Luis do Couto e Joaquim Bonifácio, colega do regionalista Hugo de Carvalho Ramos, amiga dos modernistas José Godoy Garcia e Bernardo Élis, integrante do Grupo de Escritores Novos. Cora cunhou para si o título de velha musa goiana, que trazia consigo todas as idades.

Menos de quatro meses após sua chegada a Goiás, Cora Coralina viajou para uma nova e, demorada estadia nas terras paulistas. Se antes eram os turistas, visitantes e admiradores que vinham a seu encontro, nesse momento, ela quem ia ao encontro de seus leitores. Após fazer exames no Hospital Traumato Ortopédico de Goiânia, em 8 de março de 1984, a poetisa viajou para Bauru hospedando-se na casa do filho Cantídio e da nora Nize Brêtas. Já debilitada, fez tratamentos médicos em 24 de março e, até meados de maio, permaneceu na cidade. Em seguida, foi para Garça, ficando até fins de maio com a filha Jacyntha. Enquanto descansava e se restabelecia dos problemas de saúde, seu livro *Vintém de cobre* foi indicado para concorrer ao Troféu Juca Pato, oferecido pela União Brasileira de Escritores de São Paulo e patrocinado pela *Folha de São Paulo,* prêmio que definiria o intelectual do ano de 1983 e, que mobilizou os escritores de todo o Brasil.

[707] Carta de Cora Coralina a Ivone Soares Pereira, 8 mar. 1982. *In:* CHARLES, Frei Carlos Roberto de Oliveira. *Santa Rita do Ponta,* p. 39.

Foto 252: Troféu Juca Pato recebido por Cora Coralina, São Paulo-SP

Proposto por Marcos Rey e criado em 1962, o Troféu Juca Pato até hoje é um dos principais prêmios literários brasileiros. Realizado anualmente, o candidato se submete ao voto direto facultado a todos os escritores brasileiros que desejem participar: "É também ímpar porque se destina a autor que tenha publicado naquele ano 'livro que suscite debate de ideias'; eis, portanto, o embrião de sua vocação social, política e quase sempre polêmica". Desse modo, Marcos Rey, com seu irmão Mário Donato, ao sugerirem a estatueta que representa a homenagem, "acabaram por conferir ao prêmio uma terceira singularidade: a perenização de Juca da Silva Pato, personagem criada pelo jornalista Léllis Vieira e celebrizada em 1925 na caricatura feita pelo ilustrador Benedito Carneiro Bastos Barreto, o popular Belmonte"[708]. Para ter a candidatura homologada no concurso, o escritor deve ser inscrito mediante uma lista assinada por 30 sócios da UBE. No caso de Cora Coralina, ela foi indicada pelo Grupo Livre Espaço de Poesia de Santo André-SP, fundado pela poetisa Dalila Teles Veras: "Eu fui apresentada por um Grupo de Santo André, um grupo literário suburbano. Não fui apresentada por nenhuma Academia de Letras, nem por um grupo de literatos. Mesmo do meu Estado, ninguém me apresentou. Tudo partiu de Santo André, SP, que pouco me conhecia. Eu nunca morei na cidade de Santo André nem nunca pedi nada a esse grupo. Eles espontaneamente me escolheram porque já me conheciam pela televisão e já me reconheciam pela mensagem. (...) De modo que as mulheres me abriram, essas vanguardeiras, lutadoras para a vitória da mulher, para que a mulher saia do retraimento, foram elas que me abriram esse caminho, e eu sou agradecida a elas. E agora, depois de mim, o caminho está aberto"[709].

Vintém de cobre concorreu com mais dois livros lançados em 1983: *Projeto Emergência,* de Teotônio Vilela, político e escritor alagoano, alcunhado de Menestrel das Alagoas, e *A invenção do saber,* de Gerardo Mello Mourão, poeta cearense que já havia concorrido a uma vaga na Academia Brasileira de Letras e sido indicado ao Nobel de Literatura em

---

[708] FERRARI, Levi Bucalem. Juca Pato – um troféu ímpar. Disponível em: http://www.mhd.org/artigos/levi_jucapato.html (acesso em: 6 maio 2009).
[709] *In:* ABREU, Lívia Dias de. Cora Coralina – A consagração do Juca Pato, p. 9.

1979. Disputa que, num primeiro momento, parecia desigual: "Muitas pessoas não creram na possibilidade de se romper os sólidos esquemas sempre montados pelas entidades e instituições do Eixo Rio-São Paulo; principalmente porque era claramente assumido o posicionamento da UBE de São Paulo em favor da candidatura de Teotônio Vilela (e a UBE paulista tem muita força, com seus mais de um mil votos), e porque a *Folha de São Paulo* (sem dúvida um dos jornais de maior credibilidade no Brasil) tinha na figura de Gerardo Mello Mourão um de seus colaboradores, sério candidato a ganhar o Troféu Juca Pato"[710].

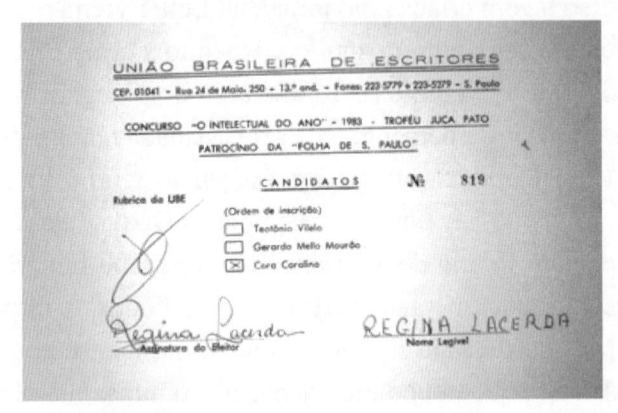

Foto 253: Voto de Regina Lacerda para Cora Coralina em Juca Pato, 1984

A mobilização dos escritores foi notável e o concurso chegou a quase mil votos, o dobro do ano anterior. Os intelectuais se renderam à Cora Coralina, que conquistou o título obtido 430 votos, contra 352 dados a Gerardo e 144 a Teotônio Vilela. Cora tornou-se a primeira mulher a receber o Juca Pato em 21 anos da história do concurso que havia premiado anteriormente: Afonso Schmidt, Alceu Amoroso Lima, Cassiano Ricardo, Caio Prado Júnior, Érico Veríssimo, Menotti Del Picchia, Jorge Amado, Pedro Antônio Ribeiro Neto, Josué Montello, Cândido Mota Filho, Afonso Arinos, Raimundo Magalhães Júnior, Juscelino Kubitschek, José Américo de Almeida, Luis da Câmara Cascudo, Sobral Pinto, Sérgio Buarque de Holanda, Dalmo Dallari, Paulo Bonfim e Carlos Drummond de Andrade.

[710] FELÍCIO, Brasigóis. A mulher goiana que venceu o rolo compressor Rio-São Paulo, p. 1,

Cora Coralina, apesar de não ser favorita ao prêmio, demonstrou o magnetismo que acompanhava sua figura e obra. A poetisa deflagrou uma luta simbólica no campo literário brasileiro[711]: "Cora não pediu a ninguém um voto sequer, mesmo porque, doente, está impossibilitada de fazê-lo. Tanto sua inscrição quanto o trabalho por sua eleição foram feitos à sua revelia, tanto que, se fosse derrotada, não ficaria amargurada: compreenderia que venceu mais uma vez o organizado esquema da dominação cultural e política que impõem sobre o resto do país o eixo Rio-São Paulo-Belo Horizonte"[712].

Nos primeiros dias de maio foi divulgado o resultado da disputa. Cora recebeu a notícia em Garça. A entrega oficial ocorreria somente em 20 de junho, na sede da UBE São Paulo. Doente, até essa data a poetisa se hospedou ora em Santos, na casa de sua filha Paraguassu, ora na capital paulista, juntamente com sua neta Maria Luiza Cartaxo que, a partir desse momento, foi presença constante até o último dia de vida da escritora. Quanto mais sua fama crescia, maior era o interesse do público que a convidava para palestras, encontros com estudantes, lançamentos de livros, homenagens várias. Apesar de debilitada, Cora não declinava dos convites.

Nesse ano, preferiu ficar mais próxima da família e dos amigos paulistas, regressando às cidades de Garça, Bauru, Jaboticabal e São Carlos. É dessa época a maioria das matérias de jornais e revistas que compõe sua fortuna crítica, momento em que também conquistou uma grande exposição na imprensa televisiva. Comentando sobre temas dos mais diversos, como a conjuntura política, os problemas sociais e ambientais, a importância dos jovens e da leitura; o papel da mulher; e declamando seus poemas com voz firme e mãos trêmulas, a mulher goiana que não possuía TV em

---

[711] De acordo com o discurso proferido pela escritora Dalila Teles Veras na cerimônia de entrega do título: "Onze universidades de todo o Brasil mandaram o seu voto a Cora Coralina, ainda que impugnados, porque vieram através de telegrama, forma esta não aceita pelo regulamento do concurso, mas fica registrado". (1984, p. 16) No acervo da escritora encontram-se os votos dos reitores de dez universidades: Maria do Rosário Casimiro – Universidade Federal de Goiás; Joseh Anchieta Esmeraldo Barreto – Universidade Federal do Ceará; Armando Vallandro – Universidade Federal de Santa Maria; Antônio Fagundes de Sousa – Universidade Federal de Viçosa; Berilo Ramos Borba – Universidade Federal da Paraíba; Earle Diniz Macarthy Moreira – Universidade Federal do Rio Grande do Sul; Ernani Bayer – Universidade Federal de Santa Catarina; Gilson Cajueiro Hollanda – Universidade Federal do Sergipe; José Raimundo Martins Romeo – Universidade Federal Fluminense; e Omar Sabino de Paulo – Universidade Federal do Acre.
[712] FELÍCIO, Brasigóis. A mulher goiana que venceu o rolo compressor Rio-São Paulo, p. 1.

casa, invadia os noticiários e os programas de entrevistas das principais emissoras do país: além de aparições no Fantástico e em outros telejornais da Rede Globo; no "Voz da Mulher", na TV Record; foi entrevistada no programa "Vox Populi", da TV Cultura; e atração do programa "Frente a Frente", comandado por Hebe Camargo, na Rede Bandeirantes: "A poetisa Cora Coralina será o grande destaque no programa 'Hebe' nesta noite, a partir das 21 e 30 horas, pela Rede Bandeirantes. (...) Cora falará sobre a juventude de hoje e as perspectivas para o futuro. 'Hebe' ainda vai discutir o tema 'A velhice'. Na parte musical do programa, entre outras, as presenças de Maria Creuza, Sílvia Maria e Ângela Maria. Cleyde Iáconis, Zezé Mota, Cacá Diegues, Tânia Alves e David Haughton completam a pauta de atrações"[713].

Foto 254: Cora Coralina e Hebe Camargo, 1984, São Paulo-SP

No dia 18 de junho, Cora Coralina recebeu no Teatro Municipal o Prêmio da Associação Paulista de Críticos de Arte – APCA, que anualmente premia personalidades que se destacaram em dez setores: artes visuais, cinema, literatura, literatura infanto-juvenil, música erudita, música popular, rádio, teatro, teatro infantil e televisão. Receberam prêmios relativos à atuação no ano anterior, dentre outros artistas, o pintor João Câmara, o escultor Emanuel Araújo, os escritores Herberto Sales e Sílvia

[713] Cora Coralina é atração do "Hebe", 1984.

Orthoff, e os cantores Elba Ramalho, Gilberto Gil, Tim Maia, Jane Duboc e Nana Caymmi. Cora Coralina recebeu o Grande Prêmio da Crítica no Setor de Literatura pelo conjunto da obra.

Dois dias depois do prêmio da APCA, em 20 de junho, ocorreu a entrega do Troféu Juca Pato na sede da UBE, em São Paulo. A cerimônia contou com os discursos do escritor Fábio Lucas, então Presidente da União Brasileira dos Escritores - Seção São Paulo, do poeta Paulo Bonfim, da poetisa Dalila Teles Veras, uma das responsáveis pela indicação de Cora Coralina, e da própria homenageada.

> "É em nome desses escritores e de meu grupo 'Livre Espaço de Poesia de Santo André' que encabeçou a lista propondo a sua candidatura que faço uso da palavra para tentar definir o significado desta vitória e desta homenagem a Cora Coralina. Por que um grupo de poetas novos, jovens em sua maioria, rotulados de marginais, indicou Cora, uma mulher de quase um século de idade? (...) Cora representou o próprio rolo compressor que deixou grande parte da intelectualidade atônita tamanha foi a sua força; força de sua poesia e tão somente de sua poesia. Muitas foram as alusões irônicas a sua candidatura. A princípio a luta parecia desigual. Muitas foram as insinuações, jocosas até, comparando-a aos grandes nomes dos outros dois candidatos a quem não queremos e não podemos tirar o mérito. (...) Muitas foram as barreiras impostas pela própria imprensa e para alguns escritores para quem o título de 'O intelectual do ano' significa algo muito distante da figura da nossa escritora. O que esses intelectuais não entenderam é que estava sendo desmantelada uma máquina centralizadora do poder cultural deste País que julga que a intelectualidade brasileira é composta apenas de meia dúzia de insignes figuras e que têm por hábito eleger políticos para ocupar as cadeiras das Academias de Letras. (...) O novo está no ato de encarar a arte, ato de resistência e participação social. (..) É sem dúvida uma velha dívida que os escritores brasileiros tinham para com a mulher, a mulher escritora, a mulher poeta. (...) mais uma vez guerreira, mais uma vez poeta, mais uma vez dos goiases, brasileira, universal[714]."

> "A velha musa goiana, sobrevivente de gerações passadas, que foi retirada da sua velha Cidade de Goiás para competir com valores outros na conquista do 'Troféu Juca Pato'. (...) Agradeço a todos

---

[714] VERAS, Dalila Teles. A velha rapsoda, 1984.

aqueles poetas, escritores distintos, dos mais distantes rincões da nossa Pátria, que enfrentando dificuldades e selos caros do correio nessa hora tão difícil para todos, mandaram seus votos para que Cora Coralina levantasse como mulher a primeira vez o 'Troféu Juca Pato'. (...) Cumprimento as mulheres do Brasil, esta vanguarda que está abrindo caminho para que haja uma igualdade de direitos e de possibilidades[715]."

Apesar de enfraquecida e em meio aos compromissos advindos de sua obra, de seu carisma e da exposição na mídia nacional, Cora Coralina nunca deixou de demonstrar gestos de carinho para com sua família e amigos. Das muitas lembranças, algumas foram marcantes. Quatro dias após a entrega do Troféu Juca Pato, fez questão de comparecer ao casamento de seu bisneto Nelson Luiz com Sandra Andrade Varela Bastos. Era o primeiro bisneto de Cora que se casava e, além de assistir a cerimônia religiosa ocorrida no dia 24 de junho em São Bernardo do Campo-SP, ela ofereceu aos recém-casados um presente inusitado: uma gaiola com um pássaro dentro. Provavelmente simbolizando suas raízes: "*Vintém de cobre*, minha jovem, é um símbolo de um vintém que me faltou na infância para por na gaiola de um passarinho chamado pulvi uma banana, me faltou esse vintém. E foi preciso que se abrisse a porta da gaiola e soltasse o passarinho para que ele não morresse aí de fome. (...) Ele está ligado visceralmente à minha vida, ao meu emocional e às minhas razões de ser e de criatura que vem de um passado longínquo"[716].

Um mês depois, em 25 de julho, Cora foi a Jaboticabal em companhia da neta Maria Luiza para receber o título de Emérita Cidadã Jaboticabalense e realizar uma tarde de autógrafos na Livraria Acadêmica. Evento que se estendeu até o dia 26 devido a grande quantidade de pessoas que queriam conversar e adquirir os livros da ilustre cidadã. Após as homenagens, a poetisa regressou para a casa da neta, descansando até as comemorações de seu aniversário de 95 anos. Somente em 24 de agosto, viajaria novamente para receber uma homenagem na Câmara Municipal

---

[715] Discurso de Cora Coralina. Acervo do Museu Casa de Cora Coralina.
[716] In: Programa *Vox Populi*, TV Cultura de São Paulo, 1984.

de São Carlos-SP, ocasião em que foi hóspede oficial da cidade: "Depois que eu lancei o *Vintém de cobre,* andei por mais de vinte cidades recebendo homenagens, ouvindo discursos e agradecendo discursos. E com isto eu me desgastei muito – porque eu tenho muita saúde. Na minha grande idade eu tenho muita saúde. De modo que eu fiquei desgastada. E foi o desgaste que me prendeu até agora. Agora é que estou saindo, para dizer, como dizem vocês jovens, de uma fossa. E mesmo saindo de uma fossa ainda há certos incidentes inesperados que entram de permeio para atrapalhar. Agora, por exemplo, tudo ia muito bem, mas uma perua veio me pegar aqui e levar para receber uma homenagem. Noite de frio e chuva. Quando saí, e vi a perua, eu de muleta, operada, duas, três vezes já. Como podia subir naquela perua? Eu tentei com a ajuda da minha neta, consegui. (...) Desci no ponto e lá tinha uma escada. Tive que descer essa escada para receber as homenagens. Subi a escada, depois que recebi flores, discursos e tal. No dia seguinte tive que ir de automóvel que veio me buscar em São Carlos para outra homenagem em São Paulo. Tudo isso, meu amigo, foi muito esforço. (...) Hoje já estou, senão cem por cento, pelo menos noventa por cento eu já recuperei"[717].

Foto 255: Cora Coralina no programa Som Brasil, 1984, São Paulo-SP

---

[717] *In:* TURIBA, Luís. Cora professora Coralina, p. 19.

De volta a São Paulo, retomou a rotina de repouso, consultas médicas, entrevistas para jornais, revistas e programas de TV. No dia 26 de agosto gravou o Programa "Som Brasil", da Rede Globo, sendo entrevistada pelo ator Lima Duarte e homenageada com as canções de Bernardo Neto. Ano em que Marcelo Barra e Rinaldo Barra compuseram a música "Cora Coralina", interpretada por Marcelo Barra e que integrou a trilha do vídeo sobre a poetisa, que Antônio Eustáquio produziu e foi veiculado na TV Anhanguera, em Goiás, e no Fantástico.

Em 2 de setembro, foi homenageada no Pátio do Colégio pela Paulistur e Prefeitura de São Paulo, relembrando o seu aniversário:

> "São Paulo, 30 de agosto de 1984. Prezada Senhora Cora Coralina. Lamentavelmente, não posso saudá-la pessoalmente nessa importante ocasião em que a cidade de São Paulo, através da Paulistur, lhe presta essa merecida homenagem. Entretanto, gostaria de transmitir-lhe, em oportunidade, meus respeitosos cumprimentos, por mais essa láurea – justo reconhecimento de sua grande atuação na nossa vida cultural, não apenas através de suas obras, mas de todas as atividades que sempre desenvolveu, como ilustre representante da literatura brasileira. Aceite, pois, com o meu abraço, também o carinho de toda a população de São Paulo, que neste momento lhe agradece. Mário Covas, Prefeito de São Paulo"[718].

A homenagem ocorreu às dez horas da manhã e Cora Coralina foi recebida por familiares, estudantes, artistas e população em geral. Inicialmente, o Coral da Faculdade Paulista de Medicina cantou "Parabéns a você" e, em seguida, a escritora recebeu um diploma e a placa "Gente de São Paulo" pelo então Presidente da Paulistur, João Dória. Durante a cerimônia as atrizes Esther Góes e Bruna Lombardi declamaram versos da homenageada e foram distribuídos exemplares de *Poemas dos becos de Goiás*. Após ouvir discursos e músicas entoadas pelo coral, Cora rememorou o seu amor por São Paulo: "São Paulo é o estado da esperança dos que não têm esperança! Um exemplo de vida, grandeza e história a todos os brasileiros. Cheguei aqui, mãos vazias e estou de coração cheio, enternecido"[719].

---

[718] Acervo do Museu Casa de Cora Coralina.
[719] Na praça, a voz e a esperança de Cora Coralina, 1984.

Foto 256: Cora Coralina no Pátio do Colégio, 1984, São Paulo-SP

No mesmo mês foi ao ar o "Caso Verdade", série da Rede Globo que contou sua história de vida em capítulos exibidos de 17 a 21 de setembro. Devido à grande repercussão do programa, os capítulos foram reprisados. Esse fato coincidiu com a entrevista publicada na *Revista Família Cristã*, intitulada "Cora Coralina, a vida em prosa e verso". Em meados de outubro, Cora foi para Santos visitar sua filha Paraguassu e suas netas Hilda Maria Brêtas da Cunha Bastos e Maria Helena Brêtas da Cunha Bastos, e regressou para a capital sob os cuidados da neta Maria Luiza Cartaxo, que assumiu a responsabilidade de organizar a agenda e os compromissos da avó: "Aqui, a neta Maria Luiza me cochicha que Cora vem trabalhando arduamente nesse livro [*Estórias da casa velha da ponte*], refazendo o que não gosta, com a calma e a tranquilidade de quem age como se o tempo não existisse, importando somente o fazer agora. Há pouco tempo, encontrando-se acamada, ela pilheriou com o médico pedindo-lhe que a tratasse bem, pois não podia morrer agora, porque tinha que acabar o novo livro"[720]. "Moro em Goiás, minha terra,

---

[720] VERAS, Dalila Teles. A velha rapsoda, p. 9.

na Casa Velha da Ponte, como eu a chamo. Estou fora há um ano, por questões de saúde. Viajei muito no final do ano passado. Fui muito procurada e, quando isso acontece, atendo bem a todos. Faço questão de responder a todas as perguntas que me fazem e, nessas horas, nunca me sinto cansada. Por causa dessas viagens cansei-me bastante. Estou aqui em São Paulo para recuperar-me[721]."

Cora, acostumada a passar curtas temporadas nas casas dos filhos, dessa vez ficou quase um ano junto de sua família. Foi a Bauru, Garça, Santos e ficou meses na capital, cidades onde eles residiam. Essa seria a última vez que iria a São Paulo e estaria com seus filhos. "Sentíamos muito a sua falta quando ela se ausentava em viagens ou retornava à Casa Velha da Ponte. Ela se relacionava muito bem com os filhos, os netos e com os vizinhos. (...) Os filhos eram tudo para ela. Dedicava a todos o seu carinho maternal e dispensava particular atenção aos netos. Era muito amada por eles. O Flavinho adorava a avó. Ela estava sempre em sua casa, em Brasília"[722]."

Em seguida foi para Goiânia, hospedando-se na casa do sobrinho Nion Albernaz. Cora recebeu uma série de homenagens prestadas conjuntamente no dia 29 de novembro. Dentre elas, citamos o diploma de "Honra ao Mérito" do Conselho Permanente da Mulher Executiva e Cidadania, o título de Cidadã Goianiense – Câmara Municipal de Goiânia e sua eleição como Símbolo da Mulher Trabalhadora Rural – FAO das Organizações das Nações Unidas. Além desses títulos, a poetisa marcou a data de sua posse na Academia Goiana de Letras para o dia 6 de dezembro.

No dia 21 de julho de 1983 um grupo de 11 acadêmicos[723] ingressou com o pedido de inscrição em favor de Cora Coralina para a cadeira 38 da Academia Goiana de Letras, cujo patrono é Bernardo Guimarães. A análise do pedido ficou a cargo de uma comissão composta por cinco acadêmicos,

---

[721] BOTTASSO, Rosalina. Cora Coralina, a vida em prosa e verso, p. 29.
[722] Jacyntha Brêtas Salles. In: Cora Coralina: sua filha vive aqui, p. 4.
[723] Em seu discurso de posse na Academia Goiana de Letras, Cora relembrou que os primeiros a procurá-la na Casa Velha da Ponte e a cogitar seu ingresso na AGL foram os escritores Basileu Toledo França, Rosarita Fleury e Neli de Almeida. Também agradeceu os onze acadêmicos que propuseram a sua inscrição: Colemar Natal e Silva, Altamiro de Moura Pacheco, Regina Lacerda, José Mendonça Teles, Basileu França, Venerando de Freitas Borges, J. Lopes Rodrigues, Rosarita Fleury, Neli de Almeida, Eli Brasiliense e Francisco Alves.

sendo o relator o escritor Guimarães Lima. No dia 1º de setembro do mesmo ano, a Presidência fez a leitura do parecer que não só foi favorável à inscrição da poetisa como também exaltou os méritos de sua obra. Mas devido às viagens e aos problemas de saúde, a cerimônia de posse ocorreu somente em 6 de dezembro de 1984, em Sessão Magna da Academia realizada na Ordem dos Advogados, em Goiânia, cujo discurso de recepção foi proferido pela escritora Regina Lacerda. Cora Coralina, relembrando como de praxe a trajetória do patrono da cadeira que ocupava, destacou o quanto Bernardo de Guimarães foi incompreendido e criticado. Identificou-se com a história de vida do patrono da cadeira 38 e, por isso, optou por destacá-la ao invés de citar os méritos literários do autor de *A Escrava Isaura*. Sua fala também revelou a lucidez e a alegria de estar, finalmente, na Academia:

Foto 257: Cora Coralina com Colemar Natal e Silva e Maria Luiza Cartaxo, 1984, Goiânia-GO

"Aqui estou, afinal entre vós, espero que em fraternidade perfeita, relevando-me vós todas as falhas de deficiências da grande idade com que a vida tem me presenteado. Sim, meus amigos e colegas, aqui estou como a mais idosa entre vós todos e por incrível que pareça sem sentir e sem sentirem a diferença do tempo que nos separam, venho recebendo da generosidade jovem, pelos caminhos da minha vilegiatura, flores e aplausos que começam na mãe e vão até o filho infante, já sugestionável pelo carisma de Cora Coralina. Pergunto a vós todos, vale a pena viver muito? Sim meus irmãos de letras, vale a pena pelo encontro desta hora entre vós, como já tem sido em horas idênticas marcantes entre tantos que me oferecem o melhor do coração humano, a generosidade de aplausos e bem querer, onde sinto a sinceridade que vibra na leitura de meus toscos versos e a vista da imagem ao vivo ou na televisão, desta mulher, a mais antiga no mundo e cujos versos têm cheiro de currais e o sonido bárbaro do berrante na frente das boiadas que descem dos sertões rumo das invernadas, frigoríficos e charqueadas. Sim, posso dizer: eu sou a terra e nada mais quero ser, filha desta abençoada terra de Goiás. (...) Termino com esta pequena oferta de agradecimento e despedida. Sou aquela mulher que no tarde da vida recria e poetisa sua própria vida. Fiz a escalada da montanha da vida removendo pedras e plantando flores. Meus versos têm cheiros de currais e o chamado bárbaro do berrante na frente das boiadas que descem do sertão. Eu sou a terra"[724].

Após meses longe de sua terra natal, Cora Coralina regressou para a Casa da Ponte em dezembro de 1984, juntamente com a neta Maria Luiza: "Dona Cora depois que recebeu o Troféu Juca Pato, já veio para Goiás muito debilitada. Luizinha veio com ela, acompanhar"[725]. "Ela passou uma grande temporada fora, na casa dos filhos, quase um ano lá. Quando ela voltou, ela voltou para passar o Natal e por aqui ficou[726]." Ainda regressaria a Goiânia para, no dia 28 de dezembro, receber a homenagem do Clube dos Diretores Lojistas, um jantar no Clube de Regatas Jaó em reconhecimento a seus préstimos à cultura nacional. Ocasião em que sugeriu a criação do Dia do Cozinheiro.

Entre janeiro de 1985 até o dia de seu falecimento, Cora Coralina permaneceu na Casa da Ponte acompanhada pela neta, por seus vizinhos e amigos. Nesse período escreveu muitas correspondências, a exemplo das enviadas à amiga Ivone Soares Pereira e ao escritor Bernardo Élis:

"Goiás, 4-1º-85. Meu grande Bernardo Élis e Carmelita. Agradeço o cartão datado de dezembro e que só hoje posso responder. Na verdade, vou recebendo comendas e troféus, flores, cartões e ouvindo e respondendo discursos. Nada melhor em tudo isso como depararmos com um cartão amigo, foi o que aconteceu com sua letra que é bem como você. Abraço carinhoso para Carmelita que espero conhecer pessoalmente. Cora"[727].

---

[724] Cora Coralina, discurso de posse, p. 123-127.
[725] Depoimento de Messias Ribeiro Silva, vizinha e amiga de Cora Coralina. Goiás, março de 2009.
[726] Depoimento de Benedita Pereira dos Santos, empregada de Cora Coralina. Goiás, fevereiro de 2009.
[727] Acervo do Centro de Documentação Alexandre Eulálio, Universidade Estadual de Campinas.

"Cidade de Goiás, 10/3/1985. Para minha maior amiga Ivone, Maurício e filhos, a oferta deste livro que me deu o Troféu Juca Pato em concorrência com vultos maiores da literatura brasileira. Todos esperavam ganhar e eu esperava perder e foi o contrário, confirmando mais uma vez a Palavra Divina: 'os últimos serão os primeiros'. Assim foi, um pleito que alcançou o Brasil inteiro. Da sempre amiga, Cora Coralina[728]."

Cora também recebeu as visitas de muitos amigos e admiradores. Encontros que se estenderam por alguns dias devido à enchente do Rio Urú que interditou a estrada que liga Goiás a Goiânia, em fins de janeiro de 1985: "Águas e especulações nem sempre rolam juntas e, tangido pelas primeiras, eis-me encurralado pela inusitada enchente do Rio Urú. Viajantes, turistas e caminhoneiros, irmanados, esperavam as águas baixarem: primeiro foram surgindo as guardas da ponte, depois o leito da estrada mais distante, e depois, muito depois... o rombo do aterro e a interdição total da pista. Enquanto os poderes movimentam suas máquinas, a gente volta e aguarda na velha Goiás"[729]. Um dos amigos que ficaram interditados e puderam conviver mais tempo com Cora Coralina, nessa época, foi José Fulaneti Nadai que retornou à Casa da Ponte e recebeu uma mensagem da escritora ao povo penapolense, em 29 de janeiro. Enchente que também possibilitou que o neto da poetisa, Paulo Sérgio, sua esposa Heloísa e filhos, ficassem mais dias do que os previstos na Casa Velha da Ponte: "Vínhamos sempre aqui em Goiás. Por último, um pouco antes da morte, passamos aqui dez dias, duas semanas, mais ou menos, em função das chuvas, choveu muito e ficamos aqui"[730].

Entre fevereiro e março, Cora, mesmo debilitada, permaneceu em sua residência recebendo turistas e admiradores, a imprensa e os amigos. Isso até a Semana Santa, quando seu estado agravou para uma pneumonia: "Ela adoeceu mesmo foi na Semana Santa. Ela recebeu muita visita no mês de abril. Já estava doente, gripada, aí piorou. O último livro que ela estava relendo foi *Grande Sertão: Veredas*, que era da Marlene e que emprestou para ela. Era mais ou

---

[728] *In:* CHARLES, Frei Carlos Roberto de Oliveira. *Santa Rita do Pontal,* p. 41.
[729] NADAI, José Fulaneti de. O ninho da andorinha, 1985.
[730] Depoimento de Paulo Sérgio Brêtas de Almeida Salles, neto de Cora Coralina. Goiás, março de 2009.

menos meia noite quando ela acabou de ler o livro. Aí ela foi internada aqui em Goiás, no outro dia que ela foi para Goiânia"[731]. Seus últimos momentos foram presenciados pela neta Maria Luiza e pelas amigas Marlene Vellasco e Antolinda Borges: "No dia 8 de abril eu a levei para o hospital, à tarde. Ela piorou, e dr. Ênio decidiu levá-la, porque ela estava muito fraca, já estava com pneumonia. Ela ficou no hospital comigo e dona Altair. Seis da manhã do outro dia o médico me ligou dizendo que ela tinha que ir para Goiânia. Arrumamos a ambulância e levamos. Maria Luiza na frente com o motorista e atrás Marlene, ela e eu. Chegamos ao Hospital São Salvador, os médicos já estavam esperando para colocar na maca e levar para a UTI"[732].

"No domingo ela me deu um poema para eu levar para ser publicado no *O Popular*. No mesmo dia dona Olimpinha veio aqui e trouxe hóstia para ela. Dra. Inan também esteve aqui, muitos a visitaram, haviam saído da missa e vieram desejar Feliz Páscoa para ela. Eu fui para Goiânia de madrugada. Na segunda feira, dia 8 de abril, levei o poema lá no *O Popular*. À tarde Antolinda me ligou avisando que Cora estava passando mal. Eu voltei para Goiás e da rodoviária eu fui direto para o hospital, já haviam internado Cora. Dr. Ênio havia achado melhor interná-la. Ficamos lá, eu, Antolinda e Maria Luiza. Isso na segunda à noite. Na terça de manhã ela estava sentindo muita falta de ar e o médico recomendou que a levássemos para Goiânia. Conseguimos a ambulância e saímos no meio dia, no dia 9 de abril. Aí ela falou assim, para mim e para Antolinda: 'Vocês vão comigo? Se vocês não forem eu não vou'. Aí nós fomos. Luizinha com o motorista na frente e eu e Antolinda atrás, junto com Cora e o médico. Quando chegamos no hospital em Goiânia, já estava todo mundo lá, a imprensa... Os médicos a levaram para a UTI do Hospital São Salvador. Antolinda e eu fomos com ela até a porta da UTI. Ela segurou na mão de Antolinda e falou: 'Seja essa mulher forte que você sempre foi. Da hora certa, nas horas incertas'. Aí nós voltamos para Goiás. Quando nós chegamos em Goiás, chegou a notícia que ela havia morrido. Ela foi velada na Igreja do Rosário em Goiás. A cidade

---

[731] Depoimento de Benedita Pereira dos Santos, empregada de Cora Coralina. Goiás, fevereiro de 2009.
[732] Depoimento de Antolinda Baía Borges, amiga de Cora Coralina. Goiás, fevereiro de 2009.

inteira apareceu na igreja. Ficou lotada o dia inteirinho. O que as pessoas não fizeram para ela em vida, apresentaram para ela na morte"[733].

Assim como era de sua vontade, foi sepultada no túmulo de seu pai na cidade de Goiás. Com ela, repousou a lápide que aconchega o poema "Meu Epitáfio" e a história de vida de uma mulher que trouxe consigo todas as vidas e idades. Questionada, poucos meses antes, se tinha medo da morte, respondeu: "Não, em absoluto. Não acho que ser velho significa morrer antes dos demais. Idade não significa exatamente morte. Há uma passagem bíblica que diz: 'Na casa de meu Pai há muitas moradas'. Vamos ver como serão essas outras"[734].

Foto 258: Cora Coralina recebendo a Bandeira do Divino, 1985, Goiás-GO

Sua última fotografia a retrata recebendo a bandeira da Folia do Divino Espírito Santo: "Na segunda-feira da Festa do Divino, dia 8 de abril, eu desci para esperar a folia passar na casa dela. Ela já estava doente, deitada naquele sofazinho. Ela deu a esmola e, na hora que a bandeira

---

[733] Depoimento de Marlene Gomes de Vellasco, vizinha e amiga de Cora Coralina. Goiás, março de 2009.
[734] VERAS, Dalila Teles. A velha rapsoda, p. 9.

entrou, eu a levantei daquele sofazinho, segurei e ela beijou o Divino"[735]. Nada mais simbólico para alguém que em sua trajetória procurou cultivar os dons do Espírito Santo, afirmando, que em sua opinião ele sintetizava o sentimento mais profundo, religiosamente falando[736]. Luz doadora de graças e dons que tentou incorporar: "Eu me lembro que, quando criança, uma tia minha, muito religiosa, promovia, entre as pessoas e famílias inimigas, a paz. Na festa do Divino – tradição em minha cidade –, ela tomava as mãos das pessoas e colocava sob a bandeira do Divino. Até hoje, isso não me sai da memória. É o Espírito Santo, com seus sete dons, promotor da paz nos corações. Dom da sabedoria, da fortaleza, da paciência, do bom conselho. (...) Não me proponho a melhorar nada escrevendo. Proponho-me, sim, a fazer algo com a minha palavra, não a escrita, mas a falada, pois é onde há mais vida, vibração, entendimento para os que estão ali ouvindo. Acredito que posso contribuir para um estado melhor de ânimo, remover muitas teias de aranha que todos trazem quanto ao passado e ao presente"[737]. Cora ofereceu muitos exemplos e lições de vida e, por isso, ainda se mantém viva nas lembranças daqueles que a conheceram, na força de seus ideais e projetos, e na grandiosidade de seus versos que continuam, com toda a força, ecoando na acústica de cada dia que recomeça.

---

[735] Depoimento de Antolinda Baía Borges, amiga de Cora Coralina. Goiás, fevereiro de 2009.
[736] Cf. entrevista com Cora Coralina. Sessão da Academia Feminina de Letras e Artes de Goiás, 10 jun. 1980. Arquivo da AFLAG.
[737] BOTTASSO, Rosalina. Cora Coralina, a vida em prosa e verso, p. 30-31.

EU VOLTAREI

> "A pedra de meu túmulo
> será enfeitada de espigas de trigo
> e cereais quebrados
> minha oferta póstuma às formigas
> que têm suas casinhas subterra
> e aos pássaros cantores
> que têm seus ninhos nas altas e floridas frondes.
> Eu voltarei..."[738]
> *Cora Coralina*

A imortalidade de Cora Coralina começou em vida, no olhar diferenciado, nas lições e exemplos que deixou, na percepção aguda de encontrar ouro onde só viam pedras. Cora era uma alquimista: "Ela naquele tempo passava perto de um monte de lixo e parava, e se encantava, ficava imaginando a vida, a riqueza que havia ali naquele lixo"[739]. E foi num monturo que Cora Coralina pegou um bulbo e o levou em viagem, guardando-o dentro de um plástico: "Nem cuidados dei/ à grande e rude matriz fecundada./ Apanhada num monte de entu-

---
[738] CORALINA, Cora. *Meu livro de cordel*, p. 72.
[739] Depoimento de Nize Garcia Brêtas, nora de Cora Coralina. Balneário Camboriú-SC, 2009.

lho de lixeira"⁷⁴⁰. Quando chegou em sua casa plantou o tubérculo rejeitado, levando-o em hora certa à maternidade da terra. A sensibilidade poética eclodia na antecipação floral: "Chamei a tantos.../ Indiferentes, alheios,/ ninguém sentiu comigo/ o mistério daquela liturgia floral"⁷⁴¹. Mistério desvendado por aquela que sentia com os olhos da alma e que viveu entre flores. Desde criança, no quintal da Casa Velha da Ponte e nas vastidões da fazenda Paraíso, a natureza lhe foi pródiga. Depois, aportou na Cidade das Rosas, cultivou e sobreviveu da venda dos botões coloridos que partejava, aguardando o conúbio místico da terra e do sol. No sítio em Andradina e de volta a Goiás, também sempre fez questão de cultivar rosas, dá-las como presente aos vizinhos, recebê-las. Apreciar sem distinção: a mais imponente orquídea do cerrado e a mais humilde bonina surgida no lixo dos becos de Goiás.

A cada eclosão, chamava e conclamava "de alheias distâncias/ alheias sensibilidades./ Ninguém responde./ Ninguém sente comigo/ aquele mistério oculto./ Aquele sortilégio a se quebrar"⁷⁴²: o nascer da flor. O gesto humilde que conjugou mulher e natureza, poetisa e terra, não ficou esquecido. Pela força que seu codinome carrega, de Perséfone-Cora - deusa das colheitas, da agricultura e da primavera -, ou por sua devoção franciscana a natureza ao ponto de evocar Nossa Senhora das Raízes, seu apelo encontrou escuta. A Agrícola da Ilha, em Joinville-SC, maior produtora de hemerocallis (popular lírio amarelo) do Brasil, homenageou a poetisa com o *Hemerocallis Cora Coralina*⁷⁴³. Do grego "hemero", dia, e "kallos", beleza, traduz uma de suas importantes características: cada flor dura apenas um dia, tempo suficiente para cumprir sua missão. A fugacidade e delicadeza de sua presença se contrapõem à permanência e à força que seu magnetismo provoca. Sua cor laranja capta o poente, relicário de uma tarde de inverno ou de um sol escaldante de primavera: "quatro lírios/ semi-abertos,/ apontando os pontos cardeais/ no ápice da haste"⁷⁴⁴. Em seu ciclo natural, durante o outono e inverno, secam-lhe as folhas, mas seu rizoma fica bem nutrido debaixo da

---
⁷⁴⁰ CORALINA, Cora. *Meu livro de cordel*, p. 18.
⁷⁴¹ *Idem*.
⁷⁴² *Idem*, p. 21.
⁷⁴³ Flor de 9,5 cm de diâmetro, haste de 50 cm, floração de outubro à janeiro e hábito semi-dormente.
⁷⁴⁴ CORALINA, Cora. *Meu livro de cordel*, p. 21.

terra. Flor bandeirante, de fácil adaptação e que supera condições adversas, já pode ser encontrada em diversas partes do mundo e no coração do jardim da Casa Velha da Ponte. Basta a espera, sob a terra: "Terra. Sei que vivo em tudo que vem de ti. Sinto-me integrada em todas as belezas simples e incompletas que provêm de ti"[745].

Na primavera novas folhas brotam e, com elas, novas hastes florais. É o recomeço de uma vida. O que parecia morto, eclode, rompe o solo. É a volta da vida, da cor, do movimento. Para voltar é preciso germinar. Cora Coralina germina em cada hemerocallis, plantado ou não, adubado ou descuidado, regado pelo homem ou pelos desígnios divinos, acomodado no lixo ou no vaso de porcelana. Não importa o tempo ou a circunstância, ele renasce. Como renasce a cada dia em seus poemas, crônicas, estórias, em cada palavra que escreveu. Sabia que seria lida e entendida pelas novas gerações, no passado ela previu esse futuro, antes que o tempo passasse tudo a raso. Não teve medo de dizer suas meias verdades, não calou a Aninha que existia dentro de si. Não duvidou: "O medo é parelha da dúvida./ Quem duvida não tem espírito de construção./ Jamais será um semeador"[746]. Semeando palavras e ações ela colheu a eternidade. Ela mesma registrou que "Não morre aquele/ que deixou na terra/ a melodia de seu cântico/ na música de seus versos"[747].

Cora Coralina também se tornou borboleta. É a *Molippa coracoralinae*, uma nova espécie de mariposa brasileira pertencente à família das Saturnidae (Subfamília Hemileucinae), que ocorre nas, Américas[477], descoberta pelo entomólogo Nirton Tangerini, em 1973, na cidade de Jataí-GO. Ele, admirador de Cora Coralina, não teve dúvidas em batizar o achado com o nome da escritora que "numa ânsia de vida abria/ o voo nas asas impossíveis/ do sonho"[748]. A poetisa que gostava de escrever de madrugada e sempre tinha do lado de sua cama, num tamborete, caderno, caneta, castiçal e vela para suas inspirações noturnas, hoje vive em cada mariposa *Molippa coracoralinae* atraída pela luz: "os poetas

---

[745] CORALINA, Cora. Terra. *O Andradina,* Andradina, 23 abr. 1944.
[746] CORALINA, Cora. *Vintém de cobre:* meias confissões de Aninha, p. 204.
[747] CORALINA, Cora. *Meu livro de cordel*, p. 106.
[748] CORALINA, Cora. *Meu livro de cordel*, p. 82

barrocos viviam fazendo poemas para as mariposas girando em torno da vela, retratando assim a ânsia de conhecimento e fugacidade da vida"[749].

Devido a essa ânsia de conhecimento, Cora Coralina prestava atenção a tudo ao seu entorno. Lia jornais, livros e revistas diariamente. Recebia as mais diversas visitas e comentava sobre qualquer temática, nada lhe escapava. Cora agora virou borboleta. Passou por todas as fases: uma vez crisálida, enclausurou-se até poder voar; uma vez lagarta, nutriu-se, defendeu-se até poder parar, recolher-se e se preparar para a transformação. Não foi sem razão que seu comércio tinha o nome de Casa Borboleta. Ali ela já se nutria, trabalhava, mantinha-se e mantinha os seus. Trabalhou muito, até fazer-se crisálida. Fechou o ciclo e rompeu a casca, voou. Nessa metamorfose foi filha, esposa, mãe, avó, bisavó. Nesse voo foi poeta, cronista, contista, jornalista, sitiante, doceira. Deu asas a nossa imaginação. Hoje, voamos em seus livros, vemos a Aninha da Ponte da Lapa passeando pela cidade de Goiás, encontramos os Meninos Verdes em todas as hortas e pomares, procuramos uma moeda de ouro na moela dos patos abatidos para a quermesse e um vintém de cobre perdido nas frestas do sonho.

Foto 259: *Molippa coracoralinea*, Jataí-GO

Cora, borboleta e flor, cumpre o destino prenunciado em seu "Búzio Novo": "Vêm borboletas/ trazem as ofertas do ritual:/ Pólen e Mel./ Para o conúbio nupcial"[750]. O búzio a renascer é o legado da escritora que, há tempos, extrapolou as margens do rio Vermelho e se fez ponte. Hoje, sua obra é lida por crianças e velhos, homens e mulheres no campo e nas cidades, nos cinco continentes. Seus contos povoam o imaginário daqueles que estão aprendendo a ler e a escrever. Sua lírica tem sido objeto de dissertações e teses em todas as regiões brasileiras e já chegou a centros de referência como os das

---

[749] SANT'ANA, Affonso Romano de. Cora Coralina, a borboleta, 2003.
[750] CORALINA, Cora. *Meu livro de cordel*, p. 89.

Universidades de Paris III Sorbonne-Nouvelle, a Complutense de Madrid, a de Havana, e as de Iowa, Harvard, Illinois e Arizona nos Estados Unidos.

A autora empresta seu nome a 42 ruas e cinco praças que interligam e embelezam vidas nos estados de Goiás, Brasília, São Paulo, Rio de Janeiro, Minas Gerais, Bahia, Pará, Paraná, Santa Catarina, Mato Grosso do Sul e Rondônia. Quem tanto lutou pela manutenção das tradições e denominações no gosto do povo, que escreveu cartas e viajou, hoje integra dezenas de endereços e placas, decretos e símbolos. Também é patronesse de diversas Academias de Letras e Artes, nome de teatros, casas de cultura, auditórios e instituições culturais. Aquela que só teve a terceira série primária denomina escolas, bibliotecas e unidades universitárias. As escolas, que estampam seu pseudônimo e abarcam da educação infantil até o ensino superior, atravessam o Brasil. Seja a Unidade Universitária Cora Coralina e a Escola Estadual Cora Coralina, atuantes em sua cidade natal, seja aquelas que unem as pontas do Brasil e que aqui citamos a título de exemplo: Centro Educacional Cora Coralina, São José-SC e Escola Cora Coralina, Cruzeiro do Sul-AC; Escola Municipal Cora Coralina, Foz do Iguaçu-PR e as três escolas que ostentam seu nome em Porto Velho, Ji-Paraná e Cacoal, em Rondônia. Escolas e bibliotecas que prenunciam melhores oportunidades de vida à juventude de 14 estados brasileiros.

Foto 260: Busto de Cora Coralina, Goiás-GO

Quem tanto exaltou o professor e o trabalho, ainda teve a oportunidade de inaugurar em vida o Centro de Educação Profissional Cora Coralina, em

Goiânia, e também se faz presente nas mãos das mulheres que continuam exercitando a alquimia íntima que envolve a fabricação dos doces de frutas. A doce sina de preparar os frutos nos tachos de cobre e no fogão à lenha, de aperfeiçoar, dignificar o trabalho, conversar com os fregueses e colocar sua afeição em algo resultante do próprio esforço. Um artesanato dos sentidos: do olfato, da memória ao cheiro gostoso provocado pelo remexer das mãos que propiciam os tons e os sabores. Cora tinha consciência disso: "Quando eu morrer, não morrerei de tudo"[751].

Cora inspira filmes, livros, poesias, músicas, festivais e espetáculos teatrais. Muitos de seus poemas já foram traduzidos e existe uma edição em espanhol de seu livro para crianças: *La moneda de oro que un pato se tragó*. Também há uma edição em braile de *Poemas dos becos de Goiás,* e seus herdeiros, esporadicamente, têm publicado obras póstumas com muitos de seus poemas, contos e crônicas. Seu primeiro livro, continua seguindo o destino sugerido pela rapsoda: de ser lido, relido, trelido, rabiscado e de "sobreviver à autora e ter a glória de ser lido por gerações que hão de vir de gerações que vão nascer"[752].

Além disso, outro desejo da poetisa vem sendo realizado: "que possa ser lido nas prisões e levar ao presidiário a última página deste livro num apelo de regeneração e na minha oferta de fraternidade humana"[753]. Na unidade prisional da cidade de Goiás, os versos de Cora há alguns anos invadiram as celas femininas e inspiram bordados que constituem instrumentos de transformação: "A iniciativa do bordado foi da artesã Milena Curado. Há dez meses ela vai todas as semanas a unidade prisional para ensinar as "meninas", ponto cheio, ponto atrás, ponto arte, rococó. Além dos segredos de sua arte, Milena deixa na cela duas ou três peças para cada uma das presas, com as linhas necessárias para que elas possam trabalhar. Assim essas mulheres que passavam o tempo enfadadas, sentido-se inúteis, chorando seus filhos distantes, conseguiram transformar seus dias tristes em flores coloridas, casario da cidade de Goiás e versos de

---

[751] CORALINA, Cora. Vintém de cobre: meias confissões de Aninha, p. 52.
[752] CORALINA, Cora. Poemas dos becos de Goiás, p. 24.
[753] Idem, p. 23.

Cora Coralina, que decoram vestidos, bolsas, aventais"[754]. A poesia de Cora, alinhavada pelas presas, tem proporcionado remuneração, diminuição no tempo de pena e possibilidades de reinserção no mercado de trabalho. Muitas, já ex-detentas, continuam trabalhando com os versos e assimilando as lições da poetisa e, não raro, é possível observarmos das mãos anônimas surgirem bordado o verso: "Se souberes viver e aproveitar lições, escreverás poemas".

Solidariedade que move até hoje a cidade de Goiás e diversas outras cidades a comemorar no dia 20 de agosto o Dia do Vizinho, simbolizando a união e a partilha, o amor ao próximo e ao trabalho, uma pausa para o sentimento fraterno. O vizinho de cela, o vizinho de rua, a cidade, o estado, o país vizinho. Os sentimentos comuns edificados em corações alheios rememorando as sementes lançadas por Cora Coralina e que procuram terras férteis para eclodir e recomeçar a liturgia floral. A mesma prática que habita o Asilo São Vicente de Paulo, em Jaboticabal. Instituição que Cora ajudou a construir e que, ainda hoje, propicia que os idosos tenham uma vida com dignidade.

Em 1976, quando publicou o poema "Eu voltarei" em *Meu livro de cordel,* registrou que cada nascimento de um filho seu seria marcado com o plantio de uma árvore simbólica: "A árvore de Paulo, a árvore de Manoel,/ a árvore de Ruth, a árvore de Roseta. (...) Teremos uma fazenda e um Horto Florestal./ Plantaremos o mogno, o jacarandá,/ o pau-ferro, o pau-brasil, a aroeira, o cedro./ Plantarei árvores para as gerações futuras"[755]. Desse

Foto 261: D. Luzia; ao fundo, as palmeiras imperiais de mudas adquiridas com Cora Coralina, 2009, Franca-SP

---

[754] HELENA, Arcelina. Versos de Cora em bordados, 2008.
[755] CORALINA, Cora. *Meu livro de cordel,* p. 71.

modo, Cora se manteria viva nas árvores plantadas e nos gestos de amor à natureza. Várias árvores que continuam embelezando as cidades do interior paulista foram plantadas pelas mãos de Cora Brêtas. Muitas das plantas do sítio em Andradina e do quintal da Casa Velha da Ponte, em Goiás, foram plantadas por suas mãos sementeiras e proporcionam mudas viajeiras. Na verdade, Cora edificou vários Hortos Florestais quando disseminou seus exemplos de respeito e amor à natureza.

Comemorando o centenário de morte de Cora Coralina, em 1989, o Correio, na série Dia do Livro, lançou um selo ilustrado por Martha Poppe, em que a poetisa, em primeiro plano, contrasta com a Casa Velha da Ponte, e uma árvore faz a união entre elas.

Foto 262: Selo comemorativo pelos 100 anos do nascimento de Cora Coralina

Hoje, a poetisa dá nome ao principal prêmio do Festival Internacional de Cinema e Vídeo Ambiental – FICA, idealizado em 1999 na cidade de Goiás. Festival que conjuga cinema com ações educativas e sociais visando o desenvolvimento sustentável. Sentimento que dialoga com a ideia lançada pela poetisa em 1921, quando residia em São Paulo: "Assim é que sem escapar ao contágio da hora atual, em que a sementeira de idéias comemoratícias lançadas de todos os quadrantes, cai por aí, além em colunas cerradas de jornais, germinando algumas e perdendo-se quantas, também eu lanço com fé e cheia de convicção a sementinha nova de uma idéia que, desconfio, inda de ninguém foi lembrada. Que seria de S. Paulo abrir um grande cinema ao ar livre ou mesmo em imenso salão para isso construído em caráter embora transitório, onde fossem passados filmes de todos os 21 estados do Brasil, no sentido de fazer estes conhecidos dos estrangeiros que virão encher essa capital, sôfregos de tudo ver, como também dos próprios nacionais! E que poderoso veículo para a vulgarização dos nossos produtos, riquezas naturais desconhecidas, tantas inexploradas, todas e onde a legenda dos quadros fosse simultaneamente grafada em francês, italiano, espanhol e português"[756].

Cora se mantém viva em cada trabalhador que aciona a engrenagem da vida. Aquele que lança os grãos na terra e acompanha o milagre da germinação, que proporciona a tulha cheia e a festa alegre das colheitas. Vive em cada espiga de milho que reluz de ouro o grão perdido e por milagre fecundado: "Em qualquer parte da Terra/ um homem estará sempre plantando,/ recriando a Vida./ Recomeçando o Mundo"[757].

Na Casa Velha da Ponte, hoje Museu Casa de Cora Coralina, seus espaços, objetos e palavras ecoam por entre a dezena de cômodos embalados pela presença constante do rio Vermelho. É como se o tempo não tivesse passado e, em meio à centena de turistas, a poetisa doceira dali irradiasse lirismo e vivência para o céu de Goiás e para os corações dos que ainda creem nos valores humanos: "Creio nos valores humanos/ e sou a mulher terra./ (...) Creio na força do trabalho/ como elos e trança do progresso./ Acredito numa energia imanente/ que virá um dia ligar a família humana/ numa corrente de fraternidade universal./ Creio na salvação dos abandonados/ e na regeneração dos encarcerados,/ pela exaltação e dignidade do trabalho./ (...) No constante poder de construção./ Acredito nos jovens à procura de caminhos novos/ abrindo espaços largos na vida./ Creio na superação das incertezas"[758].

---

[756] CORALINA, Cora. Idéias e comemorações, 1921.
[757] CORALINA, Cora. *Poemas dos becos de Goiás e estórias mais,* p. 161.
[758] CORALINA, Cora. *Vintém de cobre*: meias confissões de Aninha, p. 236.

Foto 263: Museu Casa de Cora Coralina, 2009, Goiás-GO

Cora Coralina ainda se faz presente nas lembranças de sua família e dos amigos que conquistou ao longo de sua trajetória: "Cada filho, cada neto, cada parente, cada amigo teve sua visão da vida fabulosa desta mulher, simples sim, mas de uma fibra incomum, que soube traduzir tão bem, nos seus escritos, o tempo e o espaço em que viveu. Portanto, podem contar a vida dela em diferentes formas"[759]. Pessoas que mantêm vivos seus exemplos e ensinamentos: "Deixarei no mundo uma vasta descendência de homens/ e mulheres, ligados profundamente ao trabalho e à terra/ que os ensinarei a amar"[760]. Cora legou a todos o amor: amar o próximo, os ideais, a Deus, a natureza, a linguagem. Amor altruísta que não esperou nada em troca e que demonstrou que nunca é tarde para voltarmos sobre nossos próprios passos, recomeçarmos a caminhada e lançarmos a boa semente.

---

[759] TAHAN, Vicência Brêtas. *Cora coragem, Cora poesia*, p. 237.
[760] CORALINA, Cora. *Meu livro de cordel*, p. 72.

Anna Luins dos Guimarães Peixoto

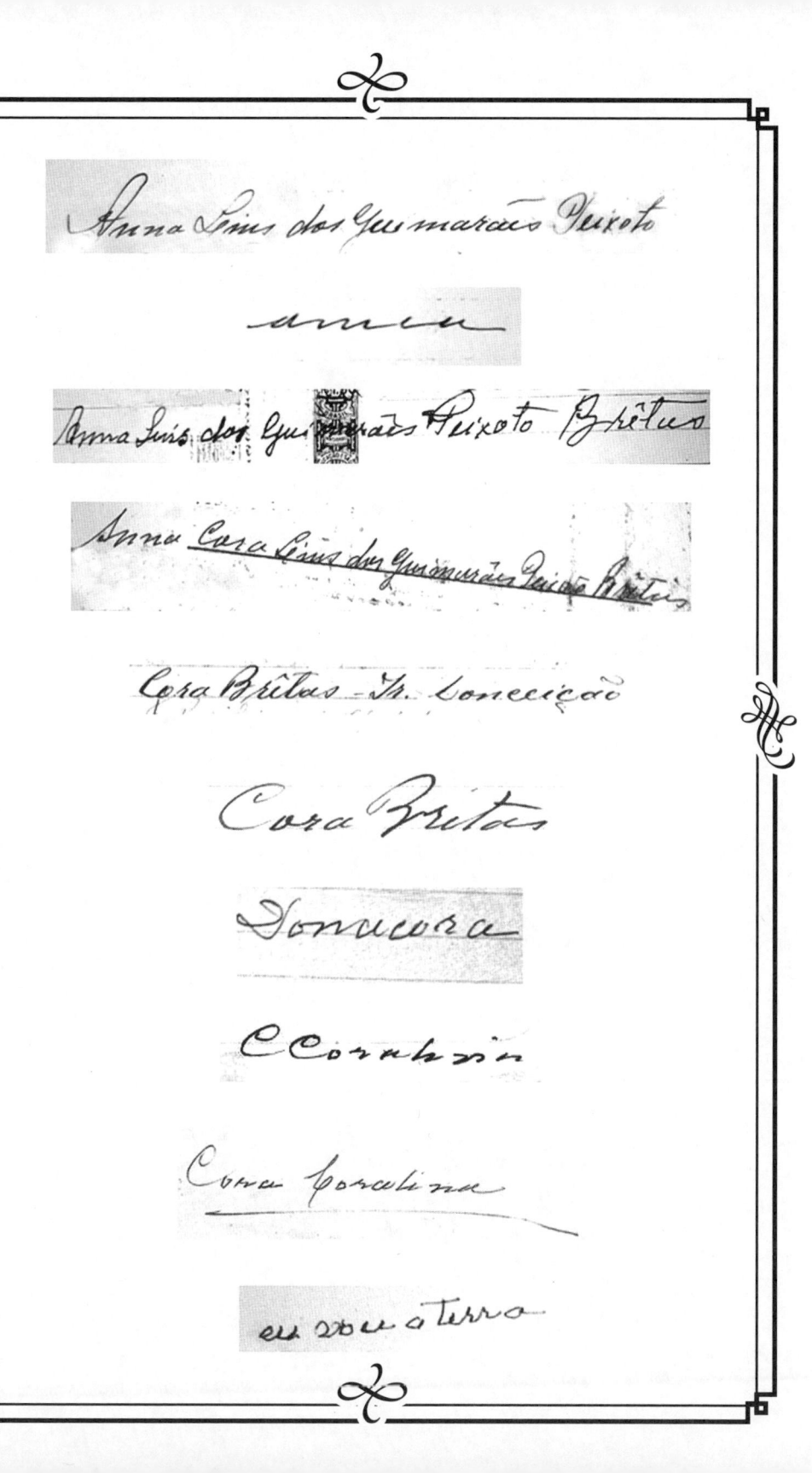

amem

Anna Luins dos Guimarães Peixoto Brétas

Anna Cora Luins dos Guimarães Peixoto Brétas

Cora Brétas Fh. Conceição

Cora Brétas

Donacora

CCoralin

Cora Coralina

eu sou a Terra

AGRADECIMENTOS

Os autores registram agradecimentos especiais:

A Nize Garcia Brêtas (*in memoriam*), viúva de Cantídio Brêtas Filho, que no decorrer da pesquisa partiu para junto de Cora Coralina. Nize, mesmo adoentada, disponibilizou seu acervo pessoal, compartilhou suas memórias e mobilizou a família Brêtas para apoiar esta publicação. Nas pessoas de suas filhas Gilda e Eunice, prestamos nossa homenagem a quem tanto lutou e se dedicou para a realização deste livro.

A Vicência Brêtas Tahan, pelas informações enriquecedoras e orientações a respeito da vida e obra de sua mãe Cora Coralina.

A Maria Luiza Cartaxo, neta de Cora Coralina, pelos esclarecimentos sobre a vida de sua avó e pelo apoio ao livro.

A Paulo Sérgio Brêtas de Almeida Salles, por incentivar nossa pesquisa. Seu apoio e sua sensibilidade foram fundamentais para que compreendêssemos um pouco mais da vida e do pensamento de sua avó Cora Coralina.

A Mariana de Almeida Salles, bisneta de Cora Coralina, que transcreveu, juntamente com Alessandra Barreto Vianna Rocha, e disponibilizou trechos das entrevistas feitas a sua bisavó e que integram seu acervo particular.

A Miguel Recco (*in memoriam*) e a Elza Recco, pelas informações e documentos valiosos.

A Carlos Rodrigues Brandão por gentilmente ter escrito a apresentação deste livro.

Agradecem às seguintes instituições e pessoas:

Museu Casa de Cora Coralina, Goiás-GO, por permitir a consulta ao acervo pessoal da escritora.

Fundação Cultural Frei Simão Dorvi, Gabinete Literário Goiano, Museu das Bandeiras e Museu de Arte Sacra da Boa Morte, Arquivo Geral da Diocese,

Goiás-GO, por contribuir para que fossem encontrados documentos e crônicas inéditas sobre vida e obra de Cora Coralina e Cantídio Tolentino Brêtas[1].

Arquivo Histórico Estadual e Instituto de Pesquisas e Estudos Históricos do Brasil Central, Goiânia-GO, pela atenção e conservação de documentos ligados a Cora Coralina.

Asilo São Vicente de Paulo, Museu Histórico, Cartório de Registro Civil, Jaboticabal-SP, pelo auxílio na procura de documentos e crônicas sobre a vida e obra de Cora Coralina e Cantídio Tolentino Brêtas[2].

Museu Histórico e Pedagógico Fernão Dias Paes, Biblioteca Pública Municipal Prof. Fausto Ribeiro de Barros, Museu Histórico e Pedagógico Memorialista Gláucia Mª de Castilho Muçouçah Brandão, Penápolis-SP, pela atenção e pelo envio de documentos.

Biblioteca Pública, Museu Histórico e Pedagógico Regente Feijó, Andradina-SP, por disponibilizar o acervo sobre Cora Coralina.

Biblioteca Pública Monteiro Lobato, Cartório Oficial de Registro Civil[3], Escola Caetano de Campos, Secretaria da Educação do Estado de São Paulo, São Paulo-SP, por auxiliar na leitura de todas as Revistas do Brasil a partir de 1922, pela transcrição de "inteiro teor" da certidão e pela disponibilidade do acervo.

Irmãos da Ordem Franciscana Secular do Brasil, Rio de Janeiro-RJ, pelos esclarecimentos.

Ademir Hamú, Antônio César Caldas Pinheiro, Cidinha Coutinho, Helder Andrada, Marcos Lobo, Paula Santana e Nelson de Azevedo Paes Barreto, Goiânia-GO, pela generosidade em compartilhar informações e fotografias de significativos momentos da trajetória de Cora Coralina.

Clóvis Roberto Capalbo, Dorival Martins de Andrade, Antônio Roberto Borgatto, Maria Helena Morelli Damasceno, Maria Aparecida dos Anjos Cappatto, José Carlos Hori e Izilda Costa, pelo apoio na obtenção de documentos em Jaboticabal-SP.

---

[1] O saldo da pesquisa resultante em documentos, crônicas e artigos inéditos da vida e obra de Cora Coralina e Cantídio Tolentino Brêtas foi registrado no "2º Registro de Títulos e Documentos da Comarca de São José dos Campos" sob averbação n. 11757, em 26 de março de 2009 com firma reconhecida no "1º Tabelião de Notas" da mesma comarca.
[2] Idem.
[3] Idem.

AGRADECIMENTOS

José Fulaneti de Nadai, Fernanda Pereira Campagnoli, Solange Ruiz Chotolli e Irmãos da Ordem Franciscana Secular, pelo inestimável apoio em Penápolis-SP.

Júlio César de Souza, Fernando Magno da Silva, Tekla Maria Marzola Moreira, Inês Andrade, Marcos Fernandes, João Carlos Carreira, Ricardo Alexandre Roque, Marco Antônio Sampaio e família Recco, pelo apoio na obtenção de documentos em Andradina-SP.

João Soares de Carvalho, Rosana Rocha Isaias, Ivana Catalano Albertin e Sônia Bertonazzi, São Paulo-SP, pelo apoio e pelas preciosas informações que elucidaram a passagem de Cora Coralina e Cantídio Brêtas pela capital paulista.

Roberto Martins Franco, Roberto Martins Franco Júnior e Ronaldo Martins Franco, Sales de Oliveira-SP, pela disponibilização de seus acervos pessoais.

Gabriel Afonso Mei Alves de Oliveira, Flávia Lancha Oliveira, Saulo Alves de Oliveira e Luzia Alves de Oliveira, Franca-SP, por compartilharem seus acervos e suas lembranças do convívio com Cora Coralina.

Goiandira Ayres do Couto, Heloísa Maria Moreira Lima de Almeida Salles, Maria de Fátima da Silva Cançado, Maria José da Silva Rezende, Nelson Luiz Bastos, Nelson Tangerini, Sônia Ferreira, Teresa Brêtas e Washington Fernando, pelos depoimentos, fotografias e esclarecimentos de dúvidas.

Ana Maria Di Peres, Antolinda Baía Borges, Ataliba Guimarães Franco, Benedita Pereira dos Santos, Hecival Alves de Castro, Inan Benedita da Silva Freitas, Lúcia Benedita Pereira dos Santos (in memoriam), Marlene Vellasco, Messias Ribeiro Silva e família, por compartilharem seus acervos e suas lembranças dos 29 anos de convívio com Cora Coralina na cidade de Goiás-GO.

Equipe da Editora Idéias e Letras que não poupou esforços para a viabilização desta obra, em especial a Marcelo C. Araújo, Avelino Grassi e Isabel Araújo.

Famílias Sêda Pinto Müller e Seixo de Britto, por lapidarem as pedras e cuidarem de suas raízes.

REFERÊNCIAS BIBLIOGRÁFICAS

1. Obras da Autora

a) Livros

Poemas dos becos de Goiás e estórias mais. Rio de Janeiro: José Olympio, 1965.
Meu livro de cordel. Goiânia: Livraria e Editora Cultura Goiana, 1976.
Meu livro de cordel. 9ª ed. São Paulo: Global, 2001.
O tesouro da casa velha. 5ª ed. São Paulo: Global, 2001.
Poemas dos becos de Goiás e estórias mais. 20ª ed. São Paulo: Global, 2001.
Os meninos verdes. Ilustrações de Cláudia Scatamacchia. 10ª ed. São Paulo: Global, 2002.
Villa Boa de Goyaz. 2ª ed. São Paulo: Global, 2003.
Cora Coralina (Coleção Melhores Poemas). Seleção, apresentação crítica e biografia de Darcy França Denófrio. São Paulo: Global, 2004.
A moeda de ouro que o pato engoliu. Ilustrações de Alcy. 6ª ed. São Paulo: Global, 2006.
Estórias da casa velha da ponte. 13ª ed. São Paulo: Global, 2006.
Vintém de cobre: meias confissões de Aninha. 9ª ed. São Paulo: Global, 2007.

b) Artigos, crônicas e poemas esparsos

A viuvinha. *Goyaz,* Cidade de Goiás, 28 nov. 1907.
O celibatário. *Goyaz,* Cidade de Goiás, 31 out. 1908.
José Olympio Xavier de Barros. *Tribuna Espírita,* Rio de Janeiro, 15 fev. 1909.
O espiritismo em Goiás. *Tribuna Espírita,* Rio de Janeiro, 15 fev. 1909.
A solidão. *Goyaz,* Cidade de Goiás, n. 1053, 27 fev. 1909.

Floração. *Goyaz,* Cidade de Goiás, n. 1066, 5 jun. 1909.

Primeira Impressão. *Goyaz,* Cidade de Goiás, 21 ago. 1909.

O defunto. *Goyaz,* Cidade de Goiás, 18 set. 1909.

Orquídeas. *Goyaz,* Cidade de Goiás, 25 set. 1909.

O canto da inhuma. *Goyaz,* Cidade de Goiás, 23 out. 1909.

Os últimos. *Goyaz,* Cidade de Goiás, 6 nov. 1909.

A dança. *Goyaz,* Cidade de Goiás, 4 dez. 1909.

Concepção da Pedra. *Goyaz,* Cidade de Goiás, 15 jan. 1910.

Tragédia na roça. *Anuário histórico, geográfico e descritivo do Estado de Goiás.* Uberaba: Livraria Século XX, 1910.

Croniqueta. *A Imprensa,* Cidade de Goiás, n. 268, 10 set. 1910.

Discurso em homenagem a Félix de Bulhões. *Goyaz,* Cidade de Goiás, n. 1161, 1 abr. 1911.

Rio Vermelho. *A Informação Goyana,* Rio de Janeiro, v. II, n. 8, 15 mar. 1919.

Doces. *A Informação Goyana,* Rio de Janeiro, v. II, n. 8, 15 mar. 1919.

Ipê florido. *A Informação Goyana,* Rio de Janeiro, v. II, n. 9, 15 abr. 1919.

O progresso de Goyaz. *A Informação Goyana,* Rio de Janeiro, v. II, n. 9, 15 abr. 1919.

Concepção da Pedra. *Paranaíba: Revista de Artes, Letras, Ciências, Economia e Jurisprudência,* Santa Rita do Paranaíba, maio de 1919.

Um milagre: lenda de Goyaz. *A Informação Goyana,* Rio de Janeiro, v. II, n. 12, 15 jul. 1919.

Idéias e comemorações. *O Estado de São Paulo,* São Paulo, 3 out. 1921.

Árvores. *Jornal de Jaboticabal,* Jaboticabal, set. 1922.

Dominicais. *A Informação Goyana,* Rio de Janeiro, v. VIII, n. 2, 1924.

Coisas de S. Paulo. *O Democrata,* Jaboticabal, n. 1716, 7 maio 1931.

Coisas de Jaboticabal. *O Democrata,* Jaboticabal, n. 1718, 21 maio 1931.

Coisas de Jaboticabal. *O Democrata,* Jaboticabal, n. 1720, 4 jun. 1931.

Coisas de Jaboticabal. *O Democrata,* Jaboticabal, n. 1721, 11 jun. 1931.

Coisas de Jaboticabal. *O Democrata,* Jaboticabal, n. 1722, 18 jun. 1931.

Coisas de Jaboticabal. *O Democrata,* Jaboticabal, n. 1723, 25 jun. 1931.

Coisas de Jaboticabal. *O Democrata,* Jaboticabal, n. 1724, 2 jun. 1931.

Coisas de Jaboticabal. *O Democrata,* Jaboticabal, n. 1725, 9 jun. 1931.

Coisas de Jaboticabal. *O Democrata*, Jaboticabal, n. 1726, 16 jun. 1931.
Coisas de Jaboticabal. *O Democrata*, Jaboticabal, n. 1727, 23 jun. 1931.
O homem e a terra. *O Andradina,* Andradina, n. 199, 19 mar. 1944.
Terra. *O Andradina,* Andradina, n. 203, 23 abr. 1944.
A hora presente. *O Andradina,* Andradina, n. 289, 17 fev. 1946.
A hora presente. *O Andradina,* Andradina, n. 291, 13 mar. 1946.
A hora presente. *O Andradina,* Andradina, n. 294, 24 mar. 1946.
Búzio novo. *O Andradina,* Andradina, n. 295, 31 mar. 1946.
Canto de Andradina. *Seiva:* documentário da vida andradinense, Andradina, dez. 1952.
O cântico da volta. Goiás: Ed. da autora, 1956.
Meu Goiás. Jornal *Cidade de Goiás,* Goiás, 16 set. 1956.
Oração do Milho. *Revista Anhembi,* São Paulo, v. XLVII, n. 141, ago. 1962.
Poema do Milho. *Revista Anhembi,* São Paulo, v. XLVII, n. 141, ago. 1962.
Carta aberta. *O Popular,* Goiânia, 3 ago. 1975.
Cora Coralina. *Imprensa Goiana*: depoimentos para a sua história. Goiânia: AGI, 1980.
Cora Coralina: depoimento e antologia. *Revista Goiana de Artes,* UFG, v. 2, n. 2, jul/dez 1981.
Ode ao trabalho. *Revista Goiana de Artes,* Goiânia, UFG, n. 2, jul./dez. 1983.
Discurso de agradecimento – *Doutor Honoris Causa. Revista Goiana de Artes,* Universidade Federal de Goiás, Goiânia, v. 4, 1983.
Discurso de Posse. *Revista da Academia Goiana de Letras,* Goiânia, n. 8, ago. 1986.
Francisco Xavier. *Jornal do Brasil,* Rio de Janeiro, 12 jan. 2002.

c) Depoimentos – Fontes Audiovisuais

CEDOC – Rede Globo (entrevistas diversas) s/d.
Cora Coralina – Especial Literatura, n. 14, TVE, 29/1/1985.

Cora Coralina – Palavra de Mulher. TV Cultura, 1983.

Depoimentos de Cora Coralina a Vicente Fonseca e Armando Lacerda – Fase de prospecção do Filme *Cora Doce Coralina,* Cidade de Goiás, 1982.

Entrevista com Cora Coralina. Sessão da Academia Feminina de Letras e Artes de Goiás, 10 jun. 1980.

Programa Vox Populi. TV Cultura de São Paulo, 1984.

Vila Boa de Goyaz. Documentário de Vladimir Carvalho, 1975.

2. Sobre a Autora

a) Prefácios

ANDRADE, Carlos Drummond de. Carta de Drummond. *In:* CORALINA, Cora. *Vintém de cobre:* meias confissões de Aninha. 9ª ed. São Paulo: Global, 2007.

_____. Cora Coralina, de Goiás. *In:* CORALINA, Cora. *Vintém de cobre:* meias confissões de Aninha. 9ª ed. São Paulo: Global, 2007.

BONFIM, Paulo. A poesia de Cora Coralina. *In:* CORALINA, Cora. *Meu livro de cordel.* Goiânia: Livraria e Editora Cultura Goiana, 1976.

CASSIMIRO, Maria do Rosário. Cora, doutora feita pela vida. *In:* CORALINA, Cora. *Vintém de cobre:* meias confissões de Aninha. 6ª ed. São Paulo: Global, 1997.

CASTRO, Sílvia Alessandri Monteiro de. Um privilégio e uma oportunidade. *In:* CORALINA, Cora. *Poemas dos becos de Goiás e estórias mais.* 7ª ed. São Paulo: Global, 1985.

CATELAN, Álvaro. De pedra foi o meu berço, *In:* CORALINA, Cora. *Meu livro de cordel.* Goiânia: Livraria e Editora Cultura Goiana, 1976.

COSTA. Lena Castello Branco Ferreira. Lição de vida. *In:* CORALINA, Cora. *Poemas dos becos de Goiás e estórias mais.* 7. ed. São Paulo: Global, 1985.

_____. Essa mulher admirável. *In:* CORALINA, Cora. *Vintém de cobre:* meias confissões de Aninha. 6ª ed. São Paulo: Global, 1997.

DENÓFRIO, Darcy França. Cora dos Goiases. *In: Cora Coralina* (Coleção Melhores Poemas). Seleção, apresentação crítica e biografia de Darcy França Denófrio. São Paulo: Global, 2004.

MACHADO, Marietta Telles. A palavra poética da velha guerreira. *In:* CORALINA, Cora. *Vintém de cobre:* meias confissões de Aninha. 2ª ed. Goiânia: Editora da Universidade Federal de Goiás, 1984.

MARQUES, Oswaldino. Cora Coralina: professora da existência. *In:* CORALINA, Cora. *Poemas dos becos de Goiás e estórias mais.* 20ª ed. São Paulo: Global, 2001.

_____. Cora Coralina: vivenciadora. *In:* CORALINA, Cora. *Vintém de cobre:* meias confissões de Aninha. 9ª ed. São Paulo: Global, 2007.

PESQUERO RAMON, Saturnino. Cora Coralina: a metafísica do compromisso com o quotidiano. *In:* CORALINA, Cora. *Vintém de cobre:* meias confissões de Aninha. 6. ed. São Paulo: Global, 1997.

RAMOS, J. B. Martins. Cora Bretas – Cora Coralina. Miniaturista de mundos idos. *In:* CORALINA, Cora. *Poemas dos becos de Goiás e estórias mais.* 20ª ed. São Paulo: Global, 2001.

VERAS, Dalila Teles. Uma voz que ficou. *In:* CORALINA, Cora. *O tesouro da casa velha.* 5ª ed. São Paulo: Global, 2001.

b) Biografias

DENÓFRIO, Darcy França. De Aninha a Cora Coralina: traços biográficos. *In: Cora Coralina* (Coleção Melhores Poemas). Seleção, apresentação crítica e biografia de Darcy França Denófrio. São Paulo: Global, 2004.

SALLES, Mariana de Almeida. *Cora Coralina*: uma análise biográfica. Trabalho de Conclusão de Curso (Graduação em Antropologia) – Departamento de Antropologia, Universidade de Brasília, 2004.

TAHAN, Vicência Bretas. *Cora coragem, Cora poesia.* 4ª ed. São Paulo: Global, 2002 (biografia romanceada).

c) Ensaio

PESQUERO-RAMON, Saturnino. *Cora Coralina*: o mito de Aninha. Goiânia: Ed. da UFG; Ed. da UCG, 2003.

d) Dissertações

BRITTO, Clovis Carvalho. *"Sou Paranaíba pra cá"*: literatura e sociedade em Cora Coralina. Dissertação (Mestrado em Sociologia) – Faculdade de Ciências Sociais, Universidade Federal de Goiás, 2006.

GOMES, Melissa Carvalho. *No rastro de Cora:* da literatura ao desenvolvimento local, identidade e cultura com açúcar e literatura. Dissertação (Mestrado em Serviço Social) – Departamento de Serviço Social, Pontifícia Universidade Católica do Rio de Janeiro, 2004.

VELLASCO, Marlene Gomes de. *A poética da reminiscência:* estudos sobre Cora Coralina. Dissertação (Mestrado em Literatura) – Faculdade de Letras, Universidade Federal de Goiás, 1990.

e) Estudos e referências

A vitória de Cora. *Revista Análise,* Goiânia, n. 6, maio de 1984.

AFLAG. *Anuário da Academia Feminina de Letras e Artes de Goiás.* Goiânia, 1970.

ALBERNAZ, Ondina de Bastos. *Reminiscências.* Goiânia: Kepls, 1992.

ALMEIDA, Nelly Alves de. *Análises e conclusões:* estudos sobre autores goianos. Goiânia: Ed. São Paulo, 1988. 2 v.

ARANTES, Célia Siqueira. A mulher na história da literatura goiana. *In: Revista da AFLAG,* Goiânia, n. 3, 2007.

AZEVEDO, Francisco Ferreira dos Santos. *Anuário histórico, geográfico e descritivo do Estado de Goiás.* Uberaba: Livraria Século XX, 1910.

BITTAR, Maria José Goulart. *As três faces de Eva na Cidade de Goiás.* Goiânia: Kelps, 2002.

REFERÊNCIAS BIBLIOGRÁFICAS

BORGES, Luis Fernando Valadares. Discurso de saudação à Doutoranda Cora Coralina. Série *Láureas da UFG*. Goiânia: Unigraf, 1983.

BOTASSO, Rosalina. Cora Coralina: a vida em prosa e verso. *Família Cristã*, São Paulo, set. 1984.

BRITO, Célia Coutinho Seixo de. *A mulher, a história e Goiás*. 2ª ed. Goiânia, 1982.

BRITTO, Clovis Carvalho. "Amo e canto com ternura todo o errado da minha terra": literatura e sociedade em Cora Coralina. *In:* BRITTO, Clovis Carvalho, SANTOS, Robson dos (Orgs.). *Escrita e sociedade:* estudos de sociologia da literatura. Goiânia: Editora da UCG, 2008.

BRITTO, Clovis Carvalho; REZENDE, Maria José da Silva. Coisas de Goiás, Maria: desvendando novas tendências da preservação do patrimônio cultural no Brasil. *Cadernos do CEOM,* Chapecó, 2007.

CAMARGO, Goiandira Ortiz de. Cora Coralina: uma poética para todas as vidas. *In:* DENÓFRIO, Darcy França; CAMARGO, Goiandira Ortiz de (Orgs.). *Cora Coralina*: celebração da volta. Goiânia: Cânone, 2006.

CASSIMIRO, Maria do Rosário. Cora Coralina: trajetória poética. *Revista da Academia Goiana de Letras,* Goiânia, jul. 1997.

CHARLES, Frei Carlos Roberto de Oliveira. *Santa Rita do Pontal*. Goiânia: Kelps, 2005.

Cora Coralina. *In: Revista Manchete,* São Paulo, 1977.

Cora Coralina: lição de vida. *Revista Paz e Bem,* Ordem Franciscana Secular do Brasil, Rio de Janeiro, nov./dez. 1984.

DENÓFRIO, Darcy França (Org.) *Lavra dos Goyases III – Leodegária de Jesus*. Goiânia: Cânone Editorial, 2001.

DENÓFRIO, Darcy França. Retirando o véu de Ísis: Contribuição às pesquisas sobre Cora Coralina. DENÓFRIO, Darcy França; CAMARGO, Goiandira Ortiz de (Orgs.). *Cora Coralina*: celebração da volta. Goiânia: Cânone, 2006.

FERNANDES, José. *Dimensões da literatura goiana*. Goiânia: Cerne, 1992.

LESSA, Antônio Ramos de. *Imprensa Goiana*: depoimentos para a sua história. Goiânia: AGI, 1980.

MACHADO, Marietta Telles. *Coletânea*. Goiânia: IGL; AGEPEL, 2000.

MIRANDA, Dawson Aparecido. Pronunciamento Cora Coralina Emérita Cidadã de Jaboticabal. Jaboticabal, 25 jul. 1984.

PINHEIRO, Antônio César Caldas. *Tronco e Vergônteas*. Goiânia: Editora Bandeirante, 2002.

SANTOS, Wendel. O universo imaginário de Cora Coralina. In: *Crítica sistemática*. Goiânia: Oriente, 1977.

TELES, Gilberto Mendonça. *A poesia em Goiás*. Goiânia: Imprensa Universitária, 1964.

_____. *O conto brasileiro em Goiás*. Goiânia: Departamento Estadual de Cultura, 1969.

TELES, José Mendonça. *No santuário de Cora Coralina*. 2ª ed. Goiânia: Kelps, 2001.

VERAS, Dalila Teles. *Cora Coralina:* senhora de todas as vidas. União Brasileira dos Escritores – Prêmio: O intelectual do Ano: Troféu Juca Pato. São Paulo, 20 jun. 1984.

YOKOZAWA, Solange Fiúza Cardoso. Estórias da velha rapsoda da casa da ponte. *Temporis (ação)*. Goiás: Universidade Estadual de Goiás, 2005.

f) Textos publicados em jornais

A rosa. In: *A Imprensa,* Goiás, 16 set. 1907.

ABREU, Lívia Dias de. Cora Coralina – A consagração do Juca Pato. *Jornal de Araguari,* Araguari, 4 jul. 1984.

ANDRADE, Carlos Drummond de. Cora Coralina, de Goiás. *Jornal do Brasil,* Rio de Janeiro, 27 dez. de 1980.

Andradina te ama, Cora Coralina. *O Jornal da Região,* Andradina, 28 set. 1983.

ANTONELLI, R. Cora, uma poesia entre o coração e o mundo. *Folha de São Paulo,* São Paulo, 12 out. 1983.

ARAÚJO, Celso. Cora Coralina confessa que viveu. *Jornal de Brasília,* Brasília, 7 ago. 1977.

Boa Vista. *O Goyaz,* Cidade de Goiás, n. 1086, 23 out. 1909.

BOQUADY, Jesus Barros. Editorial. Jornal não identificado, Goiânia, 6 jun. 1956.

BORGES, Rogério. Encontro inesquecível. *O Popular,* Goiânia, 14 mar. 2004.

BOTASSI, Miriam. Cora Coralina conta um pouco da sua história. *Mulherio,* jul. 1983.

Brasília se rende a Cora Coralina. *Diário da Manhã,* Goiânia, 30 ago. 1983.

Cântico de Andradina: imortal herança de Cora Coralina. *O Jornal da Região,* Andradina, 12 abr. 1985.

CANTÍDIO Brêtas. *A República,* Cidade de Goiás, n. 105, 7 out. 1906.

CANTÍDIO Brêtas. *Goyaz,* Cidade de Goiás, n. 934, 10 nov. 1906.

CANTÍDIO Brêtas. *Goyaz,* Cidade de Goiás, n. 1101, 5 fev. 1910.

Cantídio, meu bem. *A Imprensa,* Cidade de Goiás, n. 324, 14 out. 1911.

Chefatura de Polícia. *Estado de Goyaz,* Cidade de Goiás, n. 71, 2 nov. 1911.

Chefe de Polícia. *Goyaz,* Cidade de Goiás, n. 1087, 30 out. 1909.

Cora Coralina. *Goyaz,* Cidade de Goiás, n. 1023, 01 ago. 1908.

Cora Coralina. *A Rosa,* Goiás, n. 33, 24 set. 1908.

Cora Coralina. Jornal *Cidade de Goiás,* Goiás, n. 633, 8 abr. 1956.

Cora Coralina. *O Vilaboense,* Cidade de Goiás, jul. 2004.

Cora Coralina, aos 92 anos: eu sou a própria terra. *Correio Brasiliense,* Brasília, 20 dez. 1981.

Cora Coralina é atração do "Hebe". *Diário Popular,* São Paulo, 15 jun. 1984.

Cora Coralina: sou uma poetisa muito autêntica. *Jornal de Brasília,* Brasília, s/d.

DIOLIVEIRA, Sinésio. Saudade é abraçar o vento... In: *Diário da Manhã,* Goiânia, 22 ago. 2008.

Eis uma goiana. *José,* Brasília, 13 a 19 ago. 1977.

FELÍCIO, Brasigóis. Cora Coralina dos becos de Goiás e dos caminhos do mundo. *O Popular,* Goiânia, 23 dez.1977. p. 11. 2º Caderno.

_____. A mulher goiana que venceu o rolo compressor Rio-São Paulo. *O Popular,* Goiânia, 3 maio 1984.

FRANCIATTO, Claudir. Cora Coralina, 94 anos de otimismo. *O Estado de São Paulo,* São Paulo, 21 ago. 1982.

FRANCISCO, Severino. Sou a voz da terra. Sou tronco, raiz, sou folha. *Revista Interior,* nov./dez. 1982.

GONÇALVES, Maria José. Cora Coralina. *Cidade de Santos.* Santos, 17 out. 1982.

GONSALEZ, Wilson. Cora Coralina: sua filha vive aqui. *Comarca de Garça,* Garça, 23 jul. 1995.

Grêmio literário goiano. In: *A República,* Goiás, n. 126, 27 jul. 1907.

HELENA, Arcelina. Versos de Cora em bordados. *O Popular,* Goiânia, 2 nov. 2008.

Homenagem a Dona Cora. Jornal não identificado, Brasília, 29 nov. 1983.

Hospitalizada Cora Coralina após acidente. *O Popular,* Goiânia, 21 dez. 1978.

JORGE, Miguel. Conversa com Cora Coralina. *Folha de Goyaz, Goiânia,* 1968.

JORGE, Miguel. Cora Coralina, por tudo, literatura. *O Popular,* Goiânia, 19 set. 1973.

JORGE, Miguel. Jorge Amado. *O Popular,* Goiânia, 23 out. 1977.

LUIZA, Maria. Três Lagoas recebe Cora Coralina. *In: O Jornal da Região,* Andradina, 5 out. 1983.

MARQUES, Oswaldino. Cora Coralina – Professora da existência. *Correio Brasiliense,* Brasília, 26 jun. 1970.

MAUL, Carlos. Noite Medieval. *Goyaz,* Cidade de Goiás, n. 1077, 21 ago. 1909.

MORAIS, Menezes de. 93 anos: doceira e poetisa, com muito orgulho. *Jornal de Brasília,* Brasília, 15 dez. 1981.

Na poesia, o retrato de Cora. *O Popular,* Goiânia, 14 jun. 1980.

Na praça, a voz e a esperança de Cora Coralina. *O Estado de São Paulo,* São Paulo, 3 set. 1984.

NADAI, José Fulaneti. O ninho da andorinha. *Interior,* Penápolis-SP, 3 fev. 1985.

NETO, Orlando Pereira de Godoy. *Revista Plantio Direto,* Passo Fundo-RS, 2009.

NOVAES, Vinícius. Memória: Cora Coralina – Mulher Destaque. *Jornal Valeparaibano,* São José dos Campos, 6 nov. 2007.

Poetisa Cora Coralina saúda os andradinenses: Para vocês o meu coração que eu esqueci aí. In: Jornal não identificado, Andradina, jan. 1956.

REFERÊNCIAS BIBLIOGRÁFICAS

Poetisa goiana ganha a vida como doceira. *O Globo,* Rio de Janeiro, 10 nov. 1971.

PONTES, Álvaro B. A subida de dona Cora. *O Jornal da Região,* Andradina, 9 out. 1983.

Quandt conversa com Coralina ao telefone. *O Popular,* Goiânia, 2 dez, 1978.

RAMOS, Anatole. Cora Coralina, o tesouro da casa velha de Vila Boa. *O Popular,* Goiânia, 17 out. 1971.

_____. Muito breve Cora Coralina deverá voltar à Goiânia. *Cinco de Março,* Goiânia, 10 fev. 1974.

_____. A Cora o que é de Cora. *O Popular,* Goiânia, 13 out. 1976.

SAMARCO, Cristiane. Cora Coralina, 93 anos: a poeta goiana de todas as idades. *Jornal do Brasil,* Rio de Janeiro, 22 dez. 1981.

SANT'ANA, Affonso Romano de. Cora Coralina, a borboleta. *Estado de Minas,* Belo Horizonte, 16 jan. 2003.

SANTANA, Josias. Croniqueta. *A Rosa,* Cidade de Goiás, n. 33, 24 set. 1908.

SEIXAS, Wendell. FERREIRA, Sônia. O posseiro vive num beco. *O popular.* Goiânia. s. d.

TAHAN, Ana Maria. Aventureira e libertária. *Jornal do Brasil,* Rio de Janeiro, 12 jan. 2002. Caderno Idéias, p. 2.

_____. Investimento em políticas mulheres. *Jornal do Brasil,* Rio de Janeiro, 26 fev. 2008.

TURIBA, Luís. Cora contemporânea Coralina. *Jornal de Brasília,* Brasília, 3 out. 1984.

_____. Cora trabalho Coralina. *Jornal de Brasília,* Brasília, 4 out. 1984.

_____. Cora professora Coralina. *Jornal de Brasília,* Brasília, 5 out. 1984.

_____. Cora política Coralina. *Jornal de Brasília,* Brasília, 7 out. 1984.

ULHOA, Raquel. Nos originais abandonados um tesouro que pode se perder. *Diário da Manhã,* Goiânia, 29 set. 1981.

Velhos? Terceira idade, com muita honra. *O Estado de São Paulo,* São Paulo, 5 dez. 1982.

VERAS, Dalila Teles. A velha rapsoda. *Folha de São Paulo.* São Paulo, 10 jun. 1984.

3. Geral

ALCÂNTARA, Luziana Queiroz. *Andradina:* a terra do Rei do Gado – 1937-1969. Andradina: L&C Artes Gráficas, 2001.

ARRAIS, Cristiano Alencar; TAVARES, Weder de Moraes. A Informação Goyana e a origem do discurso oposicionista à dominação pública oligárquica no início do século XX. *II Seminário de Pesquisa da Universidade Estadual de Goiás,* Anápolis, 2005.

ASSIS, Machado de. *Dom Casmurro.* São Paulo: Globo, 1997.

BERTRAN, Paulo (Org.). *Notícia geral da Capitania de Goiás em 1783.* Goiânia: Ed. da UCG, Ed. da UFG, 1996.

BERTRAN, Paulo; FAQUINI, Rui. *Cidade de Goiás, patrimônio da humanidade*: origens. Brasília e São Paulo: Ed. Verano e Takamo, 2002.

BOSI, Alfredo. *História concisa da literatura brasileira.* 33ª ed. São Paulo: Editora Cultrix, 1994.

BRANDÃO, Antônio José da Costa. *Almanach da Província de Goyaz para o ano de 1886.* Goiânia: Ed. da UFG, 1978.

BROCA, Brito. *A vida literária no Brasil – 1900.* 4ª ed. Rio de Janeiro: José Olympio, 2005.

CAMPOS, Francisco Itami. *Coronelismo em Goiás.* 2ª ed. Goiânia: Vieira, 2003.

CAMPOS, Humberto de. *Crítica*: terceira série. Rio de Janeiro: José Olympio, 1935.

CAPALBO, Clovis Roberto. *Memória fotográfica de Jaboticabal – 1990-1990 e outras histórias.* Jaboticabal: Gráfica Multipress e Editora, 2008.

COELHO, Gustavo Neiva. *Guia dos bens imóveis tombados em Goiás.* Goiânia: Instituto de Arquitetos do Brasil, 1999.

_____. *O espaço urbano em Vila Boa.* Goiânia: Ed. da UCG, 2001.

COUTO, Goiás do. *Memórias e belezas da Cidade de Goiás.* Goiás, 1958.

CUNHA, Fernando. Homenagem a Juscelino. *Diário da Manhã,* Goiânia, 21 abr. 2009.

CURADO, Luís A. C. *Goyaz e Serra Dourada por J. Craveiro e poetas.* Goiânia: Ed. do Autor, 1994.

REFERÊNCIAS BIBLIOGRÁFICAS

DUARTE, Eduardo de Assis. Morte e vida de Jorge Amado. *Revista Brasil de literatura*. Disponível em: http://members.tripod.com/~lfilipe/jorgeamado.html.

FERRARI, Levi Bucalem. Juca Pato – um troféu ímpar. *Movimento, humanismo e democracia*. Disponível em: http://www.mhd.org/artigos/levi_jucapato.html. Acesso em: 6 maio 2009.

GALLI, Ubirajara. *A história do comércio varejista em Goiás*. Goiânia: Contato Comunicação; Editora da UCG, s/d.

_____. *A história da hotelaria em Goiás*. Goiânia: Contato; Editora da UCG, 2005.

_____. *Os Anhangueras em Goiás e outras histórias da família*. Goiânia: Kelps, 2007.

GODOY, Heleno; JORGE, Miguel; BARBALHO, Reinaldo (Orgs.). *Poemas do GEN 30 anos*. Goiânia: Kelps, 1994.

GOMIDE, Leila Regina Scalia. *O pesadelo de uma perda*: a estrada de ferro Goiás em Araguari. São Paulo: USP, 1986.

LEONARDO, Hugo; SHIOMI, Caio. *Andradina 70 anos – 1937-2007*. Andradina: Gráfica e Editora Sem Limites, 2007.

MEMÓRIAS e benfeitorias públicas da cidade de Goiás. *Goyaz*, n. 17, 9 jun. 1906.

MENDONÇA, Belkiss Spenciere Carneiro de. *Andanças no tempo*. Goiânia: AGEPEL, 2004.

MONTEIRO, Ofélia Sócrates do Nascimento. *Reminiscências:* Goiás de antanho 1907-1911. Goiânia: Oriente, 1974.

ORLANDINI, Reginaldo. *Cândido Penso:* bispo e fotógrafo. Goiânia: Gráfica e Editora Líder, 1996.

REVISTA Comemorativa ao Cinqüentenário do Asilo São Vicente de Paulo. Artes Gráfica Ideal Ltda. Jaboticabal, 1980.

SILVA, J. Trindade da Fonseca e. *Lugares e pessoas*: subsídios eclesiásticos para a história de Goiás. Goiânia: Ed. da UCG, 2006.

SOARES, Lucila. *Rua do Ouvidor 110:* uma história da Livraria José Olympio. Rio de Janeiro: José Olympio; FBN, 2006.

TELES, José Mendonça. *Vida e obra de Silva e Souza*. Goiânia: Oriente, 1978.

TELES, José Mendonça (Org.). *Memórias Goianas*: relatórios de governos da Província de Goiás 1891-1900. Goiânia: Editora da UCG, 2002.

_____; José Mendonça (Org.). *Memórias Goianas*. Relatórios dos Governos do Estado de Goiás – 1901-1905. Goiânia: Editora da UCG, 2003.

TELES, Gilberto Mendonça. *A crítica e o princípio do prazer.* Goiânia: Editora da UFG, 1995.

4. Acervos Consultados

Acervo da Igreja Messiânica, Goiânia-GO.
Acervo da Paróquia do Calvário, São Paulo-SP
Acervo da Real Fazenda da Província de Goyaz. Museu das Bandeiras, Goiás-GO.
Acervo particular de Rita Elisa Seda, São José dos Campos-SP
Arquivo Geral da Diocese de Goiás, Goiás-GO.
Arquivo Histórico Estadual, Goiânia-GO.
Asilo São Vicente de Paulo, Jaboticabal-SP.
Biblioteca Monteiro Lobato, São Paulo-SP.
Biblioteca Pública de Andradina, Andradina-SP.
Centro de Documentação Alexandre Eulálio, UNICAMP, Campinas-SP.
Coleção particular de Cidinha Coutinho, Goiânia-GO.
Coleção particular de Clóvis Roberto Capalbo, Jaboticabal-SP.
Coleção particular de Dorival Martins de Andrade, Jaboticabal-SP
Coleção particular de Elza Recco, Andradina-SP.
Coleção particular de Gabriel Afonso Alves de Oliveira, Franca-SP.
Coleção particular de Goiandira Ayres do Couto, Goiás-GO.
Coleção particular de José Fulaneti de Nadai, Penápolis-SP.
Coleção particular de Mariana de Almeida Salles, Brasília-DF.
Coleção particular de Messias Ribeiro Silva, Goiás-GO.
Coleção particular de Nize Garcia Bretas, Balneário Camboriú-SC.
Coleção particular de Paula Santana, Goiás-GO.

Coleção particular de Paulo Sérgio Bretas de Almeida Salles, Brasília-DF.
Coleção particular de Roberto Martins Franco, Sales de Oliveira-SP.
Coleção particular de Saulo Alves de Oliveira, Franca-SP.
Escola Caetano de Campos, Secretaria da Educação do Estado de São Paulo-SP.
Faculdade de Direito da Universidade de São Paulo, São Paulo-SP.
Faculdades Integradas Rui Barbosa, FIRB, Andradina-SP.
Fundação Cultural Frei Simão Dorvi, Goiás-GO.
Gabinete Literário Goiano, Goiás-GO.
Instituto de Pesquisas e Estudos Históricos do Brasil Central/ Universidade Católica de Goiás - Goiânia.
Museu Casa de Cora Coralina, Goiás-GO.
Museu de Arte Sacra da Boa Morte, Goiás-GO.
Museu Histórico de Jaboticabal, Jaboticabal-SP.
Museu Histórico e Pedagógico Fernão Dias Paes, Penápolis-SP.
Museu Histórico e Pedagógico Gláucia Maria de Castilho Muçouçah Brandão, Penápolis-SP.
Museu Histórico e Pedagógico Regente Feijó, Andradina-SP.
Ordem Franciscana Secular, Penápolis-SP.
Ordem Franciscana Secular, Rio de Janeiro-RJ.
Sindicato do Comércio, Andradina-SP.

5. Depoimentos

Antolinda Baia Borges
Ataliba Guimarães Franco
Benedita Pereira dos Santos
Clóvis Roberto Capalbo
Elza Recco
Gabriel Afonso Alves de Oliveira
Goiandira Ayres do Couto
Hecival Alves de Castro
Heloisa Maria Moreira Lima de Almeida Salles

Inan Benedita da Silva Freitas
Inês Andrade
Izilda Aparecida da Costa
Lúcia Benedita Pereira dos Santos
Marco Antônio Sampaio
Maria Luiza Cartaxo
Marlene Gomes de Vellasco
Messias Ribeiro Silva
Nelson de Azevedo Paes Barreto
Nize Garcia Brêtas
Paula Santana
Paulo Sérgio Bretas de Almeida Salles
Ricardo Alexandre Roque
Vicência Brêtas Tahan

REFERÊNCIAS ICONOGRÁFICAS

* Os números referem-se à sequência das fotos no livro, inclusive no encarte.

Créditos das fotografias

Acervo da Igreja Messiânica, Goiânia-GO: 233.
Acervo da Paróquia do Calvário, São Paulo-SP: 115
Acervo da Prefeitura Municipal de Jaboticabal, SP: 104
Catálogo Agrícola da Ilha, Joinville-SC: 269
Centro de Documentação Alexandre Eulálio, UNICAMP, Campinas-SP: 191
Coleção Belkiss Spenciere - Acervo do Instituto de Pesquisas e Estudos Históricos do Brasil Central/Universidade Católica de Goiás: 9
Coleção Particular de César Gregori, Penápolis-SP: 123
Coleção particular, fotografias creditadas a Cidinha Coutinho, Goiânia-GO: 6, 207, 208, 212, 215, 230, 236, 246, 249, 258, 295
Coleção particular de Clóvis Roberto Capalbo, Jaboticabal-SP: 51, 52,

53, 58, 62, 63, 78, 82, 84, 93, 102, 103.
Coleção particular de Dorival Martins de Andrade, Jaboticabal-SP: 77
Coleção particular de Elza Recco, Andradina-SP: 163
Coleção particular de Gabriel Afonso Alves de Oliveira, Franca-SP: 235, 239.
Coleção particular de Gilberto Calixto Rios, São Paulo-SP: 33
Coleção particular de Goiandira Ayres do Couto, Goiás-GO: 30, 96
Coleção particular de João do Couto, Goiás-GO: 184, 200
Coleção particular de Marcos Antonio Lobo, Goiânia-GO: 216, 226, 232, 244
Coleção particular de Marcelo Feijó, Brasília-DF: Árvore (composição marca d'água)
Coleção particular de Maria Luiza Cartaxo, Maria Helena Brêtas da Cunha Bastos e Hilda Maria Brêtas da Cunha Bastos, São Paulo e Santos-SP: 118
Coleção particular de Maria Sofia Ferreira da Silva Borrás, Goiás–GO: 229
Coleção particular de Messias Ribeiro Silva, Goiás-GO: 227
Coleção particular de Nelson Marzullo Tangerini, Rio de Janeiro-RJ: 259
Coleção particular de Nize Garcia Brêtas, Balneário Camboriú-SC: 129, 130, 150
Coleção particular de Paula Santana, Goiás-GO: 223
Coleção particular de Paulo Sérgio Brêtas de Almeida Salles, Brasília-DF: capa, 185,187, 222, 240, 243
Coleção particular de Rita Elisa Seda, São José dos Campos-SP: 1,7, 10, 13, 15, 16, 18, 20, 22, 23, 25, 28, 29, 31, 36, 37, 38, 39, 41, 42, 43, 44, 45, 46, 50, 65, 66, 69, 70, 71, 72, 73, 75, 76, 79, 80, 81, 83, 86, 87, 88, 89, 90, 91, 92, 94, 95, 100, 109, 111, 114, 116, 120, 124, 131, 132, 133, 134, 135,136, 137, 139, 140, 141, 144, 147, 151, 160, 162, 164, 165, 173, 174, 177, 180, 181, 182, 183, 188, 189, 190, 201, 202, 205, 209, 217, 228, 237, 238, 245, 248, 252, 267, 270
Coleção particular de Roberto Martins Franco, Sales de Oliveira-SP: 234
Escola Caetano de Campos, Secretaria da Educação do Estado de São Paulo-SP: 113
Faculdades Integradas Rui Barbosa, FIRB, Andradina-SP: 154, 155, 157, 158, 161, 166, 167, 168, 169, 170, 172
Museu Casa de Cora Coralina, Goiás-GO: 5, 8, 11, 17, 19, 21, 24,

32, 35, 47, 48, 54, 55, 56, 57, 59, 60, 67, 68, 74, 85, 97, 98, 99, 106, 107, 110, 112, 119, 125, 126, 128, 142, 143, 148, 149, 152, 153, 156, 159, 171, 175, 176, 179, 192, 193, 194, 195, 197, 198, 203, 204, 206, 210, 211, 213, 214, 218, 219, 220, 221, 225, 231, 241, 242, 247, 250, 251, 253, 254, 255, 256, 257, 264, 265, 266, 268
Museu de Arte Sacra da Boa Morte, Goiás-GO: 2, 3, 4, 12, 14, 26, 186
Museu Histórico e Pedagógico Gláucia Maria de Castilho Muçouçah Brandão, Penápolis-SP: 121, 122, 127
Ordem Franciscana Secular, Penápolis-SP: 138
Ordem Franciscana Secular, Rio de Janeiro-RJ: 145, 146

Publicações e vídeos:

Filme Vila Boa de Goyaz, fotografia de Heinz Forthmann, Roteiro e Direção de Vladimir Carvalho, 1974: 199
São Paulo 1900, CBPO / Livraria Kosmos Editora, São Paulo, 1988: 49
The New Brazil: Its Resources and Attractions Historical, Descriptive, and Industrial (1907), Califórnia-EUA: 105
Site www.peregrinacultural.files.wordpress.com: 108
DENÓFRIO, Darcy França (Org.). Lavra dos Goiases III: Leodegária de Jesus, Goiânia-GO: 27

Cientes de que ainda há muito a ser dito, solicitamos aos leitores que possuem documentos, imagens e informações sobre Cora Coralina que entrem em contato conosco utilizando os e-mails disponibilizados na orelha deste livro. Do mesmo modo, todos os esforços foram feitos para indicar a origem e a autoria das fotos aqui utilizadas. Todavia, nas fotos cedidas por arquivos de particulares e pelo Museu Casa de Cora Coralina, nem sempre isso foi possível devido à época da realização das mesmas e porque muitas das cópias não possuíam menção de autoria e outras informações no verso. Teremos o prazer de creditar os fotógrafos, caso se manifestem, e corrigir eventuais erros de crédito ou legenda, nas próximas edições.

ÍNDICE

Prefácio: Cora...
   Carlos Rodrigues Brandão 3

Raízes de Aninha 11

Parte I – Nos Reinos de Goyaz (1889-1911) 13

1. Uma herança bandeirante 15
2. Nos reinos da Ponte da Lapa 31
3. Em busca do paraíso perdido 49
4. As rosas do velho sobrado 69
5. Um amor das gerais 89

Parte II – A Vida no Estado de São Paulo (1911-1956) 101

6. Andei pelos caminhos da vida 103
7. Semente e fruto 111
8. Entre rosas cresceu minha poesia 123
9. A lâmpada sobre o alqueire 133
10. Visão cinematográfica 139
11. Feliz é o professor que aprende ensinando 153
12. Dei ouro para o bem de São Paulo 157
13. O grande silêncio se fez 163
14. O carisma 171
15. Penápolis 175
16. Irmão sol, irmã lua 191
17. Andradina: Gleba que transfigura 201
18. Vizinho: a luz da rua 213
19. Cânticos da terra 219
20. Os apelos de Aninha 231

Parte III – Cora dos Goiases (1956-1985) 243

21. O chamado das pedras 245
22. A poetisa dos becos 263
23. Mãos doceiras 279
24. Cheiro de currais e gosto de terra 297
25. Ode às muletas 311
26. Em defesa dos obscuros 325
27. Nasci antes do tempo 341
28. Brasília: esboço do futuro 367
29. No fim do caminho tinha um poeta 381
30. Ofertas de Aninha 403
31. Eu voltarei 421

Assinaturas 431

Agradecimentos 433

Referências bibliográficas 437

F. 37: Prato Azul Pombinho, 2009, Goiás-GO

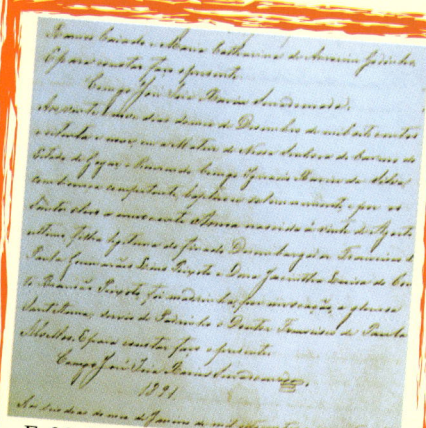

F. 38: Fazenda Paraíso, Mossâmedes-GO

F. 39: Batistério de Anna Lins dos Guimarães Peixoto, Goiás-GO

F. 40, 41, 42: Registros de empréstimo do Gabinete Literário, Goiás-GO

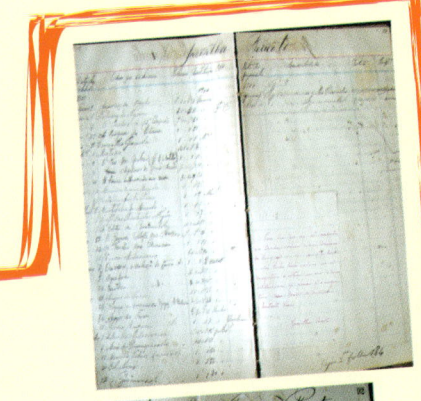

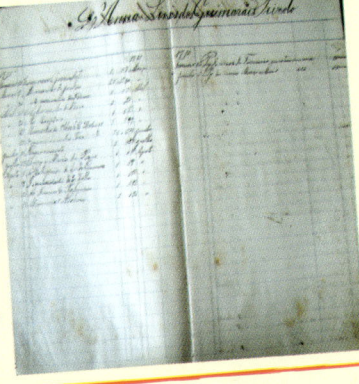

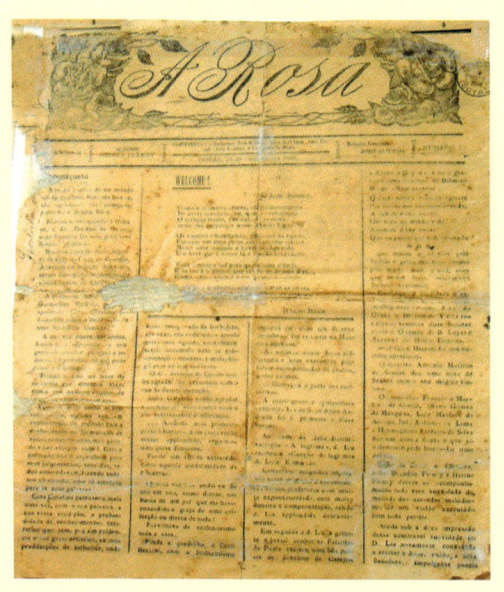

F. 43: Jornal A Rosa

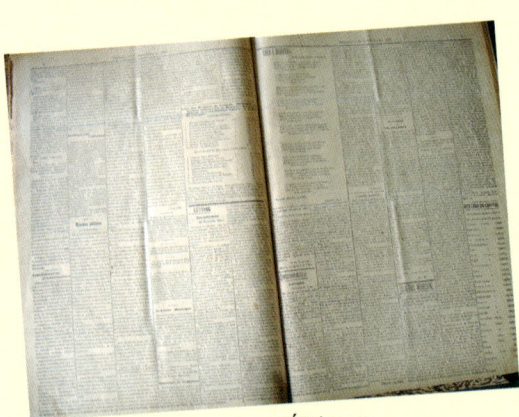

F. 46: A Dança

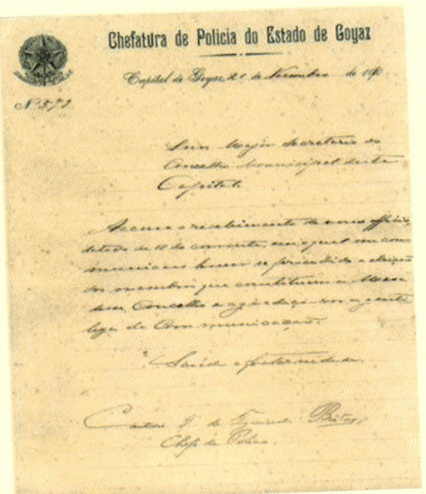

F. 45: Os Últimos

F. 47: Cantídio Brêtas, Chefatura de Polícia, 1910

F. 48: Cora Coralina e Cantídio Brêtas na cena intelectual de Goiás-GO, 1910

F. 44: Solidão

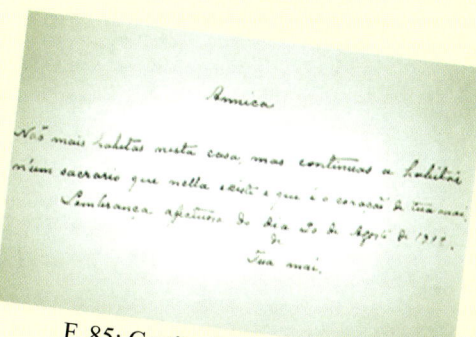

F. 85: Cartão de Jacyntha para Cora Coralina, 1912

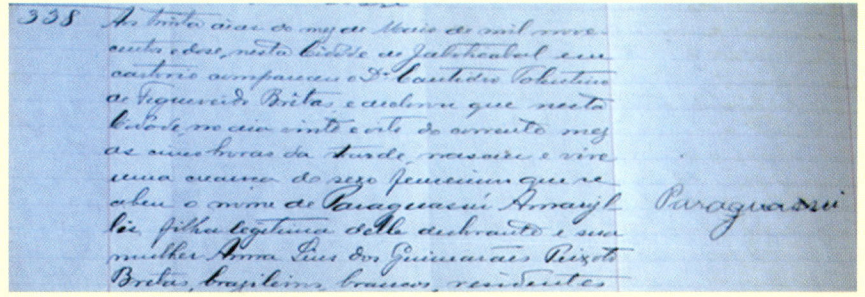

F. 86: Certidão de nascimento de Paraguassu, Jaboticabal-SP

F. 87: Certidão de nascimento de Cantídio e Enéas, Jaboticabal-SP

F. 88: Certidão de óbito de Enéas, Jaboticabal-SP

F. 89: Certidão de nascimento de Jacyntha, Jaboticabal-SP

F. 90: Certidão de nascimento de Maria Ísis, Jaboticabal-SP

F. 92: Registro de nascimento de Vicência, Jaboticabal-SP

F. 91: Registro de óbito de Maria Ísis, Jaboticabal-SP.

F. 94: Casa onde residiu Cora Coralina, Rua Mimi Alemagna, Jaboticabal-SP

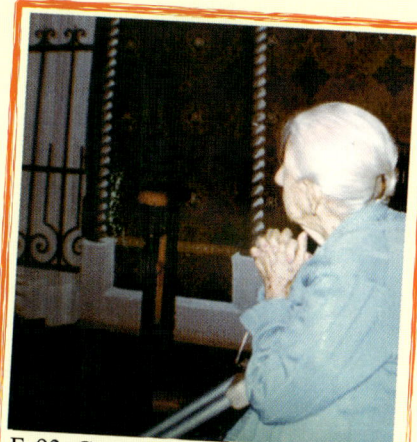

F. 93: Cora Coralina orando diante da pia batismal onde seus filhos foram batizados, Jaboticabal-SP

F. 95: Casa onde residiu Cora Coralina, Rua General Carneiro, Jaboticabal-SP

A brilhante beletrista goiana, d. Anna Lins dos Guimarães Peixoto, que usa o pseudonimo Córa Coralina Reside hoje em Jaboticabal, onde lustra o jornalismo local.

F. 96: Cora Coralina, 1919

F. 97: Cora Coralina, 1921, Jaboticabal-SP

F. 98, 99: Regulamento da Assistência Beneficente de Jaboticabal-SP.

F. 100: Certidão de casamento de Cora Coralina e Cantídio Brêtas, 1925, São Paulo-SP

F. 102: Cora discursando e Cantídio Filho segurando o microfone, 1984, Jaboticabal-SP

F. 101: Jornal *O Democrata* com texto de Cora Coralina, Jaboticabal-SP

F. 103: Cora autografando na Livraria Acadêmica, 1984, Jaboticabal-SP

F 104: Estação Eventos

F. 118: Paraguassu em 1929, com 17 anos de idade.

F. 119: Recibo de aluguel da casa na Rua Theodoro Sampaio, 1936, São Paulo-SP

F. 120: Coleção *Crítica*, de Humberto de Campos, Museu Casa de Cora Coralina, Goiás-GO

F. 147: Casa em que residiu Cora Coralina, 2009, Penápolis-SP

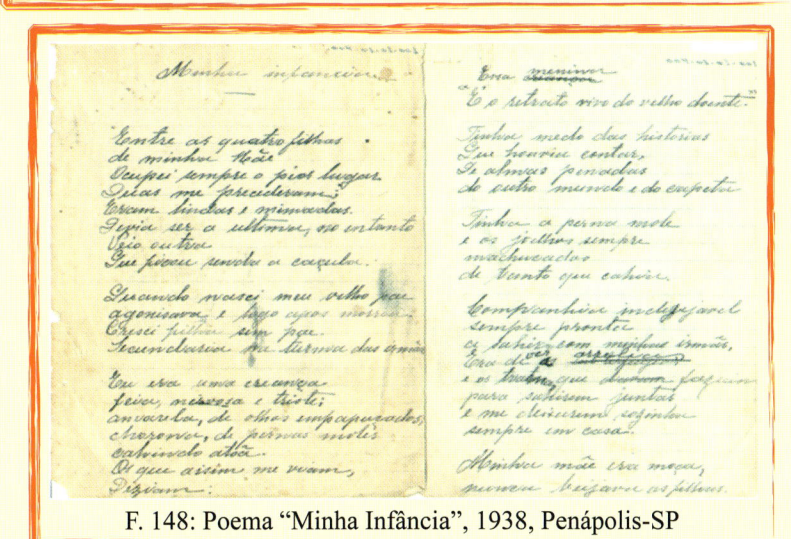

F. 148: Poema "Minha Infância", 1938, Penápolis-SP

F. 149: Poema "Minha Infância", 1938, Penápolis-SP

F. 150: Cantídio Brêtas Filho, Rio de Janeiro-RJ

F. 151: Pintura no forro da igreja do Santuário de São Francisco de Assis, Penápolis-SP

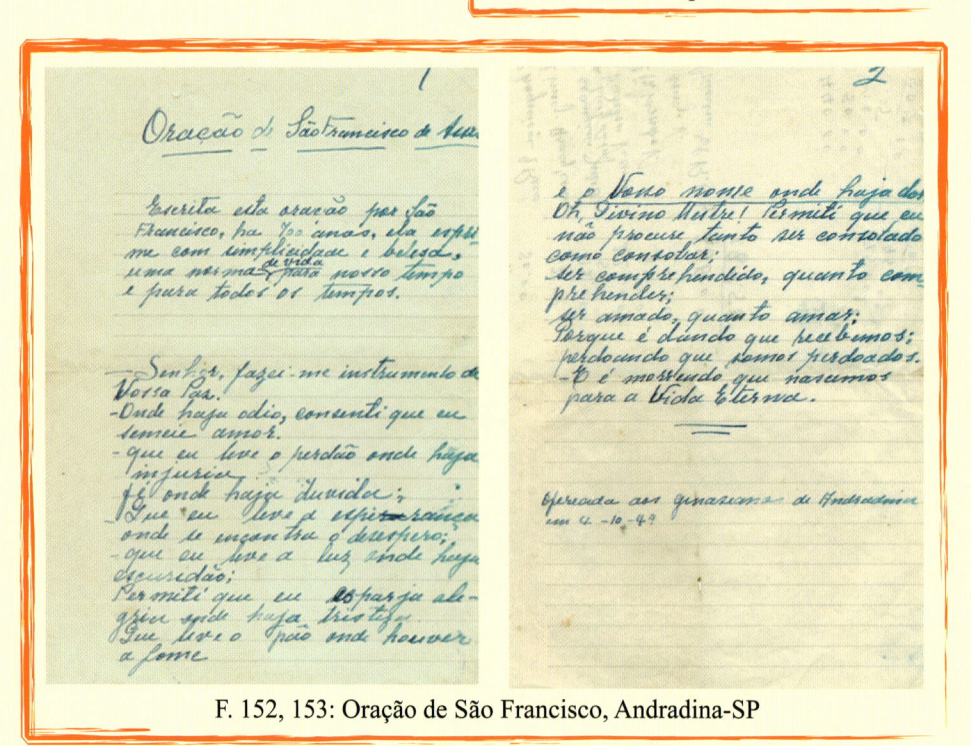

F. 152, 153: Oração de São Francisco, Andradina-SP

F. 175: Jacyntha Brêtas Salles e suas filhas Mírian Sônia e Maria Creusa, década de 1950

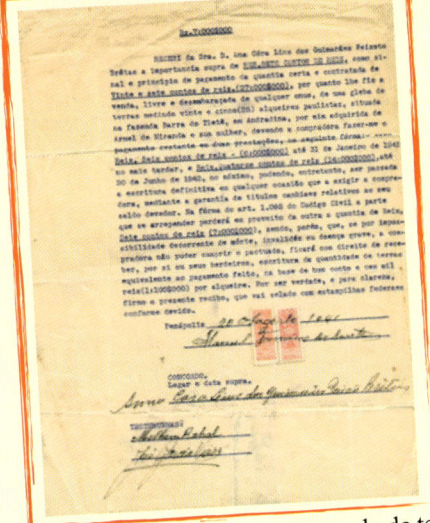

F. 179: Apresentação sobre o Dia do Vizinho, 1968, Andradina-SP

F. 176: Recibo de venda de terras, 1941, Andradina-SP

F. 177: À esquerda a placa indicando a "Subida da Dona Cora", 2009, Andradina-SP

F. 181: Espigas de milho na varanda do sítio "Casinha Branca", 2009, Andradina-SP

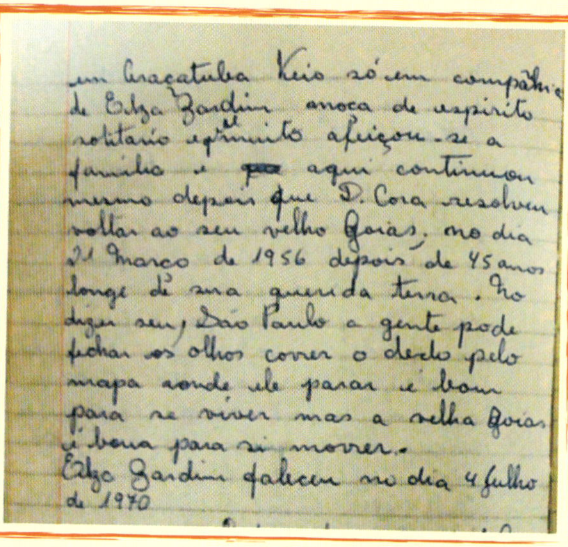

F. 178: Sítio Casinha Branca, 2009, Andradina-SP

F. 182: Caderno de Anotações Elza Recco, Andradina-SP

F. 180: Elza Recco com seu acervo sobre Cora Coralina, 2009, Andradina-SP

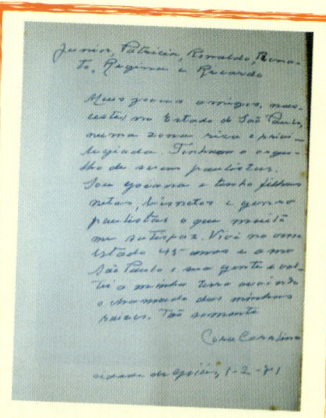

F. 183: Dedicatória no livro *Poemas dos Becos de Goiás e Estórias Mais*, 1981

F. 198: Folheto
"O Cântico da Volta", 1956

F. 201: Primeira edição do livro
*Poemas dos becos de Goiás
e estórias mais*, 1965

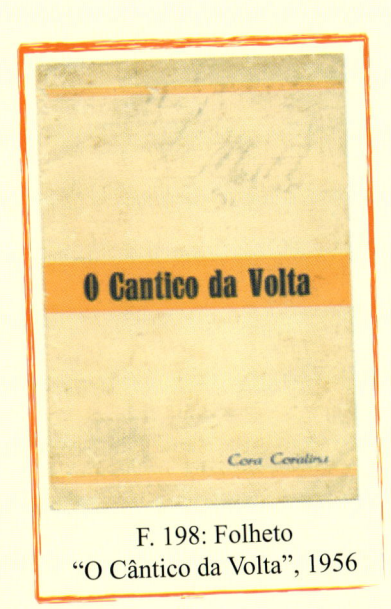

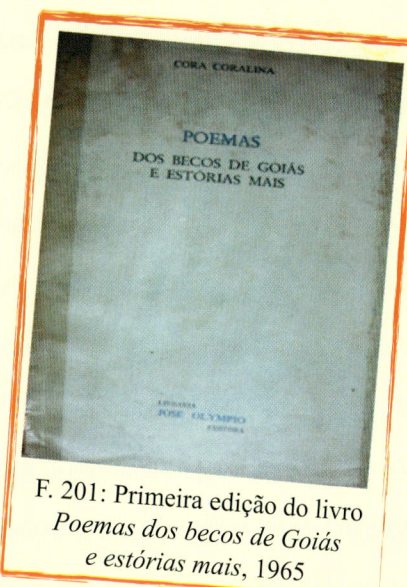

F. 199: Cora Coralina
datilografando, década
de 1970, Goiás-GO

F. 200: Cora Coralina fazendo
doces, Goiás-GO

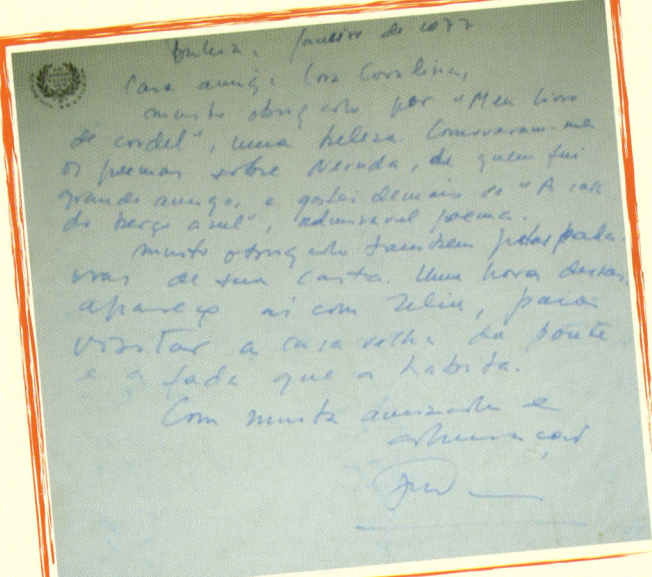

F. 203: Carta de Jorge Amado a Cora Coralina, 1975, Salvador-BA

F. 204: Cora Coralina lendo na sala, Goiás-GO

F. 202: Cozinha da Casa Velha da Ponte da Lapa, 2009, Goiás-GO

F. 234: Cora Coralina na fazenda Conquista, Sales de Oliveira-SP

F. 235: Gabriel Afonso, Flávia, dona Ondina Albernaz e Cora Coralina, fazenda Toca do Conde, 1983, Franca-SP

F. 236: Cora Coralina levando lenha para a Casa Velha da Ponte, Goiás-GO

F. 237: Primeira edição de *Meu livro de cordel*, 1976

F. 240: Cora Coralina e o bisneto Pedro Salles, 1979, Goiás-GO

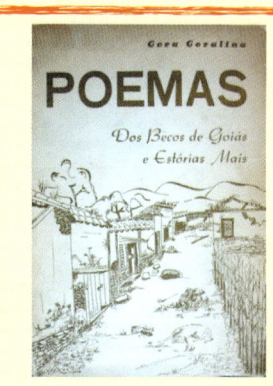

F. 238: Segunda edição de *Poemas dos becos de Goiás e estórias mais,* 1978

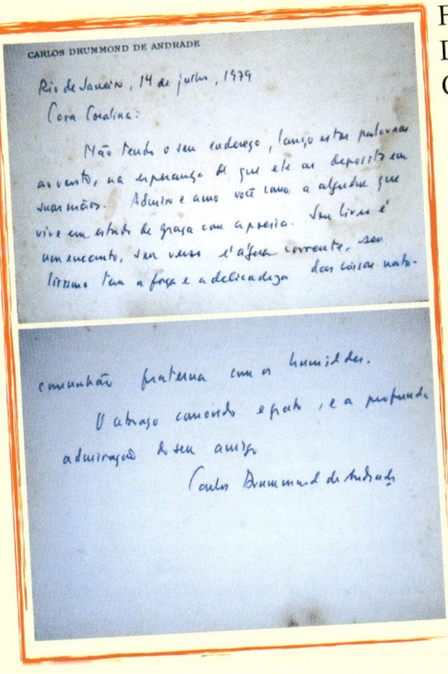

F. 264, 265: Carta que Drummond mandou à Cora Coralina, 1983

F. 239: Cora Coralina e Larissa, 1984, Jaboticabal-SP

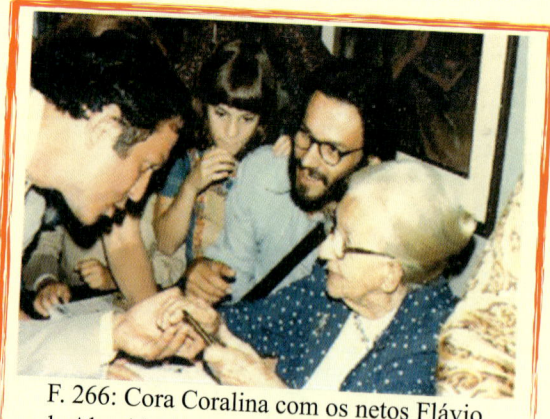

F. 266: Cora Coralina com os netos Flávio de Almeida Salles e Paulo Sérgio Brêtas de Almeida Salles, 1977, Brasília-DF

F. 241: Maria Grampinho carregando Djalma de Paiva Neto, Goiás-GO

F. 268: Cora Coralina na entrega do título de Doutor *Honoris Causa*. Da esquerda para a direita: Cantídio Filho, Nize Brêtas, Vicência Tahan, Paraguassu Brêtas, Jacyntha Salles e Flávio Salles, 1983, Goiânia-GO

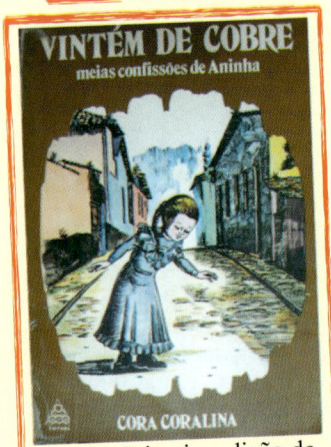

F. 267: Primeira edição de *Vintém de Cobre*, 1983

F. 269: *Hemerocallis Cora Coralina*, Joinville-SC

F. 270: *Poemas dos becos de Goiás e estórias mais* e espigas de milho, 2009, São José dos Campos-SP